Ullstein

ÜBER DAS BUCH:

Mehr als 35 Jahre sind seit jenem Morgen des 5. August 1962 vergangen, an dem Marilyn Monroe in ihrem Haus tot aufgefunden wurde. Seitdem hat es viele Theorien über ihren rätselhaften Tod gegeben, eindeutig geklärt wurde der Fall aber bis heute nicht.

Die Autoren enthüllen und dokumentieren zahlreiche, bisher unbekannte und verschwiegene Details wie Marilyns Affäre mit Frank Sinatra, das Verhältnis zu Mafiaboß Sam Giacana und die in Zusammenhang mit ihren Beziehungen zu John und Robert Kennedy entstandenen Tagebuchaufzeichnungen.

DIE AUTOREN:

Milo Speriglio ist Privatdetektiv und hat die vergangenen zwanzig Jahre vorwiegend damit verbracht, die widersprüchlichen Details um den Tod von Marilyn Monroe aufzudecken.
Adela Gregory forschte fünf Jahre über den Fall Marilyn Monroe.

Adela Gregory/Milo Speriglio

Der Fall Marilyn Monroe

Ullstein

Ullstein Buchverlage GmbH & Co. KG,
Berlin
Taschenbuchnummer: 35879

Aus dem Amerikanischen von
Maurus Pacher und Britta Baumgärtel

Limitierte Sonderausgabe von UB 35723
August 1999

Umschlaggestaltung:
Design Bureau di Stefano
Unter Verwendung einer Abbildung
des Archivs für Kunst und Geschichte, Berlin

Gedruckt auf alterungs-
beständigem Papier mit
chlorfrei gebleichtem Zellstoff

Die Deutsche Bibliothek –
CIP-Einheitsaufnahme

Gregory, Adela:
Der Fall Marilyn Monroe / Adela Gregory / Milo
Speriglio. [Aus dem Amerikan. von Maurus Pacher
und Brita Baumgärtel]. – Limitierte Sonderausg.
von UB 35723. – Berlin : Ullstein, 1999
(Ullstein-Buch ; Nr. 35879)
Einheitssacht.: CRYPT 33 <dt.>
ISBN 3-548-35879-9

Zum Andenken an meinen Vater,
den Reverend Jacob Gregory,
dessen Einfluß mich anspornte,
philosophische Wahrheiten niederzuschreiben,
und für meine Tochter
Adona

Adela Gregory

Für meine Töchter Holly und Janelle, die erwachsen wurden, während ich als Privatdetektiv Stunden, Tage, Monate und Jahre mit der Erforschung des Lebens und Todes von Marilyn Monroe verbrachte, und für meine Frau Patricia, die während meiner beharrlichen Suche nach den Fakten durchhielt. Und für die Millionen Bewunderer und Fans von Marilyn, von denen viele erst nach ihrem Tod geboren wurden. Und ganz besonders für die zwei Gruppen, die die Anhänger der Monroe aus allen Himmelsrichtungen des Globus bündeln: die Fanklubs »All About Marilyn« unter der Leitung von Michelle Justice und Roman Hryniszak und »Marilyn Remembered« mit seinem Präsidenten und Mitbegründer Greg Schreiner.

Milo Speriglio

Inhalt

Vorwort

Die Handlung ist dergestalt, daß nur wenige Schriftsteller die Unverfrorenheit besäßen, sich einen solchen Plot auszudenken: Der Präsident der Vereinigten Staaten, mit seiner eleganten und allseits bewunderten Ehefrau, vergafft sich in Hollywoods bezauberndste und von allen angehimmelte Diva und benutzt seinen Schwager, einen ebenfalls namhaften Schauspieler, als Vermittler. Nachdem die Leidenschaft des Präsidenten erloschen ist, läßt er die Diva fallen und weigert sich, ihre lästigen Anrufe im Weißen Haus entgegenzunehmen. Worauf der Bruder des Präsidenten, der zufälligerweise der Justizminister der Vereinigten Staaten ist, mit der Diva anbändelt, bis auch seine Leidenschaft erloschen ist und er ebenfalls ihre lästigen Anrufe abwimmeln läßt. Zu ihrem Gefühl, geradezu romanhaft verschaukelt zu werden, kommt noch die Beziehung zu ihrer Filmfirma, die sie wegen ihrer extremen Unzuverlässigkeit bei den Dreharbeiten zu einem Film gefeuert hat, der den prophetischen Titel *Something's Got to Give** trug.

Als nächstes in dieser unwahrscheinlichen Geschichte wird die Diva tot aufgefunden, allem Anschein nach Opfer einer Überdosis von Barbituraten, von denen sie bereits lange Zeit abhängig war. Ein gutes Jahr danach wird der Präsident ermordet. Fünf Jahre später ereilt den Justizminister dasselbe Schicksal, und der bedauernswerte Schwager taumelt einem Säufertod entgegen, in den er dem Anschein nach seine Geheimnisse mitnimmt.

Der Autor einer so unglaublichen Story würde den Bogen der Glaubwürdigkeit vollends überspannen, wenn er auch noch andeutete, daß die meisten Befunde der Autopsie der Diva inner-

* In Deutsch: »Es muß etwas geschehen« (A. d. Ü.)

9

halb weniger Tage verschwunden seien, und daß ihr Studio, obwohl es am Rand des Ruins balancierte, rund sechs Stunden bereits abgedrehtes Filmmaterial einfach wegwarf, statt zu versuchen, es zu einem abendfüllenden Film zu montieren. Der Autor müßte eine Verschwörung unterstellen – aber mit welchem Ziel? Wenn er dann noch behaupten wollte, daß die Medien es versäumten, irgend etwas über diese Liebes- und Todesintrige auf derart hoher Ebene auszukundschaften, würde er wohl einer überhitzten und absurden Phantasie bezichtigt werden.

Die Besetzung: Marilyn Monroe, John F. Kennedy, Robert F. Kennedy und Peter Lawford. Seltsamerweise, trotz des geschichtlichen Stellenwerts der Kennedys, ist es Marilyn, über die am meisten geschrieben wurde. Über keine andere Persönlichkeit Hollywoods wurden mehr Bücher verfaßt, viele davon stellten die damals bekanntgegebenen Fakten über ihr Ableben in Frage, und die Veröffentlichungen neueren Datums untersuchen die Möglichkeit einer Verstrickung der Kennedys in ihren Tod. Falls das zutreffen sollte, bedeutet es eine niederschmetternde Beschuldigung zweier beliebter und hervorragender Politiker und ein niederträchtig unfaires Ende für eine angebetete Schauspielerin. Aber wie wahr sind solche bizarren Spekulationen?

Und warum dieses nicht enden wollende Interesse an Marilyn Monroe? Sie war eine Frau von außergewöhnlicher Begabung, aber die Geschichte Hollywoods ist voll von Schauspielerinnen, die ebenso attraktiv und befähigt waren, und mit denen es sich ohne Frage leichter arbeiten ließ. Was ihre Unpünktlichkeit betrifft, die Stunden und ganzen Tage, die sie auf sich warten ließ, wird Marilyns Rekord wohl nie erreicht werden. Selbst als sie am 19. Mai 1962 Ehrengast bei Jack Kennedys Geburtstagsfeier im Madison Square Garden ist, muß sie der Gastgeber Peter Lawford als »the late Marilyn Monroe« ankündigen.*Sogar der Präsident mußte warten. War es schlechtes Benehmen oder Arro-

***

* »Late« bedeutet sowohl verspätet als verstorben. Norman Mailer behauptet in seiner Biographie »Marilyn Monroe«, daß Peter Lawford seine dreimalige vergebliche Ankündigung inszeniert habe, um sie schließlich – in seinem Hang, »mit Abgründigkeiten zu spielen« – mit diesem Wortspiel auf die Bühne zu holen. Es war zweieinhalb Monate vor ihrem Tod. (A. d. Ü.)

ganz? Wahrscheinlich nicht, wohl eher Unsicherheit und Angst, Selbstzweifel und Verwirrtheit. Sie war eine Frau, deren Leben chaotisch gewirkt war.

George Sanders, der mit ihr in *All about Eve/Alles über Eva* spielte, sagte, er sei sicher gewesen, daß sie es schließlich schaffen würde, denn »sie mußte so offensichtlich ein Star sein«. Zweifellos mußte sie irgend etwas sein. Sie war bei verschiedenen Pflegeeltern aufgewachsen, behauptete, als Kind sexuell mißbraucht worden zu sein, und heiratete mit sechzehn. Was andere zugrunde gerichtet hätte, zerbrach dieses Mädchen, das damals Norma Jeane Baker hieß, nicht. Sie wollte jemand sein und arbeitete verbissen auf dieses Ziel hin. Nichts auf diesem Weg war einfach. Marilyn war kein Phönix. Mit der ihr eigenen Zähigkeit und der Hilfe einiger weniger, die an sie glaubten, arbeitete sie sich vom Fotomodell zur Kleindarstellerin, zum Starlet und schließlich zum Star hoch. Und das Mädchen aus einer unterprivilegierten Schicht der amerikanischen Gesellschaft wurde erfolgreicher, als sie es sich in ihren kühnsten Träumen ausgemalt hatte. Ungeliebt als Kind, wurde und wird sie von Millionen bewundert und angebetet. Marilyn hatte magischen Zauber. Sie gehörte zu denen, die mit der Filmkamera in einem nicht zu definierenden unmittelbaren Kontakt stehen. Die Kamera liebte sie, und das Bild, das sie von ihr kreierte, wurde von fast allen, die dieses Abbild sahen, ebenfalls geliebt.

Hätte sich Norma Jeane als Teenager erträumen können, daß sie eine Hollywoodlegende werden würde? Hätte sie sich vorstellen können, daß unter ihren Ehemännern der Baseballstar Joe DiMaggio und der gefeierte Bühnenautor Arthur Miller sein würden, und unter ihren Liebhabern ein Präsident der Vereinigten Staaten? Und hätte sie ahnen können, daß Ruhm eine Bürde sein würde, immer wieder schmerzhaft, irritierend und gefräßig fordernd? Daß sie benutzt und ausgenutzt werden würde? Wie tief muß es sie verstört haben, daß sie als Idol gehandelt wurde und nicht einmal fähig war, einfach Zufriedenheit, simples Glück zu finden – von Männern vergöttert zu werden und dennoch mit keinem einzigen dieser Männer eine erfüllende Partnerschaft genießen zu können.

Ich begegnete ihr nur ein einziges Mal. Anfang 1961, als ich Rundfunksendungen über Hollywood für die Canadian Broadcasting Corporation produzierte, verbrachte ich einen Tag bei der Twentieth Century-Fox am Set von *Let's Make Love/Machen wir's in Liebe*. Meine Freunde von der Presseabteilung sagten mir, daß ich mir ein Interview mit Marilyn abschminken, aber mein Glück bei anderen Darstellern versuchen könne. Die Dreharbeiten hinkten bereits Wochen hinter dem Zeitplan her. Marilyn erschien kaum je vor Mittag und manchmal überhaupt nicht. Darsteller und Crew langweilten sich beim Nichtstun fürchterlich und sehnten das Ende herbei. Wenn sie für den Rundfunk interviewt werden, sind Schauspieler auf der Hut, Verfängliches über das Projekt, an dem sie gerade arbeiten, auszuplaudern. Bei diesem speziellen Film waren alle überaus vorsichtig, trotzdem ließen Andeutungen und einige wenige sarkastische Kommentare keinen Zweifel darüber, daß die Sache alles andere als gut lief.

Es wurde darüber getratscht, daß Marilyn eine Affäre mit ihrem Co-Star Yves Montand hätte, trotz der Anwesenheit seiner Frau Simone Signoret, und daß der Regisseur George Cukor, dafür berühmt, daß er Schauspielerinnen famose Leistungen entlocken konnte, von Marilyn nur mit Petitessen abgespeist wurde. Cukor, akribisch und temperamentvoll, hatte sich geschworen, daß er nie mehr mit ihr arbeiten würde. Aber zu seinem großen Ärger tat er es doch. Als *Something's Got to Give* in Produktion ging, beauftragte die Fox Cukor mit dem dezenten Hinweis, daß er ihnen noch einen Film schulde und dies der einzige sei, den sie ihm im Augenblick anbieten könnten. Cukor erledigte den Job, aber er haßte ihn, und dies könnte einer der Gründe gewesen sein, warum Marilyn nicht einmal die Hälfte der Zeit, in der sie gebraucht wurde, erschien. Die Atmosphäre am Set von *Let's Make Love* war gespannt. Bei *Something's Got to Give* knirschte es in den Fugen.

Während der Mittagspause an dem Tag, an dem ich am Set war, kam Marilyn in die Dekoration und sprach mit irgend jemandem. Ich beobachtete sie aus der Entfernung und setzte mich dann an einen Platz, an dem sie beim Hinausgehen vorbeikommen mußte. Ich kann mich lebhaft an meinen Eindruck erinnern, vor allem wohl, weil es die pure Enttäuschung war. Ich mußte mir, wie bei vielen Gelegenheiten vorher und nachher, ins Gedächtnis rufen, daß das Abbild auf der Leinwand und der Schauspieler in natura zwei völlig verschiedene Wesen sind. Bei Marilyn schien mir die Diskrepanz noch verschärft. Und tragisch.

Warum konnte diese Frau, die so viele Menschen erregt und beglückt hatte, kein Glück in ihrem eigenen Leben finden? Warum mußte sie soviel Krankheit und Wirrsal erdulden? Und warum mußte ihr Leben ein solches Ende nehmen?

Marilyn und die Kennedys. Die Beweise häufen sich. Gab es eine Verbindung jenseits der rein sexuellen? Ob das nun erhärtet werden kann oder nicht, es bleibt der stechende Schmerz einer Tragödie, die das amerikanische Gewissen mit Alpträumen heimsucht. Ihre Leben waren der Stoff, aus dem die Träume gemacht sind, und ganz gewiß der Stoff, in den sich Legenden weben lassen. Aber wie waren sie wirklich als Menschen? Berühmtheiten, ob es sich um Figuren des Showbusiness oder Politiker handelt, sind wie Eisberge. Nur ein kleiner Teil ist sichtbar, und diese kleine Spitze kann dem Rest völlig unähnlich sein. Der bestrickende Jack und die berückende Marilyn waren auch aus anderem Holz, ehrgeizig, berechnend und unberechenbar. Sie verkörperten den alten Glauben, daß Schönheit ist, was Schönheit bewirkt. Sie spielten nach ihren eigenen Regeln. Sie spielten mit der Gefahr – und die Gefahr behielt das letzte Wort.

Tony Thomas

Aus der IX. Elegie: Die Herbstliche

In Knospe und in Blüte sah ich nicht
die Schönheit wie im herbstlichen Gesicht.
Ein junges Blut bezwingt uns mit Gewalt,
hier ist nur Maß, und doch – wer bliebe kalt?
Nun, da mich scheue Ehrfurcht überkam,
geht Liebe länger nicht gepaart mit Scham.

War ihre Jugend golden? Freunde, traun,
nun ist sie pures Gold, um drauf zu bau'n.
Sie sengte und entflammte, und ich litt –
wie milde dünkt mich itzo ihr Zenit.
Wen sie nicht wärmt, die lindernde Essenz,
der lechzt im Fieberwahn nach Pestilenz.

JOHN DONNE
(1572–1631)

1. Kapitel
Die Heimatlose

Hollywoods Sunset Boulevard windet sich lässig durch die Moränen zerbrochener Träume. An diesem Samstagabend kämpft Rudy, Beruf Chauffeur, in einer abgelegenen kleinen Straße in Brentwood mit dem Sportteil des »Herald Examiner«. Das Radio dudelte romantische Melodien. Drei Stunden Warten in dieser Sackgasse, und war es auch auf Marilyn Monroe, stellte seine Professionalität auf eine harte Probe. Einmal mehr spähte Rudy zu ihrer Eingangstür. Es war immer wieder eine frustrierende Warterei, bis zu dem Augenblick, in dem sie erschien. Da stellte die strahlende Monroe auch den abgehärtesten Bewunderer und Angestellten zufrieden. Der Fahrer durfte ihre wortreichen Entschuldigungen entgegennehmen und das Ehrenwort, daß sie sich nie wieder verspäten würde. Rudy bekam großzügig seine fixen 125 Dollar, unabhängig von der Länge der Wartezeit, also machte es ihm nicht allzuviel aus. Außerdem gab es immer den übriggebliebenen Champagner und Kaviar, den sie ihm traditionell mit den Worten überreichte: »Heb's für später auf.« Marilyn war sich durchaus bewußt, daß ein Fahrer einen klaren Kopf brauchte.

Auch wenn er nur klein und spärlich möbliert war, war Marilyn Monroe stolz auf ihren neuerworbenen Bungalow im spanischen Stil, eine Zuflucht, die sie endlich ihr eigen nennen konnte. Viele Jahre zuvor hatte sich ihre Mutter Gladys Baker tapfer bemüht, ein gemütliches Heim für ihre uneheliche Tochter zu schaffen, war aber gescheitert. Gladys war von Marilyns Vater sitzengelassen worden, als er von ihrer Schwangerschaft erfahren hatte.

Elvis Presleys »Can't Help Falling in Love With You« plärrte im Radio, John F. Kennedy war der jüngste Präsident der Vereinigten Staaten, Uta Hagen hatte gerade den Tony Award für ihre Darstellung in *Wer hat Angst vor Virginia Woolf?* von Edward Albee bekommen, und *Die Nacht des Leguan* von Tennessee Williams setzte ihren Siegeszug am Broadway fort; »Love Me Do« der Beatles war in England Nummer eins; und die Frauen in Amerika, die Thalidomid genommen hatten, brachten mißgebildete Kinder zur Welt. Papst Johannes XXIII. kündigte das zweite Ökumenische Konzil an, in dem die Brücke zu anderen christlichen Kirchen geschlagen werden sollte; Rachel Carson schrieb »Der stumme Frühling«, das polemische Denkmodell über die schädliche Wirkung von Insektenbekämpfungsmitteln; und Oberstleutnant John Glenns dreimalige Umrundung der Erde in einer »Mercury«-Kapsel wurde vom Fernsehen in 125 Millionen amerikanische Haushalte direkt übertragen. Eine Gallone (3,8 l) Benzin kostete 21 Cent, und ein Laib Brot 27 Cent.

Marilyn Monroe hatte Ende Februar 1962 begonnen, ihr neues Zuhause von der Größe eines Ferienhäuschens am 12305 Fifth Helena Drive mit mexikanischen Fliesen umzugestalten, die sie und ihre PR-Agentin Pat Newcomb einen Monat vorher von einem Urlaub in Mexiko mitgebracht hatten. Zusammen mit ein paar Möbelstücken, darunter ein mexikanisches Sofa, das mit hellrotem Stoff bezogen war, einer kleinen Plastik von Carl Sandberg, einem tragbaren Hi-Fi-Plattenspieler, auf dem sich ständig Sinatra-Balladen drehten, und einem Kühlschrank, der nur mit Champagner und Kaviar gefüllt war, den Frankieboy geschickt hatte, baute sich Marilyn eifrig die einzige Sicherheit, die sie jemals gekannt hatte.

Das winzige Schlafzimmer war nur mit einem Einzelbett und einem kleinen Nachttisch möbliert. Das Bett war ungemacht, die Decke unordentlich, und der knöchellange Nerzmantel, den ihr ihr zweiter Ehemann Joe DiMaggio geschenkt hatte, war über das Bett drapiert. Marilyn genoß die Berührung des seidigen Pelzes; es brachte so viele Erinnerungen zurück.

Marjorie, Marilyns Garderobiere und Verlobte des Maskenbildners Whitey Snyder, brachte aus der Kostümabteilung der Twentieth Century-Fox das Kleid für den Abend mit. Marjorie

und Whitey versuchten immer, die Stücke zusammenzusam-
meln, wenn sich Marilyn wieder einmal völlig in ihre Bestand-
teile aufgelöst hatte.

Marilyn hatte nicht viele eigene Kleider und lieh sich ihre
Abendgarderobe von zwei Kostümbildnern der Fox, von Jean-
Louis oder Bill Travilla. Aber dieser Abend war ein besonderer.
Marilyn war mit dem Kind eines verheirateten Mannes schwanger, und der Vater war der Bruder des Präsidenten, Justizminister Robert Kennedy. Marjorie war mit dem Problem konfrontiert, wie sie die verräterische Wölbung des Bauches der
Schauspielerin kaschieren konnte. Und wie gewöhnlich dauerte
es auch an diesem Abend endlos, bis die Schauspielerin ausgehfertig war; ihr Chauffeur mußte fast drei Stunden warten.

Marjorie sorgte sich sehr um Marilyns Wohlergehen, und der
Gedanke, daß Marilyn wie schon so viele Male enttäuscht werden könnte, war ihr unerträglich. Alle ihre Schwangerschaften
hatten in schlimmen Abtreibungen oder Fehlgeburten geendet;
und jede qualvolle Fehlgeburt hatte das Schuldgefühl über eine
vorausgegangene Abtreibung wieder aufgewühlt. Die Fehlgeburten entkräfteten ihre empfindliche Gebärmutter, und allmählich wuchsen die Zweifel in ihr, ob sie eine vollwertige Frau
sei. Die Furcht, daß sie eine unzulängliche Mutter sein könnte,
war von derselben Art, die ihre eigene Mutter verzweifeln ließ.
Alleinverdienend und zugleich schwanger zu sein, mochte für
Marilyn zuviel physische, emotionale und finanzielle Verant-
wortlichkeit bedeuten. Und die Schwangerschaft erinnerte sie
an ihre eigene armselige Kindheit, die am 1. Juni 1926 begonnen
hatte.

An jenem Tag hatte die völlig erschöpfte Gladys Pearl Monroe Baker Mortensen um Hilfe geschrien, als ihr Dr. O. Casey
im kahlen Kreißsaal Dritter Klasse des Los Angeles General Hospital freundlich empfahl, stärker zu pressen. Die vierundzwan-
zigjährige Gladys hatte bereits zwei Kinder von ihrem ersten
Ehemann zur Welt gebracht. Dieses, so dachte sie, würde endlich ihr gehören, während sie sich an den Bügeln festklammerte.
Als die schmerzhaften Wehen stärker wurden, hoffte sie auf irgendein Zeichen ihres reumütigen Liebhabers, hoffte, daß er in

letzter Minute anderen Sinnes geworden sei. Doch der attraktive und fröhliche Stanley Gifford hatte sich aus dem Staub gemacht.

Mit unerträglichen Schmerzen preßte und betete Gladys, während der Uhrzeiger die neunte Vormittagsstunde passierte. Dr. Casey atmete auf, als der Kopf des Babys zum Vorschein kam. »Stärker pressen«, ermutigte er sie. Ihre Schreie widerhallten im Kreißsaal. »Es ist ein Mädchen«, verkündete der Arzt. Gladys entschied sich, ihr Baby Norma Jeane zu nennen, nach der aufregenden und erfolgreichen Schauspielerin Norma Talmadge. Wie stolz sie sein würde, die Mutter einer so berühmten Frau zu sein. Was wußte Gladys schon, daß ihr favorisierter Stummfilmstar einmal mit Joseph Schenck verheiratet gewesen war, dem obersten Boß der Twentieth Century-Fox, wie konnte sie ahnen, daß während ihrer mageren Jahre ihre Tochter mit ebendiesem Mann, der nunmehr in den Siebzigern war, eine Affäre haben würde. Aber immerhin war er nett und wahrscheinlich der geistige Vater von Marilyns Schauspielervertrag mit der Fox.

Als Gladys nach Hause entlassen wurde, nahm sie die Dienste der Nachbarn ihrer Mutter in Anspruch. Ida und Albert Wayne Bolender hatten Kinder in Kost und kümmerten sich um das Neugeborene, so daß sie in ihren Beruf als Cutterin im Labor der Consolidated Film zurückkehren konnte. Wenn sie ihr Kind auf Abstand hielt, würde sie sich nicht so vernichtet fühlen, wenn ihr Baby starb oder ihr weggenommen wurde wie ihre ersten beiden Kinder, die ihr erster Mann Jim Baker nach einem erbitterten Streit einfach entführt hatte.

Zum Glück für Norma Jeane hatte Grace McKee, die beste Freundin ihrer Mutter und Abteilungsleiterin bei Consolidated Film, ein wachsames Auge auf sie. Gladys war noch immer mit ihrem zweiten Ehemann Martin Edward Mortensen, den sie verlassen hatte, gesetzlich verheiratet, deshalb bekam das uneheliche Kind seinen Nachnamen. Die Taufe des Babys fand auf Wunsch von Gladys' Mutter Della im Angelus Temple in Los Angeles statt, dessen Priesterin Aimee Semple McPherson von ihr vergöttert wurde. Die inbrünstige Heilerin taufte das Neugeborene auf den Namen Norma Jeane Mortensen. Danach spazierte die Rumpffamilie, bestehend aus Großmutter und Mutter, mit dem Kind durch den Echo Park und bewunderte den malerischen künstlichen See, der von Palmen umsäumt war.

Ende Oktober 1929 kamen die »schwarzen Tage von Wallstreet« – die Gesamtverluste an der Börse wurden auf 50 Milliarden Dollar beziffert. Es war der Beginn der Depression. Die Nation wurde vom St.-Valentinstag-Massaker erschüttert, bei dem zwei als Polizisten verkleidete Killer Al Capones sieben Führungskräfte der Bugs-Moran-Gang in einem illegalen Schnapslager niedersiebten. Der Schriftsteller Ben Hecht etablierte sich als Bühnenautor mit Reporter* am Broadway. Amelia Earhart überflog als erste Frau allein den Atlantik. Prohibition und Depression grassierten, während Al Capone und Vito Genovese sich mit Joseph P. Kennedy zusammentaten, um aus Kanada und von den Bahamas Schnaps in die Vereinigten Staaten zu schmuggeln.

Der Haushalt der Bolenders befand sich in einem Vorort von Los Angeles in der Nähe des Los Angeles International Airport in einer Straße mit einstöckigen Häusern im kalifornischen Stil. Die Bolenders glaubten an die Bibel und ans Verbleuen. Der fromme Ziehvater der kleinen Norma Jeane ging zweimal in der Woche zur Kirche, war ein Verfechter der Todesstrafe und ließ ihr trotzdem eine liebevolle Erziehung angedeihen. Ihr Ziehbruder Lester war ein Schatz. Sie spielten zusammen und rauften sich um die wenigen Spielsachen. Norma Jeane verteidigte ihr Recht auf die Spielsachen wie jedes andere körperlich kräftige Mädchen und wurde dafür von den Bolenders mit dem Riemen gezüchtigt. Sie verpetzte ihre Zieheltern immer am Samstag, Gladys' regulärem Besuchstag. Norma Jeane wurde von den Bolenders in den biblischen Lehren über Aufrichtigkeit unterwiesen und vergaß sie für den Rest ihres Lebens nicht. Es war ihr ein Bedürfnis, die Wahrheit zu wissen und zu sagen.

Obwohl die Depression eine nicht verheilende Narbe im amerikanischen Leben hinterließ, war Albert Bolenders Position als

---

* Nach diesem Stück mit dem amerikanischen Originaltitel »The Front Page« entstand Billy Wilders Film »The Front Page/Extrablatt«. (A. d. Ü.)

Postbote nie in Gefahr. Sein geringes Gehalt blieb konstant. Das Haus wurde zwar vernachlässigt, nicht aber die Erscheinung Norma Jeanes und Lesters. Beide waren makellos gekleidet, und Gladys sorgte dafür, daß ihre Tochter die elegantesten Kleidchen hatte, indem sie Ida Bolender mit den besten Stoffen versorgte, um dem ansonsten materiell und seelisch verarmten Kind wenigstens prächtige Kleidung zu schneidern.

Erst als Norma Jeane sieben war, konnte sie endlich ausgiebig von der hingebungsvollen Zuneigung ihrer Mutter profitieren. Als sie und ihr Ziehbruder Keuchhusten bekamen, eine Infektion, die damals tödlich verlaufen konnte, nahm Gladys einen längeren Urlaub, um ihre Tochter zu pflegen. Ohne Zweifel verspürte sie den Verlust ihrer älteren Kinder heftiger, als sie mit Norma Jeanes bedrohlichem Zustand konfrontiert war. Die Liebe zu diesem Mädchen, das Schuldgefühl, daß sie ihre Aufgaben als Mutter nur gelegentlich erfüllte, und die Angst, möglicherweise ein weiteres Kind zu verlieren, wühlten sie vermutlich in diesen Wochen auf, in denen sie Norma Jeane pflegte.

Gladys tat alles, was irgendein Arzt oder eine Krankenschwester für das Kind hätten tun können, und noch mehr. Sie reagierte auf Normas kleinstes Bedürfnis, kühlte ihr die Stirn mit Kompressen, schrubbte, putzte und kochte – alles Dinge, die sie nie zuvor getan hatte. Als ihre Tochter genas, beschloß sie, in Zukunft besser für sie zu sorgen. 1933 setzte sie ihren Vorsatz in die Tat um und erstand ein einstöckiges Haus im kalifornischen Stil in der Nähe der Hollywood Bowl, ein angemessenes Heim für eine emsige, untypische Mutter. Stück für Stück füllte sie es mit Gebrauchtmöbeln, und ihr größter Stolz war ein weißlackierter Stutzflügel, der angeblich dem Schauspieler Fredric March gehört hatte. Das Klavier machte die siebenjährige Norma Jeane ebenfalls glücklich.

Die Verse von »Jesus Loves Me«, die sie bei den Bolenders eingetrichtert bekommen hatte, wurden im neuen Domizil durch Dialoge ersetzt, die sie in den Jean-Harlow-Filmen *Red Dust/Dschungel im Sturm* und *Hold Your Man/Ganovenbraut* aufgeschnappt hatte, in denen Clark Gable der männliche Hauptdarsteller gewesen war. Norma Jeane nahm Gable, der ihrem leiblichen Vater so ähnlich war, mit in ihre Träume. In *Hold Your Man* spielt Gable einen Hochstapler, der eine unglaublich tolle, nicht auf den Mund gefallene junge Frau schwängerte, die um der Liebe willen das Kind zur Welt bringt. Miss Harlow wartet geduldig, bis er aus dem Gefängnis entlassen wird. Im Gegensatz dazu wartete Norma Jeane vergeblich auf die Rückkehr ihres verlorenen Vaters und hatte täglich mit dieser unerwiderten Liebe zu leben. Sie verbrachte Stunden mit der Vorstellung, daß Clark Gable selbst ihr dampfplaudernder Vater sei und zurückkehren würde, wie er zu Jean Harlow zurückgekehrt war. Sie versetzte sich in die Rolle der Harlow und spielte mit der Vorstellung, ihren Kerl zurückzukriegen und ihn liebzuhaben, ganz gleich, welche Hindernisse sich auch auftürmen mochten. Beeindruckt von Jean Harlows Anziehungskraft auf ihre Partner, begann Norma Jeane, sich in der Art der platinblonden Sirene herzurichten. Gladys' Freundin Grace McKee war eine ehrgeizige Frau und nährte Norma Jeanes Hoffnungen, ein Filmstar zu werden und ein faszinierendes Leben zu führen.

Jeder in der Umgebung von Gladys und Norma Jeane wurde entweder entlassen oder mußte Gehaltskürzungen in Kauf nehmen, und Gladys bekam Angst, daß die neugewonnene Sicherheit mit ihrer Tochter kaputtgehen könnte. Sie sicherte sich ab, indem sie das Haus an eine englische Familie vermietete. George Atkinson arbeitete als Double für George Arliss, seine Frau als Gesellschafts-Statistin, und die zwanzigjährige Tochter doubelte gelegentlich Madeleine Carroll. Gladys behielt nur die zwei rückwärtigen Zimmer im ersten Stock und teilte sich mit den Mietern in die Benutzung von Küche, Bad und WC.

Es war eine befreiende Erfahrung für die rötlichblonde Heimatlose, in einem Haushalt zu leben, der nicht mit religiösen Restriktionen beladen war. Trinken, Rauchen, Kino, Make-up und Tanzen waren keine Sünden. Doch Norma Jeane vergaß die Umgangsformen und die religiöse Dressur, die sie bei den Bolenders genossen hatte, nicht.

Kinobesuch als billige Babysitting-Methode war nicht nur in Hollywood, sondern bei der ganzen Nation große Mode. Gladys oder ihre Mitbewohner schickten die junge Unschuld ins Kino um die Ecke, wobei es sich gut traf, daß vom neuen Haus Grauman's Chinese Theatre oder das Egyptian Theater zu Fuß zu erreichen waren, wo die neuesten Filmmusicals Normas Phantasie prägten. Jean Harlow, ihr Vorbild für immer, war eine natürliche Schönheit, die ihr Aussehen unbefangen zur Schau stellte. Norma Jean wuchs in der Bewunderung ihrer Unabhängigkeit und ihres Selbstvertrauens auf, Eigenschaften, die sie auch selbst besitzen wollte.

2. Kapitel
Die Überdosis, 1,1,1-Trichlorethan

Die Doppelbelastung, der Gladys als Ernährerin und durch ihren anstrengenden Beruf ausgesetzt war, war allmählich kaum noch auszuhalten. Ihre eigene Mutter lebte nicht mehr, und es gab keine Menschenseele, die ihr bei der Erziehung Norma Jeanes hätte beistehen können.

Mrs. Mortensen wurde im Studio als Frau mit einer unehelichen Tochter akzeptiert. Ihre Kollegen mochten und respektieren sie, aber außerhalb des liberalen Hollywood sah es anders aus. Gladys war eine Außenseiterin, jemand, auf den die Gesellschaft herabschaute.

Die Arbeitsbedingungen für Cutter während der dreißiger Jahre lassen sich am besten mit einer Müllhalde für Giftstoffe vergleichen. Offene Acetonflaschen standen überall herum und verpesteten mit ihren Dämpfen die abgestandene Luft in den unbelüfteten Räumen. Hautkontakt mit dem flüssigen Aceton war noch gefährlicher. Die kleinen Rahmen mußten mit Filmkleber verklebt werden, der ebenfalls toxische Dämpfe freisetzte. Außerdem mußte sich Gladys sechs Monate lang durch Doppelschichten quälen, damit das Studio seine Termine einhalten und sie ihre Hypothek bezahlen konnte. Die lange und anstrengende Arbeitszeit und die ständige Einwirkung der giftigen Substanzen forderten ihren Tribut. Unerträglicher Kopfschmerz wurde zum ständigen Begleiter. Ihr berufliches Engagement und die Hingabe an ihre Pflicht als Mutter ließen sie diese Beschwerden jahrelang verdrängen, während sie gleichzeitig innere Konflikte erzeugten. Konnte sie beiden Aufgaben gerecht werden?

Gerade der Beruf, den Gladys so ernst nahm, fügte ihr körperliche und seelische Schäden zu. In den ersten Jahrzehnten der Filmindustrie wußte man noch sehr wenig über die möglichen Auswirkungen der in der Produktion verwendeten Chemikalien

– inzwischen ist wissenschaftlich erwiesen, daß die damaligen Substanzen dauernde Hirnschäden verursachten. Die Arbeitsbedingungen waren dementsprechend, und die Gewerkschaften waren praktisch machtlos. Depression und wirtschaftliche Misere taten ein übriges, so daß die Arbeiter dankbar für jede Beschäftigung waren. Die Aktienkurse waren im Keller; Verschuldung, lange Schlangen vor den Bäckereien, Hunger und Armut, wohin man sah. Kein Filmproduzent hätte es sich leisten können, sich um die potentielle Gefährlichkeit der Substanzen und um die Gesundheit seiner Arbeitskräfte zu kümmern.

Der Raum, in dem Gladys in den Columbia Studios arbeitete, war eine isolierte Zelle. Ein Filmcutter mußte sich auf einer Fläche von 1,5 mal 2 Meter acht bis sechzehn Stunden lang auf das Schneiden von Filmen konzentrieren. Die Beleuchtung war trübe, und die Betonwände waren kahl. Das Licht wurde vom Zelluloid reflektiert, während es durch den Betrachter lief. In Reichweite des Cutters befanden sich Kleber, Aceton und Lösungsmittel. Die weißen Baumwollhandschuhe, die die Cutter tragen mußten, dienten nicht ihrem Schutz, sondern sollten den Film vor Verunreinigung bewahren. Häufig wurde Aceton versehentlich verschüttet, zumal nach langen Überstunden. Während der Wintermonate waren die Dämpfe noch dichter. Die fensterlosen Schneideräume hatten keinerlei Belüftung.

Die regnerischen Wintermonate in Los Angeles machten Gladys besonders zu schaffen. Nach tagelangem Dauerregen und Überstunden in abgestandener, von Dämpfen gesättigter Luft begann Gladys allmählich den Kampf gegen die schlimmen Arbeitsbedingungen, die gnadenlosen Hypothekenraten und die selbstauferlegte Pflicht, ihrer Tochter alles zu bieten, zu verlieren. Die Kopfschmerzen nahmen an Heftigkeit zu, sie fiel in eine tiefe Depression. Sie fürchtete, verrückt zu werden, ein Schicksal, das, wie sie glaubte, ihrer Mutter Della widerfahren war.

Um den Tod von Della Monroe zu verstehen, muß man die Schicksalschläge in Betracht ziehen, die ihr Leben bestimmt hatten. Ihr erster Mann, Gladys' Vater, war eines langsamen, qualvollen Todes gestorben, der sie jahrelang in Alpträumen heimsuchte. Schließlich hatte sie ihren Gram überwunden und sich in ihren zweiten Mann verliebt, der sie wegen einer anderen Frau sitzenließ. Nach dieser Demütigung heiratete sie zum dritten Mal, aber auch dieser Mann verließ sie wegen einer anderen Frau. Della war eine unglückliche und gebrochene Frau, als sie der charismatischen Predigerin Aimee Semple McPherson begegnete. Della hielt sich für schuldig; sie wollte sich von ihren Sünden reinigen, und Aimee stellte sich als Retterin und Heilsbringerin für verlorene Seelen zur Verfügung. Sie war praktisch der einzige weibliche Evangelist der damaligen Zeit und warb als selbsternannte Führerin der Pentecostal Church um die fundamentalistischen Christen, die wegen der Aufweichung der Moral im Lande aufgeschreckt waren. Alle, die sich sündig fühlten und sich verpflichteten, den selbstgerechten Weg einzuschlagen, den McPherson lehrte, gerieten in ihren Bann und scharten sich in einer ständig größer werdenden Gefolgschaft um sie. Della erging es nicht anders. In ihrem verletzlichen, schuldgeplagten Zustand wurde der Angelus Temple von McPherson in Los Angeles ihre Zuflucht.

Dellas Verehrung für McPherson war von kurzer Dauer. 1926 verschwand McPherson auf geheimnisvolle Weise. Gerüchte besagten, daß sie tot sei. Später fand die Polizei heraus, daß sie ihre eigene Flucht inszeniert hatte, um sich mit einem männlichen verheirateten Mitglied ihrer Jüngerschar abzusetzen. Als Betrügerin und Ehebrecherin entlarvt, trat sie später als Rundfunk-Evangelistin wieder an die Öffentlichkeit, ohne jedoch ihre frühere Popularität wiederzuerlangen. (Am 27. September 1944 trat McPherson nach einer »versehentlichen« Überdosis an Barbituraten vor »ihren Schöpfer«.)

Della brach unter diesen verheerenden Enttäuschungen und einem neuerlichen Verrat zusammen. Am 4. August 1927 wurde sie in das staatliche Nervenkrankenhaus von Norwalk eingeliefert. Neunzehn Tage später war sie tot. Die Unterlagen des Krankenhauses weisen ein Versagen der Herzkrankgefäße aus, das auf einem »manischen Anfall« zurückzuführen gewesen sei. Angesichts der Tatsache, daß die 51jährige vor den letzten neunzehn Tagen ihres Lebens keinerlei Anzeichen geistiger Störungen oder Herzerkrankungen gezeigt hatte, erscheint es äußerst unwahrscheinlich, daß sie so plötzlich manisch-depressive Anfälle bekam und einen Herzanfall erlitt.

Die Behandlung von Geisteskranken während der zwanziger Jahre war barbarisch. Methoden wie Aderlaß (um den Irrsinn mit dem Blut aus dem Körper zu spülen) und »Angst«-Therapie (um dem Patienten durch den Schock klaren Verstand einzujagen) wurden allgemein praktiziert. Physische und seelische Mißhandlungen in staatlichen Nervenkrankenhäusern waren 1927 an der Tagesordnung. Das Norwalk Hospital hatte wegen seiner Fehldiagnosen und Mißhandlungen von Patienten einen besonders schlechten Ruf. Was wirklich mit Della in diesen letzten neunzehn Tagen geschah, wird für immer ein Geheimnis bleiben.

Als Gladys an einem kühlen Morgen im Januar 1935 zu einer weiteren Doppelschicht ging, bekam sie einen Schwindelanfall, begann zu delirieren und brach auf dem Gehweg zusammen. Das Gift der Schuldgefühle und der Chemikalien, denen sie fast zehn Jahre lang ausgesetzt gewesen war, hatte schließlich die Oberhand bekommen. Sie hatte unbeherrschbare Weinkrämpfe, so daß das englische Ehepaar, dem sie ihr Haus vermietet hatte, sich beeilte, einen Krankenwagen zu bestellen. Da Gladys kein physisches Trauma aufwies und das Ehepaar berichtete, daß sie seit einiger Zeit depressiv gewesen war, nicht aufhörte zu weinen und immer noch desorientiert sei, brachte sie der Krankenwagen ins Norwalk Hospital, wo ihre Mutter die letzten neunzehn Tage ihres Lebens hatte zubringen müssen.

Norma Jeane wurde von dem englischen Ehepaar von der Schule abgeholt, und es wurde ihr erklärt, was ihrer Mutter an diesem Tag widerfahren war. Wieder einmal erschütterten Trennung und Ungewißheit Normas Welt, gerade als sie sich an das Leben zusammen mit ihrer wirklichen Mutter gewöhnte – was würde mit ihr geschehen? Ob sie zu den Bolenders zurückgeschickt würde? Oder konnte sie bei dem englischen Ehepaar im Haus ihrer Mutter bleiben? Sie bekam Angst, daß ihre Mutter sterben würde. War sie krank geworden, weil sie sich für Norma Jeane aufopferte? War sie die Ursache für alle Probleme ihrer Mutter? Das Schuldgefühl blieb Norma Jeane ihr Leben lang.

Drei Generationen von Frauen waren gekennzeichnet von Tragödien, Selbstbeschuldigungen und Vorwürfen.

Im Krankenhaus von Norwalk wurde bei Gladys eine schwere Depression diagnostiziert. Auch heute wird ein Patient das Stigma einer einmal diagnostizierten Geisteskrankheit nur schwer wieder los. Damals galt generell: einmal geistesgestört, immer geistesgestört.

Unseligerweise wurden in den dreißiger Jahren bei der Behandlung von manischer Depression sowohl Chloralhydrat wie auch Barbiturate eingesetzt. Verschiedene chirurgische Eingriffe bei Geisteskranken sahen die Hysterektomie, die Sterilisation und die Entfernung von Organen vor, die man für »infiziert« hielt. Bei der Hydrotherapie mußten die Patienten immer wieder lange unter einer kalten Dusche stehen. Auch die diversen Schocktherapien standen hoch im Kurs, z. B. das rasche Herumschleudern auf einem waagrechten Rad.

Die Psychiater erklärten Gladys, daß sie ihre Geisteskrankheit von ihrer Mutter geerbt hätte und ihr Zusammenbruch dem ihrer Mutter gleichzusetzen sei. Die Fehldiagnosen Schwachsinn und Depression führten dazu, daß Gladys Chloralhydrat, ein Sedativ und Phenobarbitol, ein Barbiturat, verabreicht bekam. Ihr Körper war durch die ständige Inhalation und die Einwirkung gefährlicher Substanzen bereits mit Giften vollgepumpt. Von Tetrachlorkohlenstoff und 1,1,1-Trichlorethan, Chemikalien, mit denen Gladys täglich arbeiten mußte, weiß man heute, daß sie katastrophale Auswirkungen haben können. Konzentrationen von 1000–1700 ppm, wie sie Gladys tagaus tagein einatmete, verursachten Kopfschmerzen, Gleichgewichtsstörungen, Depression und sogar Koma. Durch lang andauernde Einwirkung kann Sauerstoffmangel, die sogenannte zerebrale Hypoxie, eintreten. Die durch die Chemikalien verursachte Depression wurde durch »Dämpfer« verschlimmert, was im Zusammenwirken einen irreversiblen pathologischen Schaden herbeiführte, der die ständige Unterbringung in einer Nervenheilanstalt unabdingbar machte. Wie schon ihre Mutter, wurde Gladys das Opfer des psychiatrischen Gesundheitssystems. Norma Jeane bekam die Folgen schon bald zu spüren.

3. Kapitel
Pubertät

Norma Jeanes Traum von der Sicherheit eines eigenen Heims wurde durch den jüngsten Schicksalsschlag zunichte gemacht. Krankheit schien eine legitime Entschuldigung für die Abwesenheit ihrer Mutter, trotzdem zuckte Tante Grace McKee jedesmal zusammen, wenn das Kind fragte: »Wann werde ich meine Mutter wiedersehen?« Grace versuchte, sie unter der Obhut der englischen Familie zu lassen, aber das funktionierte nur noch diesen Frühling. Die Hypothek wurde nicht bezahlt, und das Haus in Hollywood konnte nicht gehalten werden. Der Familienvorstand verlor seinen Job und beschloß, mit zweiundsechzig in England in Rente zu gehen. Mit der Zwangsvollstreckung und dem Verlust des Hauses wurde Norma Jeanes Hoffnung auf eine Wiedervereinigung mit ihrer Mutter zerstört. Als die Einrichtung mitsamt dem geliebten Stutzflügel verramscht wurde, um die Schulden der kränkelnden Gladys zu bezahlen, brach Norma Jeane weinend zusammen.

Tante Grace mußte zu ihrem Kummer erkennen, daß sie nicht in der Lage war, ein ausgeglichenes, harmonisches Familienleben zu bieten, das das Mädchen so dringend brauchte. Sie traf eine Vereinbarung mit Freunden, der Familie Giffen, Norma Jeane in ihrem Haus hinter der Highland Avenue aufzunehmen. Das Leben in dieser Familie der oberen Mittelklasse erwies sich als anders als alles, was das Mädchen bisher erlebt hatte. Harvey Giffen war Toningenieur bei der RCA; er hing zärtlich an seinen Kindern, und die ganze Familie faßte schnell Zuneigung zu Norma Jeane. Grace, die sah, wie gut sie sich aneinander gewöhnten und wie gering die Chance war, daß Gladys genesen könnte, schlug vor, daß die Giffens Norma Jeane adoptierten.

Nach reiflicher Überlegung war das junge Paar damit einverstanden. Die nächste Hürde war die Zustimmung der eingewiesenen Mutter. Um die Situation noch mehr zu komplizieren, hatten die Giffens vor, wieder in den Süden zu ziehen, was bedeutete, daß Gladys den Kontakt zu ihrer Tochter völlig verlieren würde.

Als Gladys über die geplante Übersiedlung in Kenntnis gesetzt wurde, verschlimmerte sich ihre Depression. Wenn Norma Jeane aus ihrem Leben verschwand, gab es keine Hoffnung mehr, würde jede Triebfeder zur Wiederherstellung fehlen. Sie liebte ihre Tochter sehr und konnte den Gedanken nicht ertragen, daß sie ihr nicht mehr gehören sollte. Adoption kam also nicht in Frage. Doch mußte, solange Gladys in der Anstalt blieb, ein anderes vorläufiges Arrangement getroffen werden.

Tante Grace wurde als Norma Jeanes Vormund bestellt. Grace heiratete Erwin »Doc« Goddard, und ihr Ehemann weigerte sich, weiterhin für das Kind zu sorgen. Abgesehen davon, daß er drei Kinder aus einer früheren Ehe hatte, verlief seine Karriere als Forschungsingenieur bei der Adel Precision Products Company und Hobby-Erfinder nicht so vielversprechend, wie es ausgesehen hatte. Er hatte davon geträumt, ein berühmter Erfinder zu werden, aber seine großen Gedanken ertranken regelmäßig im Alkohol. Sein Saufen machte ihn lustlos und depressiv, und der finanzielle Aufschwung, den er Grace versprochen hatte, entpuppte sich als Luftschloß.

Der Entschluß, Norma in der Los Angeles Orphans Home Society unterzubringen, lag Grace Goddard schwer im Magen. Sie war diejenige gewesen, die dem Kind immer Mut gemacht hatte, an sich zu glauben, und ihm eine wunderbare Zukunft vorgespiegelt hatte. Sie hatte Norma Jeane eingeredet, daß sie schön sein könne, obwohl sie für ihr Alter zu groß und mager war, und daß sie eines Tages eine erfolgreiche Filmkarriere machen könne. Und nun, so trostlos die Lage der Neunjährigen auch aussah, versprach Tante Grace, daß der Aufenthalt im Waisenhaus nur kurz sein würde.

Im Jahr 1935, in dem Norma Jeanes Waisenhauszeit begann, wurde in Island als erstem Land die Abtreibung legalisiert (wenn die Schwangerschaft die physische oder seelische Gesundheit gefährdete). Das im jüdischen Armutsmilieu spielende Stück *Wachet auf und singet* des radikalen Bühnenautors Clifford Odets brach am Broadway Hausrekorde. Jimmy Hoffa wurde zum Vertrauensmann des Distrikts 299 der Transportarbeitergewerkschaft ernannt. Während Elvis Aaron Presley noch ein Kleinkind war, verbrachte sein Vater Vernon einige Zeit im Gefängnis, weil er ungedeckte Schecks in Umlauf gebracht hatte, und Joseph Paul DiMaggio fing bei den New York Yankees an.

Norma Jeane stand vor dem roten Backsteinbau im Kolonialstil, 815 North El Centro Avenue in Hollywood. Für ein Mädchen, das ständig stotterte, war ihre Reaktion, als sie über dem Eingang das Messingschild »Los Angeles Orphans Home Society, gegründet 1886«, las, deutlich, knapp und nachdrücklich. »Ich bin keine Waise!« Weder ihre Mutter noch ihr Vater waren tot. Sie war lediglich obdachlos. Ihre Weigerung, das anmutige Gebäude zu betreten, das an ein gastliches Herrschaftshaus in den Südstaaten erinnerte, brach ihrer gesetzlichen Hüterin schier das Herz. Aber Grace wußte, daß sie keine andere Wahl hatte, als der Direktorin Dewey zu helfen, das verstörte, brüllende Kind nach drinnen zu schaffen. Mrs. Dewey war sich lebhaft bewußt, wie traumatisch die Anpassung an ein Anstaltsleben für ein Kind sein konnte, und sie gab sich extra Mühe, um Norma das Gefühl zu geben, daß sie etwas Besonderes und willkommen sei.

Wochen mit ekelerregendem Essen, Geschirrspülen und Hausarbeit für fünf Cent pro Woche (wie sie später behauptete) sowie das Aufstehen um halb sieben Uhr früh nach langen einsamen Nächten verstärkten ihre depressive Stimmung. Obwohl sie im allgemeinen wohlerzogen und kooperativ war, haßte Norma Jeane das Waisenhaus und sehnte sich nach ihrer Mutter. Verglichen mit diesem Ort war selbst das Leben mit Ida Bolender ein Honiglecken gewesen.

Vielleicht erinnerte der Regen Norma Jeane an den Tag, an dem ihre Mutter verschwunden war, oder vielleicht machte er sie nur schlicht deprimiert. Wie auch immer, sie marschierte nach draußen auf der Suche nach Liebe. Sie wußte, wo Tante Grace wohnte. Sie dachte, daß die zehn Cent, die sie besaß, ausreichen würden, um den größten Teil der Strecke mit der Straßenbahn zurückzulegen, und daß sie den Rest zu Fuß schaffen könnte. Aber kaum, daß die Neunjährige aus der Vordertür auf den Gehsteig spazierte, wurde sie von Mrs. Dewey gestoppt.

Die Direktorin überhäufte Norma Jeane nach ihrem kläglichen Fluchtversuch mit mehr Aufmerksamkeit, lud sie in ihr Allerheiligstes ein und zeigte ihr, wie man Make-up aufträgt. Wie jedes Mädchen war Norma Jeane hingerissen. Sie sah sich im Spiegel und begann zu glauben, daß sie schön sein könnte. Mrs. Dewey bestätigte ihr wachsendes Selbstvertrauen, daß sie sehr hübsch war. Diese vertraulichen Augenblicke mit der Leiterin des Waisenhauses ließen Norma Jeane geduldig darauf warten, daß Tante Grace ihre Versprechungen erfüllen würde.

In der Zwischenzeit verwöhnte Grace Norma Jeane mit Bonbons und kleinen Geschenken. An Feiertagen nahm sie sie mit ihren Stiefkindern mit ins Kino. Norma Jeanes Geburtstag wurde ebenfalls nicht vergessen. Der 1. Juni kam und ging, doch Tante Grace hatte eine Glückwunschkarte dem Postweg anvertraut. Wie stolz war Norma Jeane, als die Überraschung kam. Es gab ihr das Gefühl, daß da jemand war, der sie liebte und sich um sie kümmerte.

Bei einem Besuch sagte Tante Grace Norma Jeane, daß Ana Lower, ihre Tante väterlicherseits, bereit war, sie in ihrem Haus in Culver City in der Nähe der Sawtelle Avenue aufzunehmen. In der heruntergekommenen Gegend säumten billige rustikale Häuser ungepflasterte Straßen, die bei Wolkenbrüchen unter Wasser standen. Doch Norma Jeane war mehr als dankbar, und Tante Ana erwies sich als eine weitere gütige Frau. Ana Lower gehörte als Mitglied der Christian Science dem Elitekader der »practitioners«, der mentalen Heiler, an und lehrte, daß Gott die Liebe ist und ein gutes Leben verheißt. Sie liebte Norma Jeane wie ihr eigenes Kind und versicherte ihr, daß sie ein gutes Leben führen könne, wenn sie ihre negativen Gedanken zu positiven machen könne. Die neue Zukunftsaussicht ließ Norma Jeane das Beste hoffen. Später erinnerte sich Marilyn immer an Tante Ana als eine kluge Frau, die ihre Gedanken in neue Bahnen lenkte. Es gab keine gebrochenen Versprechen mehr, die ihr

Selbstvertrauen und ihr Selbstwertgefühl erschütterten. Die Verletzungen durch die Enttäuschungen, die sie als kleines Kind erlitten hatte, schienen durch Tante Anas heilende Form der Liebe verschwunden.

Im Jahr 1937 kam Norma Jeane in die Emerson Junior High School an der Selby Avenue in Westwood. Die Schüler kamen aus den unterschiedlichsten Vierteln im Westen von Los Angeles, und die klassenbewußten Schüler aus den besseren Gegenden neigten dazu, auf die aus den unterprivilegierten Bezirken herunterzusehen. Obwohl Tante Anas bedingungslose Liebe Norma Jeane weiterhin stärkte, blieb die Elfjährige schüchtern und stotterte.

Die Pubertät war eine schwierige Zeit. Als die Menstruation einsetzte, hätte Norma mehr Beistand gebraucht, als die ältliche Ana zu bieten in der Lage war. Obwohl die Periode immer von gräßlichen Krämpfen begleitet war, hielt Ana an der Doktrin der Christian-Science-Begründerin Mary Baker Eddy fest und bestand darauf, daß Krankheit und Schmerz nur in der Einbildung existieren; trotzdem gestattete sie Norma Jeane, Empirin zu nehmen, um dem »Fluch« entgegenzuwirken. Zur Frau heranzureifen, war nicht einfach.

Obwohl Ana predigte, daß Leiden und Bresthaftigkeit nicht bestünden, litt sie selbst zunehmend an Herz- und Gefäßerkrankungen. Jahre später, nach Anas Tod, besuchte Marilyn häufig ihr Grab auf dem Friedhof von Westwood Village und gedachte der Frau, von der sie als einziger glaubte, daß sie sie nie enttäuscht habe.

Grace, die mit ihrer Familie in ein größeres Haus im San Fernando Valley umgezogen war, fand, daß es unter diesen Umständen das Beste sei, Norma Jeane wieder zu sich zu nehmen. Die inzwischen Dreizehnjährige mußte sich abermals in ein neues Heim einfügen und versuchen, in der Van Nuys High School neue Freundschaften zu schließen. Es half ihr beim Einleben, daß sie innigen Kontakt mit Bebe Goddard, der Stieftochter von Tante Grace, bekam, die ein halbes Jahr jünger war.

Die Verfilmung von Margaret Mitchells *Gone With the Wind/ Vom Winde verweht* kam 1939 ins Kino. Norma ging die fast fünf

Kilometer zu Fuß in die Schule, um sich den Besuch leisten und ihr Idol Clark Gable sehen zu können. Ihre Schimäre, daß der Schauspieler ihr verlorengegangener Vater sein könnte, war noch lebendig, und sie wurde jedesmal ohnmächtig, wenn er auf der Leinwand erschien. Vielleicht liebte er sie am meisten von allen seinen »Kindern« und würde ihren wendigen Körper über seine Schulter schwingen und ihr ins Ohr flüstern, daß sie die hübscheste von allen sei.

Neben Gable, ihrem Traum-Vater, und dem Filmregisseur John Huston vergötterte sie zwei andere Männer: Abraham Lincoln und Albert Einstein. Sie verschlang Lincoln-Biographien, die ihr die Hoffnung gaben, daß auch sie sich aus demütigender Armut erheben und Großen leisten könne. Während ihres ganzen Lebens hatte sie Lincolns Foto bei sich. Arthur Miller, ihr dritter Mann, sah dem ermordeten Präsidenten ähnlich, und es ist kein Zufall, daß sie sich von dem Schriftsteller und Pulitzer-Preisträger körperlich angezogen fühlte.

Von ihrer neuen Schwester bekam sie den Kosenamen »Normi«. Sie teilten ein Zimmer, Kleider und Schuhe. Bebe bewunderte Norma Jeanes Figur, die sich rasch entwickelte und bald den Neid aller Mädchen in der Van Nuys High School erregte. Sie hatte jeden Tag die Schuluniform zu tragen – eine weiße Bluse und einen körperbetonenden schwarzen Rock. Sie versäumte es nie, mit den Hüften zu wackeln, wenn sie an der männlichen Schuljugend vorbeistolzierte. Sie sparte ihre Pennies für Lippenstift und Wimperntusche. Ihre Brüste füllten den Büstenhalter und dehnten Blusen und Pullover bis zur Belastungsgrenze. Ihre Haut war makellos. Und um ihre sinnliche Ausstrahlung zu heben, begann sie den blassen Leberfleck auf ihrer linken Wange mit einem schwarzen Eyeliner hervorzuheben.

Ihre eifersüchtigen Schulkameradinnen bezichtigten sie, daß sie ihnen ihre Freunde ausspannte, und verbreiteten auch, daß sie bei wilden Orgien an Venice Beach betrunken würde. Der Haß nahm zu, je mehr die Jungs ihr schöne Augen machten. Norma Jeane genoß die Aufmerksamkeit, aber sie begriff den

Grund noch nicht. Ihre betörenden Rundungen, der wogende Busen, der aufreizende Körper brachten ihr Bewunderung ein, aber sie hatte die Sexualität noch nicht entdeckt und brachte ihre Attraktivität damit nicht in Verbindung.

Norma Jeanes sportliche Qualifikation bescherte ihr schließlich die Anerkennung, die sie sich von ihren Altersgenossinnen erhofft hatte. Sie war so kräftig, daß sie sich sowohl in der Leichtathletik wie im Volleyball hervotat. Bebe und ihre Freundinnen waren zuversichtlich, daß Norma olympiareif werden würde, wenn sie sich im Sport weiter stählte.

Sie war in Mathematik ausgesprochen schlecht, aber sehr gut in Englisch; Gedichte zu schreiben war ihre erste Passion. An der West Side hatte sie an einem Theaterkurs teilgenommen und ausschließlich Hosenrollen gespielt, flachbrüstig, wie sie damals noch gewesen war. In der Van Huys High School schlug sie sich eine Zeitlang alle Pläne, Schauspielerin zu werden, aus dem Kopf – im Gegensatz zu ihrer Klassenkameradin Jane Russell, die für die von ihr gespielten Rollen die Bewunderung der Schülerschaft erntete. Während sie sich auf Sport, Kinobesuche und die Lektüre romantischer Romane konzentrierte, begann Norma Jeane, sich erste Vorstellung über die Liebe zu bilden. Sie entschied für sich, daß die stärkste Form von Liebe immer auf Sympathie gründen müsse und daß Romantik und Sex von sekundärer Bedeutung seien. Verwirrt von dem Gedanken an Sex verbrachte Norma Jeane mehr Zeit damit, mit ihrem Cokkerspaniel zu schmusen, als mit irgendeinem Jungen; Verabredungen mit Jungen waren außerordentlich selten. An manchen Abenden lachte und spielte sie mit Bebe; an anderen las sie und malte sich ein Leben mit ihrem Vater aus. Obwohl sie Ana zutiefst vermißte, war sie mit ihrer augenblicklichen familiären Situation zufrieden. Nachdem sie die Hoffnung auf eine Genesung ihrer Mutter endlich aufgegeben hatte, versuchte Norma Jeane, ihre seelischen Wunden unsichtbar zu machen.

Als »Doc« 1942 eine bessere Stelle in Huntington, West Virginia, angeboten bekam und Norma Jeane nicht mitnehmen wollte, war auch diese Idylle beendet. Grace war im Dilemma, was sie mit ihr anfangen sollte. Nach viel Herzensleid und Gewissensbefragung kam sie zu dem Schluß, daß es angesichts des Sex-Appeals der Fünfzehnjährigen die beste Lösung war, sie zu verheiraten. Fragte sich nur noch, an wen.

Die Doughertys, befreundete Nachbarn, hatten einen gutaussehenden, liebenswürdigen und adretten Sohn, der nach dem Abschluß der Van Nuys High School, wo er Klassensprecher gewesen war, nichts von seiner Beliebtheit eingebüßt hatte.

Zuerst verabscheute Norma Jeane James Dougherty. Er war zu glatt und zu alt. Der Einundzwanzigjährige arbeitete emsig in der Nachtschicht bei Lockheed. Die beharrliche Tante Grace überredete Jim, einen passenden Partner für Bebe zu finden und die beiden Mädchen gemeinsam auszuführen. Dougherty erwiderte scherzhaft, daß er die Wiege plündern würde.

Das rote Seidenkleid, das sich Norma Jeane von Bebe lieh, schmiegte sich weich an ihren Körper. Als Jim dicht neben sie auf den Vordersitz seines blauen Ford-Coupé glitt, zuckte sie zusammen. Er war von ihrer Unschuld hingerissen, und sie tat ihm schön, im Bewußtsein, was geschehen würde, wenn sie es nicht tat.

Jim Doughertys urwüchsige Männlichkeit und sein gutes Aussehen zogen sie immer mehr an, und Schritt für Schritt gewann er sie für sich. Im Januar 1942 hatten sie sich zum ersten Mal verabredet; im März gingen sie fest miteinander, und im Mai waren sie verlobt. Norma Jeane bestand darauf, daß Jim einen billigeren Verlobungsring kaufte als den, den er ausgesucht hatte. Jims Schwester Elyda schloß aus dieser Geste, daß es sich um echte Liebe handeln müsse. Elyda sorgte dafür, daß er glaubte, Norma Jeane sei in ihn verknallt, und er glaubt noch heute, daß das auch der Fall war. In Wirklichkeit begnügte sich Norma Jeane häufig mit dem Zweitbesten.

4. Kapitel
Erste Ausbrüche der Teeniebraut

Nachdem seine Familie von Colorado hergezogen war, hatte Jim Dougherty in der Van Nuys High School Football gespielt. Als größter in der Mannschaft war er selbstredend Mannschaftsführer. Trotzdem konnte das Valley Flea Circuit League Team kein einziges Spiel gewinnen. Da es mit seine Zukunft im Football trübe aussah, versuchte sich Dougherty in der Theaterklasse. In der Komödie *Shirtsleeves* spielte er die männliche Hauptrolle neben seiner Mitschülerin und künftigen Diva Jane Russell, was er als erfreulich empfand.

Die Arbeit bei Lockheed Aircraft nach dem Schulabschluß war nicht das, was sich Jim erhofft hatte. Während er den weißen Smoking für seine Hochzeit anprobierte, dachte er über seine Zukunft nach. Alles geschah so schnell. Konnte er genug Geld verdienen, um seine Frau zu ernähren? Liebte Norma Jeane ihn wirklich so, wie sie behauptete, oder hatte Vernarrtheit oder Ausweglosigkeit sie veranlaßt, seinen Antrag anzunehmen? Er machte sich Sorgen über seine Karriere und über die Gründung einer Familie. Später räumte Jim ein: »Wir beschlossen zu heiraten, damit sie nicht wieder zu Fremden mußte.« Und wie zu seiner Verteidigung fügte er hinzu: »Aber wir waren verliebt.«

Achtzehn Tage nach ihrem sechzehnten Geburtstag wurde Norma Jeane Mrs. James Dougherty. Ihr Hochzeitskleid, handbestickt von Tante Ana, wurde jahrelang in Ehren gehalten. Die Mutter der Braut, Gladys, war auffällig abwesend, und Norma Jeane gab sich große Mühe, ihre Enttäuschung zu verbergen. Am 19. Juni 1942 um 20 Uhr 30 sprach Reverend Benjamin Lingefelder, ein Prediger der Christian Science, die traditionellen Formeln und erklärte das Paar für Mann und Frau. Die Hochzeitsparty fand im Restaurant »Florentine Gardens« in Hollywood statt. Mrs. Dougherty trank Sekt mit den Hochzeitsgästen und durchtanzte den Abend mit ihrem neuen Ehemann und seinen Freunden. Es folgte eine schlichte Hochzeitsreise. Norma Jeane war nicht anspruchsvoll und mit einer Woche am Sherwood Lake in Ventura County zufrieden, wo sie von einem Boot aus angelten und die Nächte in zärtlicher Umarmung verbrachten.

Anschließend zog das Paar in ein Apartment in Sherman Oakes. Der Besitzer hatte ein neues Bett, das in den Wandschrank geklappt werden konnte, und ein paar Möbel gestellt. Norma Jeane hatte sich in die Rolle der Hausfrau gefügt, fühlte sich aber eingesperrt, während Jim in der Nachtschicht in der Flugzeugfabrik arbeitete. Mrs. Dougherty haßte Hausarbeit; sie erinnerte sie an den Alltag im Waisenhaus. Es gab dafür keine Bezahlung, und die Stunden zogen sich öde dahin. Kochen inspirierte sie ebensowenig; dafür würzte sie Jims Lunchpaket häufig mit liebevollen Zeilen und verführerischen Fotos von sich.

Jim prahlte vor seinen Arbeitskollegen mit diesen Fotos. Brüderlich ließ er seinen guten Freund Robert Mitchum, der den Arbeitsplatz neben ihm hatte, an Sandwiches und Aufschneiderei teilhaben. Mitchum versuchte sich damals tagsüber als lausig bezahlter Kleindarsteller und mußte nachts arbeiten, um seine Rechnungen bezahlen zu können, aber er war von seiner Zukunft als Schauspieler überzeugt. Jahre später spielte er neben Marilyn in *The River of No Return/Fluß ohne Wiederkehr*.

Doughertys junge Frau sorgte dafür, daß sie ihren Ehemann nach den langen Stunden bei Lockheed zufriedenstellte. Sie schlief nackt und empfing ihn morgens zur Liebe bereit – als Entschädigung für seine harte Arbeit. Wenn sie zusammen waren, machten sie aus ihren zärtlichen Gefühlen füreinander kein Hehl; er nannte sie »Baby«, »Honey« oder »meine Süße«, und sie nannte ihn »Jimmy«.

Jimmy schlief tagsüber, während Norma Jeane sich in der lästigen Hausarbeit versuchte. Die stillen Stunden verbrachte Mrs. Dougherty, indem sie Make-up ausprobierte, das sie von dem wenigen gekauft hatte, was sie vom Haushaltsgeld erübrigen konnte. Als junger Ehemann wünschte sich Jim oft, über mehr Geld zu verfügen, um seiner Frau all die Kleider kaufen zu können, die sie in den Auslagen bewunderte. Ihr erstes gemeinsames Weihnachten war denkwürdig – denn Jim hatte genug Geld gespart, um den Affenfellmantel zu erstehen, der ihr so gut gefallen hatte. Mrs. Dougherty schaffte es, ihrem Mann eine silberne Gürtelschnalle zu schenken und eine Rasierschale, die mit seinen Lieblingszigarren gefüllt war. Jim hat die Schale noch heute und hebt darin Schrauben und Muttern auf.

Die Sicherheit, die ihr Mann ihr in der Anfangszeit ihrer Ehe gab, ermutigte Norma Jeane, ihren Vater aufzuspüren und ihn mit ihrer Existenz zu konfrontieren. Ihre Schwiegermutter Ethel Dougherty war Zeugin, als sie den schwierigen Anruf bei C. Stanley Gifford wagte, von dem sie annahm, daß er ihr Vater sei. Es war ein trauriger Tag. Als sie ihren Namen nannte, hängte er sofort ein. Norma Jeane konnte nicht einmal weinen – die Abfuhr war zu schmerzhaft. Jim wollte sie nun mehr denn je zuvor beschützen; er war glücklich, für sie Vater, Liebhaber und Ehemann spielen zu können.

Jim nahm seine Mentorrolle ernst und beschloß, seinem jungen Frauchen das Autofahren beizubringen. Sie war ständig zerstreut und orientierte sich durch das Seitenfenster. Einmal, erinnert er sich, rammte sie eine rote Tram am Santa Monica Boulevard, aber niemand wurde verletzt. (Später, nach ihrer Scheidung, stieß Norma Jeane mit dem Auto eines Priesters zusammen, und beide Fahrzeuge hatten Totalschaden. Der wütende Ex-Ehemann wurde prompt auf Schadenersatz verklagt.)

Die Wochenenden verbrachten sie mit Angeln oder Bootsfahrten am Pop's Willow Lake, mit Wanderungen in die Hollywood Hills, Schifahren am Big Bear Mountain oder Reiten in Burbank. Während eines Wochenendausflugs zum Big Bear Mountain zeigte Norma Jeane, daß auch sie besitzergreifend war. Fünfzehn Mädchen buhlten um die Aufmerksamkeit der einzigen beiden Männer im gesamten Umkreis, Jim und ein schwedischer Seemann. Jim und der Schwede ließen sich nicht lumpen und spielten vergnügt Karten mit den Mädchen. Jim fühlte sich als Hahn im Korb sauwohl und ließ Norma Jeane weinend in ihre Hütte laufen. Es machte ihm Spaß, sie aus der Fassung zu bringen. Später meinte er: »Ich nahm sie ziemlich oft auf den Arm. Ich war ein großer Scherzbold. Manchmal lachte sie, manchmal wurde sie richtig böse.«

Anfang 1943 lebten sie einige Monate im Haus 14743 Archwood Street, dem Haus von Jims Eltern, die sich außerhalb von Los Angeles aufhielten. Die Jungvermählten hatten ein eigenes Heim erwerben wollen, aber mit Jims Wochenlohn von 32 Dollar, die für die Lebenshaltungskosten ausreichte, war an ein Haus im Valley, das um die 5000 Dollar kostete, nicht zu denken. Doch der Umzug in eine geräumigere Wohnung und zumal das Doppelbett ließ das junge Paar schwelgen. Sie hatte nun Platz für einen Collie, den sie Mugsy nannten.

Die Auswirkungen der Einberufung zum Militärdienst im gleichen Jahr wären für die beiden zu hart gewesen, also meldete sich Jim bei der US-Handelsmarine und wurde sofort auf der Insel Catalina vor der San Pedro Bay stationiert. Die üppige Insel, früher ein Touristenparadies, war seit dem Eintritt der USA in den Zweiten Weltkrieg Sperrgebiet und vor allem von höchst maskulinen jungen Männern bevölkert. Norma Jeane und Mugsy begleiteten ihn, und sie mieteten eine Wohnung mit herrlicher Aussicht über die Bucht von Avalon und den riesigen Besitz des Kaugummi-Magnaten William Wrigley. Die Miete verschlang Jims halben Monatssold. Jim absolvierte Trainingsstunden bei einem Gewichtheber-Champion und olympischen Ringer und unterwies Norma Jeane seinerseits, wie sie ihren Körper trainieren konnte. Bald prunkte sie mit den Maßen 91-61-86.

Norma Jeane hatte sich geschworen, daß sie ihrem Mann seine Hänseleien zurückzahlen würde. Sie zog hautenge Pullis und Röcke an und stellte ihren Körper allen bewundernden männlichen Wesen in Avalon zur Schau. Sie stolzierte in weißen Shorts und einer über dem Nabel geknoteten Bluse herum und hatte ihren Spaß, wenn ihr genießerisch hinterhergepfiffen wurde. Daß sie nur die knappsten Badeanzüge trug, nahm den Männern den Atem und gab ihrem Mann das Gefühl, daß er ausgebootet war. Noch viele Jahre später erinnerte er sich, daß er eines Nachmittags früher als sonst vom Hauptquartier zurückkam und die Tür seltsamerweise verschlossen fand. Er klopfte, und von drinnen ertönte Norma Jeanes Stimme. »Bist du es, George? Oder ist es Bill?« gluckste sie, »oder vielleicht bist du Fred!« Jim konnte austeilen, aber nicht einstecken. Es gab heftigen Streit über die Art, wie sie sich kleidete, doch jeder Disput führte geradewegs ins Bett, wo leidenschaftliche Versöhnungen stattfanden. Ja, die Art, in der andere Männer seine aufreizende Frau anschauten, machten Jim noch schärfer auf sie.

Jims Stationierung in Übersee brachte für Norma Jeane eine Rückkehr nach Van Nuys mit sich. Die Familie Dougherty hielt es für das beste, daß sie während seiner Abwesenheit bei seinen Eltern lebte. Der Verlust an Privatsphäre wurde durch mehr Hilfe im Haus aufgewogen. Der Kummer als Strohwitwe wuchs. Norma Jeane schrieb Jim, daß die Gespräche mit den Vertretern, die an die Haustür kamen, ihr Zerstreuung bereiteten. Alle boten Gelegenheitskäufe auf Ratenzahlung an, und obwohl sie in Versuchung kam, das eine oder andere zu kaufen, ließ sie sich die meiste Zeit lediglich in Gespräche ein. Sie plagte ihren Ehemann damit, daß ihr der männliche Umgang fehlte und daß diese Männer eine Ventilfunktion hatten. Das Militär ließ ihr eine Unterstützung zukommen, und Jims Familie steuerte Geld für Lebensmittel bei, aber Norma Jeane gab ihr Geld für Kleider und Make-up aus.

Aber Shopping allein konnte ihre frustrierende Einsamkeit nicht überwinden, also fand Jims Mutter für sie einen Job bei der Radio Plane Company in Burbank, einem großen Betrieb der Rüstungsbranche. Norma hatte Fallschirme zu prüfen und zu packen, die an ferngesteuerten Miniatur-Zielflugzeugen befestigt waren. Sie verdiente 20 Dollar pro Woche, war aber sehr bald gelangweilt. Sie ersuchte um eine Versetzung in den »Dope-Raum«, wo Spannlack auf Stoff zur Verkleidung des Flugzeugrumpfes gesprüht wurde.

Sie arbeitete am neuen Arbeitsplatz härter und wurde mit einem Zertifikat für »überdurchschnittliche Leistung« belohnt. Daß sie scheu und wenig gesprächig war, hatte nicht dazu beigetragen, viele Freunde in der Firma zu finden. Ihre Introvertiertheit machte sie verdächtig, und daß ihr die Auszeichnung den Rücken stärkte, sorgte für Ärger unter der Belegschaft. Aber

Norma schien sich nichts daraus zu machen. Sie schenkte dem Gemurre keine Beachtung, war stolz auf ihre Leistung und verrichtete weiterhin gute Arbeit.

Im März 1945 überquerten die Alliierten bei Remagen den Rhein, und Jim Dougherty hatte seinen ersten Heimaturlaub.

Jim und Norma Jeane setzten sich, um ungestört zu sein, schnurstracks aus seinem Elternhaus ab und zogen ins La Fonda Hotel im Valley. Das Paar blieb ganze Tage und Nächte auf dem Hotelzimmer und ließ die Mahlzeiten vom Zimmerservice bringen. Die Trennung, die beinahe ein Jahr gedauert hatte, hatte sie heißhungrig aufeinander gemacht. Norma Jeane nahm weitere Urlaubstage, insgesamt drei Wochen. Es war der reine Genuß. Keine Arbeit, nur herrliches Spiel – Daddy war zu Hause, und sie hatte ihn so vermißt. Sie erzählte ihm über ihre Leistungen in der Fabrik, und das gab Jim ein unbehagliches Gefühl. Er krümmte sich, als sie ihm von ihren Träumen erzählte, einmal ein großer Filmstar zu werden. Er erinnerte sie daran, daß so viele begabte Frauen arbeitslos seien und sie froh sein müsse, eine feste Arbeit zu haben. Er billigte ihre Intentionen nicht; er wollte eine Frau und eine Mutter für seine Kinder.

Auf seine erste Reaktion hin unterdrückte Norma Jeane ihre Wünsche. Aber sobald er sich in Richtung Pazifik aufgemacht hatte, begann sie, Tante Ana Lower in Culver City wieder häufiger zu besuchen, die sie wie immer in ihrem Ehrgeiz bestärkte.

Norma Jeane erweiterte auch anderweitig ihren Horizont. Die Bars in der Umgebung halfen Mrs. Dougherty, sich die Zeit während der Abwesenheit ihres Ehemanns zu vertreiben. Manchmal trank sie zuviel. Oder ein großer, gutaussehender, dunkelhaariger Mann lud sie zu einem Dinner in einem Restaurant und dann auf ein paar weitere Drinks zu sich nach Hause ein. Das perfekte Ventil für ihren Groll über Jims neuerliche »Desertion« war, ihrem fernen Ehemann zu beweisen, daß sie schön und begehrenswert genug war, um einen Mann bei der Stange zu halten. Daß Jim in Übersee war, gab ihr das Recht, sich einsam zu fühlen und nach Liebe zu lechzen. Sie knöpfte ihre kurzärmelige Baumwollbluse auf und enthüllte ihren Spitzenbüstenhalter. Ihr neuer Bekannter, leicht angetrunken von einem Bier zuviel, forderte sie auf, die ganze Kleidung abzustreifen. Es war leichter, als sie gedacht hatte; er hatte bereits für ein animierendes Dinner bezahlt. Doch der gelungenste Teil des Abends war sein Gesichtsausdruck, sobald Norma Jeane ihren Körper vor ihm entblößte. Die fassungslose Miene des Fremden, als er den herrlichsten Körper seines Lebens mit seinen Blicken verschlang, jagte Schauer über Norma Jeanes Rücken. Die Aufmerksamkeit eines Mannes – das war es, wonach es sie verlangte. Es schien eine Ewigkeit, seit ihr Ehemann sie berührt hatte. Sie entbehrte den Liebesvollzug. Es war das einzige Richtige, diese Kluft der Einsamkeit zu überbrücken. Vergnügen und Tröstung waren lustvolle Schlafkameraden, und Norma Jeane gab ihrer Neigung nach. Als der Fremde gesättigt war, fragte er, ob sie Taxigeld nach Hause brauchte, und offerierte ihr großzügig das Zehnfache des nötigen Betrags.

Sobald sich das Gefühl trostloser Verlassenheit das nächste Mal meldete, war Mrs. Dougherty wieder in den Bars anzutreffen. Der Ärger über die Abwesenheit ihres Mannes wuchs in dem Maß, in dem die Zeit immer langsamer verging, aber die Vorfreude auf das nächste Zwischenspiel erregte und tröstete sie gleichermaßen. Die darauf folgenden Barbesuche stärkten ihr labiles Selbstgefühl. Es gab da immer einen bereitwilligen Aspiranten. Der nächste mochte vielleicht großzügiger sein . . . vielleicht älter, vielleicht verheiratet. Und es gab immer Belohnungen. Ein Dankeschön und ein wenig Extrageld wurden erwartet und geschätzt. Aber sobald die Gute-Nacht-Wünsche ausgetauscht waren, waren die Blessuren wieder da und erinnerten sie daran, wie sehr ihr Ehemann sie enttäuscht hatte. Er hatte treu zu sein. Und nun, so legte sie es sich zurecht, teilte er sein Bett mit einer fremden Frau – es konnte nicht anders sein!

Jim hatte jeden Tag Sex haben wollen, manchmal morgens und nachmittags. Was machte er heute nacht? Norma Jeane war felsenfest überzeugt, daß er die Liebesgaben einer anderen Frau genoß. Und das brachte sie zur Weißglut. Aber sie unterdrückte ihren Zorn und hatte eine Ausrede, um eine weitere Bar zu besuchen. Die Öde des Alleinseins würde durch die Gesellschaft so vieler aufmerksamer junger Männer, die es wissen wollten, zum Schweigen gebracht werden. Norma Jeane gefielen die »Big

Spenders«, und sie suchte sich sorgfältig diejenigen aus, die betuchter als der Rest aussahen. Sie wollte sichergehen, daß ihre Leistung die entsprechende Beachtung und Anerkennung fand. Die süße Rache war Bestandteil der Belohnung, aber die Gratifikation war auch nicht zu verachten. Jim Dougherty konnte sich den Schnabel wischen. Und Norma Jeane schwor sich, daß sie nie wieder von ihm abhängig sein würde.

Die Besuche bei Tante Ana Lower taten ihr gut. Ana hielt sie an zu träumen, stärkte ihr Selbstvertrauen und ermutigte sie, das Glück beim Schopf zu packen. Während der Arbeitswoche fühlte sich Norma Jeane im Haus ihrer Schwiegermutter gut aufgehoben. Jim dachte, daß sie auch beschützt würde – daß seine Mutter ständig ein wachsames Auge auf sie hätte.

Norma nahm es ihrem Ehemann immer mehr übel, daß er sie bisher die meiste Zeit im Stich gelassen hatte, und traf Anstalten, wieder bei Tante Ana einzuziehen. Ihre neugewonnene Freiheit gab ihr mehr Selbstbewußtsein.

Noch während sie bei der Radio Plane Company arbeitete, begann sie, ihr Geld zusammenzuhalten. An den Wochenenden spielte sie Karten und gewann dabei häufig. Der unverzagte Glaube an ihre sexuelle Anziehungskraft könnte das Aufputschmittel gewesen sein, das ihre Chancen so plötzlich erhöhte.

Im Rahmen seiner Kriegsbemühungen hielt der Schauspieler Ronald Reagan, der in der Ersten Film-Einheit der Hal Roach Studios (damals »Fort Roach« genannt) in Culver City diente, Ausschau nach frischen Gesichtern. Er engagierte den Armeefotografen David Conover, ihm bei der Suche zu helfen. In der Fabrik fiel Conover auf, daß Norma Jeane vor Tatendrang nur so sprühte, und nachdem sie als optimistische Fließbandarbeiterin abgelichtet worden war, ließ er sie andere Kleider anziehen und machte von ihr Außenaufnahmen in Farbe. Norma Jeane genoß die Aufmerksamkeit, und Conover war von ihrer natürlichen Fähigkeit zu posieren inspiriert und auch davon, daß sie wie das Mädchen von nebenan aussah – genau das Mädchen, zu dem die GIs heimkommen wollten. Sogar der Filmentwickler bei Eastman Kodak fand, daß die Fotos sensationell seien, und beglückwünschte Conover zu seiner Arbeit.

Ein Foto wurde im Soldatenmagazin »Stars and Stripes« veröffentlicht. Norma Jeane zeigte Tante Ana stolz die Ergebnisse ihres ersten Jobs als Fotomodell, und die Tante bestärkte sie, daß sie in der Tat eine fotogene junge Dame sei.

Mochte sie auch eine blutige Anfängerin sein, Conover beraumte mit ihr eine weitere Fotosession an und gab ihr den Rat, ihren trübseligen Job für eine Karriere als Modell an den Nagel zu hängen. Er wollte ihr erstes Model Book fotografieren, denn es war ihm klar, daß sie so etwas brauchte.

Emmeline Snivley war eine clevere Geschäftsfrau mit einem Blick für neue Talente. David Conover hatte für ihre Blue Book Modeling Agency bereits häufig gearbeitet. Die Räume der Agentur befanden sich im Ambassador Hotel am Sunset Boulevard. Der Hotelbereich umfaßte Tennisplätze und einen Fitneß-Club. Viele Politiker und Prominente verbrachten im Ambassador ihren Urlaub, und seit 1930 fand im prächtigen Cocoanut Grove auch die alljährliche Oscar-Verleihung statt. Das Ambassador war 1919 erbaut worden und verkörperte mit seinen verschwenderischen Rokoko-Dekorationen das Hollywood der zwanziger Jahre. (Merkwürdigerweise war der Ort, an dem Marilyns Karriere begann, derselbe, an dem das Leben eines ihrer Liebhaber endete. Am 6. Juni 1968 wurde Robert Kennedy bei seinem Werbefeldzug für das Amt des Präsidenten der Vereinigten Staaten in ebendiesem Hotel ermordet.)

Norma Jeane wußte, daß sie »angekommen« war, als sie Emmeline Snivelys Büro betrat. Conover hatte sie als vielversprechendes Starmaterial angepriesen, und Snivley konnte ihr Potential deutlich erkennen. Diese junge Frau hatte das richtige Aussehen und war so fotogen, daß sie Topgagen fordern konnte. Snivley war sich im klaren, wie gut sich der Typ »Mädchen von nebenan« vermarkten ließ, und schlug Norma Jeane vor, sich in die Model-Schule einzuschreiben, um ihre Talente zu entfalten. Die Einschreibegebühr von 100 Dollar war das einzige Problem, das es noch zu lösen galt. Es traf sich, daß die Holga Steel Company im Pan Pacific Auditorium eine Messe abhielt, wo Norma Jeane zehn Tage für 10 Dollar pro Tag als Hosteß arbeitete. Danach konnte sie mit dem Kurs beginnen.

Wie Mrs. Snively versprochen hatte, wurde Norma Jeane bald eines der gefragtesten Modelle der Agentur und konnte ihren Job in der Radio Plane Company aufgeben. Sie wurde kritischer, was ihr Aussehen betraf, und gab sich mehr Mühe, es den Erfordernissen der Kamera anzupassen. Ein Fotograf sagte ihr, daß ihre Nase zu lang sei; Snively gab ihr den Tip, ihr Lächeln zu verändern und die Mundwinkel nicht so hochzuziehen, so daß die Nase kürzer wirkte. Sie übte mit Erfolg; später wurde mit einem behutsamen plastischen Eingriff die Nase korrigiert und das Kinn verstärkt.

Dougherty war inzwischen vor der Küste vor Argentinien stationiert. Bevor es Richtung New York ging, rief er seine Frau im Haus von Tante Ana an. Er bekam zu hören, daß sie selten zu Hause sei, und offensichtlich begann er zu fürchten, daß er Norma Jeane verlieren könnte. Jim stellte einen Antrag auf Entlassung aus dem Maritime Service, dem nicht stattgegeben wurde. Darauf rief er ein zweites Mal an und erfuhr, daß sie weg sei. Bei einem weiteren Anruf bekam er heraus, daß sie mit dem Ungarn André de Dienes auswärts sei, einem Fotografen, der schöne Frauen nackt in der Wüste ablichtete. Snively hatte den Termin arrangiert, und Tante Ana hatte ihren Segen gegeben – aber die Aktfotos wurden nie geschossen; statt dessen hatte Norma Jeane mit dem Fotografen eine Affäre.

Es war hart für Jim, der Wahrheit ins Gesicht zu sehen – er war dabei, seine Frau zu verlieren, nicht an einen anderen Mann, sondern an eine Karriere. Als er auf Urlaub heimkam, arbeitete sie häufig abends, und er blieb sich selbst überlassen. Wütend und ungeduldig stellte Jim ihr ein Ultimatum – entweder war sie Mrs. Dougherty oder nicht.

Der Zweite Weltkrieg war zu Ende. Japan hatte kapituliert; 300000 amerikanische Soldaten waren gefallen. Die Nürnberger Prozesse hatten begonnen. Theaterfreunde standen Schlange für Arthur Millers Broadway-Renner *Alle meine Söhne*. Lucky Luciano war von der Regierung der Vereinigten Staaten ausgewiesen worden. John F. Kennedy kandidierte für einen Sitz im Repräsentantenhaus. Norma Jeanes Mutter wurde aus einem

Sanatorium in San Fransisco entlassen, und die Goddards kehrten aus West Virginia nach Kalifornien zurück.

Gladys brauchte einen Platz, wo sie ihr Leben neu beginnen konnte. Sie und Norma Jeane beschlossen, eine Wohnung in der Nähe von Tante Ana zu teilen. Monate wurden darauf verwendet, die Beziehung zwischen Mutter und Tochter wiederherzustellen. Während all der Jahre im Sanatorium hatte Gladys viele Tage und Nächte in der Sorge um das Wohlergehen ihrer Tochter verbracht. Nun arbeitete Norma Jeane, und ihre Mutter nahm Anrufe entgegen.

Das Zusammensein mit ihrer Tochter war völlig neu für sie – Norma Jeane war auf dem Weg, eine Karriere zu machen, die Gladys sich für sich selbst gewünscht hatte. Genugtuung und Frustration waren miteinander im Widerstreit. Der Konflikt ließ sich nicht lösen. Was konnte sie jetzt tun, nachdem Norma Jeane sie nicht mehr nötig hatte? Sie wußte, daß sie den Dingen ihren Lauf lassen mußte. Gladys war so lange weg gewesen; in ihrer Vorstellung war Norma Jeane noch immer ein Kind, aber sie sah eine Frau. Sie haderte mich sich und der Welt.

Gladys war in Aufruhr, versuchte aber, ihrer Tochter beizustehen. Sie verstand, daß Norma Jeanes Ehe sich auflöste, nicht unähnlich dem Zerfall ihrer eigenen Ehen. Gladys wußte, wie stark der Drang nach Unabhängigkeit und Selbstbestimmung war, aber sie wußte ebenso, daß Freiheit und Erfolg nicht alles waren. Sie wußte keine Antworten darauf; ihr eigenes Leben schien ein Mißerfolg zu sein, und sie wagte nicht, Norma Jeane Ratschläge zu geben.

Bei seiner Rückkehr sah sich Jim Dougherty mit der Tatsache konfrontiert, daß sich alles um Norma Jeanes Fototermine und sonstige Buchungen drehte. Es fiel ihm auf, daß seine Frau den größten Teil ihrer Einkünfte für ihre Erscheinung ausgegeben hatte. Friseursalons und Boutiquen waren der Brennpunkt ihres Interesses, während die laufenden Rechnungen unbezahlt blieben. Norma Jeanes Ehemann konnte diese frivole neue Einstellung nicht verstehen. Er weigerte sich zu glauben, daß seine Frau auf dem Weg zu einer erfolgreichen Karriere als Fotomodell war.

Alle außer Norma Jeane erwarteten eine Machtprobe. Sie hoffte naiv, daß ihr Ehemann ihren neuen Lebensstil akzeptieren würde. Norma Jeanes hauptsächliche Beschwerde war, daß er durch Abwesenheit geglänzt hatte. Er war gegen ihre Karriere und die Situationen, in die sie sich begab – das Zusammensein mit anderen Männern und das öffentliche Zurschaustellen ihres Körpers. Es wurde deutlich, daß sich ihre Erwartungen an das Leben in entgegengesetzte Richtung entwickelt hatten. Ein Kompromiß schien nicht möglich – Jims Haltung war unwiderruflich, und Norma Jeane genoß zum ersten Mal ihr Leben. Sie dachte nicht daran zu kuschen. Für Jim führte der Weg aus der Sackgasse zurück zu seinem Auftrag in Übersee.

Norma stürzte sich in neue Aufgaben. Emmeline Snively hatte sie an den Fotografen Earl Moran vermittelt, der mit seiner Kunst ihren Busen noch unübersehbarer profilierte. Für 10 Dollar pro Stunde wurde Norma Jeane eines der begehrtesten Modelle der Westküste. Morans Foto zierte die Titelseite einer beliebten Zeitschrift. Norma Jeane schwelgte in der Aufmerksamkeit, die ihr daraufhin zuteil wurde. Ihr Weizen blühte, und sie wollte ernten.

Als ihr Abschiedsbrief an seinem Standort eintraf, war Jim nicht überrascht. Norma drängte auf eine möglichst rasche Scheidung. Snivley stand hinter dem Plan – eine Blitzscheidung nach einem sechswöchigen Aufenthalt in Las Vegas, und sie wäre wieder eine freie Frau. Im Mai 1946 erfüllte sich Norma Jeane diesen Traum und harrte geduldig sechs Wochen in Las Vegas bei einer weiteren Tante von Grace aus. Snively blieb mit ihr ständig in Kontakt und baute sie immer wieder auf. Norma Jeane verbrachte ihre Tage mit Sonnenbaden und Ausspannen. Sie hatte Schuldgefühle gegenüber ihrem Ehemann, aber Jim war in ihrem neuen Leben ein Klotz am Bein, und Schuldgefühle reichten nicht aus, um die Ehe zusammenzuhalten. Normas Entschluß war gefällt.

Mit einer vorläufigen Scheidungsurkunde kehrte sie nach Los Angeles zurück. Die Agentur hatte eine Menge Vormerkungen für sie. Sie war gebräunt und ausgeruht und vertiefte sich in ihre Arbeit. Der Erfolg zeichnete sich ab, und ihr Selbstvertrauen wuchs in gleichem Maß. Am 12. September 1946 war die Ehe offiziell beendet. Es war nichts Persönliches, dachte Norma. In späteren Jahren räumte Marilyn ein, daß Jim ein anständiger Ehemann gewesen sei. Die Scheidungsunterlagen gaben jedoch extreme seelische Grausamkeit als Grund für das Scheidungsbegehren an. Zu Unrecht beschuldigt, wußte Jim, wie der Hase lief – ihr Ehrgeiz, Schauspielerin zu werden, und ihre Einsamkeit hatten ihn aus dem Weg geräumt. Obwohl sie nach der Scheidung kaum Kontakt miteinander hatten, hegte er niemals Groll gegen sie und erinnerte sich lange danach: »Sie war ein sehr aufrichtiger Mensch, ein guter Mensch, und versuchte immer, den Schwächeren zu helfen.«

Mit neugewonnener Freiheit und neugefaßtem Mut zog Norma Jeane aus der Wohnung aus, die sie mit ihrer Mutter teilte, und quartierte sich im Studio Club ein – ein Haus in Hollywood für junge Frauen, die den Ehrgeiz hatten, ein Star zu werden. Sie hatte die Brücken hinter sich abgebrochen.

5. Kapitel
Das Blondhaar bringt's

Emmeline Snively überzeugte Norma Jeane, daß sie als Blondine mehr Aufträge bekommen würde. Ihr stumpfes Blond absorbierte zuviel Licht und sah auf Fotos glanzlos aus. Der Friseur hatte viel Mühe, die Farbe aus ihrem groben, gekräuselten Haar herauszuziehen, aber das Endresultat ließ ihre Augen leuchten, und ihr Aussehen wurde noch strahlender.

Norma Jeane verbrachte Stunden, ihr schulterlanges Haar zu kämmen, kleidete sich in passende Pastelltöne und marschierte am 16. Juli 1946 tapfer auf das Ateliergelände der Twentieth Century-Fox am Olympic Boulevard.

Ohne Terminabsprache – die vermutlich ohnehin nicht möglich gewesen wäre – meldete sich Norma Jeane bei der Sekretärin des Talentsuchers Ben Lyon. Sein Schreibtisch war mit Hunderten von 18x24-Hochglanzfotos in Schwarzweiß übersät. Es verging kaum ein Tag, an dem nicht wieder ein Dutzend Fotos der Hoffnungsvollen Hollywoods eintrafen. Der immer gleichen Fotos müde, war Lyon von Norma Jeanes frischer Natürlichkeit beeindruckt. Er fragte sich, ob Norma Jeane einen alten Knacker im Hintergrund habe; er unterstellte, daß diese Art Mädchen mit Kleidern, Pelzen, Schmuck und verrückten Autos überhäuft wurde und ein Konto zur beliebigen Verfügung hatte. Norma Jeane spürte, was ihm durch den Kopf ging, und sagte ihm, wo sie wohnte. Ein ruhiges Leben im Studio Club bedeutete, daß sie anders war, aufrichtig. Ohne Umwege erklärte Ben sie über das Prozedere auf. Erst gab es die obligatorischen Probeaufnahmen. Wenn sie die bestanden hätte, würde der übliche bindende Siebenjahresvertrag abgefaßt. Das bedeutete 75 Dollar pro Woche im ersten halben Jahr, eine Steigerung um 25 Dollar im nächsten halben Jahr und so weiter. Nach sieben Jahren würde sie bei einer Wochengage von 1500 Dollar angelangt sein.

Der einzige Pferdefuß war, daß das Studio einseitig entscheiden konnte, ob es seine Option wahrnehmen wollte. Alle sechs Monate würde darüber befunden werden, ob ihre schauspielerischen Fortschritte ausreichend seien. Norma Jeane müsse unzählige Kurse und Werbe-Aktionen absolvieren. Sie würde außerdem als Statistin und Kleindarstellerin eingesetzt, bis die Chefetage das Gefühl hätte, daß ihr wichtigere Rollen anvertraut werden könnten.

Lyon zog den Kameramann Leon Shamroy hinzu. Charles Lemain, der Chef der Kostümabteilung, steckte sie in ein glänzendes Kleid. Der Chefmaskenbildner Ben Nye gab Allan »Whitey« Snyder den Auftrag, sie zu schminken, und Irene Brooks kümmerte sich um ihre Frisur.

Shamroy drehte 30 Meter Film. Norma Jeane antwortete beiläufig auf Fragen und gab dem Kameramann die Möglichkeit, ihre natürliche Sprechstimme und ihre Leinwandpräsenz einzufangen. Obwohl sie befangen und nervös war, war sie zumindest daran gewöhnt, fotografiert zu werden, und von der Chance, die sich ihr bot, erregt.

Im Vorführraum reagierte der unzugängliche und autokratische Produktionschef Darryl F. Zanuck immerhin so auf Norma Jeanes Probeaufnahme, daß er Ben fragte, ob sie das Mädchen in ihrem Stall hätten. Ben wußte, was das hieß: »Unter Vertrag nehmen.«

Als sie in Bens Büro gerufen wurde, um die gute Nachricht entgegenzunehmen, brach Norma Jeane in Freudentränen aus. Sie konnte kaum glauben, daß sie nur zwei Wochen nachdem ihrer Scheidung stattgegeben worden war, einen lukrativen Siebenjahresvertrag bei der Twentieth Century-Fox in der Tasche hatte. Und sie hatte dafür nicht einmal mit jemandem ins Bett gehen müssen.

Ben teilte ihr behutsam mit, daß sie einen Künstlernamen brauche, verheißungsvoller als Norma Jeane Dougherty. Gemeinsam schmökerten sie im Schauspielerkatalog, um Anregungen zu bekommen. Ben entdeckte den Namen Marilyn Miller, des Stars seiner Lieblings-Filmmusicals *Sally* und *Sunny* aus dem Jahr 1930. Marilyn war immerhin schon ein Anfang. Norma

Jeane hatte zärtliche Erinnerungen an ihre Großmutter Della Monroe bewahrt, deren Nachnamen sie nicht mit einem Mann in Verbindung brachte. Sie schlug ihn vor, und sie kamen überein, daß ihr neuer Name Marilyn Monroe lauten sollte. Es gab ihr ein großartiges Gefühl. Niemand brauchte mehr etwas über ihre Vergangenheit erfahren, den Vater, der sie verlassen hatte, und die unfähige, verrückte Mutter. Sie konnte sich eine neue Identität schaffen.

Emmeline Snively fand, daß Norma Jeane auch eine angemessene Agentur haben müsse, und brachte sie zu Helen Ainsworth, die Leiterin der kalifornischen Abteilung der National Concert Artist Corporation. Helen steckte sich später die Feder an den Hut, daß sie den Vertrag mit der Fox an Land gezogen hätte. Die frischgebackene Miss Monroe bekam Harry Lipton als Agenten zugeteilt. Bei ihrem ersten Treffen erfuhr er einiges über ihren Hintergrund und bekam den Eindruck, daß sie zutiefst unsicher war. Ihr ausgeprägtes nervöses Gezwitscher machte sie zu einem Fall für sich. Es war ihm bewußt, daß die Entscheidung für die Karriere ihr Leben erschweren würde, aber er spürte ebenso, daß sie einen eisernen Willen hatte.

Gleich nach der Unterzeichnung ihres ersten Vertrags hatte Marilyns Anwalt die Scheidungsunterlagen an Jim geschickt, der nun in Shanghai stationiert war. Es fehlte noch immer seine Unterschrift. Er konnte die Abfuhr nicht ertragen und glaubte insgeheim, daß sie ihn noch immer brauchte. Als er im Hafen von San Pedro ankam, rief er sie sofort im Studio Club an. Sie berichtete ihm von ihrem neuen Vertrag und ihrer neuen Identität. Sie war nicht nur nicht mehr mit ihm verheiratet, sie konnte es mit ihrem neuen Namen beweisen. Sie war Eigentum der Twentieth Century-Fox, zu einem Preis, der ungleich höher war als alles, was er zu bieten hatte.

Sie beschwor ihn, ein Einsehen zu haben. Ihre Gründe waren offensichtlich. Das Studio würde keine verheiratete Frau unter Vertrag nehmen. Wenn sie Jim als »eine Art« Ehemann behalten konnte, würde ihr Beruf leichter sein. Jim hatte große Mühe zu begreifen, was seine neue Position beinhaltete, aber er saß in der Klemme; es war ein raffinierter Schachzug, um ihm das Gefühl zu geben, daß er gebraucht wurde. Er gab nach und unterschrieb, aber das Resultat erbitterte ihn, und er verließ die Stadt abermals. Er wollte nicht, daß seine Ehefrau mitbekam, wie sehr ihre Masche ihn verletzt hatte.

Gladys lebte nach wie vor in der Wohnung in Culver City. Sie sah sich als Außenseiterin, unerwünscht und überflüssig. Das Leben ihrer Tochter hob ohne sie ab. Sie wollte wieder ins Sanatorium. Sie war auf die Rückkehr in das gewöhnliche Leben unzureichend vorbereitet worden.

Marilyn versuchte nicht, sie zu halten. Ihre offizielle Version war, daß ihre Mutter tot sei und sie keinen Vater habe. Eine Neugeburt mit zwanzig.

Ihre Karriere bei der Twentieth ging mühsam voran. Es gab Dutzende von Starlets, die in der gleichen Position waren. Das Studio kümmerte sich kaum um ihre Entwicklung, aber sie waren angehalten, die Schauspiel- und Bewegungsklassen zu besuchen und Sprechunterricht zu nehmen. Es gab häufig Fototermine, die Aufnahmen gehörten zur Promotion. Marilyn freute sich, daß sie ihm Blickpunkt stand und hübsche Kleider tragen konnte. Wie die anderen wurde sie abkommandiert, um Supermärkte und Restaurants zu eröffnen und Bänder zu durchschneiden. All das gehörte zu den Spielregeln.

Marilyn schien ein unbekümmertes Mädchen zu sein. Sie war lernwillig, stellte immer die richtigen Fragen, am liebsten aber hätte sie gespielt. Doch das Studio konzentrierte sich auf die Stars, die das große Geld brachten – Betty Grable, Gene Tierney und Loretta Young. Alle Anstrengungen konzentrierten sich auf den Start des Films *The Razor's Edge/Auf Messers Schneide*, und Darryl Zanuck hatte keine Zeit für sie.

Nach sechs mühsamen Monaten bekam sie ihre erste Rolle in dem Maultierzüchter-Film *Scudda-Hoo! Scudda-Hay!* mit June Haver in der Hauptrolle. Sie hatte eine Szene, in der sie und eine andere Frau Boot fuhren. Der Regisseur machte eine Nahaufnahme von ihr, die dem Schnitt zum Opfer fiel. Bedauerlicherweise war sie in der Totalen nicht zu erkennen. Bis jetzt hatte Marilyn den Beruf ihrer Mutter nicht zu schätzen gewußt. Wie froh wäre sie nun gewesen, wenn Gladys den Film geschnitten hätte.

Dafür entging sie nicht dem Kennerblick des Produzenten Joseph M. Schenck, der mit Darryl F. Zanuck die Twentieth Century Pictures gegründet und später mit der Fox fusioniert hatte. Er war in den Ateliers ein mächtiger Mann, obwohl er gerade einen Teil einer einjährigen Gefängnisstrafe wegen Steuerhinterziehung und illegaler Zahlungen an die Gangster in der Bühnengewerkschaft abgesessen hatte. Präsident Harry Truman hatte ihm den Rest der Strafe erlassen, und er war dankbar an seinen Platz bei der Fox zurückgekehrt.

Als er auf dem Gelände an einer prachtvollen Blondine vorbeifuhr, bremste Schenck seine Limousine abrupt, überreichte Marilyn seine Karte und lud sie für die nächste Woche zum Dinner ein. Irgend etwas an dem älteren Mann zog sie an. Schencks respekteinflößende Erscheinung und seine Selbstsicherheit entfachten ihr Interesse. Außerdem hatte er einst mit einem Studio in der 48sten Straße in Manhattan angefangen, wo er Filme für seine damalige Frau Norma Talmadge produzierte. Und Marilyn hatte Norma, die Schauspielerin, nach der sie genannt war, immer verehrt. Sie zögerte nicht, ihm das gleich mitzuteilen.

Der Siebenundsechzigjährige hatte einen gewissen Charme. Für einen Mann in seiner Position war er bemerkenswert realistisch. Und er fühlte sich in ihrer Gegenwart wohl. Die Beziehung nahm bereits nach der ersten Verabredung zum Essen konkrete Formen an. Schenck war fast impotent, also betrieben sie oralen Sex; Marilyn machte es nichts aus. Sein Haus war entzückend, das Essen gut, und er brachte ihr einiges über das Filmbusiness bei. In eigentümlicher Weise kamen sie sich näher.

Zanuck blieb die Affäre nicht verborgen, und er begann, Marilyn zu hassen. Er hatte als erster ihre Reize »entdeckt«, und das gab ihm nach seiner Meinung das Recht, auch als erster in den Genuß ihrer Gefälligkeit zu kommen. Durch ihr Verhältnis mit Schenck zog sie sich seinen kindischen Zorn zu.

Marilyn ihrerseits verabscheute Zanuck nicht minder. Schenck hatte ihr en détail das gemeine Betragen seines Partners geschildert. Dieser gegenseitige Haß blieb während ihrer späteren Erfolgsjahre bei der Twentieth bestehen. Zanuck ging ihr ständig mit Drehbüchern auf die Nerven, die sie unmöglich fand. Und er wiederum vergab ihr nicht, daß sie sich seinen impotenten Partner als Lover genommen hatte.

Die Beziehung Monroe/Schenck gedieh weiter, aber er konnte nichts für ihre Karriere tun. Die nächsten sechs Monate waren ereignislos, davon abgesehen, daß Marilyn in *Dangerous Years* ihre erste, wenn auch winzige, Sprechrolle bekam. Der »B«-Film über jugendliche Straftäter sollte die Karriere von Billy Halop wieder aufmöbeln, dem früheren Anführer der »Dead End Kids« der New Yorker East Side, die von 1937 bis 1940 in einer Reihe von Filmen Furore gemacht hatten. Der Streifen hatte am 8. Dezember 1947 Premiere, wurde von der Presse kaum zur Kenntnis genommen und fiel durch. Marilyn spielte eine Serviererin in einem Lokal, die zechende Teenager zu bedienen hatte. Unmittelbar nachdem die letzte Klappe am 25. August 1947 gefallen war, wurde sie aus ihrem Vertrag entlassen. Aber immerhin hatte Marilyn Monroe ihre erste Sprechrolle gehabt.

Sie mußte von Arbeitslosenunterstützung leben und hatte statt der 75 Dollar wöchentlich bloß drei Dollar pro Tag zur Verfügung. Sie bat Emmeline Snively, ihr Jobs als Fotomodell zu verschaffen, aber ihr Typ war nicht mehr so gefragt wie früher. Marilyn nahm alles an, was ihr angeboten wurde.

In der Zeit bei der Twentieth hatte sich Marilyn mit einer anderen drallen Blonden angefreundet – Shelley Winters. In der Mittagspause tauschten sie Klatsch aus, tratschten über das Verhalten ihrer Chefs und jammerten über ihre üble Situation. Shelley erinnerte sich an Marilyn als ein Mädchen, das hautenge rückenfreie Oberteile trug und Enzyklopädien und Lexika mit sich herumschleppte. Nach Marilyns Entlassung gab ihr Shelley den Rat, sich bei einer Theatergruppe zu versuchen. Charles Laughton hatte eine solche Truppe in seinem Haus, aber Marilyn hatte viel zuviel Respekt vor diesem grandiosen Schauspieler. Eine andere Möglichkeit war das Actors Lab, das von Morris Carnovsky geführt wurde, einem angeblichen Kommunisten, der 1952 vor dem Komitee für unamerikanische Umtriebe erscheinen mußte.

Schließlich hatten Shelley Winters' Bemühungen doch Erfolg. Marilyn spielte die zweite weibliche Rolle in einer Studentenaufführung des Broadway-Flops *Glamour Preferred*. Es ergaben sich daraus keine Engagements, aber Huntington Hartford, der Erbe des A&P-Vermögens, lud sie nach Ende der Vorstellung zum Essen ein. Shelley hatte ihr eingebleut, daß in Hollywood zählte, wen man kannte, und nicht, was man konnte. Marilyn nahm die Einladung an.

Auch Joe Schenck führte sie weiter zum Essen aus, was die jäh Verarmte dankbar annahm. Sie genoß seine Gesellschaft und lauschte seinen Geschichten über das alte Hollywood bis tief in die Nacht hinein. Es imponierte ihr, wieviel er wußte und wie er zu formulieren verstand.

Die intimen Dinners zahlten sich aus. Schenck konnte nicht länger zusehen, wie erbärmlich es seiner Favoritin ging, also raffte er sich schließlich auf und rief seinen alten Freund und Spezi Harry Cohn an, der die Columbia Pictures in Burbank leitete. Cohn hatte eine Schwäche für prachtvolle junge Frauen, und Schenck war sicher, daß er Marilyns Schönheit zu würdigen wissen würde. Vielleicht hatte Cohn sie auch bereits in einem ihrer beiden Filme gesehen. Was auch immer der Grund sein mochte, er gab ihr im März 1948 einen Vertrag.

Um näher beim Studio zu sein, quartierte sie sich bei einer Familie ein, deren Haus sie gelegentlich zu hüten hatte. Als sie eines Abends spät zurückkam, sah sie sich mit einem Polizisten konfrontiert, der seine dienstfreie Zeit mit zuviel Alkohol begossen hatte. Marilyn schrie um Hilfe, und er wurde festgenommen. Die »Hollywood Citizen-News« griffen die Geschichte auf, und sie bekam ihre erste Ladung negativer Publicity.

Eine Frau ohne Familie oder etwas Ähnliches war das natürliche Ziel für Blutsauger. Auf einer Party in Ben Lyons Strandhaus spielte sie ihr Abenteuer mitleidheischend als Vergewaltigung hoch. John Carroll, Schauspieler, Talentsucher bei Metro-Goldwyn-Mayer und Stimmbildner, und seine Frau Lucille Ryman boten vorübergehend Rettung. Carroll erinnerte sie an ihr Idol Clark Gable und damit wieder an ihren verlorenen Vater, die beide zu einer Heilandsfigur verschmolzen waren. Sie war bei John und seiner Frau also an der richtigen Adresse.

Carrolls Beweggründe, Marilyn in seinem Haus aufzunehmen, waren eher zweifelhaft. Er schloß einen exklusiven Management-Vertrag mit einer jungen Frau, die ohne Zweifel Talent und dazu das richtige Aussehen hatte. Er hatte in seiner langen Laufbahn bei MGM viele talentierte Frauen gesehen, aber diese war anders. Er sah die enorme Begabung, der man nur freien Lauf lassen mußte. Die verletzliche Schöne erregte ihn sowohl sexuell wie emotional.

Nach dem Einzug in das Haus der Carrolls in den Cheviot Hills nahmen sie Marilyn sehr bald jede Entscheidung ab, bis zur Wahl von Kleidung, Lippenstift und Nagellack. Lucille fand sie verführerisch und entzückend und für ihre Ehe keinesfalls bedrohlich. Sie dachte, daß das Faible ihres Mannes für Marilyn nur flüchtig sei. Dann gingen die Geschäfte schlechter, und die Carrolls zogen in ein billigeres Haus in Hollywood. Marilyn ging mit, aber bei der Columbia sah es inzwischen mager aus. Wie erwartet, machte Harry Cohn der Schauspielerin ein eindeutiges Angebot, aber sie gab ihm einen Korb. Die inzwischen berüchtigte »Nacht auf seiner Yacht« war bei den Starlets ein alter Hut, und sein wenig ansprechendes Benehmen und Aussehen wirkten wie eine kalte Dusche. Cohn hatte sich gewissermaßen eine Sammlung von Skalps zugelegt, und mit ihm ins Bett zu steigen, war selbst für die verzweifelste Schauspielerin der allerletzte Rettungsanker. Marilyn ließ sich nicht kaufen; wenn sie jemand anziehend fand, war sie bereit, ihren Körper und ihre Zärtlichkeit mit ihm zu teilen, aber sie mußte sich eben hingezogen fühlen. Sie betete, daß diese Abfuhr nicht ihre Entlassung nach sich ziehen würde.

Marilyn wohnte bei den Carrolls und war noch immer bei der Columbia unter Vertrag, als Tante Ana Lower nach längerer Krankheit starb. Beim Begräbnis auf dem Friedhof von Westwood saß Marilyn düster neben ihrem Sarg und danach in sich gekehrt an ihrem Grab. Der Verlust von Tante Ana griff ihr ans Herz. Sie hatte zehn gute Jahre miteinander gehabt, viel mehr, als ihr mit ihrer Mutter vergönnt gewesen waren. Aber als echte Überlebenskünstlerin war Marilyn bereits damit beschäftigt, einen Ersatz zu finden. Die Schauspiellehrerin Natasha Lytess nahm Anas Platz ein.

Natasha war in ihr Leben getreten, weil der Produzent Harry Romm fand, daß sie schauspielerisch für ihre Rolle in *Ladies of the Chorus* noch nicht weit genug sei. Der Regisseur Phil Karlson und Max Arnow, der Chef der Nachwuchsabteilung, pflichteten ihm bei. Marilyns Erfahrung vor der Filmkamera war praktisch Null. Bei den Proben am Set stotterte sie bloß nervös herum. Natasha Lytess erinnerte sich später, daß ihre erste Begegnung mit Marilyn geradezu peinlich war. Die Schauspielerin hatte wie eine »Bordsteinschwalbe« ausgesehen und schien ohne jedes Gespür für Zweck und Ziel zu sein. Ein derart negativer erster Eindruck hätte Lytess normalerweise davon abgehalten, mit einem solchen »Flittchen« zu arbeiten, aber das gewisse Etwas dahinter interessierte sie.

Allerdings fand sie es abgeschmackt, daß Marilyn mit ihrem gutaussehenden und kultivierten Sprachlehrer Fred Karger ein Techtelmechtel anfing. Die Affäre ging in die Brüche, und Marilyn verfolgte ihn unaufhörlich und bettelte ihn an, sie zu heiraten. Anne Karger, Freds Mutter, faßte ausgesprochene Zuneigung zu Marilyn und hoffte, daß das Paar seine Differenzen bereinigen würde. Aber es sollte nicht sein. Statt dessen fing sich das Starlet eine weitere Ersatzmutter ein, die ihre Karriere warmherzig begleitete. Bis zu ihrem Tod hielt Marilyn mit Anne Karger Kontakt.

Nach den ersten sechs Monaten bei der Columbia war die Schauspielerin nur in *Ladies of the Chorus* besetzt worden. Es war kein Wunder, daß die Firma ihre Option auf Vertragsverlängerung nicht wahrnahm.

Abermals arbeitslos, fand Marilyn rasch einen Job auf der Bühne des Mayan Theater. Das Haus an der South Hill Street im vergammelten Zentrum, nur zehn Blocks vom Rathaus entfernt, war ursprünglich ein Uraufführungskino gewesen; als Marilyn engagiert wurde, beherbergte es eine Burlesque Show. Die Innenstadt, die tagsüber von Geschäftsleuten bevölkert war, wurde am Abend von den Reichen gemieden. Es war nicht fashionable, hier zu verkehren. Aber Marilyn brauchte Geld. Ihre Miete war seit Wochen überfällig, und eine Menge Gläubiger forderten ihr Geld zurück.

Sie betrat das Büro des Managers, das an der Nordseite lag, über die Feuertreppe und spähte vorsichtig auf die Straße, in der Hoffnung, daß niemand sie sah. Ein schmutziger blauer Schal, der achtlos um ihren Kopf geschlungen war, verbarg ihre Frisur. Das letzte Paar Nylons hatte sie am Vormittag ausrangieren müssen. Mit einer Minimumgage von 1 Dollar 50 pro Stunde konnte sie sich schwerlich neue für ein Dollar pro Paar leisten. Zimmer und Verpflegung kosteten 18 Dollar pro Woche. Und mit der Wirtschaft sah es insgesamt nicht rosig aus.

Sie wußte, daß ihr Körper attraktiv war, aber über ihre Fähigkeiten als Tänzerin machte sie sich wenig Illusionen. Ihre X-Beine waren das schlimmste Handicap. Ärzte hatten ihr gesagt, daß sie wahrscheinlich auf mangelhafte Ernährung in der Kindheit zurückzuführen seien. Das schien ihr plausibel; gewiß hatte sie Tage des Hungers gekannt. Also war es vielleicht gar nicht so übel, Stripteasetänzerin zu sein. Damit konnte man wenigstens die Miete bezahlen.

Als die Saalbeleuchtung aus- und das Rampenlicht anging, war aus der Menge ein leises Raunen zu vernehmen. Als die Musik einsetzte, kam Marilyn mit wippenden Hüften auf die Bühne. Männer aus dem Zuschauerraum brüllten heiser: »Zieh dich aus, Baby! Runter mit den Klamotten!« und glotzten sie mit trüben, versoffenen Augen an. Sie griff nach einem Träger und tat in Zeitlupe so, als ob sie ihren Büstenhalter ausziehen wollte. Sie tänzelte verführerisch über die Bühne, ließ ein Lächeln über ihr Gesicht huschen und warf den Voyeuren Küsse zu, wie ihr aufgetragen worden war.

Anton LaVey bündelte seinen verschlagenen Blick auf die junge Frau, die auf der Bühne herumhüpfte. Er hatte jeden Abend den besten Platz im Hause – er war der Orgelspieler, der die Stripperinnen begleitete. Und er war Marilyns neueste Akquisition.

»Manchmal trieben wir es in einem Motel, oder, wenn wir pleite waren, in ihrem Auto«, gab er beiläufig zum besten.* Das

---

* LaVey verließ das Etablissement bald, um sich an Größerem zu versuchen – als Dompteur, Polizeifotograf und Zauberer. Vier Jahre nach Marilyns Tod gründete er die Church of Satan.

Auto war ein 1948er Kabriolett und kostete um die 1300 Dollar. Die Raten waren klein, aber das waren auch Marilyns Einkünfte. Bald nachdem die Affäre zu Ende war, wurde der Ford wieder einkassiert.

Zum Glück für die Stripperin wider Willen bekam sie bald einen Anruf, auf den sie schon gewartet hatte. Sie hatte mit dem Produzenten Lester Cowan über eine Rolle in *Love Happy/Love Happy*, dem neuen Film der Marx Brothers, gesprochen. Wenn sie die Rolle bekam, konnte sie ihren Job im Mayan Theater aufgeben. Der Film nach einer Idee von Groucho sollte sowohl für die United Artists wie für die Marx Brothers, die fünf Jahre in der Versenkung verschwunden gewesen waren, ein Comeback bringen.

Nach ihrem Gespräch in den RKO Studios mit Cowan und Groucho, der sagte, daß sie den schönsten Arsch in der Branche besitze, ergatterte sie die Rolle und zwei ganze Sätze. Sie hatte in das Büro des Privatdetektivs Grunion (Groucho) zu spazieren. Er fragt: »Kann ich irgend etwas für Sie tun?« Marilyn sagt: »Mr. Grunion, bitte helfen Sie mir . . . ich werde von Männern verfolgt.« Während er – sein typisches Markenzeichen – die Augen verdreht, kontert Groucho: »Wahrhaftig? Kann ich gar nicht verstehen.« Ihr sensationelles Gangwerk und der üppige Busen erregten zwar Aufmerksamkeit, aber die Zeit der Marx Brothers war abgelaufen, und der Film war ein Flop.

Als sie mit einem geliehenen Auto ohne einen Cent und bereits reichlich spät zu einer Leseprobe für ein Theaterstück fuhr, stieß Marilyn geistesabwesend mit einem anderen Wagen zusammen und konnte mit dem ihren nicht weiterfahren. Marilyn wußte, daß sie die Rolle nicht bekommen würde, wenn sie nicht pünktlich war, und war in Tränen aufgelöst. Der andere Fahrer, der Fotograf Tom Kelley, sah, daß Marilyn ein ganz außergewöhnlich schönes Mädchen war. In der Hoffnung auf eine künftige Verabredung überreichte er ihr eine 5-Dollar-Note und seine Geschäftskarte. Die kleine Investition sollte sich reichlich bezahlt machen.

Monate später rief sie Tom an, weil sie wieder Arbeit suchte.

Kelley hatte den Auftrag, Aufnahmen für einen kunstvoll gestalteten Aktkalender zu machen. Er sagte, daß das Honorar gut sei – 50 Dollar. Nicht nur, daß Marilyn das Geld sofort brauchte, sie fühlte sich dem Mann auch irgendwie verpflichtet. Die Fotosession dauerte drei Stunden. Die saftige Blondine lag schwül auf einer roten Samtdecke. Sie war mit der Kamera vertraut, aber trotzdem froh, daß Kelleys Frau bei den Aufnahmen dabei war. Als Werbefotograf lichtete Tom Akte nicht einfach ab, sondern erzielte mit dem Auge der Kamera brillante Resultate.

Drei Jahre später, als Marilyn wieder bei der Twentieth unter Vertrag war und *Clash by Night/Vor dem neuen Tag* drehte, wurden die Fotos plötzlich weltberühmt. Sie bestellte 25 Exemplare des Kalenders, die sie an ihre Freunde und die Medien schickte. Es war ein besonders raffinierter Schachzug. Als die Zeitungshyänen den Kalender bekamen, brach die Hölle los. Das vor kurzem noch umstrittene Starlet zog aus ihren Aktaufnahmen großen Nutzen, zumal, als sie bekannte, daß sie das Geld nötig gehabt hatte, um ihre Rechnungen zu bezahlen (im Rahmen ihrer Selbstdarstellung vermehrte sich dabei auch die Zahl der Waisenhäuser, in denen sie aufgewachsen war, auf wundersame Weise). Marilyn Monroe wurde bald die meistdiskutierte Schauspielerin Hollywoods.

6. Kapitel
Johnny Hyde

Johnny Hyde, Vizepräsident der William Morris Agency, einer der einflußreichsten Agenturen Hollywoods, sah eine Vorführung von *Love Happy*. Obwohl er fand, daß der Film »stank«, war er wild begeistert, was Marilyn betraf. Seine Agentur vertrat Stars wie Rita Hayworth, Betty Hutton, Esther Williams und Lana Turner, und Hyde spürte, daß Marilyn zumindest diese Größenordnung erreichen würde.

Als er sie im Racquet Club in Palm Springs in natura kennenlernte, verliebte er sich besinnungslos in sie. Daß er bereits mit Mozelle Cravens verheiratet war und vier gesunde Söhne hatte, interessierte ihn nicht mehr. Hyde stammte aus einer russischen Akrobatenfamilie, hatte das Showbusiness im Blut und war trotz Herz- und Lungenerkrankungen, an denen er seit seiner frühen Jugend litt, im Geschäft ganz nach oben gekommen. Für Schauspieler wie Bob Hope erzielte er Spitzengagen.

Johnny trug seine Liebe zu Marilyn offen zur Schau. Mit seinen dreiundfünfzig Jahren hätte er der Vater der Zweiundzwanzigjährigen sein können. Aber das hinderte die beiden nicht daran, bei fast jedem Ereignis in Hollywood im Mittelpunkt zu stehen. Bei einer Party, die Betty Hutton im Crystal Room des Beverly Hills Hotel gab und bei der sich die Glitzergesellschaft der Stadt versammelt hatte, gab es viel Getuschel, als der 1 Meter 50 große Johnny seine Debütantin über das Tanzparkett wirbelte. Marilyn genoß die Rolle der Provokateurin – sie kam sich wichtig vor. Johnny schien der einzige Mann zu sein, der sie wirklich verstand. Es interessierte sie nicht, was irgend jemand anders über ihre Affäre dachte; sie war zu beschäftigt, seine Liebe aufzusaugen. Sie gingen häufig ins Romanoff's, das später Marilyns bevorzugter nächtlicher Aufenthaltsort wurde. Regelmäßig kamen Männer an ihren Tisch und forderten sie zum

Tanzen auf. Statt eifersüchtig zu sein, erfüllte es Johnny mit Stolz, daß sie so begehrt war. Er vertraute ihrem Versprechen, ihm treu zu sein, trotz ihres Geständnisses, daß sie noch immer in Fred Karger verliebt sei (der ihre Gefühle nicht erwiderte). Vielleicht benutzte sie Karger auch nur, um sich gefühlsmäßig abzusichern, falls Johnny es sich anders überlegen sollte.

Viele sahen Marilyn als Opportunistin, die alles in Kauf nahm, was sie an die Spitze bringen konnte. Ihr Verhalten war jedoch eigentlich recht defensiv. Vor Johnny brauchte sie ihre Unsicherheiten, Verletzungen und Enttäuschungen nicht zu verstecken, denn er akzeptierte sie so, wie sie war. Er verstand ihr brennendes Bedürfnis, sich in ihre Karriere zu stürzen, von allen anerkannt und geliebt zu sein, um die Wunden der Vergangenheit zu überwinden. Er nährte ihren Ehrgeiz, der Welt zu zeigen, aus welchem Holz sie geschnitzt war, und führte sie mit ausdauernder Geduld in die Welt der klassischen Musik und Literatur ein. Er wußte ihre Sensibilität und Ehrlichkeit ebenso zu schätzen wie ihr Äußeres.

Johnny drängte Marilyn immer wieder, ihn zu heiraten – vergeblich. Obwohl sie eingestand, daß sie ihn liebe, war sie nicht richtig »verliebt«. Er versuchte es mit allen nur denkbaren Tricks, köderte sie mit Geld, Karriere und gesellschaftlichem Status. Er verließ seine Familie und zog mit ihr in eine feudale Villa am exklusiven North Palm Drive in Beverly Hills. Und obwohl sie sich nicht an ihn binden wollte, ging er weiterhin mit Marilyns bisher wenig eindrucksvollem Filmmaterial bei jedem Studiogewaltigen in der Stadt hausieren. Die Hollywood-Gemeinschaft interpretierte sein heißes Bemühen, Marilyn zu fördern, als verzweifelten letzten Versuch eines liebestollen Narren.

Schließlich machte sich Johnnys Hartnäckigzeit bezahlt. Ihre frühere Managerin Lucille Ryman arrangierte mit dem Regisseur John Huston ein Vorsprechen für eine kleine, aber wichtige Rolle in *The Asphalt Jungle/Asphalt-Dschungel*. Johnny und Marilyn trafen sich mit Huston und dem Produzenten Arthur Hornblow. Entgegen der Praxis von MGM hatte Huston Marilyn schon vorher ein Drehbuch gegeben, damit sie sich besser vorbereiten konnte. Da die Rolle eine sehr gewandte Schauspielerin erforderte, arbeitete Natasha Lytess mit ihr an der großen Szene, in der sie weinend zusammenbrechen mußte.

Alle waren bei dem Vorsprechtermin in guter Stimmung, außer Marilyn, die vor Angst fast gelähmt war. Als ausgekochter Profi registrierte Huston rasch Marilyns Beklemmung und fragte sie, um das Eis zu brechen, nach ihrer Meinung über die Rolle. Marilyn brachte kein Wort heraus. Huston fragte: »Können Sie diese Rolle in den Griff kriegen?« Nach einer langen Pause meinte sie, daß sie es sich eigentlich nicht zutraue. Als es zum Vorsprechen kam, fragte Marilyn, ob sie sich auf den Boden legen könne, denn die Szene spielte sich auf einer Couch ab, und da im Raum keine Couch vorhanden war, würde es auch der Fußboden tun. Amüsiert über ihre mutige Auffassung von Realismus willigte Huston gnädig ein. Obwohl sie noch immer vor Ehrfurcht vor dem Regisseur von *The Treasure of Sierra Madre/Der Schatz der Sierra Madre* ergriffen war, lief das Vorsprechen ganz gut. Trotzdem bestand sie darauf, die Szene zu wiederholen. Als sie sich schließlich wieder vom Boden hochrappelte, befahl ihr Huston auf seine emphatische, diktatorische Art: »Machen Sie einen Termin mit der Kostümabteilung.«

Für John Huston vor der Kamera zu arbeiten, beflügelte Marilyn. Er war nicht nur der angesehenste Regisseur, mit dem sie bisher zu tun gehabt hatte, er interessierte sich auch besonders für die schauspielerischen Aufgaben – im Gegensatz zu vielen anderen Regisseuren, die lieber mit Kamera-Einstellungen protzten, um die Produzenten zu beeindrucken. Huston hatte großes Einfühlungsvermögen für seine Schauspieler. Er gab Marilyn ein Gefühl der Bedeutung, und sie gab dafür ihr Bestes.

Alle gratulierten Johnny zu Marilyns Erfolg. Bei der Preview nach dem ersten Schnitt wurden ihre Auftritte vom Publikum ausgelassen mit bewundernden Pfiffen kommentiert. Auf den Erfolg von *The Asphalt Jungle* hin wollte Johnny einen Vertrag mit MGM abschließen. »Sie haben einen neuen Star in der Hand«, versicherte er Marilyn. Doch ein Gespräch mit dem Produktionschef Dore Schary machte die Hoffnungen der beiden zunichte. Obwohl Schary einräumte, daß Marilyn ihm in dem Film gefallen habe, ließ er sich doch nicht davon überzeugen, daß sie über die Starqualitäten von Hydes anderen Schützlingen Lana Turner oder Rita Hayworth verfüge.

Marilyn verfiel in tiefe Depression. Dieselben entmutigenden Worte hatte sie bereits von Zanuck zu hören bekommen. Und unsicher, wie sie war, begann sie zu glauben, daß ihre Kritiker recht haben könnten. Aber Hyde wollte nichts davon hören und versicherte ihr, daß sie die talentierteste und attraktivste lebende Schauspielerin sei.

Er wußte nur allzu gut, daß in dieser schnellebigen Branche mit ihrem kurzen Gedächtnis das Abwarten des richtigen Zeitpunkts das A und O war, und verfolgte den Regisseur Joseph Mankiewicz mit dem Vorschlag, Marilyn in der Rolle der Miss Cawell in *All About Eve/Alles über Eva* zu besetzen, der Geschichte über eine gnadenlose Aufsteigerin und einen absteigenden Star. Mankiewicz hatte einen Oscar für *A Letter to Three Wives/Ein Brief an drei Frauen* bekommen. Er war nicht nur ein perfekter Regisseur, sondern ebenso als Drehbuchautor und Produzent erfolgreich. Er hatte nicht John Hustons Allüre, aber er war intelligent und sensibel. Die Dreharbeiten zu diesem Film waren für Marilyn die reinste Freude, obwohl sei von der All-Star-Besetzung Bette Davis, Anne Baxter, George Sanders, Celeste Holm, Gary Merrill und Thelma Ritter ziemlich eingeschüchtert war.

Trotzdem gelang es ihr, ihnen in einigen wenigen Szenen die Schau zu stehlen und Herzen zu erobern. George Sanders fand sie auf Anhieb sympathisch. Ihre frische Schönheit und Naivität waren Eigenschaften, die seiner Frau Zsa Zsa Gabor völlig fehlten. Nach einem Take ihrer gemeinsamen Szene lud er sie zum Mittagessen in das Kasino ein. Kaum hatten sie sich an einen Tisch gesetzt, kam auch schon die Serviererin und rief George ans Telefon. Nachdem er den Anruf entgegengenommen hatte, entschuldigte er sich, daß er leider weg müsse. Marilyn drängte ihn, erst aufzuessen; am Set hatte er ihr doch gesagt, daß er hungrig sei. Aber er lehnte ab und stakste aus dem Kasino.

Später fand Marilyn heraus, was geschehen war. Ein bezahlter Spitzel am Set teilte Marilyn mit, daß sie fürderhin mit George nur in beträchtlichem Abstand sprechen könne. Zsa Zsa war auf die junge Schauspielerin eifersüchtig und fürchtete um ihre Ehe. Sanders hatte ihr in den höchsten Tönen über Miss Monroe erzählt, und Zsa Zsa nahm das Schlimmste an.

Nach diesem unerfreulichen Vorfall nahm Marilyn ihr Mittagessen allein ein. Als sie zum Kasino schlenderte, gesellte sich der junge Cameron Mitchell zu ihr, der in der Broadway-Uraufführung von Arthur Millers *Tod eines Handlungsreisenden* als Happy enormen Erfolg gehabt hatte. Anfangs hatte er gedacht, daß Marilyn eines von diesen blonden Hollywood-Dummchen sei, die von Bühnenschauspielern abgrundtief verachtet wurden. Aber es stellte sich heraus, daß sie viele Facetten hatte, nicht dem Glitzer verfallen war, sondern sich für die Ergründung der Seele interessierte. Immerhin hatte sie angefangen, die Werke von Denkern wie Freud und Meninnger zu lesen.

Während sie über das Gelände wanderten, entdeckte Marilyn einen extrem schlanken, hochgewachsenen Mann mit tiefliegenden Augen, der sie an Abraham Lincoln, das Idol ihrer Kindheit, erinnerte. Der schlaksige Gentleman war in ein Gespräch mit einem kleinen, heftig agierenden Mann verwickelt. Cameron sagte ihr, daß der eine Arthur Miller sei und der andere der Regisseur Elia Kazan. Marilyn wurde ihnen vorgestellt und war sofort außer sich vor Begeisterung, aber es ergaben sich daraus keine Konsequenzen.

Als *All About Eve* schließlich ins Kino kam, hoben die Kritiker enthusiastisch die Leistung von Bette Davis hervor, und wenige versäumten es, das Lob auf die Anfängerin Marilyn Monroe zu singen. Der Film war künstlerisch und finanziell ein außerordentlicher Erfolg. 1950 bekam *All About Eve* einen Oscar in der Sparte Bester Film, Bette Davis mußte sich allerdings mit einer Nominierung zufriedengeben. Jedem war die kleine Rolle aufgefallen, die Marilyn Monroe gespielt hatte. Ein Star war geboren.

7. Kapitel
Wieder allein

John Hyde versuchte weiterhin beharrlich, sie zur Heirat zu überreden, und Marilyn lehnte ebenso beharrlich ab, aber sie erlaubte ihm, sie bei ihren zahlreichen abendlichen Streifzügen als seine Verlobte vorzustellen. Marilyn gestand, ihn zu lieben, aber schreckte eigensinnig vor der Ehe zurück.

An einem beschaulichen Abend in ihrer Villa in Beverly Hills bat Marilyn Johnny, nach oben zu gehen und für sie neuen Lesestoff aus der Bibliothek zu holen. Auf der Treppe hielt er sich plötzlich mit rasenden Schmerzen am Geländer fest. Er hatte einen Herzinfarkt erlitten. Sein Arzt verordnete ihm Bettruhe und empfahl ihm, seine stressige Tätigkeit in Hollywood aufzugeben und Urlaub in Palm Springs zu machen. Am 17. Dezember 1950 erlitt Johnny während seiner Rekonvaleszenz in den Springs einen zweiten Herzinfarkt und starb, kurz nachdem er in das Krankenhaus Cedars of Lebanon in Los Angeles eingeliefert worden war. Donald und Jay, zwei seiner Söhne, waren an seiner Seite.

Seine Familie ließ ihn in Forest Lawn in der Nähe der Columbia Studios beisetzen. Die ganze Filmgemeinde war anwesend. Freunde und Kollegen schickten Hunderte von Blumenarrangements. Die Familie Hyde ersuchte Marilyn, nicht am Gottesdienst teilzunehmen. Da das nicht in das Melodram ihres Lebens paßte, hielt sich viele Jahre die Mär, daß sie dennoch erschienen sei, sich über den Bronzesarg geworfen und – in der überfüllten Kapelle mit entsprechendem Nachhall – gellend geschrien habe: »Mein Gott, mein Gott, Johnny, bitte wach auf!« Johnnys Tod hatte auch so Marilyns tiefste Gefühle zum Vorschein gebracht. Ihre alten Ausreden – »du bist zu alt«, »ich bin nicht verliebt in dich«, »ich liebe einen anderen« – halfen nun nichts mehr und konnten den Schmerz darüber nicht zum

Schweigen bringen, daß sie abermals einen geliebten Menschen verloren hatte.

Nach Johnnys Tod vergrub sich Marilyn in ihrem Haus, ließ Essen von außerhalb kommen und ertränkte sich in Gram und Schuldgefühlen. Allerdings nicht lange, denn Johnny hatte die Villa seinen Erben hinterlassen. Und seine Söhne forderten Marilyn herzlos auf, das Anwesen unverzüglich zu räumen.

Auch der neue Kontrakt bei der Fox ließ sich nicht besser an als der erste – im Besetzungsbüro schien man sie nicht zur Kenntnis zu nehmen. Eingedenk der Bewunderung, die ihr Publikum und Kritik für ihre letzten beiden Filme gespendet hatten, erkundigte sie sich täglich nach neuen Aufgaben, aber es gab keine. Die Spannung zwischen Zanuck und der Schauspielerin war greifbar. Jeder Produzent oder Regisseur wußte, daß Marilyn, auch wenn ihr eine Rolle auf den Leib geschneidert war, für Zanuck nicht zur Diskussion stand. Sie riskierten nicht, ihn zu übergehen.

Um diese Zeit freundete sich Marilyn mit dem Filmkolumnisten Sidney Skolsky an, der ihr ein geneigtes Ohr lieh. Sie verbrachte mit ihm viele Vormittage und Nachmittags im Schwab's Drug Store am Sunset Boulevard, wo er im ersten Zwischengeschoß ein Büro hatte und die Schauspieler, Drehbuchautoren, Schmarotzer und anderen Stammgäste im Auge behalten konnte. Marilyn hängte sich an Skolsky, der ebenfalls 1 Meter 50 groß und russisch-jüdischer Abstammung war, um die Leere auszufüllen, die Johnnys Tod in ihr hinterlassen hatte. Sie rief ihn an und lud ihn zu einer Spritztour nach Malibu ein. Sie genoß es, den Sunset Boulevard entlangzufahren, vorbei an den Nightclubs und Restaurants, die sie so häufig mit Hyde besucht hatte, und weiter die Serpentinen durch Beverly Hills und Brentwood hinunter nach Pacific Palisades. Der Blick auf den Pazifik nach der letzten Kurve war jedesmal der schönste Augenblick für sie.

Skolsy ermunterte sie, sich zu beschäftigen, aufs College zu gehen. Als sie eines Tages zum Strand fuhren und an der University of California at Los Angeles (der »Filiale« von Berlekey) vorbeikamen, schlug Sidney vor, sie solle sich dort als Gasthörerin einschreiben. Im Februar 1951 folgte Marilyn seinem Rat und belegte Kunstgeschichte und einen Literatur-Kurs. Die Werke der großen Meister, vor allem Michelangelo, Raffael und Tizian, nahmen sie gefangen. Jahre später enthüllte einer ihrer Dozenten, daß sie ohne Make-up, in Jeans und Pullover, in die Seminare gekommen sei, immer wißbegierig und bescheiden.

Dergestalt beflügelt, ihre Lebensumstände aufzumöbeln, mietete sie mit ihren wöchentlichen 75 Dollar von der Fox ihr erstes Luxus-Einzimmerappartement im Beverly Carlton Hotel am Olympic Boulevard in Beverly Hills. Vor dem täglichen vergeblichen Gang ins Studio trainierte sie mit Gewichten, so wie es Jim Dougherty sie gelehrt hatte, und trank zum Frühstück einen Eierflip. Auf dem Grundstück gab es einen wunderschönen Swimmingpool, aber Sonnenbaden kam nicht in Frage – ihr Make-up-Spezialist hatte sie vor den schädlichen Auswirkungen auf ihre Haut gewarnt.

Im Gegensatz zu den anderen Bewohnern von Beverly Hills, die auch die kürzesten Strecken in ihren vollklimatisierten Autos zurücklegten, ging Marilyn gerne zu Fuß. Sie war ein ungewöhnlicher Anblick – eine schöne Frau, einfach gekleidet und ohne Make-up. Sie machte einen Schaufensterbummel und kaufte dann Lebensmittel ein. Da sie in ihrer Kochnische einen Grill hatte, bereitete sie Steaks oder Koteletts zu und hatte immer rohe Karotten parat, an denen sie bis in den Abend mümmelte. Es gab keinen Alkohol im Haus, Marilyn hielt sich an Obstsäfte. Sie achtete sehr auf ihre Figur, und das mit Erfolg. Ihre Haut war strahlend, ihr Haar glänzte, und der Körper war fest.

Als es mit der Karriere noch immer nicht weiterging, drängte Skolsky sie, mit Roy Croft zu sprechen, dem Leiter der Werbeabteilung der Fox. Croft ordnete weitere Pin-up-Aufnahmen an. Wann immer sie ihn bekommen konnte, war bei den Aufnahmen auch der Maskenbildner Whitey Snyder dabei. Daß er sich so häufig um ein Starlet kümmerte, war für ihn ungewöhnlich. Aber sie hatten sich bei den ersten Probeaufnahmen angefreundet, Snyder brachte ihr viel über Make-up bei, sie verbrachten viel Zeit miteinander, und er lud sie ein, mit seiner Familie auszugehen.

Zahllose Fotosessions wurden abgehalten. Das Studio verteilte große Mengen der Starfotos an die Army, damit die einsamen Soldaten davon träumen konnten, mit ihren auserkorenen Pin-up-Girls eine Nacht zu verbringen. Im Urlaub strömten die Soldaten in hellen Scharen in die neuesten Filme, und während des Koreakrieges wurde Marilyn schnell zum Darling.

Doch der 10. Mai 1951 rückte näher – der Vertrag bei der Fox lief aus. Eine Erneuerung schien hoffnungslos. Ihre Starfotos waren grandios und wurden wie Schätze gehütet, jedoch Zanuck rührte sich nach wie vor nicht. Aber da war noch Spyros Skouras, der Präsident der Fox, von dem Billy Wilder sagte: »Die einzige griechische Tragödie, die ich kenne, ist Spyros Skouras.« Er war noch einflußreicher als Zanuck.

Für Filmtheaterbesitzer, die in Hollywood zu Besuch waren, wurde eine Party veranstaltet, an der Marilyn, June Haver, Anne Baxter und Tyrone Power teilnahmen. Marilyn kam unversehens in hautnahen Kontakt mit Skouras und gefiel ihm auf Anhieb. Wer hätte ihm das auch verübeln können; sie war die ansehnlichste junge Frau, die das Studio unter Vertrag hatte. Skouras bestand darauf, daß sie beim Dinner am Kopf der Tafel plaziert wurde. Am nächsten Vormittag erneuerte er mit der William Morris Agency ihren Vertrag. Es war nach wie vor der Standardvertrag, aber ihre Wochengage betrug nun 500 Dollar, und die halbjährlichen Erhöhungen beliefen sich auf 250 Dollar pro Woche.

Zanuck wurde die Pistole auf die Brust gesetzt. Die Filmtheaterbesitzer hatten ihr Machtwort gesprochen, und das nicht zimperlich. Zanuck gab nach. Er begann, für Marilyn Monroe Rollen, wenn auch kleine, zu suchen, in denen sie ihren Sex einsetzen konnte. Am Anfang versuchte er es mit leichten Komödien, beginnend mit *As Young as You Feel*. Marilyn spielte die unfähige Stenotypistin eines älteren, bereits abgeschriebenen Angestellten (Monty Woolley), der die Firma vor dem Bankrott rettet. Der Film kam im August 1951 heraus, allerdings nur als zweiter Teil eines Double Feature.

Love Nest mit June Haver und William Lundigan war der nächste Versuch. Marilyn spielte eine weitere belanglose Rolle als Lundigans Kameradin vom Women's Army Corps, die in sein Apartment einzieht. Seine Frau (June Haver) versucht, das Beste aus der etwas seltsamen Wohngemeinschaft zu machen, mit dem Ergebnis, daß ihr Mann noch weitere seiner schnorrenden G.I.-Kumpels nach Hause bringt.

Marilyn erregte während der Dreharbeiten Aufsehen. Angestellte auf dem Studiogelände ersannen Ausreden, um der Sexbombe bei der Arbeit zuschauen zu können. Der Regisseur Joseph Newman mußte den Set abriegeln.

Als Zanuck die ersten Muster von *Love Nest* gesehen hatte, lieferte er der PR-Abteilung das Statement: »Miss Monroe ist die aufregendste Persönlichkeit in Hollywood seit Menschengedenken.« Die Aussage war ein Kompliment, denn der selbstherrliche Produzent haßte es, seine Meinung in irgendeinem Punkt zu revidieren, am wenigsten, was diese lästige Marilyn Monroe betraf, aber diesmal tat er es jedenfalls.

Die PR-Maschine bei der Fox setzte sich in Bewegung, und Marilyn wurde um zahlreiche Interviews gebeten. Sie ging mit den Journalisten zuvorkommend, charmant und gewitzt um. Das Image der blonden Sexbombe hatte sie bereits, nun spielte sie den Filmstar. Privat lebte sie sehr zurückgezogen. Sie ging nicht mehr zu Premieren wie zu Johnny Hydes Zeiten und trieb sich auch nicht mehr überall in der Stadt in Nightclubs herum, um »gesehen zu werden.« Sie konzentrierte sich ausschließlich darauf, vorwärtszukommen.

Zufrieden mit Marilyns Bereitwilligkeit, ihre Pflicht und Schuldigkeit zu tun, setzte sie Zanuck in einer weiteren Produktion ein, die nicht mehr als einen Filmriß hinterließ – *Let's Make it Legal* mit Claudette Colbert als attraktiver Großmutter, die sich scheiden läßt, um ihre Beziehung zu einem alten Freund wieder aufzuwärmen. Marilyn trug in jeder Szene sehr tief ausgeschnittene Kleider. Der Studioboß wußte, was er von ihr wollte. Sie brachte Leben in die ansonsten schwerfällige Komödie.

Die Produzenten Jeff Wald und Norman Krasna wollten Clifford Odets' Theaterstück *Clash by Night* von 1942 für RKO verfilmen. Tallulah Bankhead hatte die Hauptrolle am Broadway gespielt, aber das Stück war kein ausgesprochener Erfolg gewesen. Wald und Krasna witterten die Möglichkeiten, änderten jedoch die Hauptfigur und den Schauplatz und führten als weitere Figur ein naseweises Mädchen namens Peggy ein. Wald meinte später dazu: »Norman und ich wollten jemanden in diesem Film haben, der die Teenager im Publikum anmachte; eine Person mit einer neuen Art Sex-Appeal. Ich dachte anfangs nicht an Marilyn.«

Das Studio hatte bereits Barbara Stanwyck, Paul Douglas und Robert Ryan in den Hauptrollen besetzt. Zufällig hörte Sidney Skolsky, wie Wald klagte, daß er noch immer keine junge Darstellerin mit Pfiff für die Rolle der Peggy gefunden hätte. Skolsky schlug Marilyn Monroe vor. Wald zog seine Anregung sofort in Zweifel: »Es kann nichts an ihr dran sein, wenn MGM sie nach *Asphalt Jungle* laufengelassen hat.« Nach einer kurzen Diskussion schlug Sidney schließlich vor, daß Wald sie wenigstens selbst in Augenschein nehmen solle, um sich sein Urteil zu bilden. In einem idyllischen Restaurant an der Melrose Avenue stellte er ihm Marilyn vor und überließ ihn seinem Schicksal. Wie gewöhnlich trug Marilyn eine tief ausgeschnittene Bluse, knielange hautenge Hosen und leichte Slipper. Wald war von ihrer jugendlichen Sinnlichkeit, Schlagfertigkeit und Unkompliziertheit beeindruckt.

Wald beschloß, sie zu besetzen, rief Lew Schreiber in der Twentieth an, um über den Preis zu verhandeln, und bekam die Auskunft, daß für die sechswöchigen Dreharbeiten lediglich 3000 Dollar berechnet würden. Der relativ geringe Preis machte ihm anfangs zu schaffen. Was war mit ihr los? Doch wurde in den Vertrag aufgenommen, daß sie gleichberechtigt mit den Hauptdarstellerin genannt werden müsse, obwohl Wald wußte, daß das eine Menge Ärger geben würde.

Der erste Schritt war, daß sie der Besetzung offiziell vorgestellt wurde. Stanwyck fand die Neue reizend, Douglas bezeichnete sie als »heiße Nummer«, und Ryan kam sie wie ein verschrecktes Karnickel vor. Marilyn benahm sich gegenüber Barbara Stanwyck herzlich und ehrerbietig. Im Verlauf der Dreharbeiten offenbarte die Diva ihrer Garderobiere Marjorie

Plecher ihre ehrliche Sympathie für das Starlet und sagte: »Dieses Mädchen wird einen langen, langen Weg gehen und ein großer Star werden.

Am Set stahl stahl Marilyn Monroe jedem die Schau. Die aufgebrachten Hauptdarsteller beschwerten sich bitter, daß sie von der PR-Abteilung schnöde vernachlässigt würden.

Marilyn bemühte sich in ihrer Darstellung um Glaubwürdigkeit. »Peggy« stand vor der Verlobung, und die Schauspielerin gab sich alle Mühe, die Situation realistisch zu gestalten. Beim Kostümfest trug Marjorie, die sich jüngst verlobt hatte, stolz ihren Brillantring zur Schau. Marilyn fühlte sich Marjorie eng genug verbunden, um sie zu bitten, ihr den Ring zu leihen, damit sie das Gefühl, verlobt zu sein, nachvollziehen könne. Marjorie überließ ihr hilfsbereit den Ring. Als die entsprechenden Szenen gedreht wurden, bekam Marilyn vom Requisiteur einen Ring mit einem Similistein. Doch in ihrem Drang nach Authentizität bat die Schauspielerin Marjorie schüchtern abermals um den echten: »Ich weiß, wieviel dir der Ring bedeutet, aber könnte ich ihn vielleicht tagsüber tragen? Ich verspreche, daß ich ihn dir jeden Abend zurückgeben werde.« Und so geschah es.

Marilyn machte auch häufig Vorschläge, was ihre Garderobe betraf. Einmal präsentierte sie sich am Set in Jeans und einem gewagten Oberteil, das aus zwei Dreiecken bestand, die sich über ihren Brüsten teilten. Sie begann, Modetrends zu setzen – eine weitere ihrer zahlreichen Begabungen.

Natasha Lytess übte mit ihr unablässig zu Hause, aber Marilyn wollte sie zur Kontrolle auch am Set dabeihaben, und Natasha willigte schließlich ein. Nach jedem Take schaute die Schülerin Zustimmung heischend zu ihrer Lehrerin, statt zum Regisseur Fritz Lang. Auch wenn er verkündete: »Gestorben!«, bestand Marilyn auf einem weiteren Take. Lang beschwerte sich lautstark bei Wald: »Ich wünsche nicht, daß jemand hinter meinem Rücken Regie führt. Ich verlange, daß die Dame Lytess vom Set entfernt wird.« Als Natasha verbannt wurde, meldete Marilyn sich krank. Die Patt-Situation dauerte zwei Tage. Schließlich mußte Lang nachgeben, um mit dem Film fertig zu werden, Lytess durfte wieder am Set erscheinen, gelobte allerdings, daß sie seine Anweisungen nicht unterlaufen würde.

Bei der Preview von *Clash by Night/Vor dem neuen Tag* im Crown Theater in Pasadena bekam Marilyn für ihre Darstellung Applaus, daß die Wände wackelten. Die meisten Kritiker lobten sie, die »New York Times« fand allerdings, daß sie nicht spielen könne. Damit war das Publikum ganz und gar nicht einverstanden; der Film war ein riesiger Kassenerfolg.

Marilyn kehrte in Hochstimmung zur Twentieth zurück. Obwohl sie keinen Lebensgefährten an ihrer Seite hatte, fühlte sie sich selbstsicherer als je zuvor. In den Chefetagen summte es nur so von ihrem Erfolg in *Clash by Night*. Produzenten und Regisseure suchten nach dem nächsten Stoff für den neuen Kassenmagneten.

Zanuck entschied sich für *Don't Bother to Knock/Versuchung auf 809*. Marilyn hatte die riskante Rolle eines psychopathischen Kindermädchens zu spielen, das sich ein New Yorker Hotel als Stützpunkt wählt. Das Objekt ihrer Liebe war Richard Widmark in der Rolle eines Flugkapitäns, dem das Scheitern seiner Liaison mit einer Nightclubsängerin einen schweren Schlag versetzt hat. Das Kindermädchen Marilyn hält ihn irrtümlicherweise für die Inkarnation ihres erträumten Geliebten. Der Film endet mit ihrem Versuch, ein Kind im Hotel zu töten, und ihre Einweisung in eine Anstalt für Geistesgestörte. Der Regisseur Ray Baker drehte den Film Szene für Szene wie ein Theaterstück und ohne Nachaufnahmen. Auf diese Weise, knobelte er scharfsinnig aus, konnte er die Dreharbeiten besser im Griff behalten und eine Schauspielerin zügeln, die inzwischen in den Ruf geraten war, schwierig zu sein.

In diesem Film hatte Marilyn das härteste Arbeitspensum ihres Lebens zu bewältigen. Die Abende verbrachte sie in ihrem Apartment, um neue Kraft zu tanken. Sie hielt sich selbst von den außergewöhnlichsten Männern im Filmbusiness fern und verbrachte ihre freie Zeit lediglich mit einigen wenigen Freunden wie Sidney Skolsky oder Whitey Snyder und seinen Kindern.

Nach dem Aufruhr über den Akt-Kalender, den sie erfolgreich abgeschmettert hatte, wurde ein noch aufschlußreicheres Skelett aus ihrem Schrank gezerrt. Ein Reporter hatte Wind von der Wahrheit bekommen – daß ihre Mutter nicht tot war, sondern in einer Nervenheilanstalt lebt. Bestürzt, daß ihre Täuschung ans Licht gekommen war, behauptete Marilyn nun, daß sie ihre Mutter nie gekannt und erst vor kurzem herausgefunden habe, daß sie in einem Heim sei. Mehr als alles auf der Welt wollte sie mit ihrem früheren Leben abschließen, aber sie mußte erfahren, daß die düstere Wahrheit immer wieder auftauchte.

Die Twentieth konnte für die Schauspielerin nicht das richtige Sujet finden, aber sie mußte so oft wie möglich auf der Leinwand erscheinen, um die Sehnsucht des Publikums nach ihr zu befriedigen. Also wurde nach einem neuen Weg gesucht, um den neuen Markenartikel zu verwerten. Es traf sich, daß Zanuck gerade auf Episodenfilm setzte. Der Produzent und Drehbuchautor Nunnally Johnson schrie *We're Not Married/Wir sind gar nicht verheiratet*, eine leichte Komödie, bei der Edmund Goulding Regie führte. Der geschätzte Regisseur war ebenso für seine Fähigkeit bekannt, mit Schauspielerinnen umzugehen. Obwohl ihre Darstellung in diesem Anthologiefilm (mit David Wayne als Partner) nicht umwerfend war, ließ Marilyn ihre Fans doch einiges sehen, und der Film war insgesamt ein großer Erfolg.

Darauf verbiß sich Zanuck in die Idee, einen weiteren Episodenfilm aus den Kurzgeschichten von O'Henry zusammenzustellen. Fünf verschiedene Besetzungen unter fünf verschiedenen Regisseuren – das war für jeden Produzenten ein riskantes Unternehmen. *O'Henry's Full House/Vier Perlen** (mit Marilyn, Charles Laughton und David Wayne in der Episode »The Cop and the Anthem/Der Vagabund und die Gerechtigkeit«) wurde in seiner Feinsinnigkeit von den Kritikern ins Lächerliche gezogen und vom Publikum abgelehnt.

Das gesamte kreative Team der Twentieth wurde zusammen-

---

* Der irreführende deutsche Titel ergab sich, weil in der deutschen Kinofassung die Episode von Howard Hawks fehlte. Der komplette Film wurde unter dem Titel *Fünf Perlen* zum ersten Mal 1986 in 3SAT gesendet. (A. d. Ü.)

getrommelt, um den richtigen Stoff für ihren Kassenmagneten zu finden. Marilyns Präsenz auf der Leinwand war zumindest für eine halbe Million an Einnahmen pro Film gut, auch damals in den Hochzeiten des Kinos ein warmer Regen. Nunnally Johnson, Charles Brackett und Sol C. Siegel waren die Produzenten, die am meisten von ihrem Potential fasziniert waren.

Sol Siegel suchte *Monkey Business/Liebling, ich werde jünger* für Marilyn aus – Ben Hecht, Charles Lederer und I.A.L. Diamond waren dabei für die Gags zuständig. Cary Grant, mit dessen Karriere es eine Zeitlang abwärts gegangen war, Ginger Rogers und Charles Coburn spielten die weiteren Hauptrollen. Es war eine typische Howard-Hawks-Komödie, in der als Ausgangspunkt ein Schimpanse in einem Laboratorium zufällig ein Verjüngungselixier zusammenbraut. Marilyn spielt die beschränkte, aber laszive Sekretärin von Cary Grant, zu der Coburn sagt: »Suchen Sie jemanden, der das abtippen kann.«

Die Kostümabteilung machte Überstunden, der Kostümbildner Bill Travilla gab sich die größte Mühe, Marilyns Kostüme so provokant wie möglich zu gestalten. Er raffte die Taille und entwarf offenherzige Badeanzüge. Gladys Rasmussen und Whitey Snyder kümmerten sich gemeinsam um Marilyns Make-up.

Die Kritiker waren von Marilyns Darstellung begeistert und von ihrer Fähigkeit, sich gegen ihre Co-Stars zu behaupten, aber der Film, der ein paar Witzchen zu wenig hatte, war nicht die Goldgrube, die sich die Twentieth erhofft hatte. Doch wie Kate Cameron in der New Yorker »Daily News« feststellte: »Ginger und Cary werden in diesem amüsanten Unsinn von Marilyn Monroe unterstützt, die viel dümmer dreinschauen und spielen kann als irgendeine der gerade gängigen Filmblondinen.«

Marilyns »Blondes Dummchen«-Masche begann sich auszuzahlen.

8. Kapitel
Die Schauspielerin und der Crack
der New York Yankees

Marilyn zog sich abermals in sich zurück. Ohne Make-up unternahm sie unerkannt lange, einsame Spaziergänge auf dem Sunset Boulevard. Ihre Karriere kam endlich vom Fleck, aber sie hatte keinen geliebten Menschen. Seit Johnnys Tod war sie ein Workaholic geworden und vor ihren Bedürfnissen geflüchtet, indem sie sich Hals über Kopf in die Schauspielerei stürzte. Doch ambivalent wie sie war, konzentrierte sie sich, kaum daß sie über ihre traurige Einsamkeit lamentiert hatte, auf den hektischen Drehplan für den nächsten Tag. Sobald sie sich leer oder traurig fühlte, blockierte sie ihr Gemüt mit dem Gedanken an den Erfolg. Ihr Kindertraum, ein strahlender, erfolgreicher Star zu werden, war den Forderungen gewichen, die die Erfüllung dieses Traums an sie stellte. Das tägliche Gezerre zwischen Antrieb und Verdrängung schaffte sie bis zur völligen Erschöpfung.

Ein paar Tage nach Beginn der Dreharbeiten zu *Monkey Business* bekam Marilyn hohes Fieber und Magenkrämpfe. Ihr Hausarzt Dr. Elliott Corday hielt die Symptome für so ernst, daß er sie in das Cedars of Lebanon einwies, wo hohe Dosen Penicillin die Temperatur herunterdrückten. Während sie im Krankenhaus wieder zu Kräften kam, wurden ihre prachtvollen Kostüme aus der Schneiderei gebracht, was sie sehr genoß. Howard Hawks hatte inzwischen andere Szenen gedreht, und als sie ins Studio zurückkam, mußte sie sich auf ärztliche Anweisung immer noch schonen.

Harry Brand, der PR-Chef der Twentieth, bat sie um eine Gefälligkeit, die sie ihm nicht abschlagen konnte, obwohl ihr eigentlich nicht danach war. Er hätte da einen Freund aus New York, einen netten Kerl namens Joe DiMaggio, der sie gerne kennenlernen wolle. Marilyn fragte: »Joe wer?« Nachdem ihr erklärt worden war, daß Joe nach dem legendären George Herman »Babe« Ruth das größte Baseball-As aller Zeiten ist, erinnerte sich Marilyn dunkel an seinen Namen. Harry schwärmte weiter, was für ein ordentlicher Bursche Joe sei und wie sehr er sich wünschte, sie kennenzulernen, so daß die einsame Marilyn schließlich nachgab.

Es wurde ein früher Dinner-Termin vereinbart, da sowohl Joe wie Marilyn es vorzogen, ungestört zu sein. Harry und sein Gefolge fanden sich als erste im Restauran ein. Nach ein paar Minuten tauchte der scheue Joe auf. Seit er ein PR-Foto von Marilyn mit einem anderen Baseballspieler gesehen hatte, war es sein Wunsch gewesen, sie kennenzulernen – in weißen Shorts und einer hautengen Bluse hatte sie in Schlaghaltung posiert. Joe wurde zusehends nervöser, während sie warteten. Brand beruhigte ihn, daß Marilyn immer zu spät käme, aber ganz sicher erscheinen würde. Und nach einer Stunde, ihre übliche Verspätung, kam sie denn auch, in einem atemberaubenden blauen Kostüm mit verführerisch tief ausgeschnittener Seidenbluse.

Die Schauspielerin hatte eine fade, Zigarre rauchende und fachsimpelnde Sportskanone in einem aufdringlich karierten Anzug erwartet. Statt dessen war es ein Vergnügen, Joe DiMaggio kennenzulernen. Er war gepflegt, elegant und trug einen untadeligen grauen Flanellanzug mit Krawatte. Sie waren beide voneinander beeindruckt, sprachen aber sehr wenig. Joe brach schließlich das Eis, indem er demonstrierte, wie gewandt er in Nobelrestaurants, speziell in italienischen, bestellen konnte. Plötzlich kam der Schauspieler Mickey Rooney an den Tisch und erging sich in einem langen Monolog über Joes Baseball-Leistungen im allgemeinen und seinen Schlag im besonderen. Joe ließ die lästige Störung wohlwollend über sich ergehen. Als es Zeit zum Aufbruch war, bot Marilyn DiMaggio an, ihn nach Hause zu fahren. Obwohl sie später bekannte, daß sie sich die ganze Nacht geliebt hätten, verbreitete die PR-Abteilung der Fox, daß Joe »seiner eigenen Wege gegangen war«. Was immer auch an diesem Abend vorgefallen sein mochte, als die beiden sich regelmäßig trafen, war nicht mehr zu übersehen, daß sie sich ineinander verliebt hatten.

Zumal weil seine Familie das reine Gegenteil von ihrer war,

war Marilyn von seinem Background elektrisiert. Er war das achte von neun Kindern und erzählte gerne Geschichten über seinen vielköpfigen, aneinander klebenden Clan. Seine Mutter war 1949 gestorben, Joes Vater Fischer. Die Familie war bodenständig, und Marilyn stellte sich das sehr romantisch vor. Ein Teil ihres Wesens sehnte sich nach einer eigenen großen Familie, und in Joes Familie fand sie das perfekte Modell. Eine solche Erdgebundenheit war erfrischend und verlockend.

Marilyn brachte den gewöhnlich sehr ruhigen Mann dazu, aus sich herauszugehen. Er erzählte von seiner ruhmreichen Zeit bei den New York Yankees, seinem Rekord von sechsundfünfzig Home Runs in Serie, die zehn von dreizehn Spielzeiten, in denen seine Mannschaft den Wimpel der American League erobert hatte, und den viermaligen Gewinn der World Championship hintereinander. Er hatte sich erst vor kurzem aus dem Spitzensport zurückgezogen und betrieb nun mit seiner Familie ein Restaurant in San Francisco.

Obwohl der reservierte Superstar gerne mit Marilyn über Baseball redete, wollte er, daß sie das Spiel aus erster Hand kennenlernte. Also lud er sie zu einem All-Star-Spiel ein, einem Aufwärmer vor dem eigentlichen Spiel, in dem er einen Home Run schlug.

Als die Beziehung der beiden zu einem Gegenstand des öffentlichen Interesses wurde, machte die Boulevardpresse Überstunden, um die »Wahrheit« über Amerikas größte Publikumslieblinge so schnell wie möglich durch die Rotationsmaschinen rattern zu lassen. Am Set von *Monkey Business* wurde die Schauspielerin von Reportern und Kolumnisten bedrängt, die sich eine Erstmeldung über eventuelle Heiratspläne sichern wollten. Marilyn machte der Wirbel Spaß, und sie vertraute Whitey Snyder jeweils die Eskapaden der vorangegangenen Nacht an. Sie spielte auf ihrem alten Victrola die Hit-Single »Joltin' Joe DiMaggio« und sang den Text mit, während Whitey ihr Make-up auflegte. Sie hörte sich den Schlager x-mal an und lachte und schwelgte in ihrem Glück. Bevor sie und Whitey den Raum verließen, verstaute sie die 78er-Platte vorsorglich unter einem Stoß anderer Platten, für den Fall, daß Joe auftauchen sollte. Obwohl sie wirklich in ihn verliebt war, sollte er nicht wissen, daß sie von einer gemeinsamen Zukunft träumte.

Marilyn zog in ihr zweites Luxus-Apartment am Doheny Drive am Rand von Beverly Hills um und stattete es in den Farben Weiß, Creme und Beige aus. Bei einer Versteigerung entdeckte sie zu ihrer Überraschung einen weiß lackierten Stutzflügel, wie ihn ihre Mutter ihr vor vielen Jahren geschenkt hatte. Sie legte allen Ehrgeiz an den Tag, um ihrem Liebsten ein luxuriöses und doch behagliches Nest zu bereiten. Während der Dreharbeiten von *Monkey Business* verbrachten sie die Nächte miteinander. Am Morgen, wenn sie schläfrig in der Badewanne plätscherte – ihre liebste Freizeitbeschäftigung –, holte Joe Kaffee und Doughnuts aus einem Restaurant in der Nähe. Dieses tägliche Ritual gab Whitey die Möglichkeit, Marilyns neuen Liebhaber besser kennenzulernen, während sie beide auf die Dame des Hauses warteten. Es war offensichtlich, daß DiMaggio sich in der Wohnung überaus wohl fühlte.

Gelegentlich tauchte Joe am Set auf, aber es brachte ihn in Verlegenheit, daß er wie ein Magnet Schauspieler und Crew anzog, die ihn mit Autogrammwünschen und Komplimenten bedrängten. Er wollte Marilyn weder irritieren, noch ihr die Schau stehlen, also versuchte er, sich im Hintergrund zu halten.

Allerdings wuchs die Spannung zwischen Joe und Natasha Lytess. Seit Anfang 1948 hatte Natasha sich mehr und mehr bei Marilyn eingeschmeichelt. Sie hatte es nach dem Tod ihres Mannes schwer gehabt und ihre Tochter allein aufziehen müssen. Das Schauspielerhandwerk hatte sie nie erlernt, aber auf den Tip einiger befreundeter Schriftsteller der örtlichen Immigrantenkolonie hin schaffte sie es, die Studiobosse der Columbia davon zu überzeugen, daß sie die europäische Theatermethode umfassend studiert habe, und bekam sogar ihren eigenen Raum auf dem Studiogelände. In Wirklichkeit kannte sich Lytess in der klassischen Literatur aus und verfügte über eine eindrucksvolle Bibliothek, die sie Marilyn zur Verfügung stellte, um ihren Wissensdrang zu befriedigen. Natasha war ursprünglich an den Set von *Ladies of the Chorus* geholt worden, um als Marilyns Einpaukerin zu fungieren, aber Marilyn sah viel mehr in sie hinein.

Nach dem Tod von Ana Lower war Natasha ihre neue Ersatzmutter geworden.

Zu jenem Zeitpunkt hatten es Marilyns Geldprobleme für ratsam erscheinen lassen, bei Natasha einzuziehen. Und Natasha begann, mehr und mehr Einfluß auf Marilyns Privatleben und ihre Karriere zu nehmen. Als sie sich beklagte, daß sie kein Fahrzeug habe, überließ ihr die gutherzige Marilyn ihren 1941er Pontiac. Als die Autosteuer fällig war, lag Lytess Marilyn in den Ohren, das zu erledigen. Whitey Snyder war wütend über das ganze Getue.

Es bildeten sich Fronten. Natasha hatte kapiert, daß Marilyn ihre einzige Melkkuh war. Dazu kam, daß die Schauspiellehrerin sich allmählich als Marilyns Bettgenossin sah. Schließlich brachte sie Marilyn bei, vor der Kamera verwundbar und zärtlich zu wirken, und es war, so hoffte sie, nicht mehr als recht und billig, daß Marilyn sie dafür unterstützte und sich mit Liebe revanchierte. Da Marilyn laut ihrem damaligen Vertrag nur 75 Dollar pro Woche bekam, konnte sie schwerlich auch noch für Natasha sorgen. Also fühlte sie sich verpflichtet, Natasha mit Liebesgunst zu entlohnen, doch waren die Intimitäten, die sie austauschten, wegen Marilyns Männerbekanntschaften jeweils nur kurz und flüchtig. Bei aller Freundschaft durfte die Geschichte aber nicht in eine feste Liaison ausarten. Marilyn hatte ihren üblichen Kompromiß geschlossen, indem sie Natashas Gelüsten ab und zu willfährig war.

Weil ihre »Lehrerin« ihr so aufopfernd und loyal erschien, ließ es Marilyn zu, daß Natasha in ihrem Leben auch weiterhin den Ton angab. Immerhin hatte sie ihr Tischmanieren beigebracht, sie in die klassische Literatur eingeführt und sich mit all ihren Kräften eingesetzt, um aus Marilyn eine kultivierte Hollywood-Filmschauspielerin zu machen. Kurz und gut, Lytess hatte sich abgemüht, Marilyn zu etwas zurechtzukneten, was sie nicht war, und was das Studio auch niemals hatte haben wollen. Trotzdem stand sie nach wie vor auf der Lohnliste und arbeitete bei fünf weiteren Filmen mit Marilyn. In Wirklichkeit unterdrückten Lytess' Gegenwart und Anweisungen die natürlichen komödiantischen Anlagen der Schauspielerin.

Während dieser ganzen Zeit unterstützte Marilyn Natasha und deren Tochter, der sie sogar eine gesalzene Zahnarztrechnung bezahlte. Als Marilyn darauf bestand, daß Natasha sie zum Set begleitete, begannen die Reibereien. Wie Fritz Lang mußten auch andere Regisseure enerviert feststellen, daß Marilyn auf ihre Lehrerin achtete, statt auf die Regieanweisungen. Bei verschiedenen Filmen erteilte der Regisseur Natasha Set-Verbot. Auch zwischen den beiden gab es unerquickliche Auftritte. Einmal behauptete Lytess, auf ihre Armut pochend, daß sie wegen eines Leidens operiert werden müsse, das zu enthüllen sie sich weigerte. Die Schauspielerin hatte im Moment die geforderten 1000 Dollar nicht flüssig. Natasha drohte, daß sie auf der Stelle kündigen würde, wenn sie das Geld nicht bekäme. Auf dieses Ultimatum hin gab Marilyn klein bei und verkaufte die Nerzstola, die Johnny Hyde ihr geschenkt hatte.

Trotz Marilyns Schwierigkeiten mit Lytess, oder vielleicht auch aufgrund ihrer gelegentlich positiven Einflusses, begannen die Fox-Bosse die Schauspielerin als komplexere Persönlichkeit zu betrachten. Sie wurde in *Niagara/Niagara* mit der Rolle einer betörend schönen jungen Frau besetzt, die wegen eines Liebhabers ihren ebenso krankhaft wie berechtigt eifersüchtigen Ehemann (Joseph Cotten) loswerden will und, als er dahinterkommt, von ihm getötet wird. Der Regisseur Henry Hathaway sorgte dafür, daß das Gebiet um die Niagara-Fälle, wo die Außenaufnahmen im Frühjahr 1952 gedreht wurden, für Natasha Lytess off limits war.

Während Marilyn mit Hathaways Entscheidung nicht glücklich war und Natasha täglich anrief, war Joe DiMaggio entzückt, daß er mit ihr im Flitterwochenparadies Ben Springs, Kanada, wo sie untergebracht waren, ungestört sein konnte. Sehr zu Hathaways Überraschung flippte Marilyn nicht aus und schien weniger labil, als ihm hinterbracht worden war. Ihre Kollegen und die Crew schrieben ihre Läuterung Joes Anwesenheit zu.

In der ersten Szene des Films führte Marilyn ihren berühmten Gang mit dem Hüftschwung vor. Um die unglaubliche Bewegungsabfolge noch mehr zu akzentuieren, ließ der Regisseur in einem raffinierten Schachzug einen Stöckel kürzen. Der Erfolg stellte sich augenblicklich ein, sie schaukelte und wogte wie nie zuvor. Aber Joe gefiel das gar nicht. Er hatte den Eindruck, daß die Rolle zu billig war. Er wollte, daß die Frau seiner Wahl respektierlichere Rollen spielte.

Marilyn Monroe war die heißeste Schauspielerin Hollywoods geworden. Ihr Liebhaber war ein Nationalheld. Die Produktion von *Niagara* hatte eine Million Dollar gekostet und spielte im Januar 1953 das Vierfache ein. Es war einer der größten Kassenerfolge des Jahres.

Obwohl Marilyns Abneigung gegenüber Premieren sich noch gesteigert hatte, war kürzlich ein Gegengeschäft zwischen der PR-Abteilung und ihr zustande gekommen: Wenn sie der Premiere von *Monkey Business* beiwohnte, könne sie ein paar Tage in New York Urlaub machen. Die Chance, den Big Apple mit dem ehemaligen Yankee an ihrer Seite zu genießen, war Verlockung genug.

Sie wurden umringt, wohin sie auch gingen. Joe wollte eigentlich lieber mit seinen engen Freunden wie George Solotaire zusammen sein, aber Marilyn wollte das gesamte Nachtleben, Theater und Museen schaffen. New York war für Joe sein zweites Zuhause, und wie der typische New Yorker hatte er kein Interesse an Besichtigungen. Während sie miteinander feilschten, was denn nun unternommen werden sollte, berichteten die Reporter hektisch über die Beziehung zwischen dem »All-American Gal« und dem »All-American Guy.« Das Telefon klingelte unentwegt, alle wollten ein Interview.

Der Bürgermeister von Atlantic City lud das Paar in »seine Stadt« ein, und sie wurden von einer Polizei-Eskorte und mit einer Parade empfangen. Die Straßen waren von Marilyns Fans verstopft. Marilyn trug wie üblich ein tief ausgeschnittenes Kleid, diesmal das aus *Niagara*, über das bereits naserümpfend berichtet worden war. Sie saß auf dem Rücksitz eines Kabrioletts und warf ihren Bewunderern, die sich die Seele aus dem Hals schrien, Rosen zu. Sie erregte ziemliches Aufsehen, sowohl auf der Straße als auch in den Boulevardblättern. Obwohl Joe fand, daß es ihrem ungezügelten Sex-Image doch sehr an Würde und Dezenz mangelte, hielt er sich wohlweislich zurück. Er liebte sie, aber es war nichts zu machen – Marilyn war die aufreizendste Attraktion Amerikas. Dieses Image sollte sie sehr bald verfolgen, als sie versuchte, eine ernsthafte dramatische Schauspielerin zu werden.

DiMaggio verachtete das Studio-System, das von Marilyn buchstäblich Besitz ergriffen hatte. Er hatte den Klatsch zu Ohren bekommen, die einschlägigen Artikel gelesen und fand, daß das Studio und Marilyn das Sexbomben-Image zu weit trieben. Um sie vor weiterer Beschädigung zu bewahren, beschloß er, daß der richtige Zeitpunkt zum Heiraten gekommen sei. Die Ehe würde aus dem »Tramp« eine Lady machen, und er bestand darauf, die Sache sofort über die Bühne zu bringen. Aber Miss Monroe hatte ihre Unabhängigkeit inzwischen zu schätzen gelernt. Sie wand sich, lehnte das eine Mal den Antrag völlig ab und meinte das andere Mal, daß sie noch nicht so weit sei. Indem sie ihn in bequemem Abstand hielt, konnte sie sich in der Sicherheit sonnen, daß er zur Verfügung stand, wann immer sie ihn nötig hatte.

Im Juli 1952 wurden die letzten Innenaufnahmen von *Niagara* gedreht. Angesichts der Fülle negativer Pressekomentare, die bereits jetzt über ihr gewagtes Dekolleté erschienen waren, meinte Skolsky, daß Marilyn endlich »seriös werden« und die Stanislawskij-Methode studieren müsse, die in L.A. von Michael Tschechow, dem Neffen des großen russischen Dramatikers und ehemaligen Kollegen Stanislawskijs, gelehrt wurde. Sehr zum Verdruß von Natasha Lytess erklärte Tschechow sich einverstanden, Marilyn Privatunterricht zu geben. Er war von ihrem Naturtalent und ihrer Sinnlichkeit beeindruckt. Sie hatte Joes Gardinenpredigten aufmerksam zugehört und wollte diese animalische Sexualität irgendwie zügeln. Die Stanislawskij-Methode empfahl, positive und negative persönliche Erfahrungen zu nutzen, um die Darstellung zu vertiefen. Die Methode machte es möglich, unerfreuliche Ereignisse in ihrem Leben konstruktiv zu verarbeiten, und Marilyn wurde süchtig nach dieser Technik, die sie später in ihrer Karriere ziemlich erfolgreich einzusetzen verstand.

Eines von Zanucks Steckenpferden war es, nach Broadway-Erfolgen zu suchen, die in Kino-Gold umgemünzt werden konnten. Eines dieser Stücke war das Musical *Gentlemen Prefer Blondes* nach dem Roman von Anita Loos, in dem die kulleräugige Carol Channing mit ihrer Reibeisenstimme brilliert hatte. Betty Grable, das beliebteste Pin-up-Girl im Zweiten Weltkrieg, brauchte einen großen Erfolg, um ihre ins Schleudern geratene Karriere wieder zu stabilisieren. Doch Marilyn ergatterte sich als aufstrebender Star die Rolle der Lorelei Lee, indem sie ihre Kampagne im Besetzungsbüro und in der PR-Abteilung führte. Es bestanden einige Zweifel über ihre gesanglichen Qualitäten, doch ein kurz anberaumter bunter Abend für Militärangehörige verschaffte ihr soviel Kredit, daß die Komponisten Jule Styne und Leo Robins ihr Okay gaben. Ohrwürmer aus dem Musical wie »Bye, Bye, Baby«, »I'm Just a Little Girl From Little Rock« und natürlich »Diamonds Are a Girl's Best Friend« schienen passende Vehikel für ihre Stimme und Allüre. Auch Anita Loos schlug Marilyn für die Hauptrolle vor. Charles Lederer, der bereits am Drehbuch von *Monkey Business* mitgearbeitet hatte, adaptierte die Bühnenfassung, und Howard Hawks wurde die Regie übertragen. Der Choreograph Jack Cole brachte der Gesangs- und Tanznovizin die Grundbegriffe des Bühnentanzes bei und sorgte dafür, daß Marilyn und ihre Musiknummern auf Vordermann gebracht wurden. Hawks hatte kaum zu klagen.

Marilyns weiblicher Gegenpol war niemand anders als Jane Russel, ihre ehemalige Mitschülerin an der Van Nuys High School. Deren Karriere war seit *The Outlaw/Geächtet* raketenhaft nach oben gegangen, was der enormen Publicity über ihre Beziehung mit Howard Hughes zu danken war (und auch dem speziellen Büstenhalter, den er für sie in *The Outlaw* konstruiert hatte). Jane strotzte vor Selbstvertrauen, war sexy, hatte einen viel größeren Busen als Marilyn und war erstaunlich sachlich. Sie gab Marily großzügig Hilfestellung, zumal bei den Musik- und Tanznummern. Lytess war abermals ins Hintertreffen geraten, diesmal gegen Russell.

Marilyns Darstellung in *Gentlemen Prefer Blondes/Blondinen bevorzugt* schlug abermals ein. Die meisten Kritiker waren angenehm überrascht, wie sie mit den neuen Melodien von Hoagy Carmichael und den Tanznummern zurechtkam. Aber sie erntete auch Respekt dafür, wie gut sie sich mit ihrer Rivalin arrangierte. Es wäre eher wahrscheinlich gewesen, daß zwei solche Superweiber einander mit Haß verfolgten, doch Marilyn war dankbar für Janes Hilfe und Anregung.

Hughes kassierte als Leihgebühr für seinen Star die Spitzengage von 200 000 Dollar, während Skouras für Marilyn nur miese 18 000 Dollar bekam. Hughes erwartete und forderte für Jane den Star-Status. Im Gegensatz zu ihr bekam Marilyn nur ihren mageren Wochenscheck und eine kleine Garderobe. Als Marilyn herausbekam, wie groß die Diskrepanz zwischen ihr und ihrem Co-Star war, verlangte sie mehr Geld. Doch das einzige, was sie erreichte, war eine größere Garderobe.

Im Rahmen einer Feier im Crystal Room des Beverly Hills Hotel, bei der Jerry Lewis als Gastgeber fungierte, bekam Marilyn ihren ersten Schauspielpreis. In Begleitung von Sidney Skolsky erschien sie in einem hautengen Kleid aus Goldlamé. Lewis und dem Publikum blieb die Spucke weg.

Marilyns nächster Film, *River of No Return/Fluß ohne Wiederkehr* unter der Regie von Otto Preminger, stellte sie menschlich wie beruflich auf die Probe. Bei den Außenaufnahmen im grandiosen hochalpinen Jasper-Nationalpark in Kanada standen die Dreharbeiten im Zeichen der Zwietracht. Ihr Partner Robert Mitchum führte ständig eine Gallone Wodka mit sich. Verschiedentlich mußten Drehpausen eingelegt werden, weil er wieder blau war. Whitey Snyder hat Mitchum als »good guy« in Erinnerung, weil er eifrig versuchte, Marilyn im Umgang mit dem diktatorischen Preminger beizustehen. Sobald die bereits verschüchterte und nervöse Schauspielerin sich in einem Satz verhedderte, pflegte der ungeduldige Regisseur eine Schimpfkanonade auf sie loszulassen. Robert Mitchum versuchte dazwischenzutreten, aber meistens war er wegen seines alkoholisierten Zustands keine wirkliche Hilfe. Marilyn entschied sich, nicht weich zu werden, wenn Robert ihr einen Drink anbot, außer es hatte sich um einen besonders enervierenden Drehtag gehandelt.

Als *River of No Return* fast abgedreht war, hatte Marilyn genug Courage, ein – wie sie es nannte – »lausiges« Drehbuch abzulehnen, *The Girl in the Pink Tights*. Aus Selbstschutz, den ihr Joe DiMaggio gepredigt hatte, erlaubte sie sich zum ersten Mal, zu einem gedankenlosen Gefasel, das ihr von den Fox-Bossen untergejubelt wurde, nein zu sagen.

Dagegen fügte sie sich, gewiß nicht widerwillig, einem anderen Diktat des Studios: Sie spielte, oft in vom Studio geliehenem Staat, bei Premieren oder wenn sie sich in der Öffentlichkeit fotografieren ließ, nach wie vor die Praline zum Anbeißen. DiMaggio hatte ihr einen schwarzen knöchellangen Nerz im Wert von 3000 Dollar geschenkt, den sie bei zahlreichen Anlässen trug. Doch sie ging mit dem guten Stück so nachlässig um wie mit dem Rest ihrer Garderobe. Sie saß oft darauf, warf es achtlos auf ihr Sofa oder Bett oder kuschelte sich genußvoll an den seidenweichen Pelz.

Marilyn fühlte sich inzwischen bei der Twentieth Century-Fox außerordentlich unglücklich. Sie bekam 15 000 Dollar pro Woche und profitierte nicht von den ansehnlichen Einspielergebnissen, die ihre letzten Filme erzielt hatten. Außer mehr Geld wollte sie auch mehr künstlerische Kontrolle über ihre Karriere, einschließlich des Mitspracherechts beim Drehbuch und der Wahl des Regisseurs.

Bei einer Party, die Grace Kelly gab, traf Marilyn den Fotografen Milton Greene vom »Look«-Magazin, um mit ihm ein Cover zu besprechen. Im Lauf der Unterhaltung offenbarte sie ihm ihre Unzufriedenheit über ihre bisherigen Rollen, ihr Image und den Vertrag mit der Fox. Sie wollte als ernsthafte Schauspielerin akzeptiert werden. Während Joe immer mehr Druck auf sie ausübte, sich aus dem Filmbusiness zurückzuziehen und ihn zu heiraten, trieb sie ihr neugewonnenes Selbstvertrauen im Gegenteil an, einen mutigen Karriereschwenk zu machen, der ihr die Würde und den Respekt einbringen sollte, dem ihr Image im Wege stand. Am richtigen Ort, zur richtigen Zeit und mit den richtigen Worten unterstützte Greene enthusiastisch den kühnen Plan, das Publikum wie das Studio mit einer neuen Marilyn zu überraschen. Abgesehen davon, daß er einer der talentiertesten Fotografen Amerikas war und mit seinem »Malen mit der Kamera« Marilyn subtilere Seiten erfaßte, hatte Greene auch das Köpfchen, sie davon zu überzeugen, daß er genausogut Filme produzieren könne – schließlich mußte er bei Fotossessions auch die Arbeit zahlreicher Assistenten überwachen. Mit einem Geldgeber der Wallstreet im Rücken bot er sich als der richtige Geschäftspartner für eines der bankgängigsten Talente der Welt an.

Daß die neue Gesellschaft den Namen Marilyn Monroe Productions (MMP) bekommen sollte, war an und für sich extravagant, zumal für eine Frau in jenen Zeiten. Aber Marilyn bestand darauf, daß darauf die richtigen Reaktionen kommen würden, daß damit deutlich würde, wer am Ruder sei, und daß die Welt endlich zur Kenntnis nehmen müsse, daß sie kein »dummes Blondchen« sei, sondern eine Größe, mit der man ernsthaft rechnen müsse. Der Firmenname schreckte später allerdings andere Stars ab, denen sie Rollen in ihren geplanten Produktionen anbot. Vorläufig behielt Marilyn, wohl wissend, daß Joe nicht zustimmen würde, ihr neuestes Projekt für sich.

Da er die Sache endlich ins reine bringen wollte, machte Joe Pläne für eine Hochzeit Mitte Januar 1954, schlug schließlich mit der Faust auf den Tisch und erklärte, er würde nicht wie geplant mit nach Japan reisen, wenn ihre Beziehung nicht legalisiert sei. Er lasse sich keinen weiteren Aufschub gefallen. Marilyn wollte ihn nicht verlieren, also erklärte sie sich mit der Heirat einverstanden. Sie wollte seine Unterstützung beim Aufpolieren ihres Lustobjekts-Images und hoffte, daß er die Leitung ihrer eigenen Gesellschaft übernehmen würde. Sie konnte den Studios etwas vorweisen – ihren künftigen Ehemann und sich selbst. Sie bildete sich ein, daß sie ihre Zukunft durch eine Verflechtung persönlicher und beruflicher Verpflichtungen absichern könne.

Marilyn und Joe wurden am 14. Januar 1954 in DiMaggios Vaterstadt San Francisco durch den Richter Charles H. Perry standesamtlich getraut (es war ihre zweite und seine dritte Ehe). Die Hochzeitsgesellschaft bestand ausschließlich aus Joes Familie und Freunden, mit Joes Intimus Reno Barsochinni als Brautführer. Die Schauspielerin hatte bemerkenswerterweise niemanden eingeladen. Marilyn war so ambivalent, was die Heirat betraf, daß sie sogar Whitey Snyder erst am Abend zuvor anrief, um ihn über das Ereignis in Kenntnis zu setzen. Da Snyder ihr offen zugeredet hatte, DiMaggio zu heiraten, nahm er die Nachricht mit großer Genugtuung zur Kenntnis. Marilyn sah in ihrem schlichten braunen Kleid, das mit weißem Hermelin besetzt war, phantastisch aus. Reporter und Fotografen drängten ins Rathaus. Das Chaos auf den Straßen machte die Flucht in die Flitterwochen zum Abenteuer. Das Paar verbrachte die Hochzeitsnacht in einem obskuren Hotel in Paso Robles und besuchte anschließend einen Freund DiMaggios in der Nähe von Palm Springs.

Marilyn zog in DiMaggios Haus in San Francisco ein und spielte Hausfrau. Da ihr seine Großfamilie warmherzig begegnete, war sie eine Zeitlang mit ihrer neuen Rolle zufrieden. Sie bekam von seinen Schwestern Unterricht in sizilianischer Küche, und DiMaggio war mit dem idyllischen Lebensstil hochzufrieden. Schließlich hatte er schon etliche Zeit davon geträumt. Doch kaum hatte er das Gefühl, endlich in Frieden leben zu können, belauschte er zufällig ein Telefongespräch und erfuhr so von ihrer Absicht, eine Produktionsfirma zu gründen. DiMaggio fühlte sich im Bewußtsein, daß sie ihm ihre Pläne zielstrebig verborgen hatte, schmählich hintergangen. Marilyn und Joe hatten eine heftige Auseinandersetzung, die erste von vielen, die kommen sollten.

Mrs. DiMaggio verteidigte ihre jüngsten Karriere-Schachzüge und bestand darauf, daß sie beide zusammen das Sagen über ihre künftigen Rollen haben würden, Rollen, die genau seinen Forderungen nach mehr Würde und Seriosität entsprächen. Marilyn versuchte, ihm einzureden, daß sie glücklich sein würden, weil er nun auf ihre Karriere genauso stolz sein könne, wie sie auf seine. Aber es war nicht zu übersehen, daß sie unterschiedliche Vorstellungen von ihrer gemeinsamen Zukunft hatten.

Die dicke Luft hatte sich kaum verzogen, als die DiMaggios mit Joes ehemaligem Mentor Frank »Lefty« O'Doul, der ihn für die San Francisco Seals entdeckt hatte, und seiner neuen Frau

Jean zu ausgiebigen gemeinsamen Flitterwochen nach Japan aufbrachen. Während Joe eine Werbetour für Baseball und Auftritte bei Jugendmannschaften absolvierte, wollten sich die Damen erholen und Ausflüge und Einkäufe machen. So war es zumindest vorgesehen. In Honolulu riß die Meute Marilyn beinahe die Kleider vom Leib, als sie zum Anschlußflug nach Japan durch das Flughafengebäude mußten. Sobald sie im Flugzeug saßen, überfiel General Christenberry die Jungvermählten mit einer Bitte. Ob Marilyn sich für die Truppenbetreuung in Korea bereitfinden würde? Sie war sofort einverstanden, aber auch ihr Mann sollte seine Einwilligung geben. Weil Joe wußte, wie wichtig diese Auftritte für seine Frau und die amerikanischen Soldaten fern der Heimat waren, und auch, wie sehr sie ihr Image haben würden, gab er seinen Segen. An die Asienreise wurde eine dreitägige Tour an die Front angehängt.

Zehntausende kreischender japanischer Fans drängten sich auf dem Haneda-Flughafen von Tokio, um einen Blick – nicht des Baseballhelden, sondern von Amerikas größter blonden Sensation zu erhaschen. Marilyn geriet in Panik, als sie auf der Gangway der Menge ansichtig wurde. Also verschwanden sie in Windeseile durch die Gepäckluke und flüchteten in ein bereits wartendes Auto, das sie in ihr Hotel brachte.

Vor dem Imperial Hotel erwarteten sie weitere Scharen. Als der Hotelmanager die Fans aufforderte, sich zu entfernen, gingen Fenster zu Bruch, und es gab blutige Nasen. Die Reisenden entrannen dem gewaltigen Chaos und hetzten das Treppenhaus hinauf in ihre Hochzeitssuiten. Etwas Derartiges hatte niemand erwartet. Obwohl es Joe war, der nach Japan eingeladen worden war, galt alle Aufmerksamkeit nun seiner Frau. Eine betäubte Marilyn hatte sich zu entschuldigen und zu versuchen, die blauen Flecken an Joes Ego zu lindern. Das Bewußtsein, wie vergänglich sein Ruhm war, machte ihn mürrisch und abweisend. Whitey, der ebenfalls mit von der Partie war, sagte später, daß er Joe während der ganzen Zeit, die er mit ihm und Marilyn verbracht habe, nie so niedergeschlagen erlebt hätte.

Die Special Services organisierten Marilyns Abstecher nach Seoul, Korea, für den 10. Februar. Joe war gebeten worden, sie zu begleiten, aber ihm reichte es inzwischen, und er lehnte ab. Ohne ihren Mann setzte Marilyn in einem Propellerflugzeug der Air Force im winterkalten Korea auf. Da sie nicht mit einer so rauhen Witterung gerechnet hatte, zog sie sich eine schlimme Erkältung zu. Sie befürchtete eine ernsthafte Erkrankung der Atemwege und hatte zudem Lampenfieber, weil sie mit Live-Auftritten keine Erfahrung hatte. Sie fühlte sich der Situation nicht gewachsen, riß sich aber zusammen, weil sie wußte, wie exzeptionell ihr Auftreten für die Tausende einsamer Soldaten sein mußte.

Gekleidet in einem Army-Overall wurde Marilyn in einem Helikopter an die Westfront geflogen und memorierte in einer Behelfsgarderobe kurz ihr Gesangs- und Tanzrepertoire. Heftig niesend schlüpfte sie wieder einmal in ein knappes Cocktailkleid und legte reifenförmige Ohrringe und ein Perlenarmband an. »Wir wollen Marilyn!« schallte es von draußen. Als die Minuten sich hinzogen, begannen die Soldaten zu trampeln und zu klatschen. Das Gebrüll von 13 000 Frontkämpfern war beängstigend, aber trotz ihrer Erkältung und Heiserkeit hielt Marilyn ihm stand, als sie das Podium betrat. Beifall und Pfeifen verstummten schlagartig, als sie »Do It Again« zu singen begann. Obwohl ihre Stimme angeschlagen war und die Qualität der Tonanlage zu wünschen übrig ließ, geriet die Zuhörerschaft über ihre Darbietung in Verzückung. Marilyn Monroe brachte sie mit dem Wiegen und Wackeln ihrer Hüften in Raserei. Nach der ersten Show ersuchte sie der Offizier, der Special Services, keinen allzu aufreizenden Song zu bringen, weil zu befürchten stand, daß unter den Truppen ein Pandämonium ausbrechen könnte. Obwohl Mrs. DiMaggio nicht dieser Meinung war, kam sie seinem Wunsch nach.

Nach einem Dutzend Auftritten vor insgesamt 60 000 Mann hatte Marilyn auf dem Rückflug nach Tokio hohes Fieber. Aber sie war zufrieden mit ihren Shows, die ihre Beliebtheit abermals bestätigt hatten. Sie hatte den vollen Effekt der zahllosen Hochglanzfotos erleben können, die von den Studios an die Army verteilt worden waren. Als die begehrenswerteste Frau der Welt in Tokio ihre Begeisterung mit ihrem Mann teilen wollte, meinte er mürrisch, daß er ähnliches erlebt hätte, und daß sie nach einem falschen Schritt von den Menschen, die ihr eben noch zu Füßen gelegen hätten, gnadenlos ausgepfiffen würde.

Als sie im April 1954 nach San Francisco zurückkehrten, hatten Marilyn und Joe eine Abmachung getroffen. Fester Wohnsitz war seine Heimatstadt, sie würde nur zu Dreharbeiten verreisen, und seine verwitwete Schwester Marie würde den Haushalt führen, während er sich um den umfangreichen Grundbesitz und das Familien-Restaurant kümmern konnte. Joes Familie hatte Marilyn mit Begeisterung in ihren Schoß aufgenommen. Sie widmete sich besonders den Kindern, und die Kinder hingen an ihr. Abermals unterbrach die Schauspielerin ihre eigene Karriere, um eine gewöhnliche Hausfrau an der Seite ihres reichen und berühmten Mannes zu sein. Aber jedesmal, wenn sie das Haus verließ, erinnerten sie die Leute in San Francisco daran, daß sie Marilyn Monroe war. Sie konnte in kein Restaurant gehen, ohne von den Fans begafft und um Autogramme angegangen zu werden. Obwohl sie in Joes patenter Familie einen Hauch von Frieden fand, wußte Mrs. DiMaggio immer noch nicht, wie sie ihre schauspielerische Karriere mit ihrem Privatleben vereinbaren konnte.

Zanuck, der noch immer von der Idee besessen war, aus Musicals filmischen Profit zu schlagen, lud Marilyn ein, für den Film *There's No Business Like Show Business/Rhythmus im Blut* nach Hollywood zurückzukehren. Der gleichnamige Song war in Irving Berlins Broadway-Renner *Annie Get Your Gun* mit Ethel Merman acht Jahre zuvor eine der Hauptnummern gewesen. Obwohl Monroe als Tänzerin und Sängerin praktisch immer noch kein Profi war, wollte Zanuck aus ihr eine blonde Musical-Soubrette machen, wie es Betty Grable gewesen war.

Die DiMaggios hatte ein idyllisches Cottage am North Palm Drive in Beverly Hills gemietet. Von hier aus waren Studio und Restaurants rasch zu erreichen. Doch Marilyns Träume von häuslicher Behaglichkeit zerstoben, sobald die Proben begannen. Jeden Abend kam sie spät und erschöpft nach Hause. Joe mußte sich damit abfinden, alleine Tiefkühlkost zu essen oder sich aus dem Restaurant italienisches Essen zu holen. Um die Sache noch schlimmer zu machen, schien sich Marilyns größte Angst – daß sie kein Talent hätte – zu bewahrheiten. Ihre Co-Stars in *Show Business* waren alle routinierte Musical-Profis.

Neben Ethel Merman in der Hauptrolle und Dan Daily, Donald O'Connor und Mitzi Gaynor war die verunsicherte Marilyn linkisch und fehl am Platze. Der Broadway-Starchoreograph Robert Alton wurde mehr und mehr frustriert und beschwerte sich bitter, daß sie zwei linke Füße hätte, schwerfällig wie ein Ochse und in Ermangelung jedweden rhythmischen Gefühls ständig daneben sei. Marilyn verlangte, daß Altron durch Jack Cole ersetzt würde, der in *Gentlemen Prefer Blondes* so fabelhaft alle Klippen umschifft und die Illusion vermittelt hatte, daß sie ihre erotische Ausstrahlung auch im Tanz über die Leinwand bringen könne. Obwohl sie ihre Schrittfolgen und Lieder am Set bis spätabends übte, machte sie kaum Fortschritte. Hinter ihrem Rücken machten sich die Kollegen über ihre Unfähigkeit lustig, und sie spürte ihre Abneigung. Nachdem sie sich in der Garderobe ausgeheult hatte, kam sie mit verschwollenen und geröteten Augen zur Probe zurück. O'Connor, einige Zentimeter kleiner als sie, war als ihr Verehrer eine ausgesprochene Fehlbesetzung. Die Schauspielerin war sicher, daß ihre Fans ihr einen solchen Partner niemals abkaufen würden. Der Regisseur Walter Lang wurde ebenfalls ungeduldig, und Marilyn wurde am Set immer mehr zur Witzfigur.

Jeden Abend fand Marilyn, die Joes Trost so nötig hatte, zu Hause einen deprimierten Ehemann vor. Er war reizbar geworden und nicht in der Stimmung, ihr beizustehen. Als er einmal am Set erschien, weigerte er sich, mit seiner Frau fotografiert zu werden, und zog es vor, sich mit seiner Lieblingsschauspielerin Ethel Merman knipsen zu lassen.

Die Botschaft war deutlich. Joe fühlte sich gedemütigt und bestrafte Marilyn dafür, daß sie immer noch glaubte, sie könne damit durchkommen, daß sie einfach ihren Busen vorzeigte und mit ihrem berühmten Hinterteil wackelte. Er war der Beste am Platz gewesen und verlangte das Beste von allen, mit denen er zu tun hatte, insbesondere von seiner Frau.

Marilyns Image in der Öffentlichkeit war ihm schon lange peinlich, und einige seiner Freunde fanden, daß ein Mann seine Frau besser im Griff haben müsse. Seine abweisende Kühle gab Marilyn zum ersten Mal das Gefühl, daß sie nicht nur als Schauspielerin, sondern auch als Frau und Partnerin ein Versager sei. Ein kleines Trostpflaster bekam sie von Irving Berlin, der ihr für ihre Interpreation seines Songs »After You Get What You Want, You Don't Want It« Komplimente machte. Eine, was die Aussage des Textes betraf, unbeabsichtigt ironische Verbeugung, die sie nicht trösten konnte.

Wenn Mrs. DiMaggio abends früh genug nach Hause kam, ging das Ehepaar zum Essen aus, hatte sich aber nichts zu sagen. Marilyn suchte einen Psychoanalytiker auf, ohne Ergebnis. Sie hätte eher einen Eheberater gebraucht. Das Schweigen wurde tödlich – je weniger sie ihre Gefühle artikulieren konnten, desto heftiger wurden die Ausbrüche. Auch anderen fiel die Veränderung in ihrer Beziehung auf. Mrs. DiMaggio spielte die Situation herunter und wies die Presse darauf hin, daß ihr Mann den Rummel schon lange satt sei und seine Ruhe haben wolle. Die Ausrede konnte allerdings nicht verhehlen, daß es in der Ehe kriselte.

Als die Dreharbeiten von *Show Business* sich dem Ende näherten, machte Sidney Skolsky Marilyn mit Paula Strasberg bekannt. Paula und ihr Mann Lee gaben im Actors Studio in New York Unterricht in der Stanislawskij-Methode. Ihr berühmtester Schüler war Marlon Brando. Im Bewußtsein, wie dringend sie Kultivierung und Tiefgang nötig hatte, um als Schauspielerin zu wachsen, wollte Marilyn unbedingt nach New York, um weiter zu lernen. Scheitern hieß für sie lediglich, daß sie sich noch mehr anstrengen mußte.

Doch sie hatte keine Gelegenheit, Atem zu schöpfen. Die Twentieth hatte sie für einen Film verpflichtet, den Billy Wilder in New York drehte, und in dem sie eine ihrer denkwürdigsten Rollen spielte. Als naives, umwerfendes Fotomodell hilft Marilyn in *The Seven Year Itch/Das verflixte 7. Jahr*, einem weiteren Broadway-Hit, ihrem Nachbarn, der als Strohwitwer im sommerlich drückenden Manhattan zurückgeblieben ist, über seine Ehekrise hinweg.

Abermals schienen Marilyn und ihr Partner Tom Ewell nicht zusammenzupassen, aber der ausgefuchste Billy Wilder schaffte es, daß die Geschichte gut über die Runden kam. Als Regisseur mit großem Gespür für Frauen schuf er mit Marilyn eine vernünftige Arbeitsbasis. Er erkannte, daß sie kein Morgenmensch war, aber bis in die Nacht hinein arbeiten konnte. Deshalb tolerierte er zumindest anfangs ihr notorisches Zuspätkommen. Er schaffte es sogar, daß Natasha Lytess zu einem Aktivposten am Set wurde, statt wie bisher eine Barriere für Marilyns Darstellung zu sein.

Die äußeren Umstände waren weniger erfreulich. Die Fans und die Reporter hatten bereits bei ihrer Ankunft auf dem Idlewild Airport feststellen können, daß Marilyn ohne ihren Mann gekommen war. Joe hatte sich geweigert, sie zu begleiten, weil er Natasha inzwischen unerträglich fand. Die Suiten im St. Regis in Manhattan, die für Marilyn und ihren Stab reserviert waren, gefielen ihr überhaupt nicht. Das ideale Hotel wäre das Plaza gewesen, von dem man Aussicht auf den Central Park hatte und dessen heitere Atmosphäre eher eine angenehme Nachtruhe garantieren konnte. Aber das Studio bestand auf dem St. Regis. Einige Tage später überlegte Joe es sich anders, kam nach New York und beklagte sich ebenfalls über das Hotelarrangement. Wenigstens stimmten sie in dem einen Punkt überein, daß sie sich über ihre Unterbringung mokieren konnten. Die ersten paar Abende zeigten sie sich zusammen mit den vertrauten Lokalen, im Toots Shor's und im Stork Club. An den Nachmittagen traf Marilyn sich heimlich mit Milton Greene und seinem Anwalt.

Das Studio hatte ihr gerade zwei klägliche Rollen angeboten, zum einen die einer Mätresse und zum anderen die einer Prostituierten. Joe und Marilyn hatten beide abgelehnt. Marilyn wußte inzwischen, daß nicht nur ihre Karriere, sondern auch ihre Ehe von der Wahl ihrer Rollen abhing. Sie hatte von den Angeboten der Fox die Nase voll und wollte raus. Greenes Anwalt wies sie darauf hin, daß, da die Vertragsabteilung der Fox ihr Vorschläge für einen neuen Vertrag gemacht habe, der alte als hinfällig zu betrachten sei. Schließlich war ein neuer Vertrag mehr als fällig, da sie der schlechtestbezahlte Topstar der Epoche war. Auch DiMaggio, der der höchstbezahlte Spieler in der Geschichte des Baseball gewesen war, stachelte sie in ihrem Bestreben an, auf ihrem eigenen Gebiet ähnliches zu erreichen. Natürlich waren die Studiobosse über seinen Einfluß nicht begeistert.

Ursprünglich war DiMaggio mit Marilyns Rolle in *The Seven Year Itch* einverstanden gewesen, doch bei der ersten Szene, die er miterlebte, änderte er schlagartig seine Meinung. Der Strohwitwer Richard Sherman (Tom Ewell) und das Mädchen haben gerade das Kino verlassen, in dem sie sich *The Creature From the Black Lagoon/Der Schrecken vom Amazonas* angeschaut haben, und schlendern an einem heißen Sommerabend die Lexington Avenue hinunter. Um sich ein bißchen Kühlung zu verschaffen, läßt das Mädchen ihr Kleid vom Luftzug aus einem Belüftungsschacht der U-Bahn bis zur Taille hochwehen. Die Szene wurde weltberühmt, allerdings in der später im Studio gedrehten und von Jack Cole minuziös choreographierten Fassung. Joe hatte mit Walter Winchell im Toots Shor's in der Nähe gegessen und beschloß, seine Frau am Dreh zu besuchen. Als sie ankamen, konnten sie feststellen, welchen Tumult Marilyn mit ihrer Dessous-Nummer verursachte.

Hunderte Zuschauer hatten sich versammelt, und hinter ihren Rücken fühlte sich Joe gedemütigt, als er sich die Anzüglichkeiten und Pfiffe der Menge anhören mußte. Die Schauspielerin war in ihrem Element und stellte ihre Reize nicht an einem abgeschlossenen Set, sondern vor aller Welt zur Schau. Alle seine Einwände hatten nichts gefruchtet. Als Marilyn am Morgen in die Hotelsuite zurückkehrte, fand sie ihren Ehemann wütend und empört. Sie versuchte, sich zu verteidigen, aber er wollte nichts mehr hören und verließ das Hotel. Als Whitey Snyder kam, um sie zu schminken, stellte er fest, daß sie an den Armen schwarze und blaue Druckstellen hatte. Sie war außer sich, ihre Augen waren vom Weinen geschwollen. Mitfühlend meinte Whitey, sie müsse versuchen, Joes Gefühle und seinen Ausbruch brachialer Gewalt zu verstehen. Kein Mann sehe es gern, daß seine Frau ihren Körper so in aller Öffentlichkeit präsentierte.

DiMaggio wies die Entschuldigungen seiner Frau zurück. Die Geschichte wurde in der gesamten Presse hochgespielt, und die PR-Abteilung des Studios half noch nach. Das Studio schrieb ihre Aufmüpfigkeit der Ermutigung durch DiMaggio zu und war der Meinung, daß sie wieder zur Vernunft kommen würde, wenn die beiden getrennt seien. Kaum hatten sie sich nach Beendigung der Dreharbeiten in New York versöhnt und waren nach Los Angeles zurückgekehrt, wurden sie ständig und überall an den Zwischenfall erinnert. Zwei Wochen später, als Joe konsterniert nach New York flog, um über ein Spiel der World Series zu berichten, rief Marilyn ihren Anwalt Jerry Giesler an und verlangte weinend, daß er die Scheidung einreiche. Harry Brand, der PR-Mann, der sie zusammengebracht hatte, trieb den Keil noch tiefer zwischen die beiden und verkündete auf einer Pressekonferenz, daß sie eindeutig »nicht zusammenpaßten.«

Reporter und Fotografen wurden zu einer Heimreportage eingeladen. Nachdem Brand und Giesler Marilyn ostentativ getröstet hatten, ließen die Studio-Handlanger sie mit den Pressehaien allein. Damit brachte das Studio Marilyn so weit, aus ihrer lädierten Ehe ein öffentliches Drama zu machen. Giesler, dem an einem Versöhnungsversuch nicht gelegen sein konnte, reichte die Scheidungsklage wegen seelischer Grausamkeit ein.

Als Joe aus New York zurückkam, packte er sofort seine Sachen, während Mary Karger oben Marilyn tröstete, die sich durch die Aufregung wieder eine schwere Erkältung zugezogen hatte. Giesler schickte seine Sekretärin Helen Kirkpatrick in das Cottage, um die entsprechenden Papiere unterzeichnen zu lassen. Sie brachte die geschwächte Marilyn so weit, daß sie unterschrieb, ging dann ins Erdgeschoß und forderte Joe auf, ebenfalls seine Unterschrift zu leisten.

Reno Barsochinni, der Brautführer bei ihrer Hochzeit, fuhr vor dem Haus vor und kam kurz darauf mit zwei Koffern und einem Satz Golfschläger heraus. Ihm folgte gramerfüllt DiMaggio, der der Presse mitteilte, daß er nach San Francisco abreise und nie mehr zurückkehren werde. Kurz darauf fuhr die in Tränen aufgelöste Marilyn mit ihrem Anwalt zu einem Arzt. Wegen ihres Zustands mußte die Fortsetzung der Innenaufnahmen verschoben werden. Marilyn kapselte sich die nächsten drei Wochen ab und erschien schließlich vor dem Gericht in Santa Monica, wo sie gesammelt wirkte und so schön wie je aussah. Statt der Wärme und Zuneigung, die sie von ihm erwartet habe, sei er nur kalt und gleichgültig gewesen. Nach wenigen Minuten Anhörung fällte der Richter das vorläufige Scheidungsurteil, das nach einem Jahr wirksam wurde.

Weder Joe noch Marilyn wollten eigentlich die Scheidung, aber sie waren dem Studio-System und seinen Machenschaften zum Opfer gefallen. Beide bedauerten das Resultat und blieben bis zu Marilyns Tod enge Freunde.

9. Kapitel
Die Eule und das Kätzchen

Als Marilyn wieder an den Set zurückkehrte, lieferte sie Billy Wilder in *The Seven Year Itch* eine ihrer reifsten Leistungen. Wilder gelang es, ihre erotische Ausstrahlung mit ihrem komödiantischen Talent brillant in Einklang zu bringen. Das Drehbuch, das der Regisseur mit George Axelrod nach dessen Bühnenstück verfaßt hatte, war spitzfindig und subtil und kam ihren angeborenen Fähigkeiten entgegen. Und außerdem kniete sie sich wie nie zuvor in die Arbeit. Die täglichen Muster zeigten, wie souverän sie über den Bildschirm kam. Wilder und Charles K. Feldman, seit Johnny Hydes Tod Monroes Agent und Koproduzent des Films, schlugen sich vor Vergnügen auf die Schenkel. Der Zeitverzug wegen Marilyns Eheproblemen erhöhte die Produktionskosten um lediglich 150 000 Dollar, und das fertige Produkt war es mehr als wert.

Auch ihre Pleite in *Show Business* hatte die Schauspielerin beflügelt, ihr Bestes zu geben. Nie zuvor hatte sie so ätzende Kritiken bekommen. Obwohl auch geringschätzige Niedermache einem Film helfen kann, war *Show Business* durchgefallen. Und Marilyn hatte sich geschworen, sich niemals mehr auf ein solches Himmelfahrtskommando einzulassen.

Doch nun hatte sie wieder Oberwasser. Das Studio war zuversichtlich, daß *The Seven Year Itch* einschlagen würde. Und ironisch genug wurde die Twentieth, nachdem sie mitgeholfen hatte, ihre Ehe zu zerstören, Marilyns sicherer Hafen; sie fühlte sich bei dem Studio, das sie so unbedingt halten wollte, aufgehoben und zu Hause. Zanuck redete während der täglichen Vorführungen der Muster sogar mit ihr und zeigte zum ersten Mal so etwas wie Hochachtung.

Am Tag nach dem offiziellen Ende der Dreharbeiten gab Feldman ihr zu Ehren ein Abendessen bei Romanoff's. Unter den achtzig erlesenen Gästen waren die Produzenten Zanuck, Jack Warner und Sam Goldwyn und die Stars Claudette Colbert, Doris Day, Humphrey Bogart, William Holden und James Stewart. Clark Gable, von dem sie als »Waise« so oft geträumt hatte, tanzte mit ihr und sagte ihr, daß er gerne mit ihr einen Film machen würde. »Ich fühle mich wie Aschenputtel«, wisperte die Schauspielerin, die ein Kleid aus leuchtendrotem Chiffon aus dem Fundus trug. Sie war endlich »angekommen.«

Am nächsten Tag zeigte sich das Leben wieder von der anderen Seite. Joe DiMaggio brachte sie zu einem chirurgischen Eingriff in das Cedars of Lebanon. Der Presse wurde mitgeteilt, daß sich Miss Monroe einer Operation unterziehe, um leichter Kinder bekommen zu können. Das klang für die meisten plausibel, doch die Wahrheit war, daß Marilyn und Joe ein Baby erwartet hatten. Joe war ihr immer noch böse wegen ihrer »falschen« beruflichen Entscheidungen, und Marilyn nahm ihm ihrerseits übel, daß er so kompromißlos war. Aber er harrte geduldig bei ihr aus, bis sie sich von der Ausschabung erholt hatte. Die darauffolgenden Abende gingen sie miteinander zum Essen aus.

Milton Greene kam zur Gründung der MMP nach Los Angeles. Er hielt ihr feierliche Vorträge, daß es eine einmalige Gelegenheit sei zu expandieren, solange die Twentieth so hoch auf sie setzte. Außerdem garantierte er ihr, wenn sie vertragsbrüchig würde, für sie aufzukommen. Aufgrund seiner Hartnäckigkeit, Joes Einfluß und der Chance, sich in New York als Schauspielerin weiterzuentwickeln, machte sich Marilyn vor Weihnachten ohne Aufsehen an die Ostküste auf.

Greene lebte mit seiner jungen Frau Amy und dem zweijährigen Sohn Josh in Weston, Connecticut, in einer luxuriös ausgebauten Scheune auf dem Land. Marilyn kam in dem kleinen Gästezimmer unter, was zwar nicht komfortabel, aber als Unterschlupf ideal war. Das Studio hatte keine Ahnung, wo sie steckte, während sie mit Greene und seinem Anwalt Frank Delaney über den Verträgen saß. Als sie unter Dach und Fach waren, gab Marilyn am 7. Januar 1955 in Delaneys Haus in der New Yorker East 64th Street eine Pressekonferenz, auf der sie verkündete, daß die Marilyn Monroe Productions gegründet worden seien, daß sie als Präsidentin 51 Prozent der Anteile halte und daß sie der ewig gleichen Sexrolle müde sei und endlich eine größere Bandbreite haben wolle.

Drei Tage später war sie für die letzten Nachaufnahmen pflichtschuldig wieder am Set von *The Seven Year Itch*. »Du siehst gut aus«, begrüßte Wilder die Hollywood-Heimkehrerin. »Natürlich«, sagte sie, »ich bin jetzt eine Firma.« Sie gab bekannt, daß dieser Film der letzte für das Studio gewesen war. Worauf Zanuck erklärte, daß sie noch für drei Jahre und vier Monate an die Twentieth gebunden sei und ohne jeden Zweifel ihren Verpflichtungen nachkommen werde. Unterdessen verhandelten die Anwälte des Studios fieberhaft mit den ihren. Obwohl sie bevollmächtigt waren, höhere Gagen und Spielraum für unabhängige Produktionen zu bieten, kam es zwischen den sich befehdenden Kräften nicht zu einer Einigung. Immerhin war deutlich geworden, daß Marilyn sich in einer starken Position befand – weniger, weil sie sich als gelehrige Schülerin Joes erwiesen hatte, sondern weil das Studiosystem bereits erhebliche Risse zeigte.

Im März 1955 arrangierte Milton Greene ein Fünfzehn-Minuten-Interview in der Sendung »Person to Person« des Fernsehpräsentators Edward R. Murrow, die landesweit übertragen wurde. Die CBS baute ihre Kameras in Greenes Luxusscheune auf, und Milton setzte statt der üblichen flachen Ausleuchtung weicheres Fotografenlicht, das Marilyns Jugend und Schönheit hob. Doch als Präsidentin ihrer eigenen Produktionsfirma kam sie nicht so nachdrücklich über den Bildschirm, wie es sich Greene erhofft hatte. Um nicht anzuecken und weil es von »echten Frauen« so erwartet wurde, verbarg sie ihren Unternehmergeist und hüllte sich in einen Schleier von Hilflosigkeit.

Danach wurde Marilyn von Mike Todd in seiner Eigenschaft als Vorsitzender des Arthritis- und Rheuma-Fonds gebeten, bei einer Wohltätigkeitsveranstaltung des Ringling-Brothers-Zirkus im New Yorker Madison Square Garden mitzuwirken. Marilyn hatte in einem Kostüm aus Federn und Pailetten ihren spektakulären Auftritt auf einem rosa angestrichenen Elefanten und demonstrierte der Twentieth nachdrücklich die Notwendigkeit, das Angebot für die verlorene Tochter aufzurunden. Für weiteren Druck sorgte ihr Agentenwechsel zu Lew Wassermann, der der mächtigste Agent im Filmgeschäft war.

Im Frühjahr bezog Marilyn auf Milton Greenes Kosten eine Einzimmer-Suite im Waldorf Astoria Towers an der Park Avenue in Manhattan. Seine Ausgaben, um die Schauspielerin zu »halten«, beliefen sich auf rund 1000 Dollar pro Woche und zwangen ihn, eine Hypothek auf seine »Scheune« in Weston aufzunehmen. Zumal, was die Nebenkosten betraf, war Greene entgeistert. Marilyn zahlte für die Unterbringung ihrer Mutter, besuchte fast täglich den Schönheitssalon und verschwendete Parfüm, als ob es Badewasser wäre. Greene war es schleierhaft, weshalb sie diese »Verschönerung« nötig hatte. Doch sie pochte darauf, daß sie als Filmstar diesen Standard gewöhnt sei.

Bei einer Dinnerparty traf Marilyn Lee Strasberg, der ihr sofort Interesse entgegenbrachte. Strasberg, 1901 als Israel Srulke in Budzanow, Galizien, geboren, war mit acht nach New York gekommen und hatte das Theater- und Regiehandwerk bei Richard Boleslawski, einem ehemaligen Mitarbeiter Stanislawskijs, erlernt. Seit 1951 war er Leiter des von Elia Kazan und Cheryl Crawford gegründeten Actor's Studio. Die von ihm entwickelte Technik einer Einfühlungsdramaturgie, »The Method«, basierte ebenso auf dem Training des »emotionellen Gedächtnisses« wie die Methode, die Marilyn bereits bei Michael Tschechow studiert hatte. Zu Strasbergs Jüngern gehörten neben Marlon Brando auch Shelley Winters, Marilyns *Itch*-Costar Tom Ewell, Montgomery Clift, Eli Wallach und James Dean.

Strasberg gab der scheuen Schauspielerin am Anfang Privatstunden und bestand darauf, daß sie sich einer Psychoanalyse unterzog. Als sie sich ins Theaterlabor wagte, trug Marilyn, um sich einen seriöseren Anstrich zu geben, ausgebeulte Hosen und abgetragene Pullover und schmierte sich, statt sich zu schminken, das Gesicht mit Vaseline ein. Sie spielte kurze Szenen mit ihren Kollegen, beobachtete den »Meister« bei der Arbeit und sog seine »Worte der Weisheit« in sich auf. »Sie kann emotional alles abrufen«, bewertete Strasberg nach wenigen Monaten ihre Fähigkeiten, »was eine Szene von ihr fordert. Ihre Bandbreite ist unbegrenzt, und es ist nachgerade niederträchtig, daß sie ihre Möglichkeiten nicht mehr genutzt hat, oder daß ihr ihre bisherigen Filme nicht mehr abverlangten. Sie ist hochgradig nervös. Sie ist nervöser als jede andere Schauspielerin, die ich kenne. Aber Nervosität ist für eine Schauspielerin kein Handicap. Sie ist ein Zeichen von Sensibilität. Marilyn mußte lernen, ihren nervösen, ungebändigten Energiestrom in ihrer Arbeit zu kanalisieren. Viel zu lange hat sie für ihr Image gelebt. Sie muß für sich und ihre Arbeit leben.«

Marilyn fühlte sich ihrem Mentor so verbunden, daß sie sich nach allen Regeln der Kunst von ihm ausnehmen ließ und sogar für die hohen Verluste aufkam, die er bei Spekulationen an der Börse erlitt.

Im Jahr 1955 war *Bus Stop* von William Inge der große Hit am Broadway, und Arthur Miller bereitete die Premiere seiner Hafenarbeiter-Tragödie *Blick von der Brücke* vor. Ernest Borgnine bekam einen Oscar für seine Darstellung in *Marty/Marty*, dem ersten nach einem Fernsehfilm gedrehten Kinofilm, Anna Magnani wurde für ihre Leistung in *The Rose Tattoo/Die tätowierte Rose* ausgezeichnet. Sam Giancana schloß ein Bündnis mit Milwaukee Phil, um einige seiner Feinde aus dem Weg zu räumen. Und Senator John F. Kennedy erwog mit seinem Vater die Chancen für eine Kandidatur als Vizepräsident.

An ihrem Geburtstag, dem 1. Juni, wohnte Marilyn Monroe der Premiere von *The Seven Year Itch* im New Yorker Loew's Theater bei. Das Studio stieß die Schauspielerin abermals vor den Kopf, indem es sie nicht direkt einlud, sondern die Karten an den Illustriertenfotografen Sam Shaw schickte, mit dem sie in letzter Zeit ausgegangen war. Marilyn kam in Begleitung ihres Ex-Ehemannes Joe DiMaggio, der einiges gutmachen wollte und platzte – zu spät, wie immer – in die ersten zwanzig Minuten des Films, die ihrem Partner Tom Ewell allein gehörten. In einem weißen, schulterfreien Abendkleid und einer weißen Fuchsstola posierte die überglückliche Marilyn vor dem Blitzlichtgewitter der Fotografen und störte die Licht- und Sichtverhältnisse im Kino.

Auf der Leinwand zeigte sie sich von ihrer warmen und einfühlsamen Seite. Sobald der unbeholfene Ewell schwache Annäherungsversuche macht, schreibt sie seine Aufmerksamkeit unschuldsvoll seiner Nettigkeit und Einsamkeit zu. Daß sie seine reizlose Erscheinung und seine wenig ansprechenden Umgangsformen liebevoll akzeptiert, gab unattraktiven Männern im Publikum das Gefühl, begehrt und geliebt zu sein, egal, wie lahmarschig sie auch sein mochten. »Sie verschafft dem armen Schlemihl das Bewußtsein seines Wertes als Mann«, gab Wilder zu Protokoll. Die Kritiker ignorierten zwar Marilyns darstellerische Leistung, vermeldeten aber, daß das Publikum von ihrer Schönheit überwältigt gewesen sei. Worauf der Regisseur der Presse geharnischt mitteilte, daß sie sehr wohl ihr Fach als Komödiantin verstünde, und daß ihr Instinkt für Timing geradezu unheimlich sei. Wilder war mit den durchwachsenen Kritiken ganz und gar nicht glücklich. Doch tröstete er sich mit dem Einspielergebnis von 4,5 Millionen Dollar.

Joe DiMaggio hatte nach der Premiere für Marilyn eine Geburtstagsparty im Toot Shor's arrangiert. Doch als sie ankam und schon von weitem seinen mißbilligenden Blick wahrnahm, verließ sie wütend mit ihrem Freund Shaw den Club. DiMaggio hatte immer noch nicht gelernt, daß er die Schauspielerin nicht herumkommandieren konnte. Wenn New York, Hollywood und die Welt sie endlich als ernsthafte Darstellerin anerkannten, warum nicht er?

Sie war fest entschlossen, sich endgültig nur noch mit Leuten zu umgeben, die ihr eine wirkliche Stütze waren, als sie auf einer Cocktailparty Arthur Miller wiederbegegnete. Der Autor wurde in den New Yorker Theaterzirkeln herumgereicht und erschien, seit seine Ehe dahinkränkelte, alleine. Der gebürtige Kalifornier war gesellschaftlich unbeholfen und scheu, aber Marilyn fühlte sich zu introvertierten Männern hingezogen.

Sie war ihm zugetan, weil er Lincoln so ähnlich sah, und wegen seiner Affinität zur Welt des Geistes. Obwohl sie eigentlich aktive, gesellige Männer den Stubenhockern vorzog, war sie hungrig nach dem Wissen, das Miller ihrer Meinung nach besaß. Er brachte seine Gedanken und Gefühle in die Personen seiner Stücke ein, und sie las Stücke für ihr Leben gern. Beide schienen sie auf der Suche nach der Wahrheit in ihrem Leben zu sein. Nachdem seine Ehe inhaltslos geworden war, führte Miller das Leben eines Eremiten. Er war reif für eine neue Daseinsphase, und Marilyn schien diejenige, die ihm dabei helfen konnte. Auch, was die Verketzerung durch rechte Politiker wegen seiner »linken« Sympathien betraf.

Mit vierzig Jahren war Miller mitten in der Midlife-crisis. Seine Frau Mary Grace Slattery war als gebildeter, politisch engagierter Mensch die antreibende intellektuelle Kraft in seiner Karriere gewesen. Als seine Ersatzmutter hatte sie ihm das Schreiben ermöglicht, indem sie erst als Serviererin arbeitete und später als Lektorin bei Harper and Brothers. Sie hatten zwei Kinder, Tochter Joan Ellen und Sohn Robert, die beide inzwischen im Teenager-Alter waren. Millers Mutter hatte der Katholikin Mary nicht vergeben, daß ihre Enkel nicht im jüdischen Glauben aufgewachsen und damit ihres halben Erbes beraubt worden waren, und einen Keil zwischen die Eheleute getrieben.

Nun verzehrte er sich in Schuldgefühlen wegen seiner Frau und seiner Ehe. Er hatte Mary, die die emotionale und finanzielle Bürde so viele Jahre getragen hatte, außerordentlich viel zu verdanken, zuviel, als daß er für eine solche Dankbarkeit die Verantwortung übernehmen wollte. Wie ein Kind nahm er und wollte dann die Freiheit, wegzulaufen und zu spielen. Obwohl er sich selbst lieber als Selfmademann sah, war er das eindeutig nicht. Er nahm seiner Frau übel, daß er ihr nichts vorwerfen konnte, außer daß sie ihm eine Mutter gewesen war und keine Geliebte. In seiner Beziehung zu Marilyn schien das Unvereinbare möglich: sie konnte ihm Geliebte und weiblicher Pygmalion zugleich sein. Er spielte mit dem Gedanken, sich als Drehbuchautor zu versuchen. Ein Schriftsteller, der sich mit einem Star wie Marilyn verbündete, konnte sich unerschöpflich inspirieren lassen.

Auf der Party, auf der sie einander wiederbegegneten, stand Marilyn alleine herum und nippte nervös an ihrem Drink, als

Miller sich zu ihr gesellte. Sie sprachen eingehend über das Theater und Lee Strasberg. Die Schauspielerin war elektrisiert und behauptete später, seine Annäherung hätte ihr eine Gänsehaut besorgt. Miss Monroe war geschmeichelt, daß ein so berühmter und respektierter Intellektueller hinter ihre Fassade schaute und sich auf einem solchen Niveau mit ihr unterhielt. Sie spielte mit der Vorstellung, daß Miller eines Tages ein Stück mit einer Hauptrolle für sie schreiben würde, für das er mit dem Pulitzerpreis ausgezeichnet würde.

Die Faszination war offensichtlich gegenseitig. Als notorischer Freidenker war Miller von Marilyns Verstand ebenso beeindruckt wie von ihrem Körper. Doch sie verhielt sich an diesem Abend gegenüber seinen Avancen reserviert und verließ die Party mit den Freunden, mit denen sie gekommen war, Eli Wallach und seiner Frau Anne Jackson. Marilyn genoß Wallachs Gesellschaft außerordentlich, obwohl sie es sonst kaum mit Schauspielern hielt, die ihr ironischerweise zu sehr mit sich selbst beschäftigt und zu unsicher erschienen. Sie hatte viele Hollywood-Ehen scheitern sehen und war sich bewußt, daß der Machtkampf zwischen empfindlichen Egos unauflösliche Konflikte schafft. Und selbst litt sie noch immer unter der Scheidung ihrer Superstar-Ehe.

Nachdem Paula Strasberg, der offenbar eine solche Kombination nicht ungefällig war, ihm Marilyns Geheimnummer gegeben hatte, brauchte Miller fast zwei Wochen, bis er die Courage aufbrachte, sie anzurufen und zu einem Dinner bei einem Freund, dem Dichter und Romancier Norman Rosten, und dessen Frau Hedda einzuladen. Diskret benutzte er die Rostens, um die keimende Beziehung vor der Welt geheimzuhalten. Auch als sie sich einig geworden waren, bauten die Jungverliebten den ganzen Sommer über ihr Nest bei den Rostens, den Greenes in Weston und den Strasbergs in ihrer Sommerwohnung auf Fire Island. Als Marilyn im Herbst aus dem Waldorf-Astoria in eine Wohnung in 2 Sutton Place umgezogen war, gelang es dem Paar mit Hilfe des »Strohmanns« Wallach, sich die Reportermeute weiterhin vom Hals zu halten. Earl Wilson versuchte, hinter das Geheimnis zu kommen, doch Marilyn führte ihn aufs falsche

Gleis, indem sie auf seine Fragen unschuldsvoll antwortete: »Also hör mal, Earl, du weißt, daß Arthur ein verheirateter Mann ist.« Die Gerüchte hielten sich, aber Marilyn weigerte sich, Farbe zu bekennen.

Inzwischen schien Marilyns Karriere weiterhin vom Schicksal begünstigt zu sein. Greene war finanziell am Ende der Fahnenstange angelangt, und er und Marilyn beteten um ein Wunder. Wenn die Twentieth das geahnt hätte, hätte sie wohl kaum nachgegeben. Aber zum Glück für Monroe war Zanuck zurückgetreten und durch Buddy Adler ersetzt worden, und das Studio erwarb die Rechte für William Inges *Bus Stop* mit dem Hintergedanken, daß Monroe sich die weibliche Hauptrolle nicht entgehen lassen würde. Am Jahresende schloß Marilyns Anwalt Frank Delaney einen neuen Vertrag mit dem Studio. Der letzte Tag des Jahres 1955 brachte ihr mit einem Verrechnungsscheck die größte Summe ins Haus, die sie jemals von der Fox erhalten hatte – einen Bonus von 100 000 Dollar für *The Seven Year Itch*, der ihr mündlich zugesichert worden war und an dessen Auszahlung sie nicht mehr geglaubt hatte.

Der neue, fünfundachtzig Seiten lange Kontrakt war der lukrativste, der bis dahin von einer Schauspielerin unterschrieben worden war. Der Siebenjahresvertrag beinhaltete ihre Mitwirkung bei insgesamt vier »A«-Filmen für eine Gage von 100 000 Dollar pro Film (Miller behauptet, es seien 150 000 Dollar gewesen), eine Zofe während der Dreharbeiten und 500 Dollar pro Woche für die »Portokasse«, das Privileg, jährlich einen unabhängigen Film zu drehen, und sechs Fernsehauftritte über die Dauer von sieben Jahren. Zusätzlich gab die Vereinbarung der Schauspielerin das Recht, bei der Wahl des Regisseurs mitzureden. Sie erklärte sich mit sechzehn Regisseuren einverstanden: George Stevens, Fred Zinnemann, Billy Wilder, William Wyler, Alfred Hitchcock, Vittorio De Sica, Joseph Mankiewicz, George Cukor, Elia Kazan, Carol Reed, David Lean, John Huston, Joshua Logan, Lee Strasberg, John Ford und – für Musicals – Vincente Minnelli. Die Auswahl der Kameraleute, besonders wichtig für eine Frau, die ihre Vorstellung von sich hatte, reduzierte sich auf Harry Stradling jr., Hal Rossen, James Wong Howe und Milton Krasner. Eine so persönliche Handschrift hatte noch niemand setzen können.

Einen Monat später hatte Miss Monroe ein weiteres Ziel erreicht, das sie als den Gipfel ihrer schauspielerischen Karriere betrachtete – die Partnerschaft mit dem größten lebenden Mimen, Sir Laurence Olivier. Olivier hatte 1953 mit seiner Frau Vivien Leigh Terence Rattigans Stück *The Sleeping Prince* gespielt, ein Stoff, der auch auf Monroes Wunschliste stand, natürlich mit ihrem Idol als Partner, und den sie sich nun dank des *Itch*-Bonus als Produzentin leisten konnte. Der 50jährige Olivier, dessen Karriere in einem eingefahrenen Gleis verlief, wollte nicht nur spielen, sondern auch koproduzieren und Regie führen. Nach endlosem Hin und Her im Winter 1955/56 wurden sie sich endlich einig.

Auf einer Pressekonferenz in New York am 7. Februar 1956, an der über 150 Reporter und Fotografen teilnahmen, gaben sie ihre Pläne bekannt. Monroes neues Image als seriöse Schauspielerin und selbstbewußte Unternehmerin irritierte die Presseleute. Es gab Fragen, ob sie und Olivier auch »Die Brüder Karamasow« von Dostojewskij spielen wollten. »Ich will nicht die Brüder, sondern die Gruschenka spielen«, konterte Marilyn. »Buchstabieren Sie mal«, wurde einer frech. »Schauen Sie selber nach«, erwiderte sie schlagfertig.* Gottlob hatte sie ihr tiefausgeschnittenes Kleid so präpariert, daß ein Spaghettiträger riß, nicht nur einmal, sondern insgesamt dreimal. So hatten wenigstens die Fotografen ihre Sexbombe im Kasten und die Sensationspresse ihren Aufhänger.

Ende Februar kehrte Marilyn mit großem Troß wieder nach Hollywood zurück, um mit den Vorbereitungen zu *Bus Stop/Bus Stop* zu beginnen. Ihr Regisseur, auch er Anhänger der Stanislawskij-Methode, war der einfühlsaem Joshua Logan, einer der erfolgreichsten Broadway-Regisseure, der *South Pacific* und *Mi-*

---

* Marilyn Monroes größte Wunschrolle war ihr nicht bestimmt. In dem MGM-Film *The Brothers Karamazov/Die Brüder Karamasow* von Richard Brooks 1957 spielte – neben Yul Brynner, Richard Basehart und Claire Bloom – Maria Schell die Gruschenka. (A. d. Ü.)

ster Roberts inszeniert hatte und im Jahr zuvor mit *Picnic/Picknick* als Filmregisseur reüssiert hatte.

In *Bus Stop* verliebt sich ein in der Liebe unerfahrener Cowboy, der zum Rodeo in die Stadt gekommen ist, in die zweitklassige Kneipensängerin Cherie und weicht ihr, obwohl sie Höheres im Sinn hat, nicht von der Seite. In den Fußstapfen von Chaplin und Garbo legte Marilyn ihre Rolle auf dem schmalen Grat zwischen Tragödie und Komödie an. Die Cherie, bar jedes Selbstvertrauens und doch von der Hollywood-Karriere träumend, berührte viele Schwingungen in ihr. Sie versenkte sich in diese Gestalt tiefer als in alle vorherigen und inspirierte den Drehbuchautor George Axelrod, der aus der Cherie »ein Mädchen, halb William Inge, halb Monroe« machte.

Mit dreißig fühlte sich die zutiefst unsichere Marilyn nicht mehr taufrisch. Ihr Körper war nicht mehr so knackig, die Haut wurde trockener. Trotzdem bestand sie auf einem realistischen Make-up, das dem grobkörnigen, kalkig weißen Seelenteint der Rolle entsprach, eine tapfere Selbstverleugnung für eine Frau, die Angst hatte, ihr Markenzeichen Schönheit einzubüßen. Auch die Showkostüme im Technicolor-Cinemascope-Glamour lehnte sie ab, fand statt dessen im Fundus ein schäbiges Kleid und machte Löcher in ihre Netzstrümpfe.

Kühnheit und Angst hielten sich in der Schwebe. Sie hatte Angst, daß sie neben der jüngeren Hope Lange, die eine Nebenrolle spielte, unattraktiv aussehen könnte, und Angst vor allem, neben dem jungen, strammen männlichen Hauptdarsteller zu alt zu wirken. Sie druckste herum, als die Sprache auf Rock Hudson kam, der ein Jahr älter war als sie. Ihr schwebte mehr ein Unbekannter vor. Den bekam sie auch in dem drei Jahre jüngeren Don Murray, dem sie, wenn sie das Gefühl hatte, er hätte ihr eine Szene ruiniert, ihr Kostüm um die Ohren schlug.

Letztlich war sie, was ihr Selbstvertrauen, aber auch das unermüdliche Feilen an der Rolle anging, von Paula Strasberg abhängig, so wie sie es von Natasha Lytess gewesen war. Sie servierte Natasha kalt ab und ließ sich vor ihr verleugnen, obwohl die Bedauernswerte an Krebs erkrankt war und deshalb ihre Stelle bei der Fox verloren hatte. Lytess war jahrelang eine

Bürde gewesen, und nun, da in Paula eine versierte Lehrerin zur Verfügung stand, befreite sich Marilyn in einem Akt gleichgültiger Grausamkeit von Natasha. Auch das gehörte zu ihrem neuen Selbstverständnis als selbstbewußte Geschäftsfrau.

Derart aufgebaut präsentierte sie sich der Filmcrew und Buddy Adler, der in Ehrfurcht vor ihr erstarrte. Obwohl sie diesmal jeden Aspekt des entstehenden Films überwachte, verlor sie nicht den Überblick. Sie holte das winzigste Detail heraus, um zur Wahrhaftigkeit ihrer Rolle zu gelangen, forschte in jeder Szene ihrer Motivierung nach und stellte die Authentizität über ihr Aussehen.

Die Chefetage sah es mit scheelen Augen, daß Marilyn sich so dem Realismus verschworen hatte. Sie hatte ihren Ruhm ihrer außerordentlichen Schönheit zu danken, und das war es auch, was die Männer in erster Linie faszinierte. Ihre männlichen Fans wollten eine perfekte Frau sehen, nicht irgendeinen vom Leben abgenutzten Nachtfalter. Marilyn bestand darauf, die Cherie auf ihre Art zu spielen, und Logan unterstützte sie dabei voll.

Doch manchmal kamen ihre obsessiven Anstrengungen, den Charakter der Figur zu verinnerlichen, Logans Drehplan in die Quere. Nicht nur, daß sie oft in den Vormittagsstunden nicht zur Verfügung stand, weil die Schlaftabletten, die Milton Greene in Großpackungen aus New York für sie einfliegen ließ, ihre Wirkung allzu gut getan hatten. Während sie noch in der Maske saß und das käsige Aussehen der Cherie herstellte, flogen dem ungeduldigen Logan und dem Kameramann Milton Krasner buchstäblich die Minuten davon. Sie mußten die »magische Stunde« Sonnenlicht um 18 Uhr 30 ausnutzen, um »day for night«-Aufnahmen drehen zu können, was einen ganzen Arbeitstag einbrachte, weil man auf einen zermürbenden Nachtdreh verzichten konnte. Nachdem der Regisseur Marilyn dreimal hatte rufen lassen, ging er selber in ihre Garderobe, unterbrach ihr Gedächtnistraining für die Dialoge der folgenden Szene, packte sie am Arm und schleppte sie gerade noch im letzten Moment zum Set. Logan wurde auch zusehends entnervter, wenn die Schauspielerin wieder einmal ihren Text vergaß und sich auf ihre Angst herausredete. Sie hatte sehr rasch einen Blackout, wenn sie sich mit einem anderen Darsteller nicht wohl fühlte oder das Gefühl hatte, daß sie bei einer Nahaufnahme allzusehr in ihrer Bewegungsfreiheit eingeengt wurde. Dann überraschte sie wieder alle, indem sie echte Tränen weinte und keine Glyzerintränen, auf die andere Kolleginnen zurückgreifen mußten.

Inzwischen hatten Marilyn und Arthur Miller beschlossen, Ernst zu machen, und zwar auf dem kürzesten Weg. Monroe schlug ihm vor, nach Las Vegas oder Reno zu gehen, um die Scheidung von seiner Frau Mary einzuleiten. Miller entschied sich für Pyramid Lake in Nevada, um in der Abgelegenheit und Armut des nahe gelegenen Reservats der Paiute-Indianer auf andere Gedanken zu kommen. Und diese trostlose Umgebung, die auch andere Scheidungswillige gewählt hatten, brachte in der Tat die Inspiration für das schlecht bestrahlte Drehbuch zu *The Misfits/Nicht gesellschaftsfähig*. Es ist eine ironische Pointe, daß diese gottverlassene Gegend, die Marilyn und Arthur rascher vereinigen sollte, sie schließlich auseinanderbrachte. Miller konnte damals nicht ahnen, welchen vernichtenden Effekt sein Projekt haben würde. Er beobachtete ein Paar in Schwierigkeiten. Der Mann war Pferdezüchter und ließ die Tiere frei in der Nähe des Sees grasen. Dieses Bild und die Farbwechsel auf der Bergkette von Karmesinrot bis Grau waren fast die einzigen äußeren Ereignisse, die in die Gedanken des Schriftstellers eindrangen. Erst dachte er, daß er in einer so stoischen, unfruchtbaren Landschaft sehr produktiv sein würde. Aber das einzige, was sich ohne Mühe einstellte, war langes, brütendes Schweigen, nur unterbrochen von verzweifelten Anrufen Marilyns mitten in der Nacht. Sie war in Panik darüber, daß ihre Leistung als Cherie doch nicht ausreichend sei, und weil ihr der Druck als heimliche Produzentin und zugleich Schauspielerin unerträglich wurde. »Oh, Papa, ich schaff's nicht, ich schaff's einfach nicht!« schluchzte sie ins Telefon. Marilyn hatte die Vater-Tochter-Komponente der Beziehung bereits akzeptiert. Doch Miller veränderte sich bald aus dem besorgten und wohlwollenden in einen mißbilligenden, reservierten und passiv aggressiven Vater.

Bereits zu Anfang war Miller nicht fähig, Marilyn den nötigen Halt zu geben. Er wollte zwar helfen, aber es fehlte ihm der tröstende Wortschatz. Als ein Mann, der es gewohnt war, liebevoll umsorgt und verhätschelt zu werden, konnte er nicht auf Knopfdruck das Rollenverhalten ändern, wenn er sich denn überhaupt darüber im klaren war. Und Marilyn wiederum besaß noch nicht genügend Lebenserfahrung, um zu erkennen, wie wenig ihr künftiger Ehemann ihr zu bieten haben würde. Was er ihr damals immerhin geben konnte, waren seine Geduld und sein Geschick als guter Zuhörer während ihrer nächtlichen Delirien. »Ich kann nicht gegen alle kämpfen, ich möchte mit dir auf dem Land leben und für dich dasein . . .« Ihr Plädoyer bestärkte Miller in seinem Verlangen, die verfolgte Unschuld zu retten. Aber jeder Tag strapazierte ihn mehr.

Ein anderes Zeichen für seine persönlichen Probleme wurde drohend sichtbar, als der Tag der Erlösung nahte. Als Miller in einem Büro, in dem sich Cowboys drängten, darauf wartete, mit seinem Rechtsanwalt die Vorbereitung der Scheidungsunterlagen abzuschließen, spähte der Anwalt durch seine Türöffnung und flüsterte ihm zu, daß ihm ein Ermittler des Kongreßausschusses zur Verfolgung unamerikanischer Umtriebe auf den Fersen sei und ihm eine Vorladung zu überbringen habe. Der Tag der Abrechnung war gekommen. Der Anwalt empfahl Arthur, sich durch den Hinterausgang des Büros aus dem Staub zu machen, aber Arthur lehnte das ab. Ein Cowboy namens Carl Royce bot ihm sogar an, ihn mit seinem Privatflugzeug zu seiner Ranch in Texas zu bringen, aber auch das wollte Arthur nicht. Arthur Miller hatte in Betracht zu ziehen, daß seine prominente künftige Frau so oder so die Hauptlast der negativen Publicity tragen würde, die sich aus dem Tatbestand ergab, daß er als Kommunist angeschwärzt worden war. William Wheeler, der findige Schnüffler des Ausschusses, war nach Nevada geschickt worden, und er bekam seinen Mann. Wheeler ließ durchblicken, daß es für eine milde Einstellung gegenüber seinem Fall sicher nicht verkehrt wäre, wenn Miller andere namhafte Sympathisanten verpfeifen würde.

Nun war Millers Freundschaft mit Elia Kazan vor kurzem in

die Brüche gegangen, weil Kazan vor dem Ausschuß geplaudert hatte. Er beschränkte sich also auf die Auskunft, daß er »einfach nicht glauben könne, daß alles, was ihm bekannt sei, oder irgendeine Person, die er nennen könne, auch nur im geringsten eine Gefahr für die Demokratie in Amerika bedeuteten.« Wheeler konnte fürs erste nichts mehr tun.

Am 11. Juni wurde Miller in Reno geschieden und kehrte sofort zu Marilyn nach New York zurück, wo die Reporter vor der Wohnung 2 Sutton Place ihre Posten bereits um 8 Uhr morgens zu beziehen pflegten. Marilyn schenkte ihnen keine Beachtung, kleidete sich mit Vorbedacht in schmuddelige Pullover und ausgebeulte Jeans und schlang sich bunte Tücher ums Haar.

Ohne sich anzumelden, schneite ihnen eines Tages der Twentieth-Präsident Spyros Skouras ins Haus und teilte Miller mit, daß er von ihm volle Kooperation mit dem House Un-American Activities erwarte. Er bangte um den Ruf seines Studios. Den meisten Leuten galt Arthur inzwischen als Sympathisant der Kommunisten, und der Präsident wollte nicht, daß durch Millers politische Verwicklungen der Marktwert des Studios beschädigt würde, zumal der seines größten Stars. Skouras hatte bereits die leidvolle Erfahrung machen müssen, daß Antikommunisten lokale Kinos, in denen bestimmte Filme liefen, mit Streikposten blockierten, und hoffte, solchen Zwischenfällen ein für allemal vorbeugen zu können. Berühmt für seine Fähigkeit, seine »Untertanen« kirre zu machen, gab sich Spyros alle Mühe, seine Schauspielerin mit seinem Charme zu bezirzen. Doch Marilyn sah naturgemäß zu ihrem heldenmütigen Kämpfer gegen Unterdrückung auf und war Spyros keine Hilfe.

Am 21. Juni stand Arthur Miller dem Senatsausschuß in Washington Rede und Antwort. Der Vorsitzende Richard Arens begann mit einem fünfzehn Zentimeter dicken Stapel von Petitionen, die Miller in seinen früheren, rebellischeren Jahren unterzeichnet hatte. Von Petitionen zur Freilassung von Gefangenen bis zu Appellen für ein freundschaftliches Verhältnis mit Rußland hatte Miller unter Hunderte Dokumente seinen Namen gesetzt. Als Arens die Erklärungen herunterlas, war Arthur verblüfft, an wie wenige er noch eine Erinnerung hatte. Die Verlesung der Petitionen, Appelle und Proteste diente lediglich dazu, dem Ausschuß vorzuführen, daß der Schriftsteller ein Sympathisant der Kommunisten sein mußte.

Daraufhin erkundigte sich Arens über Millers Meinung zum Fall Ezra Pound. Der Mussolini-Freund Pound war gegen Ende des Zweiten Weltkriegs eingekerkert worden, weil er über den italienischen Rundfunk und in Flugblättern versucht hatte, die amerikanischen Truppen, die in Italien kämpften, zu demoralisieren. Miller gab seine Ansicht kund, daß Pound Verrat begangen habe, und »daß er wie jeder andere, der sich des Landesverrats schuldig gemacht hat, behandelt werden sollte«. Arens fragte sich laut, ob seine diesbezügliche Meinung nicht in krassem Widerspruch zu seinem Anspruch auf Redefreiheit stehe. Gorden Scherer, Mitglied des Repräsentantenhauses aus Cincinnati, erkundigte sich, ob »ein Kommunist, der Dichter ist, das Recht haben sollte, in seiner Literatur oder Dichtung für den Sturz dieser Regierung durch Gewalt einzutreten.« Miller antwortete, daß »ein Mann das Recht haben müsse, ein Stück oder ein Gedicht über alle Themen gleich welcher Art zu schreiben.« Nachdem Scherer die Antwort bekommen hatte, die er hatte hören wollen, hob er seine Hände voll Abscheu und folgerte: »Das genügt wohl.« Doch Miller rechtfertigte seine Inkonsequenz, indem er eine Unterscheidung zwischen dem Verfassen eines Gedichts traf und dem Versuch, in Kriegszeiten über den Rundfunk Gegenpropaganda zu betreiben, um die Moral der amerikanischen Truppen zu unterminieren. Er sagte auch, daß es »eine Katastrophe wäre, wenn die Roten in diesem Land die Macht übernehmen würden«.

Als er aufgefordert wurde, andere Schriftsteller preiszugeben, die sich ebenfalls im Saal aufhielten, lehnte Miller das Ansinnen kategorisch ab und meinte, dann würde er lieber ins Gefängnis gehen. Doch der Ausschuß hatte bis auf die Pamphlete nichts Greifbares in Händen, obwohl das FBI über Miller und inzwischen auch über Marilyn Monroe ein stattliches Dossier angelegt hatte. Als Miller schließlich noch um seinen Paß bat, weil er im Sommer nach England reisen wolle, »um mit der Frau zusammenzusein, die dann meine Ehefrau sein wird«, war das Tribunal zur Szene geworden, in der er dominierte. Marilyn saß vor dem Fernseher in New York und erfuhr: »Ich werde Marilyn Monroe vor dem 13. Juli heiraten. Dann wird sie nämlich zu Filmarbeiten nach London gehen. Und wenn sie nach London geht, wird sie das als Mrs. Miller tun.« Marilyn war die Überraschteste im ganzen Land, denn über die Trauungspläne war bisher nur vage gesprochen worden.

Miller bekam seinen Paß, allerdings nicht für die damals üblichen zwei Jahre, sondern nur für sechs Monate. Denn eine weitere Vorladung vor dem Kongreß wegen Aussageverweigerung stand noch an. Er hätte sich die Prozedur sparen können, denn der pennsylvanische Kongreßabgeordnete Francis E. Walter hatte Millers Anwalt Joseph L. Rauh jr. darüber informiert, daß die Sache fallengelassen werden könne, »wenn Marilyn damit einverstanden ist, sich mit ihm zusammen fotografieren zu lassen, während sie ihm die Hand schüttelte.« Was der Autor sofort zurückwies und publik machte.

Als *Bus Stop* ins Kino kam, attestierten die Kritiker endlich, daß Marilyn Monroe in der Tat das Zeug zu einer großartigen Schauspielerin habe, und verglichen sie mit Garbo und Pola Negri. Doch eine Nominierung für den Oscar ergab sich aus dieser anerkannten Leistung nicht. Statt dessen nominierte die Academy den Neuling Don Murray – merkwürdigerweise in der Kategorie »beste männliche Nebenrolle« (den Oscar bekam dann Anthony Quinn als Paul Gauguin in *Lust for Life/Vincent van Gogh – Ein Leben in Leidenschaft*). Ingrid Bergman gewann den Oscar für *Anastasia/Anastasia*. Die enttäuschte Marilyn schloß daraus, daß die hohen Herrschaften der Academy sie immer noch nicht für voll nahmen. In Wahrheit ging es um nackten Chauvinismus. Ein Geschöpf Hollywoods, das dem Filmbabel schon einmal untreu den Rücken zugekehrt hatte, konnte nicht darauf hoffen, vom illustren Auswahlkomitee auch nur in Erwägung gezogen zu werden.

Im Juni 1965 nahm Miller Marilyn Monroe mit nach Hause, damit sie seine Eltern kennenlernte.

Seine Familie lebte in der Nähe der Avenue M in Flatbush,

Brooklyn. Diesmal achtete sie darauf, sich unverfänglich zu kleiden. Eine hochgeschlossene Bluse, ein bequemer Rock und ein wenig Make-up, mehr nicht. Marilyn sah aus wie das vielzitierte Mädchen, das jeder Mann seiner Mutter vorstellen möchte. Sie fühlte sich so geehrt, seine Familie kennenzulernen, daß sie leichtfertig den Gedanken faßte, zum jüdischen Glauben zu konvertieren, wie Elizabeth Taylor und Carroll Baker es ihren Männern zuliebe getan hatten. Marilyn Monroe wußte, daß sie eine »anpassungsfähige« Hausfrau werden müsse, wenn sie von ihrer Schwiegermutter auch nur im geringsten akzeptiert werden wollte. Arthurs künftige »Schickse« machte sich bei Mrs. Miller lieb Kind, indem sie ihre überlieferten Rezepte für Borschtsch, gehackte Leber und Matzeklößesuppe zu meistern lernte. Miller hatte Marilyn Monroe eine Freude gemacht, indem er sich durch die Blitzscheidung in Nevada von Frau und Kindern gelöst hatte, und sie belohnte ihn dafür.

Die Eheschließung (Marilyns dritte, Arthurs zweite) war strategisch gut geplant. Am Freitag, dem 29. Juli, um 16 Uhr stellte sich das Paar der Presse vor Millers Haus in Roxbury, Connecticut, und beantwortete vage die Fragen über seine Zukunftspläne. Als der letzte Reporter gegangen war, fuhren Marilyn und Arthur zum Westchester County Court House in White Plains und wurden kurz vor 19 Uhr 30 vom Richter Seymour Rabinowitz zivil getraut, ohne daß die Presse davon Wind bekam. Am Sonntag wurden sie im Haus von Millers Agentin Kay Brown von Rabbi Robert Goldberg mit Ringen von Cartier nach dem jüdischen Ritus zusammengegeben. Marilyn waren im letzten Moment vor der Zeremonie Bedenken bekommen, fand jedoch, daß man die fünfundzwanzig Gäste nicht brüskieren könne, und hatte sich in ihr Los geschickt.

Einige Tage später flog das Ehepaaar nach London. Sie landeten in Heathrow, wo sich Massen schreiender Fans und rund zweihundert nicht minder schreiende Reporter und Fotografen drängten, um die amerikanische Göttin und ihren gelehrten Schriftstellergatten zu empfangen. *The Seven Years Itch* war in Großbritannien eine Sensation gewesen. Inmitten des Auflaufs standen Sir Laurence und Lady Olivier, beschirmt von siebzig

Polizisten, um ihre Gäste in Empfang zu nehmen. Die Millers wurden im Parkside House bei Englefield Green, Egham, in der Nähe von Windsor Park untergebracht, das Lord North, dem Herausgeber der »Financial Times«, gehörte und von den Pinewood Studios nicht weit entfernt war.

Früh am nächsten Vormittag kam Olivier vorbei, um Marilyn die Kostümentwürfe von Edith Head und die Dekorationsskizzen zu zeigen. Sie hatte es noch immer nicht verdaut, daß sie bei den Oscar-Nominierungen einfach übergangen worden war, verabscheute alles, was mit Hollywood zu tun hatte, und bewunderte vorläufig blind, wofür das rechtmäßige Theater und der Name Olivier standen. Sie hatte absolutes Vertrauen in Oliviers Fähigkeit, eine Komödie zu inszenieren, obwohl *The Prince and the Showgirl* sein erster Versuch im Film war. Die Geschichte vom amerikanischen Revuegirl, das einen bei den Krönungsfeierlichkeiten von 1911 in London weilenden Balkanprinzen lehrt, daß es nicht mit Champagner zu kaufen ist und damit den »Schlafenden« zu einem gesitteteren Leben erweckt, ist eine leichte (und darum so schwere) Salonkomödie, doch damit, daß ihre Produktionsgesellschaft den Film finanzierte, hatte sie – so sah es Marilyn – ihr Vertrauen in Olivier bereits dokumentiert.

Am Nachmittag fand eine Pressekonferenz im Londoner Savoy Hotel statt, auf der sie von den Reportern nach den ersten Routinefragen abermals in die Zange genommen wurde, als es um ihre höheren Ambitionen ging und ihren Wunsch, auch klassische Rollen zu spielen. »Auch die Lady Macbeth?« fragte ein Reporter aus der Provinz. »Ja, doch zur Zeit ist das für mich nur ein Traum. Ich weiß, wieviel Arbeit noch vor mir liegt, bevor ich eine solche Rolle übernehmen könnte.« Mit ihrem charmanten Understatement hatte sie die Presse gewonnen, wenn sie auch ihren Mann so liebenswürdig und ansprechend wie einen Leichenbestatter fanden. Sie wurde während der Dreharbeiten derart bestürmt, daß für alle, die in den Pinewood Studios arbeiteten, Pässe ausgegeben werden mußten, damit ungestört gearbeitet werden konnte.

Olivier hatte sich auf seine Arbeit mit Monroe in langen Gesprächen mit Joshua Logan vorbereitet. Logan hatte Olivier den

Rat gegeben, die Schauspielerin nie anzuschreien, weil das dazu führen könne, daß sie aus Angst und Erniedrigung dem Set wochenlang fernbleibe. Doch Oliviers freundlicher Plauderton, als er Marilyn der englischen Crew vorstellte, war nicht minder verkehrt. Als eingefleischter Gegner der Methode Strasbergs meinte er leutselig, sie würde vielleicht etwas Zeit brauchen, um die hier üblichen Methoden zu lernen, und beendete seinen Speech mit einem Lapsus, daß sie jedenfalls hoch erfreut seien, »ein so köstliches kleines Ding« unter sich zu haben. Als er sie, ihrer Ängste eingedenk, auch noch beruhigte: »Alles, was Sie tun müssen, liebe Marilyn, ist, sexy zu sein«, hatte er den entscheidenden Fehler begangen. Marilyn begegnete ihm nunmehr mit Mißtrauen.

Schon nach den ersten Drehtagen stellte Marilyn fest, daß Olivier am Set bedrohlich mit ihr rivalisierte. Andererseits unterhöhlte ihr sprunghaftes Verhalten sein Vertrauen, daß er in der Lage sei, sie zu führen. Vielleicht erschrak er auch vor ihrem natürlichen schauspielerischen Talent, zumal auf dem Gebiet der Komödie, einem Genre, in dem er wenig Erfahrung oder für das er wenig Gespür hatte. Sein Timing war zu bedeutungsvoll, seine Darstellung gehemmt. Das komische Talent des großen Tragöden konnte ihrem nicht das Wasser reichen, und er fühlte sich von ihr an die Wand gespielt. Als Revanche nannte er ihre Verwandlung aus der reizenden und verwundbaren Marilyn in eine böswillige und leicht eingeschnappte Frau deplorabel. Er gab allen außer sich selbst die Schuld an seiner Unfähigkeit, die Schauspielerin in den Griff zu bekommen.

Er spürte, daß er mit Monroe nicht konkurrieren und ihr auch nicht seinen Stil aufprägen konnte, und wurde jeden Tag unzufriedener, am Set und bei den Vorführungen der Muster. Monroe spürte seine Unsicherheit und verlor allen Respekt vor ihm. Arthur Miller war keine Hilfe, weigerte sich, den Beobachtungen seiner Frau zu glauben, und ergriff immer wieder Partei für »den größten lebenden Schauspieler«. War er weniger scharfsichtig und intuitiv als seine Frau oder wollte er sich Olivier als Regisseur seiner Stücke warmhalten?

Mit Paula als Fassade hatte Marilyn begonnen, am Set ihre eigene Regie zu führen. Paula fungierte als Vermittlerin zwischen Olivier und Monroe. Dann belastete Miller die ohnehin gespannte Atmosphäre noch mehr, indem er versuchte, sich als zweiter Regisseur aufzuspielen. Obwohl er sich wertvoller für Marilyn dünkte als Paula (»Über die Schauspielkunst wußte sie nicht mehr als eine Putzfrau«, urteilte er über sie), mißtraute Monroe Millers Beitrag. Schließlich hatte er nie eine wie auch immer geartete schauspielerische Ausbildung genossen.

Paula machte sich wichtig, indem sie schwarze »Begräbniskleidung« trug, endlos mit dem unschätzbaren Beitrag ihres Gatten für die Kunst der Darstellung prahlte und darauf insistierte, daß die größten Schauspieler ohne seine Führung hilflos wären. Trotz alledem benutzte Marilyn Paula lediglich als zeitlichen Ersatz für Lee, den sie regelmäßig in New York anrief, um den Meister persönlich zu konsultieren.

In der berechtigten Annahme, daß seine Partnerin wieder zu spät kommen würde, begann Olivier bereits am frühen Vormittag herumzutigern und wurde immer wütender, je weiter der Tag vorrückte. Während der Warterei frühstückte er manchmal mit Whitey Snyder und plauderte lange über das Leben in Amerika. Obwohl er Marilyns chronisches Zuspätkommen haßte, erkannte Olivier doch ihr Talent. Im Vertrauen teilte er Snyder mit, was für eine außergewöhnliche Schauspielerin sie sei, und sagte, daß er von ihrer puren Energie und ihrem Stehvermögen beeindruckt sei, das sogar sein eigenes übersteige.

Je mehr Marilyn an den Fähigkeiten ihres Regisseurs zweifelte, je mehr sie die mangelnde Unterstützung ihres Ehemanns wütend machte (was wieder zu extremem Tablettenmißbrauch führte), desto länger dauerte es, bis sie am Set eintraf, als ob sie beide damit bestrafen wollte. Olivier pflegte darauf mit beißender Ironie zu reagieren, um die Schauspielerin auf ihren Platz zu verweisen, was lediglich zu noch größerer Spannung führte. Miller stand stumm und unbeholfen herum und wagte es nicht, sich auf die Seite seiner Frau zu stellen.

Die Schützengräben waren ausgebaggert. Marilyns Verbündete am Set waren Whitey Snyder, Paula Strasberg und Norman Rostens Frau Hedda, die als Monroes Sekretärin mitgekommen war und Alkohol konsumierte wie Marilyn ihre Schlaftabletten. Schließlich kam es wegen Paulas und Heddas täglicher Anwesenheit am Set zum Krach. Olivier verachtete Marilyns Entourage, einschließlich ihres Leibwächters, und verlangte, daß Paula und Hedda sich vom Set zu entfernen hätten. Als ihr das zu Ohren kam, erlitt Marilyn einen angemessenen Zusammenbruch. Entweder Paula und Hedda oder keine Marilyn! Milton Greene nahm sich der Geschichte an, und Olivier gab nach.

Monroe vertraute Hedda an, daß ihre Rolle seicht geschrieben sei und sie hoffte, mehr Tiefgang hineinzulegen, aber Olivier und Miller sträubten sich gegen jeden ihrer Versuche, eine differenzierte Charakterzeichnung einzubringen. Doch in Dame Sybil Thorndyke, einer der Legenden der englischen Bühne, die die kleine Rolle der Königingroßmutter spielte, hatte Marilyn eine weitere Verbündete. Bereits nach wenigen Tagen klopfte Dame Sybil ihrem alten Freund Sir Laurence nach einer Szene auf die Schulter: »Das war gut gespielt, Larry. Doch mit Marilyn neben dir wird niemand auf dich achten. Ihre Art und ihr Timing sind wirklich superb. Und sei nicht so hart, wenn sie zu spät kommt, my dear. Wir brauchen sie dringend. Sie ist die einzige unter uns, die weiß, wie man sich vor einer Kamera bewegt!« Das ließ sich Olivier auch von einer Grand Old Lady nicht sagen. Im Gegenzug holte er für ein paar Tage Vivien Leigh als Zuschauerin an den Set, die Marilyns Bemühungen mit maliziösem Mienenspiel verfolgte.

Außerhalb des Sets gerieten sich Marilyn und Milton Greene in die Haare. Greene hatte eine schwarze Jaguar-Limousine erstanden, durchstöberte an den Nachmittagen die Antiquitätengeschäfte in London und ließ auf Rechnung der Marilyn Monroe Productions teure Möbel in sein Haus in Connecticut liefern. Wütend beschuldigte ihn Marilyn krimineller Praktiken mit ihrem Geld. Dann begann der Kampf um die Credits. Da der Film in Großbritannien unter den Auspizien des »Edie Plan« produziert wurde, durften nur zwei Ausländer auf der Besetzungs- und Stabliste erscheinen. Greene bestand darauf, als ausführender Produzent genannt zu werden. Doch Marilyn gab Whitey als ihrem persönlichen Maskenbildner den Vorzug. Also kam es zu einer weiteren Kraftprobe des »er oder ich«, als Greene ultimativ verlangte, daß Whitey Snyder überhaupt von der Bildfläche zu verschwinden habe. Trotz Whiteys Versuch, Marilyn zu überreden, seinetwegen kein Zivilverfahren zu riskieren, hielt Marilyn wie immer zu ihrem loyalen Freund. Sie konterte, daß sie den Film nicht herausbringen würde, wenn Greene seinen Willen bekomme, und daß er Whitey akzeptieren oder selber Leine ziehen müsse. Diesmal mischte auch Miller noch mit und verbreitete in der Filmfamilie, daß Greenes »Einmischung« in Marilyns Karriere diese endgültig ruinieren werde, eine Beschuldigung, die er später kategorisch abstritt. In den ersten Arbeitskopien tauchte Greenes Namen jedenfalls noch auf, später wurde er einfach weggelassen.

Weiteres Unheil braute sich zusammen, als Paula Strasberg plötzlich beschloß, für eine Woche nach New York zurückzukehren. Ihre Tochter Susan hatte eine Rolle in einer Fernsehproduktion bekommen, also mußte Paula sich um sie kümmern. Bei ihrer Ausreise bekam sie keinen Vermerk für eine Wiedereinreise. Marilyn roch Unrat. Olivier, Greene, Miller – alle verabscheuten sie Paula Strasberg wegen der irrwitzigen 38 000 Dollar, die sie für ihre Bemühungen bekam, und wegen ihres Einflusses am Set. Vielleicht hatten sie sich gegen sie verschworen. Marilyn weigerte sich, am Set zu erscheinen und verlangte Paulas Rückkehr. Olivier war gezwungen, seine Beziehungen zu den britischen Behörden spielen zu lassen, um die graue Eminenz wieder ins Land zu bekommen.

Der einzige Glanzpunkt in diesem monatelangen Alptraum war, daß Marilyn der englischen Königin vorgestellt wurde. Sie hatte während der Dreharbeiten einen gebührenden Hofknicks gelernt und ihn, weil sie alles perfekt machen wollte, regelmäßig geübt. Um neun Uhr vormittags rüttelte Whitey sie aus dem Bett hoch, damit sie vor den endlosen Stunden, die dem Make-up gewidmet werden mußten, gebadet und parfümiert war. Ihr englischer Friseur Gordon mußte ihre Frisur ein dutzendmal verändern, bevor die trödelnde Marilyn zufrieden war. Schließlich kam sie im letzten Moment, bevor die Türen geschlossen wurden, im Empire Theater am Leicester Square an, wo vor der Aufführung des englichens Films *The Battle of the River Plate/Panzerschiff Graf Spee* zwanzig Filmstars Ihrer Majestät vorgestellt wurden, darunter Brigitte Bardot, Joan Crawford, Anita Ekberg und Victor Mature. In ihrem zutiefst ausgeschnittenen Kleid, in dem die Brüste mit Klebeband hatten fixiert werden müssen, machte sie einen perfekten Hofknicks und durfte die Hand der Königin schütteln. In einer erhaltenen Filmaufnahme sind die beiden gleichaltrigen Frauen zu studieren, Marilyns ehrfürchtiger Augenaufschlag und der etwas erstaunte Blick Elizabeth' II. in einen unverhofften Abgrund. Endlich gab es am nächsten Tag einmal Anlaß zu fröhlichem Gelächter und Albereien.

Insgesamt war die Reise nach England ein Desaster. Wieder einmal wurde sie von Selbstzweifeln gefoltert. Sie war von Olivier, Greene und Miller herb enttäuscht worden und mußte mit ihren Unzulänglichkeiten fertig werden. Sie hatte ihnen durch den Einfluß, den sie ihnen zugebilligt hatte, die Möglichkeit gegeben, ihre Entwicklung zu hemmen. Da sie immer noch Respekt vor dem Intellekt ihres Ehemanns hatte, konnte sie seine erheblichen Unzulänglichkeiten und seinen Mangel an künstlerischem Urteilsvermögen nicht erkennen. Miller seinerseits unterschätzte alle Beobachtungen und Schlüsse seiner Frau als die Phantasmagorien eines hochgradig irrationalen, instabilen Menschen. Was immer auch Millers Motive sein mochten, in England baute sich zwischen ihm und seiner berühmten Frau eine immer höhere Mauer auf.

10. Kapitel
Die unfruchtbare Ehe

Der Pulitzerpreis von 1957 für Sachbücher ging an einen jungen Senator aus Massachusetts, John F. Kennedy. »Zivilcourage«, war von JFK angeblich geschrieben worden, als er wieder einmal mit seinem kriegsbedingten Rückenleiden darniederlag. Später gab es Gerüchte, daß in Wahrheit sein Sekretär Ted Sorensen den Bestseller verfaßt habe, und daß Johns Vater, der berühmte Joseph P. Kennedy, für den Bestsellerstatus gesorgt hätte, indem er praktisch alle Exemplare aufkaufen ließ.

Johns Frau Jackie vertraute Bobby Kennedy an, daß sie drauf und dran sei, sich von ihrem Mann zu trennen. Sie war seines obsessiven Frauenverbrauchs inzwischen müde, während ihre elementaren Bedürfnisse nicht berücksichtigt wurden, zumal seit sie mit dem ersten Kind schwanger war.

Frank Sinatra und Senator Kennedys Schwager Peter Lawford diskutierten die Möglichkeit einer Kandidatur JFKs im Jahr 1960 für das Amt des Präsidenten, und Joseph Kennedy hatte bereits mit kühler Berechnung den Antagonismus zwischen seinem Sohn Robert und der Unterwelt manipuliert. Falls seine politischen Pläne für seine Söhne klappten, konnte Joe das Superhirn spielen, maßgeschneiderte Geschäfte mit der Mafia betreiben und seine eifrigen Söhne anweisen, von Zeit zu Zeit die Augen zuzudrücken. Da Robert Kennedy Mehrheitsführer des McClellan-Komitees im Senat war, war die Bühne für Ermittlungen gegen die korrupten Praktiken und angeblichen Mafia-Verbindungen der Transportgewerkschaft, ihres Präsidenten Dave Beck und seines Detroiter Statthalters Jimmy Hoffa bereits genial präpariert. Sam Giancana, die Spinne im Netz der Unterwelt Chicagos, hatte anfänglich gefürchtet, daß die föderale Untersuchung die Geschäfte des Mob behindern könnte, doch seine Befürchtungen wurden rasch beschwichtigt, als Joe

Kennedy persönlich versprach, daß das »organisierte Verbrechen in Chicago tabu bleiben« würde.

Der Oscar für das beste Originaldrehbuch ging 1957 an Robert Rich für *The Brave One/Roter Staub*. Rich, der auf der Schwarzen Liste Hollywoods stand, verweigerte die Annahme aus Protest, daß er vom Kongreßausschuß verhört worden war. Elvis Presley spielte die Hauptrolle in dem Ausreißerfilm *Jailhouse Rock/Rhythmus hinter Gittern*, der eine Revolution im Film- und Musikgeschäft war.

Inzwischen irrte Marilyn mitten in der Nacht durch den gemieteten Herrensitz in der Nähe von Windsor Park, unfähig, ihre immer häufigeren Anfälle von Schlaflosigkeit zu bezwingen. Die überladenen Räume mit staubigen Läufern und handgeschnitzten Eichenmöbeln versetzten sie in düstere Stimmung. Während Arthur behaglich schlief, wurde Marilyn auf der Suche nach der ultimativen Schlaftablette immer zappeliger. Eine Schlafbrille diente als kleine Erleichterung für ihre müden Augen, und durch ihren verstörten Kopf geisterten immer wieder blitzlichtartig die Ereignisse des Tages.

Es irritierte sie, daß die Fans regelmäßig über die Mauer des Grundstücks kletterten und sie Tag und Nacht fotografierten. Gewöhnlich schätzte sie Aufmerksamkeit oder war zumindest in der Lage, sie zu ertragen, aber die britischen Fans und die Presse waren gnadenlos in ihren Attacken. Die angeheuerten Privatdetektive waren kaum dafür ausgerüstet, die Gaffer auf Abstand zu halten. Der völlige Mangel an Privatsphäre wurde Mr. und Mrs. Miller bewußt, als die Fans und die Paparazzi die internationalen Klatschspalten immer wieder mit dem Allerneuesten versorgten.

In den letzten Wochen der Dreharbeiten zu *The Prince and the Showgirl* verlangte Monroe mindestens fünfundzwanzig Wiederholungen von jedem Take. Jeder am Set hatte den Eindruck, daß sie sich durch nichts voneinander unterschieden und Marilyn es mit ihrem zwanghaften Willen zur Perfektion übertrieb. Aber so war sie eben – während der Rest der Crew bereits Ermüdungserscheinungen zeigte, kam sie erst richtig in Schwung. Bei der Vorführung der Muster konnte sie Stunden hintereinander geduldig und akribisch aufschlüsseln, in welchem Take der von ihr gesuchte Ausdruck am besten zur Geltung kam. Es gehörte zu ihrem Rollenverhalten, daß sie sich dabei buchstäblich krankarbeitete. Sie zog sich eine schwere Erkältung zu, und die Produktion mußte fast zwei Wochen unterbrochen werden. Ihre eigene Arbeitswut und Schlaflosigkeit, das unaufhörliche Gezänk am Set und die wachsende Entfremdung von ihrem Mann, ihrem Geschäftspartner und ihrem Regisseur forderten ihren Zoll.

Die Millers waren kopfüber in die Wirbelwind-Karriere von Marilyn Monroe gestoßen worden. Bei einem jungverheirateten Paar gibt es genug Anlässe zum Streit, auch ohne die zusätzlichen Belastungen, denen eine Ehefrau mit dem Hauptberuf Schauspielerin und Produzentin und ein Ehemann, dessen schriftstellerische Karriere stagniert, ausgesetzt sind. Von Anfang an war zu wenig Kitt vorhanden, um die Ehe zusammenzuhalten. Arthur begriff nicht, welche Auffassungen seine Frau von ihrem Leben hatte und welche Verwandlung sich am Set ereignete, und konnte die Zuwendung, die sie verzweifelt nötig hatte, nicht aufbringen. Wo war die schmachtende Gefährtin, die über sein kreatives Kapitel wachte? Wo die Partnerin, die seine schriftstellerische Potenz gepflegt und ihr eigenes Talent dem »Mann im Haus« zum Opfer gebracht hatte? Seine Ex-Frau Mary hatte sein »Genie« aus ihm herausgeholt, indem sie ihn dazu gezwungen hatte, der einzige Ernährer der Familie zu sein. In welchem Maße war seine Karriere das Ergebnis ihrer Anstrengungen? Wie sehr war der Pulitzerpreis ihren Fähigkeiten als Lektorin zu verdanken?

Wie konnte Miller, als seine neue Frau sein menschliches und künstlerisches Urteil in Frage zu stellen begann, noch überzeugt sein, daß er die Fähigkeit besaß, einen weiteren Theatererfolg zu produzieren? Die Suche nach dem idealen englischen Regisseur für seine Stücke ließ ihm begreiflicherweise wenig Zeit, seine Frau zu trösten. Linderung verschafften ihr statt dessen die Schlaftabletten, die der unverantwortliche Milton wieder in rauhen Mengen aus New York hatte kommen lassen. Millers Ungeduld gegenüber Marilyn wurde durch ihre wachsende Tablettenabhängigkeit noch verstärkt.

Als die Millers nach dem englischen Debakel nach New York zurückkehrten, mieteten sie eine geräumige, aber billige Wohnung in der East 57th Street, direkt neben der alten am Sutton Place. Dankbar für eine Verschnaufpause und in der Absicht, eine gute jüdische Ehefrau zu sein, bestätigte sich Marilyn mit Hilfe ihres Modeschöpfers John Moore als Innenarchitektin. Mehrere Wände wurden vom Boden bis zur Decke verspiegelt und vervielfältigten ihre Schönheit in labyrinthische Weiten. Im Wohnzimmer wurde um den gehüteten weißen Stutzflügel – ständige Erinnerung an die Liebe ihrer Mutter – die übrige Einrichtung dekoriert. Getrennte »Flügel« erlaubten es Mr. Miller, ungestört in seinem Arbeitszimmer zu schreiben, während Marilyn über ein Zimmer verfügte, in dem sie dauernd alles umstellen konnte. Das Schlafzimmer war einfach und fast leer; ein französisches Bett ohne Kopfteil, weitere Spiegel zur sexuellen Stimulierung, ein kleiner Nachttisch mit einer unauffälligen Lampe und ein Plattenspieler mit Blues- und Jazzmusik.

Nachdem die Erleichterung über die Rückkehr verflogen war, fielen die Millers in ihr schlichtes häusliches Leben zurück. Die Wohnung war Marilyns Zufluchtsort zwischen den Unterrichtsstunden bei Lee Strasberg und den psychoanalytischen Sitzungen, die sie mit Dr. Marianne Kris, die ihr Anna Freud in London empfohlen hatte, wieder aufnahm. Meistens bestand sie darauf, sich zwischen den Verabredungen umzuziehen. Manchmal ließ sie sich in einem gemieteten Auto in der Stadt herumfahren, doch es störte sie, den Fahrer zu einem exorbitanten Stundenlohn warten zu lassen. Sie nahm lieber ein Taxi. Die Taxifahrer erkannten sie in ihrer Verkleidung nie, was sie außerordentlich befriedigte, aber einmal auch wieder richtig wütend machte.

Marilyn hatte geringe Erwartungen, was *The Prince and the Showgirl* betraf. Und sie hatte gut daran getan. Der Film ging im Juni 1957 in der Radio City Music Hall in Premiere. Die New Yorker Kritiken waren nicht positiv, obwohl einige freundliche Worte über Marilyns Darstellung abfielen. Justin Gilbert schrieb im »New York Mirror« sogar: »Der Film entpuppt sich als die sprühende Komödien-Überraschung der Saison.« Und

Archer Winsten, der kein Fan von ihr war, vermerkte in der »New York Post«, daß »Marilyn Monroe . . . sich als Person und Komödiantin noch nie so im Griff hatte. Sie holt sich ihre Lacher, ohne die wirkliche Marilyn dem Schauspielern zu opfern. Das darf man natürlich von großen, begabten und erfahrenen Darstellern erwarten. Daß wir dies von Marilyn Monroe, die bislang halb Schauspielerin, halb Sensation gewesen ist, geliefert bekommen, ist eine äußerst erfreuliche Überraschung.« Doch Oliviers unausgegorenes Porträt des Balkanprinzen erreichte das Klassenziel nicht. Der Film sei langweilig und schwerfällig. Olivier setze die Kamera ein, als ob er ein Theaterstück abfilmen wolle. Der Film war ein königlicher Reinfall.

Marilyn legte sich den Reinfall nach eigenem Dünken zurecht. Der Hauptverantwortliche für sie war Milton Greene, der sie ins Unheil hatte rennen lassen. Ein schlechtes Stück mit Talent aufzumotzen, funktionierte nie, und *The Prince and the Showgirl* machte darin keine Ausnahme. Außerdem nahm sie es Lee Strasberg krumm, daß er ihr blauäugig weisgemacht hatte, Olivier könne Komödien inszenieren.

Wie von verschiedenen Beratern vorhergesagt, hatten die Marilyn Monroe Productions unter Milton Greenes Leitung zu viele Management-Probleme, um überleben zu können. Unerfahren und ungeeignet, was Filmproduktion und die Nase für Stoffe betraf, war Greene mit Marilyn immer häufiger uneins. Monroe hatte aus Enttäuschung darüber, daß er nicht einmal ein Zehntel ihres Einsatzes eingebracht hatte, bereits einige Versuche unternommen, ihm seine Anteile abzukaufen, und ihm dafür eine halbe Million Dollar geboten. Doch Milton, der sich eine Menge von *The Prince and the Showgirl* versprach, lehnte ab. Erst, als der Film sich als Rohrkrepierer erwies und seine eigenen Rücklagen schwanden, ließ er sich mit 85 000 Dollar abfinden. Greenes Einfluß war bestenfalls marginal gewesen. Marilyn aber wollte weitermachen und ihre Filmkarriere selbst kontrollieren. Vorerst jedoch wollte sie einige Zeit für den Versuch aufbringen, das Kind zu gebären, nach dem sie so sehr verlangte.

Arthur Miller mißfiel das gesellschaftliche Leben New Yorks. Also sagten er und Marilyn die vielen Einladungen zu privaten

Dinnerparties und Kino- und Theaterpremieren ab. Als Theaterfan und Kinofreak war Marilyn durch das ungesellige Wesen ihres Mannes lahmgelegt. Abgesehen von seltenen Spritztouren nach Brooklyn zu seinen Eltern oder einem gelegentlichen Essen mit den Rostens wurde ihr nichts geboten. Marilyn wollte Aufregenderes erleben, als von Norman Rosten angestarrt zu werden, während er mit seinem besten Freund diskutierte, und Hedda sich ihre eigenen Wunschträume erfüllte, indem sie Marilyns Abendkleider anprobierte. Auch wenn sie allein waren, hatte sie wenig Ansprache, da Miller über Stunden und Tage kaum ein Wort an sie richtete. Obwohl sie nach seiner Zuwendung hungerte, glaubte sie, daß er mitten in der Schöpfung eines Meisterwerks sei, und beugte sich gehorsam seinem Diktum, ihn nicht zu stören und es nicht zu wagen, seine Konzentration zu unterbrechen.

Durch eine Agentur wurde Hattie, eine schwarze Köchin mit englischem Akzent, vermittelt, um für das Ehepaar zu kochen. Obwohl Marilyn versuchte, die Haushaltshilfe zu überwachen, und sich besonders bemühte, als ordentliche Hausfrau zu wirken, wenn Arthurs Eltern kamen, genoß sie es in Wahrheit, von hinten und vorne bedient zu werden. Schließlich war sie es, die die Rechnungen bezahlte, Schauspielunterricht nahm und sich jeden Tag der Freudschen Analyse unterzog, was an und für sich bereits harte Arbeit war. Wenn Hattie dem großen Schriftsteller den Lunch servierte, fand sie ihn ziellos auf die Wand starrend vor, mit einem weißen Blatt in der Schreibmaschine. Ein Dankeschön entrang sich kaum hörbar seinen Lippen. Der kleine Kühlschrank enthielt fast ständig Champagnersplits, und es gab wenig Platz für leichtverderbliche Nahrungsmittel. Also mußte regelmäßig eingekauft werden. Eier zum Frühstück waren obligatorisch, das Arthur bereits um 7 Uhr 30 einnahm, während Marilyn gegen 11 Uhr zum Frühstück im Bett geweckt wurde.

Miller machte sich Sorgen über eine neuerliche Vorladung nach Washington, wo er im Mai wegen der Mißachtung des Kongreßausschusses im vergangenen Jahr vor dem Federal District Court erscheinen mußte und sogar mit einer Gefängnisstrafe zu rechnen hatte. Dem Richter Charles McLaughlin und dem Staatsanwalt William Hitz gelang es, seinen Fall auf den Mißbrauch eines Passes der Vereinigten Staaten durch einen erwiesenen Kommunisten zu reduzieren. Hitz behauptete, daß Miller »1947 absichtlich in die Tschechoslowakei gereist sei, obwohl ihm völlig bewußt gewesen sei, daß ihm das sein Paß nicht gestattete.« Die Anklage gründete sich darauf, daß Miller, da die Tschechoslowakai ein kommunistisches Land war, ohne die Erlaubnis der amerikanischen Regierung gereist war. Normalerweise hätte das eine kleine Geldstrafe und eine Bewährungsstrafe eingebracht, aber Miller befürchtete, daß der Richter an ihm aufgrund seiner Bekanntheit und seiner Ehe mit Marilyn Monroe ein Exempel statuieren könnte.

Zum Glück für Miller hatte sein Anwalt Joe Rauh seine Hausaufgaben gemacht und enthüllte nun dem in der Historie wenig bewanderten Gericht, daß die Tschechoslowakei 1947 noch ein freies Land gewesen und ihr Präsident Eduard Benesch ein befreundetes Staatsoberhaupt gewesen sein. Bingo! Es gab zwar nicht wie erwartet Freispruch, aber Richter McLaughlin fällte einen milden Spruch und verurteilte Miller zu einer Geldstrafe von 500 Dollar und einer einmonatigen Gefängnisstrafe auf Bewährung.

Die Millers brauchten im Sommer einen Kulissenwechsel und mieteten ein behagliches Ferienhaus in Amagansett, Long Island. Marilyn hatte das dringende Verlangen, ihren Mann zu bekochen. Seit sie mit Arthur Millers Kind schwanger ging, gewann der mütterliche Teil in ihr die Oberhand. Nach dem *Prince*-Debakel schwelgte sie in der Erwartung der Mutterschaft. Doch diese flüchtige Aussicht auf stilles Glück endete so jäh wie ihre früheren Schwangerschaften. Ihr Arzt konstatierte eine Eileiterschwangerschaft, die abgebrochen werden mußte. Marilyn hatte zu lange mit der Konsulatation gewartet und fühlte sich zutiefst enttäuscht und schuldig. Wieder litt sie unter ihrer Unzulänglichkeit und verfiel in eine besonders tiefe Depression. Sie zögerte den Abbruch hinaus, bis sie am 1. August unter qualvollen Schmerzen zusammenbrach und schrie, daß sie »sie« verliere. Voller Angst rief Miller den Notdienst an, der die inzwischen Ohnmächtige in das Doctors Hospital in Manhattan brachte.

Bei der Operation mußte ein Eileiter entfernt werden. Der Eingriff war einfach, reduzierte jedoch Marilyns Chancen, schwanger zu werden, um 50 Prozent. Ein paar Tage mußte sie abgeschirmt verbringen. Sie hatte dieses Kind von ganzem Herzen gewollt; ihr Körper hatte sie betrogen. Die Reue über all die früheren Abtreibungen, zumal die letzte der Frucht von DiMaggio, erfüllte sie mit Verzweiflung.

Lena Pepitone, die neu engagierte italienische Köchin und Haushälterin, brachte Marilyn selbstgemachte Hühnersuppe, um sie zu trösten. Lena hatte auch attraktive feminine Nachthemden eingekauft und dem Krankenhauspersonal auf die Nase gebunden, daß Marilyn diese traumhaften Negligés auch zu Hause trage (die Schwestern hatten offenbar Marilyns diesbezügliche Auskunft überlesen, daß sie lediglich mit einem Tropfen Chanel No. 5 zu Bett gehe). Obwohl Marilyn die Fummel verabscheute, gab sie nach und trug sie im Krankenhaus in der fieberhaften Erwartung, sie so schnell wie möglich wieder vom Leib zu kriegen. Ihr blasses und müdes Gesicht spiegelte ihr Gefühl der Niederlage. Sie vertraute Lena an, daß ihre Hoffnungen auf ein Kind nun so gut wie aussichtslos seien.

Während ihres Krankenhausaufenthalts kam ihr Freund, der Fotograf Sam Shaw, vorbei und versuchte sie aufzuheitern. Obwohl ihm Shaw nicht vertraut war, fand Miller seine Gesellschaft angenehm, weil er ihm als aufrechter Mann erschien. Nach dem Krankenbesuch unternahmen Miller und Shaw einen langen, geruhsamen Spaziergang am East River. Shaw machte dem besorgten Ehemann Komplimente über seine Kurzgeschichte »The Misfits«, die gerade in »Esquire« veröffentlicht worden war, und regte – um ihn auf andere Gedanken zu bringen – an, die Geschichte zu einem Drehbuch zu verarbeiten. Kurz darauf skizzierte Miller ein erstes Film-Exposé.

Nach einigen weiteren Tagen im Krankenhaus hatte sich Marilyn so weit erholt, daß sie entlassen werden konnte. Sie hatte Lena beauftragt, ein Kleid und einen Mantel zu kaufen, so daß sie die Erwartungen der Reporter erfüllen konnte, die vor dem

Hospital Wache hielten. Ihr Friseur Kenneth zauberte ihre Lieblingsfrisur, glatt, aber seitlich gescheitelt mit einer Welle nach außen. Beige Kleidung gab ihrem blonden Haar immer einen besonderen Glanz. Dem Aussehen nach strahlend, stellte sie sich der wartenden Menge und scherzte traurig: »Man könnte glauben, daß ich zu einer Premiere gehe, statt zu einem Begräbnis.« Darauf brach sie in Tränen aus und mußte eine Sonnebrille aufsetzen. Sie schaffte es, ihr berühmtes Lächeln wiederherzustellen und bis zum wartenden Auto durchzuhalten, doch als die Limousine angefahren war, sank sie abermals in sich zusammen. Marilyn sehnte sich nach der bedingungslosen Liebe, die, und davon war sie überzeugt, nur ein Baby geben konnte.

Als Lena und Marilyn zu Hause ankamen, erschien ein müder und umdüsterter Miller an der Wohnungstür, um die Heimkehr seiner Frau zur Kenntnis zu nehmen, und verzog sich dann sofort wieder in sein Arbeitszimmer. Nun war Marilyn völlig gebrochen. Sie rannte ins Schlafzimmer, riß sich die Kleider vom Leib und warf sich aufs Bett, wo sie sich zutiefst gekränkt in Tränen des Zorns und der Enttäuschung ertränkte. Als Lena Pepitone hereinkam, begann Marilyn, sich zu entschuldigen. Immer noch weinend wiederholte sie immer wieder: »Es war meine letzte Chance; *sie* war meine letzte Chance!«

Trotz Marilyns Zustand war Arthur fest entschlossen, das Drehbuch für *The Misfits* fertig zu machen. Die Geschichte einer frisch geschiedenen Nachtclubtänzerin, die sich in eine komplizierte Liebesgeschichte mit einem Cowboy in Nevada verstrickt, war aus seiner eigenen Scheidungs-Erfahrung in der Nähe von Reno gekeimt. Als Miller die letzten Abschnitte des Skripts beendet hatte, hegte er die Hoffnung, daß John Huston es inszenieren würde. Marilyn verehrte das Genie Huston, weil der Regisseur ihre Klasse erkannte, und stimmte mit Miller überein, daß er der ideale Regisseur für diesen Stoff wäre. Allerdings gerieten sie sich in die Haare, weil Miller darauf bestand, daß sie Roslyn spielen müsse, eine Rolle, die ihr äußerst zuwider war, weil sie ihr nur als weiteres dummes Blondchen erschien. Schließlich erklärte sie sich einverstanden, angeblich, weil er die

Rolle für sie geschrieben hatte. Konnte dieses Drehbuch mit John Huston als Regissseur nicht vielleicht der Stoff ihrer Träume werden? Hatte Miller eine Rolle für sie geschrieben, die möglicherweise Oscar-reif war? (Unglücklicherweise war Marilyn mit ihrer ursprünglichen Bedenken nur allzu richtig gelegen. Die Gestalt war undeutlich und unattraktiv, keine Rolle, die ihr Bewunderer verschaffen konnte, aber gegen ihren besseren Instinkt gab sie ihrem Ehemann Plein-pouvoir, um sein Selbstvertrauen zu stabilisieren.)

Ein ungeborenes Kind kann Ehepaare auseinanderbringen. Eine wacklige Ehe wie die der Millers hatte noch geringere Chancen zu überleben. Die immer tiefer werdenden Kluft zwischen Arthur und Marilyn wurde noch durch die offene Feindseligkeit seiner Mutter verbreitet, die nicht akzeptierte, daß Marilyn ihrem Sohn kein Kind gebären konnte. Die ältere Mrs. Miller reagierte ihre Enttäuschung ab, indem sie auf Marilyn einprügelte.

Als Revanche für Millers miese Behandlung begann Marilyn, ihren Mann offen zu kritisieren und zu beschuldigen, daß er unfähig und nicht willens sei, ihren Bedürfnissen entgegenzukommen. Sie hatte keine Flitterwochen gehabt und auch keinen friedvollen Erholungsurlaub, um nach ihrer mißglückten Schwangerschaft wieder zu Kräften zu kommen. Es gab immer häufiger heftige Auseinandersetzungen, die oft mit Kleinigkeiten begannen, wie seine Forderung, daß »ihr« Dienstmädchen auch Botengänge für ihn zu erledigen habe. Worauf umgehend die England-Platte aufgelegt wurde, wie passiv er sich verhalten hätte, als Olivier sich über sie lustig machte, und wie er es überhaupt hätte zulassen können, daß sie abermals die Rolle der dummen Blonden spielte.

Um mit dem Elend ihrer Depressionen fertig zu werden, wurde Marilyn freßsüchtig. Pepitone war es nicht entgangen, wie sehr ihr die italienische Küche mundete, und sie sorgte dafür, daß die Padrona voll auf ihre Kosten kam. An einem durchschnittlichen Tag verschlang Marilyn drei Eier, Toast, drei Hamburger, drei Teller selbstgemachte Pommes frites, zwei Schokoladenmilchdrinks, ein großes Kalbsschnitzel, zwei Portionen mit Parmesan überbackene Auberginen und vier Schalen Schokoladenpudding, wobei sie jeden Gang mit Champagner hinunterspülte. Ganz besonders gelüstete es sie nach Huhn alla cacciatore und Spaghetti mit einem großen Klacks würziger Tomatensoße. Es waren deutliche Signale. Marilyn stopfte sich voll, um ihren Gram über den Verlust des Kindes und der Liebe ihres Mannes zu betäuben. In kurzer Zeit kam sie von 52 auf 60 Kilo.

Unterdessen kamen Unmengen Drehbücher ins Haus. Arthur und ihre Sekretärin May Reis prüften sie und gaben an Marilyn weiter, was ihnen am besten erschien. Sie reagierte prompt: »Schon wieder eine dumme Pute, es ist zum Aus-der-Haut-Fahren!« Miller fand ein Drehbuch, das ihm gefiel, und gab sich große Mühe, es ihr schmackhaft zu machen. Sie las das siebenseitige Exposé, in dem die weibliche Haupfigur die Sängerin in einer Damenkapelle während der Prohibitionszeit war. Am besten an dem Stoff, aus dem dann *Some Like It Hot/Manche mögen's heiß* wurde, gefiel ihr, daß Billy Wilder die Regie führen würde. Seit *The Seven Year Itch* lobte sie ihn als den »besten Regisseur Hollywoods«: »Er ist witzig und clever. Er weiß mich mehr als jeder andere Regisseur zu würdigen.«

An der Rolle gefiel ihr außerdem, daß sie wieder singen durfte. Sie hatte zwar schreckliche Angst vor dem Singen, aber nach zwei Whiskey war sie ihre Befangenheit los. Ein weiterer zwingender Grund für ihr Interesse war der Hinweis, daß Frank Sinatra als Co-Star vorgesehen sei. Er war am Set und außerhalb des Sets ein Lebenskünstler, veranstaltete geschmackvolle Parties und gab Marilyn immer das Gefühl, elegant zu sein. Seine Kühnheit gegenüber Frauen war legendär.

Marilyn kannte Sinatra seit ihrer Ehe mit DiMaggio. Joe und Frank waren damals die besten Freunde gewesen. Und der Spaß, den sie in Sinatras Gesellschaft gehabt hatte, war einer der Hauptgründe, warum sie Interesse an dem laufenden Projekt hatte. Sie hatte Frank nicht mehr oft gesehen, seit seine und ihre Wege sich von DiMaggio geschieden hatten.

Was Frank betraf, ging es dabei um eine Geschichte, die sich kurz nach Marilyns vorläufiger Scheidung von DiMaggio zugetragen hatte. Joe, nach wie vor eifersüchtig, hegte den Verdacht, daß Marilyn eine Affäre hätte, und engagierte die Privatdetektive Barney Ruditsky und Philip Irwin. Sinatra hatte lange Ava Gardner nachgetrauert, und Joe war aus demselben Holz geschnitzt – zwei Machos, die vor ihren Ex-Ehefrauen in die Knie gingen. Frank hatte Ava Schnüffler auf den Hals geschickt, die sie angeblich nicht in den Armen eines anderen Mannes, sondern einer Frau fanden – Lana Turner. Sinatra war am Boden zerstört. Mit einem Mann zu konkurrieren, fiel Sinatras aufgeblasenem Ego nicht schwer – es aber mit einer Frau aufzunehmen, ging über seine Fassungskraft. Als er nun sah, wie sein bester Freund litt, stellte Frank sich selbstverständlich zur Verfügung.

Am Abend des 5. November 1954 berichteten die Detektive Joe, daß sie Marilyn mehrmals zur selben Adresse gefolgt seien, 8122 Waring Avenue, wo die Schauspielerin Sheila Stuart wohnte, und daß sie sich zur Zeit wieder dort aufhalte. Rasend vor Wut eilte Joe hin, und Frank brachte einige Männer als Verstärkung. Es ging alles ein bißchen schnell, und als sie die Tür eines Apartments eintraten, sahen sie sich der 37jährigen Florence Kotz gegenüber, die aufrecht im Bett saß und in Todesangst um Hilfe schrie. In Sheila Stuarts Apartment, das nur wenige Schritte entfernt war, hörte Marilyn den Tumult und konnte ungesehen entkommen. Nachdem sich Miss Kotz von ihrem Schock erholt hatte, reichte sie umgehend eine Klage ein und forderte von DiMaggio 200 000 Dollar Schmerzensgeld.

Es gelang den Anwälten, die Namen der beiden Prominenten aus den Berichten der Tagespresse herauszuhalten, doch das Klatschmagazin »Confidential« weidete sich in seiner Septemberausgabe an allen Details. Aufgrund dieses Artikels beschloß die Staatsanwaltschaft, wegen unbefugten Eindringens zu ermitteln. Anfangs weigerte sich Frank, der Vorladung Folge zu leisten, und drohte, den Polizeipräsidenten von Los Angeles und jeden, der mit der Ermittlung betraut war, zu verklagen. Schließlich lenkte er ein, behauptete aber bei seiner Aussage, daß er sich während des Überfalls mindestens einen Block entfernt aufgehalten habe, was vom Privatdetektiv Ruditsky bestätigt wurde.

Philip Irwin jedoch sagte unter Eid aus, daß Sinatra sehr wohl beim Überfall dabeigewesen sei, daß er in jedem Punkt die Unwahrheit sage, und daß er, Irwin, Angst vor ihm habe. Sinatra verdächtige ihn nämlich, daß er die Geschichte an die Presse habe durchsickern lassen. Er sei von Sinatras »boys« grün und blau geprügelt worden. Zum Beweis führte er zahlreiche Blutergüsse auf seinem Rücken vor, die angeblich von Lederriemen und Faustschlägen herrührten. Die Besitzerin des Apartmenthauses bezeugte ebenfalls, daß sie Sinatra am Abend des 5. November mit DiMaggio und zwei weiteren Männern aus dem Apartment von Florence Kotz habe rennen sehen.

Aufgrund derart widersprüchlicher Aussagen beschloß das Untersuchungsschwurgericht von Los Angeles, den Fall aufzurollen. Sinatra nahm sich neben Martin Gang und Mickey Rudin aus der Kanzlei Gang, Kopp & Tyre auch den Mafia-Anwalt Sidney Korshak aus Chicago, um eine Verteidigung aufzubauen, die eine weitere Schädigung seines Rufs verhindern sollte. Im März 1955 hatten Sinatras Freundchen ihre Versionen gerade rechtzeitig vor der Verhandlung vor dem Bezirksgericht auf die Reihe gebracht. Als der Staatsanwalt Frank fragte, welchen Grund es gebe, Irwins Darstellung keinen Glauben zu schenken, spielte Frank gerissen die Geschworenen an und fragte, wer wohl einem Privatdetektiv glaube, der sich seinen Lebensunterhalt damit verdiene, Apartmenttüren einzutreten.

Sinatra entging der Verurteilung wegen Meineid, verlor aber während des Prozesses DiMaggios Freundschaft, der wegen seiner Eifersucht unbeabsichtigt ins Scheinwerferlicht geraten und besonders über die Gerüchte in der Stadt verärgert war, daß Sinatra seine »boys« engagierte, um seine Geschäfte zu erledigen. Diese Affäre war für den Geschmack des amerikanischen Nationalhelden allzu anrüchig. Obwohl Sinatra mit heiler Haut davongekommen war, nahm er es Joe einerseits übel, daß er seine Geschichte nicht bestätigt hatte, und fühlte sich von ihm verraten. Joe wollte eben nur im Sportteil Schlagzeilen machen! Der Vorfall, der für beide eine peinliche öffentliche Bloßstellung bedeutete, ging als »die Nacht der falschen Tür« in die Annalen Hollywoods ein.

Geschmeichelt von Joes Eifersucht, war ihm Marilyn nicht ernstlich böse gewesen über den Versuch, in ihre Geheimnisse einzudringen; tief in ihrem Inneren liebte sie ihn immer noch. Auf ihre eigene hinterhältige Weise wollte sie den Kontakt mit Sinatra wieder enger knüpfen, um den Yankee Clipper zur Weißglut zu bringen. Sie rechnete sich aus, daß Joe sich um so lieber ihrer Nöte annehmen würde, je eifersüchtiger er sei . . .

Ihre Phantasien zerstoben in nichts, nachdem sie das komplette Drehbuch zu *Some Like It Hot* gelesen hatte. Die Handlung drehte sich eigentlich um zwei Musiker, die in Chicago unfreiwillige Zeugen einer Bandenabrechnung werden und in Frauenkleidern in einer Damenkapelle ihrer allfälligen Beseitigung zu entgehen versuchen. Marilyn fand, daß die Prämisse des Films einfach nur lächerlich sei.

Miller war mehr an den möglichen Einkünften als an der Glaubwürdigkeit des Films interessiert und versuchte, Marilyn davon zu überzeugen, daß die Chance zu verlockend war, um sie sausen zu lassen. Die Produzenten boten ihr statt einer Gage eine Gewinnbeteiligung. Bei seinen Bemühungen, ihr das Projekt zu verkaufen, erweckte jede Erwähnung von Geld ihren Zorn, und sie verdächtigte ihn unverblümt, daß er nur an ihrem Geld interessiert sei. Sie schlug ihm vor, ein Stück zu schreiben, das ihm gegen den Strich ging, und zu schauen, ob ihm die Arbeit Spaß machte. Aufgebracht stopfte sie noch mehr in sich hinein; wenn sie sich genug Gewicht zulegte, würde Wilder sie nicht haben wollen. Den Ausschlag, den Vertrag zu unterzeichnen, gab letztlich die Aussicht zu singen. Sie liebte die Lieder »I Wanna Be Loved by You« und »I'm Through With Love« und sang sie unaufhörlich. Dann erfuhr sie, daß Sinatra in dem Film nicht mitmachte, und daß Jack Lemmon und Tony Curtis ihre Partner waren. Sie war mit beiden nicht vertraut, aber Tonys jungenhafte Hübschheit gefiel ihr. Der verlockende Aspekt, mit ihm zu arbeiten, wurde von der schrecklichen Vorstellung, nach Hollywood zurückzukehren, getrübt. Miller überzeugte Marilyn nach und nach, daß sie durch ihre Mitwirkung den Erfolg des Films garantiere. Es ging ihr nicht um das Geld; sie hatte bereits erfahren müssen, daß Glück nicht zu kaufen war. Sie wollte eine vielseitige Karriere. Sie wollte Anerkennung. Sie wollte Freunde und eine Familie. Aber alle schienen ihre Bedürfnisse verschroben zu finden.

Ein Treffen zwischen Marilyn, Wilder, Curtis und Lemmon wurde vereinbart. Im Bewußtsein, wie peinlich genau Wilder auf jede Facette einer Frau achtete, war Marilyn den ganzen Tag um ihre Frisur und das richtige Make-up bemüht und zog alle fünf Minuten eine andere Bluse an. Als die Herren eintrafen, waren auch sie zappelig. Als sie die Frage aufwarf, wie die Person, die sie zu spielen hatte, denn in Himmels Namen glauben könne, daß die Männer Frauen seien, antworteten alle drei, daß eine große Schauspielerin das Publikum glauben machen könne, daß sie es glaube. Beim Abschied gab es nach dem Hollywood-Ritus Umarmungen und Küsse. Marilyn gab sich enthusiastisch, beklagte sich aber später gegenüber Miller, sie hätten sie »nur deshalb ausgesucht, weil keine andere für doof genug gehalten wird, wahrhaftig zu glauben, daß die zwei Frauen in Wirklichkeit Männer sind.«

Doch da irrte sie sich. Der Film war für die fünfziger Jahre gewagt; das Drehbuch von Billy Wilder und I.A.L. Diamond war voller Doppeldeutigkeiten, die ohne Frage den Zensor die Stirn runzeln lassen würden. Trotz ihrer suggestiven erotischen Ausstrahlung war Marilyn die Richtige, um die gepfefferten Sätze in aller Unschuld zu pointieren.

Als sich herausstellte, daß sie abermals schwanger war, wurde Marilyns Einstellung gegenüber *Some Like It Hot* freundlicher. Sie war glücklich und hörte auf, sich obsessiv mit Joe DiMaggio zu beschäftigen. Obwohl sie immer noch ihre Zweifel an dem Film hatte, versuchte sie, ihn einfach als weiteren Job zu betrachten, um sich und damit das Ungeborene nicht aufzuregen. Das gelang allerdings nicht so ohne weiteres. Daß in Schwarzweiß gedreht wurde, ärgerte die Schauspielerin maßlos; vertraglich stand ihr Technicolor zu, das Medium, in dem sie am besten zur Geltung kam. Wilder argumentierte, daß die verkleideten Männer in Farbe lächerlich wirken würden, doch den Ausschlag hatte ebenso gegeben, daß er die Atmosphäre der Prohibitionszeit möglichst sinnfällig zeichnen wollte. Weiter erboste sie, wie

Billy sie rumkommandierte und wie unhöflich er die unverzicht-
bare Paula Strasberg behandelte. Für sie war er damit »Regisseur Hitler« geworden.

Ihre morgendlichen Indispositionen schienen sich durch den
Konflikt mit Wilder noch zu verschlimmern, aber sie beschloß,
ihre Schwangerschaft für sich zu behalten. Nach der letzten Tragödie fürchtete sie für die Lebensfähigkeit auch dieses Kindes
und wollte das Schicksal nicht berufen, indem sie zuviel darüber
sprach. Dafür erschien sie von Tag zu Tag später am Set. Diesmal hatte sie deswegen keine Gewissensbisse. Sie war durch
ihren Zustand oft apathisch, und ihre Energie war durchgehend
auf einem niedrigen Level. Das Baby hatte Vorrang, und sie
mußte diese Energie dosieren. Wenn sie jemals eine Entschuldigung für ihr Zuspätkommen hatte, dann diesmal mit Millers
zweiter Frucht in ihrem Schoß.

Wenn »Sugar« am Set zu singen hatte, gluckerte Marilyn
ihren Lieblings-Scotch »Cutty Sark« hinunter, um ihr Lampenfieber zu unterdrücken und ihre Kehle und ihre Nerven zu entspannen. Damals wußte man noch wenig über die schädlichen
Auswirkungen von Alkohol auf den Fötus, und Marilyn widmete
sich mit Hingabe den Champagnerdrinks und dem Scotch, ihren
getreuen Begleitern während der aufreibenden Dreharbeiten.

Wenn man Tony Curtis glauben darf, trank Monroe mehr als
jemals in ihrem Leben. Aber das kann auch daran liegen, daß er
immer verärgerter und ungeduldiger über ihr chronisches Zuspätkommen wurde, und daß sie, wenn sie ihren Text ver-
pfuschte oder fand, daß die Beleuchtung ihre verräterischen
Formen nicht gut genug kaschierte, einen Take nach dem anderen erzwang. Schließlich mußten er und Lemmon sich in aller
Frühe der Verwandlung in Frauen unterziehen, um dann stundenlang auf das Erscheinen der »dritten Hauptrolle«, wie er
Marilyn bezeichnete, zu warten. Je länger sich Marilyn heraus-
putzen ließ, desto siedender wurde Curtis. Doch nicht nur er
wurde immer frustrierter, die gesamte Crew war es allmählich
leid.

Die Situation machte Marilyn noch nervöser und befangener
als gewöhnlich, und sie vergaß ihre Sätze immer häufiger. Curtis

und Lemmon waren nach den ersten Takes am besten, doch danach ging es endlos weiter. »Die Szene ist gestorben, wenn Marilyn den Satz fehlerfrei herausgebracht hat«, teilte ihnen Wilder auf ihre Proteste mit. Als Tony gefragt wurde, wie es denn gewesen sei, als er Marilyn Monroe in der Szene auf der Jacht küßte, platzte er heraus: »Es war, als ob ich Hitler geküßt hätte« – Hitler zum zweiten.

Wilder, der Monroes Zuspätkommen in *The Seven Year Itch* toleriert hatte, spürte diesmal den heißen Atem der beiden männlichen Hauptdarsteller, der Crew und der Produktion und begann sie anzuschreien. Zusätzliche Kopfschmerzen bereitete ihm, daß der Drehplan bereits weit überzogen war. Als Miller von ihm eine pfleglichere Behandlung Marilyns verlangte, da sie schwanger sei, meinte er sarkastisch: »Ich würde sie mit dem größten Vergnügen mittags nach Hause schicken, wenn sie die Freundlichkeit hätte, uns um neun Uhr vormittags die Ehre zu geben.«

Mrs. Miller forderte der Schneiderei nicht nur größtes Geschick ab, ihre Extrapfunde zu verbergen. Auch ihre Showkleider mußten mit Pailetten, Perlen und Tüll überladen werden, um im Schwarzweißfilm funkelnde Effekte hervorzurufen. Den härtesten Job hatte Whitey Snyder. Er holte sie in ihrer Hotelsuite aus dem Bett, stellte sie unter die Dusche und drehte den Kaltwasserhahn auf, um sie per Schocktherapie aus dem Dämmerzustand herauszuholen, in dem sie mit Hilfe der Schlaftabletten die Nacht verbracht hatte. Danach war es keine Kleinigkeit, sie so zu schminken, daß das schimmernde Make-up sie gleichsam von innen leuchten ließ. Marilyn ersehnte zwar ein Kind, hatte andererseits aber große Angst, daß eine Geburt ihr Aussehen zerstören könnte, und daß sie wie andere Schönheiten vor ihr zur »Milchkuh« degradiert werden würde.

Marilyn geriet auch mit dem Drehbuchautor I.A.L. Diamond aneinander. Sie wollte die Rolle, die als Katalysator angelegt war, in den Mittelpunkt rücken, spritzig und betörend zugleich. In ihrem eifrigen Bemühen änderte sie den Text und fügte Sätze hinzu. Da die beiden Autoren alles genau kalkuliert hatten, gab es natürlich Zoff. Obwohl Marilyn Diamond darüber aufklärte, daß eine erfahrene, erfolgreiche Komödiantin wie sie das »dumme Blondchen« doch wohl besser erfassen könne als ein Drehbuchschreiber, unterbrach der wütende Urheber die Dreharbeiten und bestand auf dem exakten Wortlaut.

Später bezeichnete Diamond seine Kontrahentin als »die niederträchtigste Siebenjährige, die mir jemals untergekommen ist.« In der Meinung, daß ihr die Macht zu Kopf gestiegen sei, verstand er Marilyn völlig falsch. Er erklärte sich Marilyns Zuspätkommen mit dem Versuch, ihr Gewicht in die Waagschale zu werfen, zumal seit der spektakulären Vertragserneuerung mit der Fox. Zusätzlich irritierte ihn, daß sie es nie für nötig hielt, sich bei den Kollegen und der Crew zu entschuldigen, daß sie sie Stunden hatte warten lassen. Er behauptete, daß sie, als der Regieassistent sie in ihrer Garderobe abholen wollte, weithin vernehmlich gebrüllt hätte: »Verpiß dich!« Diamond schloß daraus, daß sie, »nachdem sie die Spitze erreicht hatte, die Welt für all die Widerwärtigkeiten bezahlen ließ, die sie auf dem Weg hinauf hatte erdulden müssen.« Die Feindseligkeit zwischen den beiden blieb auch nach dem Ende der Produktion bestehen.

Als die Produktionskosten wegen der Verzögerungen von 2 Millionen auf 2,8 Millionen Dollar stiegen, verstärkten die Studiobosse ihren Druck auf Wilder. Die Außenaufnahmen wurden in San Diego in der Umgebung des Coronado Beach Hotel gedreht. Wilder mußte eine Szene einrichten, in der 150 Statisten beschäftigt waren. Statt um 9 Uhr erschien Marilyn ein weiteres Mal erst um 11 Uhr 30. Als ihr Auto endlich am Set ankam, rief Wilder erbittert: »Mittagspause!«, sehr zum Ärger der Statisten und vor allem von Miss Monroe.

Whitey diente immer häufiger als Prellbock zwischen Wilder und Marilyn. Meistens holte sie ihren Schlaf nach, während sie geschminkt wurde. Sie lag auf dem Rücken, während Snyder gleichsam mit dem Weichzeichner über ihr Gesicht ging. Obwohl für den berühmten Glanz auf ihren Lippen fünf verschiedene Töne benutzt wurden, dauerte die Prozedur nach Whiteys Angaben jeweils nur Sekunden. Marilyns Haar war gewöhnlich das größte Problem. Naturkrause und -farbe mußten häufig herausgezogen werden. Die Ausbesserung war monoton und zeitraubend. Während sie die blonden Strähnen der Schauspielerin bändigte, probierte ihre Lieblingsfriseuse Agnes Flanagan verschiedene Möglichkeiten aus, um der Frisur die richtige Form zu geben, und vergaß dabei bisweilen den Drehtermin. Marilyn verlangte, daß ihr schwer zu bändigendes Haar perfekt saß. Wenn das Resultat nicht zu ihrer Zufriedenheit ausgefallen war, weigerte sie sich so lange aufzustehen, bis die Frisur »saß«. Bevor sie vor die Kamera trat, möbelte Whitey noch ihr Selbstbewußtsein auf, da er darauf bestand, daß sie niemals am Set erscheinen dürfe, bevor nicht auch die letzte Kleinigkeit stimmte.

Nachdem der Film am 6. November abgedreht war, hielten es weder die erleichterte Marilyn noch ihr Mann für notwendig, an der Abschlußfeier teilzunehmen. Nach allem, was vorgefallen war, wurde sie wohl auch nicht vermißt. Doch wie man in Hollywood sagt: »Wenn die Sachen am Set zu gut laufen, kann man drauf warten, daß der Film ein Flop wird, wenn es aber Mord und Totschlag gegeben hat, hast du die Chance auf einen Hit!« Und allein damit hat sich *Some Like It Hot* seinen Platz als eine der berühmtesten Komödien in der Geschichte Hollywoods verdient. Aber das konnte am Ende der Produktion kaum jemand ahnen.

Die Millers kehrten nach New York zurück, um ihre Wunden zu lecken. Am 16. Dezember erlitt Marilyn eine weitere Fehlgeburt. Die vom Schicksal geschlagene Schauspielerin machte dafür vor allem ihren Ehemann, Wilder und die Dreharbeiten zu *Some Like It Hot* verantwortlich.

Während sie noch über diesen letzten Verlust trauerte, gab Wilder Joe Hyams ein offenherziges Interview. Er mußte sich gegen den Vorwurf seiner Auftraggeber verteidigen, daß es ihm nicht gelungen sei, Marilyn Monroe in den Griff zu bekommen, und daß deshalb die Produktionskosten explodiert seien, und das tat er lieber schwarz auf weiß in der Zeitung: »Ich bin der einzige Regisseur, der mit Monroe zwei Filme gedreht hat. Ich wußte, daß wir mitten im Flug waren und eine Verrückte an Bord hatten. Und es ist die verdammte Pflicht der Screen Directors Guild, mir für diese Leistung ein Purple Heart zu verleihen.«

(John Huston stellte mit *Misfits* Wilders Tapferkeitsrekord ein.) Hyams erkundigte sich über Wilders Befinden. Wilder antwortete, daß er nun besser esse, daß ihm sein Hintern nicht mehr weh tue, daß er nach Monaten zum ersten Mal wieder schlafen könne und daß er vor allem seine Frau wieder anschauen könne, ohne den Wunsch zu haben, sie zu schlagen, weil sie eine Frau war! Auf die Frage, ob er noch einen Film mit Monroe drehen würde, erwiderte er: »Mein Arzt und mein Psychiater haben mir gesagt, daß ich zu alt und zu reich bin, um so etwas noch einmal durchzumachen.«

Marilyn war von dem Artikel so niedergeschmettert, daß ihn ihre Sekretärin May Reis immer und immer wieder vorlesen mußte. Darauf nahm sie ihn selbst und las ihn laut. Sie war völlig außer sich, daß ein Regisseur derart mit ihr umsprang: »Erstens habe ich ihm einen Film gerettet, indem ich mich überreden ließ mitzumachen, dann habe ich mich breitschlagen lassen, daß in Schwarzweiß gedreht wurde, was mir ein Horror ist, dann gehe ich durch die Hölle der Schwangerschaft und dann verliere ich das Baby wegen diesem idiotischen Film . . . und jetzt berichtet er der Welt, daß ich ihn krank mache!«

Auch Miller wurde von ihr attackiert. Sie forderte ihn auf, eine öffentliche Stellungnahme zur Verteidigung ihrer Ehre abzugeben. Wenn er sie wirklich liebe, müsse er sich äußern – schließlich genieße er mehr Respekt als sie. Lena Pepitone erzählte später, daß Miller versucht habe, seine Frau zu beruhigen, doch nach drei Tagen sei sie sogar noch hysterischer geworden. Lena versuchte es mit ihrem Patentrezept, aber sogar das perfekte italienische Menü funktionierte diesmal nicht – weder Arthur noch Marilyn erschienen am Eßtisch. Statt dessen weinte die Schauspielerin die ganze Nacht, trank Champagner, um sich zu trösten, und versank dabei immer tiefer in Depressionen.

Miller war schließlich bereit, sich mit Wilder in eine Telegrammschlacht einzulassen, die Epoche machte. Auf seine Vorwürfe, daß Wilder an Marilyns zweiter Fehlgeburt schuld sei, feuerte der Regisseur etwa die Breitseite ab: »Wenn Sie, geschätzter Arthur, nicht ihr Ehemann, sondern ihr Drehbuchautor und Regisseur gewesen wären und zu all diesen Unwürdigkeiten wie ich verdammt, hätten Sie sie gefeuert, um einem Nervenzusammenbruch vorzubeugen. Ich habe edler gehandelt. Ich *bekam* einen Nervenzusammenbruch.«

Schließlich versuchte Wilder einzulenken und spielte die Affäre auf den letzten Satz im Film herunter: »Nobody's perfect!«, den Satz, den der exzentrische Millionär, gespielt von Joe E. Brown, zu seiner »Braut« Jack Lemmon sagt, als der ihm gesteht, daß er ein Mann ist. Weder Marilyn noch Miller fanden seine Schlagfertigkeit komisch. Um ihrerseits eine Geste zu machen, rief Marilyn nach einer Aufnahmesitzung für das Soundtrack-Album des Films bei ihm an. Wilders Frau Audrey sagte, daß er nicht zu Hause sei. »Schön, aber würden Sie ihm, wenn er zurück ist, etwas von mir bestellen? Richten Sie ihm bitte aus, daß er sich selber ficken kann.« Pause. »Und meine herzlichsten persönlichen Grüße an Sie, Audrey.«

Am meisten litt Marilyns Beziehung zu ihrem Mann unter dem »Fallout« der *Some Like It Hot*-Explosion. Die Auflösung war nur noch eine Frage der Zeit. Marilyn erwog eine Broadway-Produktion mit den Strasbergs und schwor, »nie wieder einen Film zu drehen.« Als sie jedoch den David di Donatello als beste ausländische Darstellerin für ihre Leistung in *The Prince and the Showgirl* gewann, änderte sie ihre Meinung schlagartig. Der Preis wurde ihr bei einem Champagnerempfang im Italienischen Konsulat vor dreihundert geladenen Gästen überreicht. Marilyn hatte sich vorher heruntergehungert, um aufsehenerregend in ein elegantes schwarzes Cocktailkleid zu passen, bei dem sie sogar auf ihr Markendekolleté verzichtete. Sie wollte beim Empfang des »italienischen Oscar« respektabel aussehen. Noch nie war sie sich derart geehrt vorgekommen.

Beim Empfang lief sie Italiens Idol Anna Magnani über den Weg. Die Fotografen und Verehrer wimmelten um Marilyn herum und drängten die Magnani zur Seite. Der italienische Vulkan begann gegen Marilyn Feuer zu speien: »Schlampe!« Amerikanerinnen, schrie sie, hätten keine Ahnung von der Schauspielerei, und die hier und heute Geehrte schon gar nicht.

Magnanis Versuch, den Abend zu sprengen, brachte ihre amerikanische Zielscheibe nicht aus der Fassung. Von nun an gehörte solche Rivalität zum Alltag. Die meisten anderen Schauspielerinnen (mit Ausnahme von Jane Russell) verabscheuten Marilyns Benehmen und fanden sie gräßlich. Dieser Abend erinnerte sie allenfalls an die erste Preisverleihung in Hollywood, bei der Joan Crawford gegen sie ausfallend geworden war. Marilyn schwelgte in der Liebe, die ihr die europäische Filmfamilie entgegengebrachte, und verschwendete keine Gedanken mehr an eifersüchtige Geschlechtsgenossinnen.

Some Like It Hot kam bei der Kritik wie beim Publikum großartig an. Im Frühjahr 1959 kürte »Variety« den Film zum erfolgreichsten der Saison und zum beliebtesten in den Vereinigten Staaten. Nach dreiundzwanzig Filmen machte Monroe endlich ein Vermögen. Allein der Vorschuß auf ihre Gewinnbeteiligung von zehn Prozent belief sich auf eine Summe, die wesentlich höher war als alles, was sie mit einem Film bisher verdient hatte und noch verdienen sollte.

11. Kapitel
Das törichte Spiel der Phantasie

Die Psychoanalyse schien bei Marilyn nicht anzuschlagen. Obwohl sie gewissenhaft ihre täglichen Sitzungen bei der Therapeutin Dr. Marianne Kris absolvierte, lernte sie wenig hinzu über den Morast, in dem ihre Ehe steckte. Miller verbarrikadierte sich weiterhin in seinem Arbeitszimmer, und außer den Strasbergs und den Rostens hatte sie in New York praktisch keine Freunde.

Obwohl die Einnahmen von *Some Like It Hot* aus dem In- und Ausland hereinströmten, verschaffte der bittersüße Erfolg seinem Star keine Befriedigung. Marilyns Leben war wieder einmal sinnentleert, auch wenn die Presse und das Publikum unersättlich nach ihr waren. Obwohl Amerika das Stereotyp der dummen Blonden liebte, war sie nach wie vor unglücklich, daß ihre schauspielerischen Fähigkeiten nicht gewürdigt oder auch nur ernst genommen wurden. Sogar, daß sie sich einen seriösen Schriftsteller als Ehemann an Land gezogen hatte, hatte ihr nicht den geringsten öffentlichen Respekt eingebracht.

Miller indes konnte seine Karriere als Drehbuchautor starten. Mit Marilyn als Zahlmeister hatte er die Chance, weiteren Ruhm zu ernten, auch wenn er dabei seine schöpferische Befriedigung hintanstellen mußte. Marilyn ihrerseits träumte davon, in Millers nächstem Pulitzerpreis-Hammer aufzutreten; vielleicht würde sie dann als Schauspielerin anerkannt werden. Vielleicht könnte das ihre Ehe retten. Ihre gegenseitigen beruflichen Erwartungen erstickten den menschlichen Kontakt vollends.

Der geschlechtliche Verkehr reduzierte sich auf ein Minimum, als Miller sich immer mehr in sein Drehbuch zu *The Misfits* vergrub. Marilyns Verbitterung wuchs und brachte Miller noch mehr auf Distanz. Ihr Zorn, daß ihr Ehemann nicht einmal den Versuch machte, sie sexuell zu befriedigen, war besonders nach den langen Gesprächen mit der Analytikerin virulent. Sie hatte seine frühere Zärtlichkeit im Bett zu schätzen gewußt; anfangs hatte seine Abwesenheit dazu geführt, daß sie heftiger nach ihm verlangte und dachte, sie könnte ihn verführen, indem sie splitternackt durchs Haus spazierte. In Vorfreude nahm sie lange entspannende Bäder, parfümierte sich und cremte ihre frischgeschrubbte Haut ein. Noch nachdampfend hüllte sie sich in einen Bademantel aus weißem Noppensamt und wand ein Handtuch um ihr feuchtes Haar; sie war bereit und wartete auf die liebende Umarmung ihres Mannes.

Doch Miller war immer zu sehr mit seiner Arbeit beschäftigt. Ob er seiner Frau nun übelnahm, daß sie ihn nicht inspirierte, oder daß sie ihm nicht half, seine ins Stocken geratene Karriere wieder flottzumachen, der Abstand zwischen den beiden wurde jedenfalls immer größer. Die Kränkung, zurückgewiesen zu werden, ließ Marilyn den Boden unter den Füßen verlieren, und Dr. Kris bekam am nächsten Vormittag alles zu hören. Unfähig, eine Lösung für ihre Probleme zu finden, bereitete sie alles vor ihrer Therapeutin aus.

Dr. Kris vermutete, daß Millers Gleichgültigkeit möglicherweise seine Art sei, mit dem Schmerz über ihre Fehlgeburten fertig zu werden, und daß er nicht in der Lage sei, seine Verletzungen und seinen Zorn offen zu äußern. Aber das reichte nicht aus, um den Narziß in Marilyn zu besänftigen, die nur weinen, schmollen und ihr eigenes Leid mit noch mehr Champagner betäuben konnte, auch wenn sie zu anderen Zeiten nach wie vor Millers schriftstellerisches »Genie« pries.

Marilyn bat ihren Mann, mit ihr auszugehen und sich einen Film anzusehen. Miller sagte nicht zu, lehnte nicht ab und hielt seine Frau absichtlich hin. Denn ihre freudige Erwartung schuf eine inspirierende Atmosphäre. Trotzdem war das Ergebnis eines weiteren langen Tages vor der Schreibmaschine eher dürftig. Wenn Marilyn sich schließlich ausgehfertig gemacht hatte, tauchte Miller aus seiner kreativen Welt auf und machte wieder einmal die Hoffnungen seiner Frau zunichte. Ihre Enttäuschung verwandelte sich rasch in Wut, und die Schauspielerin verwünschte ihn: »Shit, mein Leben ist Shit. Ich kann nirgendwo hingehen. Ich bin eine Gefangene in meinem eigenen Haus!«

Von Millers Verweigerung fast erstickt, kehrten Monroes Gedanken bisweilen in schönere Zeiten zurück. An Joe DiMaggio zu denken, war die beste Ablenkung. Marilyn vermißte ihn und fragte sich, ob ihr Leben an seiner Seite besser wäre. Doch Joes Einstellung blieb eindeutig: keine Wiederverehelichung, außer sie gab ihre Karriere auf, um sich einem Leben als Hausfrau und Mutter zu widmen. Sie bewahrte sein Foto ganz hinten im Schrank auf, in dem Lena ihre Garderobe immer wieder umräumte. In einsamen Nächten holte sie es heraus, legte eine Sinatra-Platte auf und starrte mit Tränen in den Augen auf den Yankee Clipper, während sie mit Frank im Duett »All of You« sang. Gelegentlich rief ihr Ex-Mann an. Ohne Millers Wissen hing Marilyn stundenlang am Telefon und lachte und kicherte. Joes Stimme war Balsam auf ihre wunde Seele, aber auch er konnte ihr nicht aus ihrer mißlichen Lage helfen.

Also stopfte sie sich zum Trost wieder mit Essen voll. Lena Pepitone verbrachte zahllose Stunden damit, ihre italienischen Lieblingsgerichte zu zaubern. Miller aß manchmal zusammen mit Marilyn, sprach bei Tisch aber nicht. Die Szene war immer dieselbe: Miller nippte an seinem Wein, Marilyn an ihrem Champagner, bis Miller aufstand und sich entschuldigte – das erste Wort, das ihm über die Lippen kam. Meistens aß Marilyn allein und verwöhnte sich mit zahlreichen weiteren Portionen.

Manchmal rief Frank Sinatra an, sie klatschten stundenlang, und Marilyn bekam Sehnsucht, wieder zu arbeiten. Hollywood war besonders verlockend geworden, seit sie in ihrer New Yorker Wohnung eingesperrt war und außer ihrer Sekretärin und ihrer Köchin kaum soziale Kontakte hatte. Marilyn legte Wert darauf, gegenüber Frank zu erwähnen, daß sie vor kurzem mit DiMaggio gesprochen hätte, in der Hoffnung, Sinatra zu provozieren, aber er war klug genug, nicht anzubeißen. Wenn sie mit Joe telefonierte, erwähnte sie nebenbei, daß sie mit Frank gesprochen hätte, und verursachte damit einen der berühmten DiMaggio-Ausbrüche.

Seit sie einander das erstemal getroffen hatten, war Sinatra ihr gegenüber immer besonders aufmerksam gewesen. Nach ihrer Trennung von DiMaggio hatte er ihr sofort angeboten, in eines seiner Häuser in den Hollywood Hills zu ziehen. Marilyn hatte höflich abgelehnt; der Haken, der an diesem generösen Angebot hing, war nicht zu übersehen, und Marilyn hielt ihre Ungestörtheit hoch.

Dr. Kris war es endlich gelungen, Marilyn davon zu überzeugen, daß es die beste Therapie wäre, wieder zu arbeiten. Und zwar auf dem Gebiet, das sie am besten beherrschte, in einer guten Komödie. Sobald Marilyn sich mit der Vorstellung anfreundete, wieder vor der Kamera zu stehen, verschwanden ihre überflüssigen Pfunde auf magische Weise.

Es sprach sich in der Filmbranche rasch herum, daß Marilyn sich wieder erholt hatte, und Drehbücher flatterten ins Haus. Diesmal las sie alle persönlich; es würde keinem gelingen, sie zu etwas zu überreden, an das sie nicht glaubte. *Let's Make Love/Machen wir's in Liebe*, ein Stoff von Norman Krasna und Lieblingsprojekt von George Cukor, sagte ihr zu. Sie verlangte, daß ihr Mann die Möglichkeit bekam, die notwendigen Textänderungen nach ihren Wünschen vorzunehmen, und blaffte: »Diesmal machen wir es auf meine Art.«

Die männliche Hauptfigur, ursprünglich ein Milliardär, der »realistischer« zum Multimillionär degradiert wurde, läßt sich als bettelarmer Schauspieler in eine Broadwayshow einschleusen, die er finanziert hat, um das geliebte Mädchen, das keine Millionäre mag, mit seinem Charme zu gewinnen. Cary Grant, Rock Hudson und Gregory Peck waren ursprünglich an der Rolle interessiert, schreckten aber vor der Notwendigkeit zurück, (ungeschickt) singen und tanzen zu müssen. Marilyns Selbstvertrauen verpuffte, weil die Absagen der Stars sie vermuten ließen, daß sie abermals unerwünscht geworden sei.

Doch Miller bekam bald eine andere Chance, Marilyns Karriere zu beeinflussen. Zwei überzeugte französische Kommunisten, Yves Montand und seine Frau, die Schauspielerin Simone Signoret, waren in der Stadt. Der tanzende Chansonnier gastierte endlich mit seiner One-Man-Show am Broadway, nachdem verschiedene Versuche des Paares, ein Visum für die Vereinigten Staaten zu bekommen, gescheitert waren. Während Monroe *The Prince and the Showgirl* in London gedreht hatte, war Arthur nach Paris gereist, um sich die französische Produktion seines Stücks *Hexenjagd* anzusehen, in dem die Montands die Hauptrollen spielten, und hatte sich mit ihnen angefreundet.*

Die Montands wurden von den Millers privat zum Essen eingeladen. Mit Blick auf seinen Ruf als Sympathisant des Kommunismus wollte Miller wohl keine negative Publicity provozieren, indem er sich mit den beiden öffentlich sehen ließ. Als Yves die Wohnung betrat, zeichnete sich in Marilyns Gesicht ein Lächeln ab, das den ganzen Abend nicht von ihrem Gesicht wich. Montand wies eine gewisse Ähnlichkeit mit ihrem Lieblings-Ex Joe DiMaggio auf, war ebenso groß und hatte eine prononcierte Nase.

Montand war am 13. Oktober 1921 im toskanischen Dorf Monsummano Alto als Sohn eines antifaschistischen Bauern geboren worden, der 1923 nach Marseille auswanderte, nachdem Mussolini an die Macht gekommen war. Die Familie lebte in Armut, und er mußte sich als Busschaffner, Damenfriseur, Barkeeperlehrling und Fabrikarbeiter durchschlagen, bevor er mit achtzehn sein lokales Debüt als Sänger gab. Als er sich bis nach Paris durchgearbeitet hatte, begegnete er Edith Piaf und wurde von ihr zum führenden französischen Entertainer geformt. Piaf brachte ihn auch zum Film. 1946 debütierte er neben ihr zusammen mit Serge Reggiani in *Etoile sans lumiere/Chanson der Liebe*. Obwohl er 1952 unter der Regie von Henri-Georges Clouzot in *Le salaire de la peur/Lohn der Angst* einen durchschlagenden Erfolg als Filmschauspieler hatte, blieb er in erster Linie Chansonnier. Doch seine Sehnsucht galt Hollywood.

Montand hatte einen ganz speziellen Charme. Er hypnotisierte seine Gastgeberin mit seinem burschikosen Lächeln und

---

* 1957 wurde das Stück in französisch-ostdeutscher Co-Produktion von Raymond Rouleau mit Signoret, Montand und Mylène Demongeot unter dem Titel *Le sorcieres de Salem/Hexenjagd* verfilmt, Jean-Paul Sartre verfaßte das Drehbuch und thematisierte die Querbezüge zwischen dem authentischen Fall aus dem 17. Jahrhundert und der McCarthy-Ära noch stärker. (A. d. Ü.)

benahm sich, als ob es keine andere Frau auf der Welt gäbe. Doch Marilyn wurde durch Montands Frau abgelenkt. Simone Signoret war kein Glamourstar. Die international gefeierte und verehrte Schauspielerin strahlte reife Intelligenz und Sensibilität aus. Am meisten ärgerte Marilyn, daß die Französin Arthur Miller, der dafür nur allzu leicht zu haben war, dazu verführte, endlos über Politik zu sprechen. Weil Montand nur wenig Englisch sprach, und seine Frau die meiste Zeit damit verbrachte, ihm die Diskussion zu übersetzen, wurde Marilyn in den Hintergrund gedrängt. An diesem Abend wünschte sich Marilyn mehr als alles in der Welt, eine Konversation auf französisch führen zu können. Sie und Montand tauschten manchen verstohlenen Blick und Marilyn malte sich aus, wie sie ihn seiner »großmütterlichen« Frau, die allerdings wie Montand nur fünf Jahre älter als sie war, abspenstig machen könnte.

Was sie in den nächsten Tagen über Montand herausfand, seinen Aufstieg über die Beziehung mit Piaf, seine Eheschließung mit Signoret, bestärkte sie in ihrer Vorstellung, daß er ein Charmeur war, der seinen Weg an die Spitze mit der Hilfe älterer, einflußreicher Erfolgsfrauen bewerkstelligt hatte. Das machte die Bühne frei für ihren Auftritt.

Nach der Einspielvorstellung seiner Broadway-Show fand Marilyn Mittel und Wege, sich häufiger mit dem neuen Objekt ihres Interesses zu treffen, und begann davon zu träumen, daß sie zusammen in einem Film auftreten könnten. Marilyn redete mit jedem, der zuhören wollte, wie ein Wasserfall über Montand, und fing damit bei Millers Kindern und seinen Eltern an. Sie prahlte, daß Montand eigentlich Jude sei und die Nazis erfolgreich an der Nase herumgeführt hätte.

Sie schlug vor, daß Yves die männliche Hauptrolle in *Let's Make Love* spielen sollte. Weder Miller noch die Produzenten der Twentieth konnten ihr darin folgen – seine Englischkenntnisse waren gleich Null. Die Schauspielerin ließ nicht locker, meinte, daß er das lernen könne und sie selbst ihn »unterrichten« würde. Weil sie beide aus der Unbekanntheit aufgestiegen waren, hielt Marilyn Montand für einen Seelenverwandten. Sie war weg von der Mühelosigkeit, mit der er die Chansons des unvergleichlichen Maurice Chevalier servieren und im nächsten Augenblick Donald Duck imitieren konnte.

Miller fachte die Liaison zwischen Marilyn und Yves an, indem er als ihr Dolmetscher fungierte. Er war froh, daß seine Frau ihre Lebensfreude wiedergewonnen hatte, auch wenn es wegen eines anderen Mannes war. Während Miller sich in seinem Arbeitszimmer abkapselte, saßen Marilyn und Yves gemütlich auf dem Sofa im Wohnzimmer, hielten Händchen und tranken Champagner. Jedesmal, wenn Miller die Tür öffnete, rückten sie auseinander.

Marilyn begann, ihren Star zu »puschen«. Da er fast zwei Wochen am Broadway auftrat, war es leicht, sich ins Zeug zu legen. Darauf gastierte er mit seiner Show in Los Angeles, die Kritiken waren abermals vorzüglich, und Marilyn konnte ihren neuen Star endlich verkaufen. Hollywood war mit Marilyns Wunschbesetzung einverstanden, die Strasbergs ganz und gar nicht. Lee und Paula stellten sich auf den Standpunkt, daß er als Millionär nicht glaubwürdig sei und sein gebrochenes Englisch ihm trotz Marilyns Hilfe beim Verständnis der Rolle im Weg sein werde. Sie fanden, daß ein reifer, geistreicher Schauspieler wie Cary Grant weitaus besser und vor allem überzeugender wäre. Aber Marilyn, die sich Yves in den Kopf gesetzt hatte, hörte eigensinnig nicht einmal auf ihren »Meister«. Allein der Gedanke, einen Film mit ihrem Auserkorenen zu drehen, brachte sie in Schwung. Sobald Montand die Rolle sicher war, wollte Marilyn sich so perfektionieren, daß sie ihm das Wasser reichen konnte. Sie engagierte eine Tanzlehrerin namens Mara Lynn für Privatstunden in der Wohnung, verwandelte das Wohnzimmer in eine Broadwaybühne und machte sich damit ihren Ehemann noch mehr zum Feind. Im schwarzen Trikot und schwarzen Netzstrümpfen geisterte sie durch die Wohnung und entfesselte Tanz- und Gesangsexzesse. Mehr denn je wollte sie für ihre neue »Liebe« perfekt sein.

Mitten in den Proben wandte sich die PR-Abteilung der Twentieth mit der Bitte an Marilyn, beim Studiobesuch des sowjetischen Ministerpräsidenten Nikita Chruschtschow anwesend zu sein. Denn die in der Sowjetunion bekanntesten amerikanischen Produkte waren Coca-Cola und Marilyn Monroe. Nachdem sie abgeblitzt waren, setzten sie Frank Sinatra auf sie an, der als Zeremonienmeister verpflichtet worden war. Frank erwähnte, daß solche Hollywood-Größen wie Elizabeth Taylor, Eddie Fisher, Bob Hope, Gregory Peck, Richard Burton, June Allyson und Rita Hayworth anwesend sein würden. Monroe hegte gegen Elizabeth Taylor wegen deren Schönheit und Jugend Animosität, vor allem aber, weil Liz inzwischen pro Film mehr als sie bekam. Sinatra konnte Monroe nur zum Erscheinen bewegen, indem er ihr versprach, daß sie an Chruschtschows Tisch sitzen würde, als höchste Ehrung für Amerikas größten Star. Es wurde beschlossen, Marilyns Ehemann wegen seiner angeblichen kommunistischen Sympathien nicht einzuladen. Außerdem verlangte das Studio, daß Marilyn in ihrem engsten, freigebigsten Kleid vor dem Ministerpräsidenten zu erscheinen habe.

Während des Essens an Chruschtschows Tisch erkundigte sich ein russischer Diplomat über Miller. Marilyn war glücklich, daß es einmal um etwas anderes ging als ihre Schönheit und ihren Körper. Später allerdings bekannte sie, daß der hingerissene Nikita ihre Hand fest in seine Pranke genommen und ihr schöne Augen gemacht hätte. Offenbar hatte er gehofft und erwartet, daß Amerika seine »Königin« auf dem Tablett präsentierte. Doch da hatte er sich in den Finger geschnitten. Für Marilyn war er nur ein fetter, häßlicher kleiner Mann mit Warzen im Gesicht, der nicht sprach, sondern knurrte. Sie war erleichtert, daß er nicht versuchte, sie zu küssen. Nichtsdestotrotz empfand es Marilyn als große Ehre, mitten im Kalten Krieg dem »obersten Feind« vorgestellt worden zu sein und sein Wohlwollen errungen zu haben. Nach dieser Begegnung mit dem Idol Hollywoods am 19. September 1959 erlebte Chruschtschow die Enttäuschung, daß ihm aus Sicherheitsgründen sein zweiter Lieblingswunsch, der Besuch von Disneyland, nicht erfüllt werden konnte. Der Ministerpräsident versuchte rabiat seinen Willen durchzusetzen, und brüllte, daß dort entweder der Mob sei, um ihn umzulegen, oder daß es sich um eine getarnte Raketenbasis handle. Frank Sinatra legte sich als Vermittler ins Zeug und bot sich als persönliche Eskorte für Mrs. Chruschtschow an. Als das endgültige Nein kam, war Sinatra wegen seiner unbefangenen Ritterlichkeit der Held des Tages.

Nach seinem Rebellenmarsch auf Havanna hatte Fidel Castro die Macht auf Kuba übernommen und die amerikanischen Spielhöllen, Bordellketten und Abtreibungskliniken beschlagnahmt, die unter dem käuflichen Präsidenten Fulgenico Batista floriert hatten. Castro, Sohn des Besitzers einer Zuckerrohrplantage, in Jesuitenschulen und an der Havana University Law School erzogen, hatte seine Karriere als Jurist aufgegeben, um Batista zu entthronen. Danach war er als »guter Nachbar« nach Washington geflogen und hatte versprochen, daß das neue Regime sich nicht am Kommunismus orientieren würde. Doch bald fühlte sich die amerikanische Regierung brüskiert, als Kuba eine Ladung Rohöl von der UdSSR kaufte. Castro nationalisierte die amerikanischen Firmen auf der Insel und trübte damit die Beziehungen zwischen Kuba und den USA noch mehr.

Vizepräsident Richard M. Nixon hatte vor kurzem darüber mit Chruschtschow in Moskau debattiert, um sich den Weg für seinen Kampf um die Präsidentschaft im nächsten Jahr zu ebnen. Der FBI-Direktor Hoover bestritt nach wie vor die Existenz eines nationalen Verbrechersyndikats und betonte immer wieder, daß die größte Bedrohung für die Nation die kommunistische Unterwanderung sei. Senator John Kennedy unterhielt noch immer eine Suite im 7. Stock des Mayflower Hotel in Washington als Spielwiese für seine Orgien. Frank Sinatra, der als Anführer des Hollywood-»Rat Pack« von Kennedys Schwager Peter Lawford Ende 1955 mit dem Senator bekanntgemacht worden war, versorgte JFK unermüdlich mit Namen und Telefonnummern attraktiver und sexuell verfügbarer Frauen und war dafür lieb Kind im Haus. Auch Peter Lawford spielte den Zuhälter für Jack, und Lawford wurde wiederum von seinem jungen Freund Jack Naar mit Frischfleisch versorgt. Es lief zwischen den Kennedys in Washington und den »Rat Packers« in Hollywood alles auf das »Eine-Hand-wäscht-die-andere«-Prinzip hinaus.

Als führender Kopf hinter dem Werbefeldzug seines Sohnes

um die Präsidentschaft lud der Patriarch Joe Kennedy Sinatra nach Palm Beach ein und legte seine Pläne dar, in denen für Frank eine wichtige Rolle als Spendensammler und Maître de plaisir vorgesehen war. Zumal seit er Chruschtschows Besuch erfolgreich über die Bühne gebracht hatte, war Frank gesellschaftlicher Dreh- und Angelpunkt für Hollywoods Elite, und Joe erkannte, welchen Aktivposten sein fabelhafter Einfluß für die politischen Bestrebungen seines Sohnes darstellte. Joe bat Ol' Blue Eyes, einen Song zu Jacks Wahlkampagne beizusteuern. Sie entschieden sich für »High Hopes«, und Jimmy Van Heusen schrieb dazu einen neuen Text.

Sinatra revanchierte sich und lud Kennedy senior in die Cal-Neva Lodge in Tahoe ein, wo er mit Sam Giancana dinieren und den Urlaub verbringen konnte. Während Jack Kennedys Gedanken sich um das Aufreißen von Frauen drehten, sorgte Sinatra dafür, daß Hollywood Joseph Kennedy unterstützte. Bei der Planung der Kampagne besorgte der alte Kennedy Jack nicht nur Wahlmänner, sondern kümmerte sich auch darum, daß seinem Sohn eine endlose Parade Frauen zur Verfügung stand. Daraus folgte schicksalhaft, daß Amerikas politischer Darling und Amerikas Sexsymbol miteinander in Kontakt kamen.

Marilyn engagierte sich für *Let's Make Love* auch deshalb so stark, weil sie dadurch das *Misfits*-Projekt ihres Mannes auf die lange Bank schieben konnte. Das Drehbuch und die ganze Geschichte schienen ihr nicht ausgearbeitet. Am meisten verabscheute sie Roslyn, die weibliche Hauptrolle, die Miller für sie geschrieben hatte. Marilyn sah sie als übersensible Frau, die keinen Kontakt knüpfen konnte, ohne einen »Ausbruch« zu haben, und die ihrem Mann, mit dem sie in Scheidung lebte, keine zweite Chance geben würde. Aber so wie Roslyn nun auf dem Papier stand, war sie bereit, sich auf schnellstem Weg sogar mit drei Männern einzulassen. Monroe spürte intuitiv, daß mit dieser Figur etwas im argen lag.

Trotzdem ging sie, um den distanzierten Schriftstellergatten zu besänftigen, und aus dem Gefühl ihrer Unzulänglichkeit, daß sie nicht genug »Frau« war, um ihm Kinder zu gebären, zu weit in ihren Bemühungen, ihm einen Gefallen zu tun. Da er seit einiger Zeit keine Anerkennung seiner Talente genossen und als Bühnenautor bereits den Gipfel überschritten hatte, spürte sie genau, daß er für seinen großen Durchbruch als Drehbuchautor auf ihre Unterstützung baute.

Frank Taylor, Millers früherer Verleger bei Viking Press, hatte das Paar mit seinen Söhnen, die Marilyn kennenlernen wollten, in Connecticut besucht. Taylor selbst war mehr an Millers jüngsten Arbeiten interessiert. Der Schriftsteller bot ihm seinen einzigen Stoff an, *The Misfits*. Auch Taylor war der Meinung, daß dafür John Huston der geeignete Regisseur sei, und das Drehbuch wurde nach Paris geschickt, wo Huston mit den Dreharbeiten zu seinem verworrenen Naturschützer-Film *Roots of Heaven/Die Wurzeln des Himmels* zu kämpfen hatte.

Trotzdem immer noch auf dem Ökotrip, fand Huston Millers Treatment über das Gemetzel, das drei Cowboys im Auftrag der Hundefutterindustrie unter wilden Mustangs anrichten, großartig. Auf derselben Etage des Pariser Hotels war auch Elliott Hyman, Vorstandsmitglied der United Artists, abgestiegen und schlug seine Seven Arts Productions, damals eine Unterabteilung der UA, als federführende Produktionsfirma vor. Der Vorschlag fiel bei Miller, der sich ausrechnete, daß eine begrenztere Verbreitung des Films ihm größere künstlerische Kontrolle ermöglichte, auf fruchtbaren Boden. Zwischen der Music Corporation of America, die Monroe und Miller vertrat, und dem Agenten Paul Kohner, der die Interessen Hustons und der United Artists wahrnahm, nahm der Plan Form an. Es wurde vorausgesetzt, daß Monroe die Roslyn spielen würde und Clark Gable die Rolle des Gay Langland, des abgebrühten älteren Cowboys, der sich in sie verliebt und von ihr geläutert wird. Marilyns Agent George Chasin, der auch Gable vertrat, schickte das Skript mit seiner positiven Empfehlung nach Italien, wo Gable *It Started in Naples/Es begann in Neapel* drehte. Gable reagierte enthusiastisch. Vielleicht erinnerte er sich, daß er schon einmal den Wunsch geäußert hatte, mit Marilyn zu arbeiten.

Regisseur und Hauptdarsteller standen fest, aber es gab noch keinen ausführenden Produzenten. Miller fand, daß Frank Taylor dafür genau der richtige Mann war; er brauchte die Unterstützung von jemandem, der seine Gaben aufrichtig respektierte. Marilyn verpflichtete sich ihren Gatten, indem sie zustimmte, obwohl sie genau wußte, daß Taylor mit Film noch nicht das Geringste zu tun gehabt hatte. Taylor sagte, daß er für eine solche Position nicht befähigt sei, aber nachdem ihn Arthur verzweifelt angefleht hatte, fand er sich bereit. Auch Miller selbst spielte Produzent und begann, die Publicity für den Film zu organisieren. Er schleuste Inge Morath – die seine dritte Frau werden sollte – in ein Fotografenteam ein, das die Dreharbeiten für amerikanische, englische, französische und deutsche Magazine dokumentieren sollte. Taylor bat seine Seniorpartner bei Western Publishing um Urlaub. Inzwischen hatte das Team die weiteren Rollen besetzt. Der junge Cowboy Perce Howland würde von Montgomery Clift gespielt werden; Guido, Langlands Partner, von Eli Wallach; und Isabelle, die Pensionswirtin, die Roslyn vor ihrer Scheidung betreut, von Thelma Ritter. Da sie alle »Method«-Schauspieler waren, war geplant, chronologisch zu drehen, um den Darstellern die Möglichkeit zu geben, ihre Rollen wirklich entwickeln zu können. Es wurde dafür gesorgt, daß alle im Herbst 1959 zur Verfügung standen – bis Marilyn die exakt ausgetüftelten Drehpläne durcheinanderbrachte.

The Misfits wies alle Kriterien einer finanziellen Katastrophe auf, darin stimmten renommierte Wirtschaftsjournalisten mit Monroes Bedenken überein. Es stellte sich eine Reihe von Fragen. Was war *The Misfits*? Ein Stück oder ein Buch? Hatte Arthur Miller jemals ein Drehbuch geschrieben? Wann hatten John Huston oder Clark Gables Filme das letztemal etwas eingespielt? Konnte Marilyn eine dramatische Rolle spielen, und würden ihre Fans die Kinos stürmen, um sie als alternde Sexmaschine zu erleben? Warum mußte ein Schwarzweißfilm 3,5 Millionen kosten, und wer würde ihn sich anschauen? Und wer überhaupt war Frank Taylor?

Ein Buchverleger, der sich als Filmproduzent versuchte, war schwerlich ausreichend, um Monroe davon zu überzeugen, daß der Film von künstlerischem Wert sein würde. Wie die Pferde, die sie retten sollte, scheute sie jedesmal, wenn Miller sie eines anderen belehren wollte. Marilyn erinnerte sich nur zu gut an seinen zweifelhaften Einfluß bei ihren letzten filmischen Fehlentscheidungen und war an einem Punkt angelangt, an dem sie einen Ausweg aus ihrer Ehe suchte; vielleicht war dieses Projekt dafür gerade recht. Daß sie Montand so anziehend fand, bot die perfekte Ablenkung von den Problemen. Gegen Millers und Strasbergs dringenden Rat legte sich die Schauspielerin auf *Let's Make Love* fest.

Anfang 1960 kehrten die Millers an die Westküste zurück und bezogen einen Bungalow im Beverly Hills Hotel. Die Montands logierten nebenan. Dieses behagliche Arrangement erlaubte es Monroe und Montand, jeden Tag gemeinsam ins Studio zu fahren. Mit Yves und Paula an ihrer Seite verlor Marilyn ihre üblichen Hemmungen und ließ am Set die Sonne aufgehen. Inzwischen trollte sich Miller nach Irland, um mit Huston über sein Drehbuch zu konferieren. Simone Signoret, deren Chancen durch ihren Aufenthalt in Amerika zweifellos gestiegen waren, bekam gegen die schwere Konkurrenz von Audrey Hepburn, Katharine Hepburn und Elizabeth Taylor einen Oscar für *Room at the Top/Der Weg nach oben*, und Yves sang bei der festlichen Verleihung. Marilyns Rivalin hatte den Preis und den Mann! Kochende Wut vergiftete die Beziehung zwischen Marilyn und Simone.

Als Simone zu Dreharbeiten für einen neuen Film nach Europa mußte, stellte sie vor ihrer Abreise Yves, den sie gerüchtweise schon lange der Untreue verdächtigte, angeblich das Ultimatum: »Sie oder ich!« Noch bevor es zwischen Monroe und Montand zum Vollzug gekommen war, stellten die Kojoten bereits ihre Mutmaßungen über die heimeligen Zwillingsbungalows an. Die Affäre war eine Zeitbombe, die kurz vor der Explosion stand.

Miller war wütend über Monroes mangelnde Bereitschaft, seinen großen »Durchbruch« zu erleichtern. Ihre Zuneigung zu Montand stand außer Zweifel, und er fand, daß er nicht gut genug ausgerüstet war, um sich am Wettbewerb zu beteiligen. Doch er hatte den Film schon beinahe in der Tasche und überließ seine Ehe sich selbst.

Montand sonnte sich in Marilyns Aufmerksamkeit. Trotzdem

vertraute er seiner Freundin Doris Vidor, der Warner-Erbin und Gattin des Regisseurs Charles Vidor, an: »Marilyn tut alles, was ich ihr am Set sage. Alle wundern sich darüber, wie sehr sie in sich ruht.«

Der tüchtige Regisseur George Cukor hatte größere Schwierigkeiten, die Schauspielerin zu führen, als er erwartet hatte, und benutzte schließlich den Choreographen Jack Cole als Vermittler. Doch auch Cole wurde mit Monroe immer ungeduldiger und ließ sich einmal sogar zu dem Ausfall hinreißen: »Steck dir doch einen Finger in den Arsch!« Monroe wurde weiß, und Paula Strasberg versuchte sie mit ihren wehenden Gewändern zu beschirmen. Obwohl Cukor nichts lieber getan hätte, als ihr selbst solche Beleidigungen ins Gesicht zu schleudern, warnte er Cole davor, die erschöpfte Schauspielerin zu reizen, und ersuchte ihn, einen weiteren Monat durchzuhalten, bis der Film abgedreht war.

An einem freien Sonntag wurden Montand und Monroe zu einer Dinnerparty eingeladen, die David Selznick und seine Frau Jennifer Jones gaben. Mrs. Vidor wurde gebeten, sie als Anstandsdame zu begleiten. Marilyn verbrachte den größten Teil des Abends damit, ihrem Traummann »wie ein Schoßhündchen« zu folgen.

Ein paar Tage später lud Billy Wilder Mrs. Vidor zur Premiere seines Films *The Apartment/Das Appartement* ein. Mrs. Vidor erkundigte sich, ob Montand und Marilyn auch mitkommen könnten. Nach einigen Minuten willigte Wilder ein, bestand jedoch darauf, daß Marilyn pünktlich zu sein hätte. Montand reagierte selbstgefällig: »Mit mir wird sie überall rechtzeitig sein.« Es gab in der Tat keinen Zwischenfall, und das Paar wurde anschließend ins Romanoff's eingeladen, wo eine ganz reizende Marilyn Wilder zu seinem neuesten Film beglückwünschte und die Hoffnung ausdrückte, daß er damit 1960 den Oscar für den besten Film gewinnen möge (was in der Tat auch eintraf). Sie tat ihr Bestes, um die Schikanen zu vergessen, die Wilder ihr jüngst angetan hatte, und bemühte sich, reinen Tisch zu machen, ja, sie ging sogar so weit zu sagen, daß es sie freuen würde, wenn sie bald wieder zusammenarbeiten würden.

Der Start der Dreharbeiten zu *The Misfits* verzögerte sich abermals, weil die Schauspielergewerkschaft streikte, um Refundierungen für die Zweitverwertung der Filme im Fernsehen durchzusetzen. Solidarisch schloß sich ihnen die Gesellschaft der Drehbuchautoren an. Der Produzent Jerry Wald drängte Arthur Miller, seine Änderungen am Drehbuch von *Let's Make Love* trotzdem abzuschließen. Für den »Judaslohn« von 25 000 Dollar und im Einklang mit seinem opportunistischen Charakter scherte Miller als einziger aus der Streikfront aus. Marilyn war so entsetzt, daß er seine »Prinzipien« verraten hatte, daß sie ein für allemal jeden Respekt vor ihm verlor. Abgesehen von der moralischen Komponente maßte er sich als Drehbuch-Anfänger mit dem Versuch, die schwachen Stellen der Komödie auszubügeln, auch noch das Unmögliche an.

Marilyn dachte, daß sie die perfekte Lösung für die Probleme des ungleichen Kleeblatts gefunden hätte. Arthur brauchte eine Frau wie Simone, eine intellektuelle Frau, mit der er sich wirklich unterhalten konnte. Yves wiederum brauchte jemanden wie sie, zumal, seit er kurz vor dem internationalen Durchbruch stand und nicht mehr vor seiner Frau scharwenzeln mußte. Der Gedanke des Partnerwechsels erregte sie. Schließlich, nach Monaten des Träumens, Pläneschmiedens und konspirativer Vertraulichkeiten, ging Montand vor ihren weiblichen Listen in die Knie – lange nachdem die Lästerzungen die »Affäre« ausposaunt hatten.

Die Presse hatte einen großen Tag, und Marilyn stand wie damals bei Miller als Piratin da, der das Glück von Eheleuten zum Opfer gefallen war. Da half es ihrem abermals angeknacksten Ruf auch nichts, daß ihr Presseagent versicherte, Marilyn und Yves seien lediglich »gute Freunde«. Während Marilyn bereits *The Misfits* drehte, bekam Hedda Hopper, die von ihr notorisch ignoriert wurde, dann auch noch die goldene Chance, ihr endlich das Fell über die Ohren zu ziehen. Der eitle Yves plauderte aus der Schule, schilderte Marilyns Anwandlungen als »Verknalltheit eines Schulmädchens« und nannte sie »ein einfaches Mädchen ohne Arglist«, im Gegensatz zu anderen Damen, mit denen er die Ehre gehabt hatte.

Als Marilyn das Interview zu Gesicht bekam, schrie sie außer sich: »Wie konnte er?« Montand erklärte einem Freund, daß Miss Hopper ihn falsch zitiert hätte, und daß er wegen seines schlechten Englisch ihre Fragen nicht richtig verstanden haben. Die Erklärungen waren wohl mehr für seine Frau bestimmt gewesen, mit der er, nachdem er seinen zweiten Hollywood-Film *Sanctuary/Geständnis einer Sünderin* abgedreht hatte, bald wieder zusammen sein würde. Simone hatte ihn an der langen Leine laufen und mit der kapriziösen Marilyn spielen lassen. An eine Scheidung hatte er dabei nie gedacht. Marilyn, die diesen Sachverhalt nicht wahrhaben wollte, mußte sich noch ein weiteres Mal brüskieren lassen. Als er sich zu Synchronarbeiten in New York aufhielt, ließ er Signoret anrufen, die ihr mitteilte, daß ihr Mann sie leider nicht sehen könne. Lena Pepitone mußte in der Küche wieder Überstunden machen und durfte dafür erfahren, was für eine verdammte Närrin ihre Herrin gewesen sei.

12. Kapitel
»The Misfits« – ein Mißgriff

Das einzige, was Marilyn davon abhielt, sich weiter zu mästen, war der Gedanke, daß sie in *The Misfits* neben Clark Gable, dem Vater aus ihren Kinderträumen, spielen würde. Nur damit hatte Miller sie ködern können. Sie reduzierte ihre Portionen, aber nicht genug, um die gewünschte schlanke Linie zu erreichen.

Die Situation verschlechterte sich bei den Dreharbeiten weiter. Miller beschwerte sich bitter über ihre schlechten Angewohnheiten; ihre ständige Unpünktlichkeit, die ihr so ungeheuer wichtige Anwesenheit der abscheulichen Paula am Set, ihren Mangel an Professionalität, alles Dinge, für die er sich ständig zu entschuldigen hatte. Er verlangte kategorisch, sie solle ihr Verhalten ändern, damit seine harte Arbeit von zwei Jahren nicht den Bach hinunterging. Der Schock, daß er in diesem Ton mit ihr sprach, als ob ihre Karriere im Vergleich zu seiner allenfalls nebensächlich sei, machte sie schwindlig. Sie hämmerte gegen die Tür seines Arbeitszimmers und schrie: »Es ist nicht dein Film, es ist unserer! Du hast gesagt, daß du ihn für *mich* geschrieben hast! Du bist ein Lügner.« Mr. Miller zog es vor, sich dazu nicht zu äußern.

Immer wenn es auf ihre Vorhaltungen kein Echo gab, und das war fast immer der Fall, bekam Marilyn einen Wutausbruch. Aber wenn sie im Recht war, und das war sie ebenfalls meistens, konnte oder wollte er sich ganz einfach nicht verteidigen. Der traurigen Wahrheit über ihre Beziehung ins Gesicht zu sehen, war schwieriger und schmerzhafter denn je. Die Analyse hatte ihr wenige Erkenntnisse beschert, außer daß sie ihre Verdrängungen durchbrechen müsse. Der aufgestaute Zorn machte sich immer häufiger Luft, und Millers ohnmächtiges Schweigen bestätigte ihr nur, daß er sie nicht liebte und keinerlei Interesse an ihr hatte. Eines Abends schleuderte sie die immer griffbereite

Champagnerflasche in den Spiegel hinter seinem Kopf. Wie ihre Ehe zersplitterten Flasche und Spiegelglas in tausend Scherben, und wie ihre Wut gischtete die Flüssigkeit über die Laken. Miller raffte in aller Eile seine Sachen zusammen und ließ sie in ihrer Verzweiflung allein. Lange Zeit schlief er mit ihr nicht mehr im selben Zimmer.

Unmittelbar bevor Mitte Juli 1959 die Dreharbeiten zu *The Misfits* in Nevada begannen, nahm Frank Sinatra mit Monroe Kontakt auf und bat sie um ihre Mitwirkung beim Parteikongreß der Demokraten im nächsten Jahr in Los Angeles. Er erwähnte dabei John Kennedy, den sie 1955 in Peter Lawfords Strandhaus in Malibu kennengelernt hatte und von dessen Charme sie sehr beeindruckt gewesen war.

Sie hatte keine Ahnung, wie sehr Kennedy gewünscht hatte, sie kennenzulernen. Während seiner Rekonvaleszenz nach einer Rückenoperation hatte er in seinem Krankenzimmer ein Plakat von ihr aufhängen lassen, um in der Nacht nicht einsam zu sein. Kennedy war fest entschlossen, einen bleibenden Eindruck auf sie zu machen, einen Eindruck, den sie nie vergessen würde. All diese Nächte, in denen er sie »besaß«, waren der Gipfel der Träume für den reichen Jungen, der in der Vorstellung erzogen worden war, daß er alles, was er wollte, erreichen konnte.

Für Marilyn war die Zeit reif, sich neu zu engagieren. Sie war von der »intellektuellen Gemeinschaft« bitter enttäuscht und hatte den Eindruck gewonnen, daß die meisten eine Hurenmoral hatten. Sie lehnte ihre hochgestochenen Ideale ab, ihre salonkommunistischen Tendenzen und ihren abstrakten Abscheu vor dem »kapitalistischen« System. Sie hatte genug von ihrer heuchlerischen Rhetorik, davon, daß sie das eine predigten, um das andere zu tun, und über Amerika schandmaulten, während sie es sich wie die Made im Speck wohl sein ließen. Sie war willens geworden, die Demokratie und die Demokratische Partei zu unterstützen. Frank Sinatra hatte für Joe Kennedy bereits Hunderttausende Dollars gesammelt und versuchte, für die Demokraten nun auch noch Marilyn Monroe an Land zu ziehen. Die einzige politische »Karriere«, für die sie sich bislang engagiert hatte, war die ihres Ehemannes, und es hatte sie eine Menge gekostet, ihn vor dem Gefängnis zu bewahren. Sie hatte Miller während ihrer ganzen Ehe ausgehalten und eine Menge Geld für seine zweifelhafte Weltanschauung ausgegeben. Nun nahm sie die Chance wahr, sich für etwas Neues zu begeistern, und im Vertrauen darauf, daß Sinatra sie ins Wahlkarussell mitnehmen würde, spendete sie 25 000 Dollar für Kennedys Wahlkampagne um das Präsidentenamt. Sie konnte es sich leisten – sie mußte lediglich einen Teil der neuesten Einkünfte aus *Some Like It Hot* überweisen und malte sich dabei aus, was für ein Spaß es doch sein würde, gemeinsam mit Sinatra mitzumischen.

Die Pläne, Marilyn in Kennedy Kampagne einzubauen, wurden locker in die Tat umgesetzt. Am 15. Juli traf sie Frank, den Mann mit dem goldenen Händchen, im Los Angeles Coliseum, und später gesellten sie sich auf einer späten Pool-Party zu Peter Lawford, dem »Rat Pack«, ausgesuchten Schauspielern und Schauspielerinnen und dem »Mann der Stunde«, John Kennedy. Darauf ging's zu einer weiteren Feier zu Johns Ehren ins Romanoff's. Joseph Kennedy hatte die Party zur Tarnung arrangiert, damit John und Marilyn mehr Zeit miteinander verbringen konnten. Es war eine Belohnung für die Kooperationsbereitschaft seines Sohnes. Der Präsidentschaftskandidat hatte so viel Spaß mit Marilyn, daß er der Kontroverse um den Texaner Lyndon B. Johnson, der sein Vizepräsident werden sollte, wenig Beachtung schenkte.

Jack kehrte am nächsten Tag nach Boston zurück, hochzufrieden über seine neue Position und seine neue Bettgefährtin. Seine Frau Jackie hielt sich vorläufig im Schatten und hatte keine Ahnung von seinem Intermezzo mit Marilyn Monroe. Der Präsidentschaftskandidat harrte der Fortsetzung der Kampagne.

Vier Tage später flog Marilyn in die blasenwerfende Hitze von Reno, Nevada, um mit den Dreharbeiten zu *The Misfits* zu beginnen. Für ihre Kollegen und die Crew war sie noch immer Mrs. Arthur Miller, aber ihr Kopf war woanders. Marilyn mußte sich auf die Zunge beißen und die Verletzungen, die ihr die Ehe zugefügt hatte, für sich behalten. Nun hätte sie die Führung ihrer Therapeutin besonders nötig gehabt. Statt sich zwischen zwei Beziehungen eine Zeit der Besinnung zu lassen, hatte sie bereits eine neue Affäre begonnen, die alle Kennzeichen einer weiteren Katastrophe trug.

Die Millers, inzwischen in offenem Kampf, wurden vom Studio gezwungen, in derselben Suite zu wohnen, um den äußeren Schein aufrechtzuerhalten.

In der Defensive und mit dem Bewußtsein, daß Miller versuchte, am Set die Oberhand zu bekommen, wurde Marilyn immer schwieriger. Sie wußte, daß Gable sie verehrte, und erwärmte sich für ihn, wie sie es – wenn wir von der anderen Bestimmung, die sie Montand zugedacht hatte, absehen – noch nie für einen Partner getan hatte. Er war die »Liebe« ihres Lebens, und er revanchierte sich mit gleicher Münze. Gable erkannte scharfsichtig die vielen Eigenschaften seiner Partnerin. Er mochte Marilyn aufrichtig, verstand die Gefühle der vaterlos Aufgewachsenen und fühlte sich geschmeichelt, daß sie ihn sich als ihren Vater zusammenphantasiert hatte.

Gable hatte ebenfalls eine schwierige Kindheit gehabt, war mit fünfzehn von zu Hause weggegangen, hatte seine Liebe fürs Theater entdeckt und für Gotteslohn gearbeitet, um Erfahrungen zu sammeln.

Während er noch mit seiner dritten Frau Ria verheiratet war, begegnete er Carole Lombard, umwarb sie und ließ sich 1936 scheiden, damit sie heiraten konnten. Sein Glück mit ihr wurde jäh beendet, als sie 1942 mit siebenunddreißig Jahren bei einem Flugzeugabsturz ums Leben kam. Er erholte sich von diesem Schlag nie mehr ganz und machte sich Vorwürfe, daß er ihr erlaubt hatte, auf Geldbeschaffungstournee für die Regierung zu gehen, wobei sich das Unglück ereignete. Viele Jahre gab er sich seinem Schmerz hin.

Gable stürzte sich in den aktiven Dienst in der Air Force, stieg vom Lieutenant zum Major auf und bekam das Distinguished Flying Cross und die Air Medal für eine Anzahl Bombereinsätze über Deutschland verliehen. Aber der Krieg brachte ihm auch Übergewicht und ein Alkoholproblem. Zweifellos war sein Gram über den Verlust Carole Lombards die Ursache, daß er

1955 Sylvia Ashley heiratete, die ihr ähnlich sah. Da Hollywood im Fach des tollen Burschen gegenüber dem alternden Gauner Gable dem jüngeren, sexneutralen Aussehen von Randolph Scott und John Wayne den Vorzug gab, wurde sein Vertrag bei *MGM* nicht erneuert. Er versuchte sich mit seiner eigenen Produktionsgesellschaft Gabco, die eine Reihe erfolgloser Filme herausbrachte. Immer noch ein schwerer Trinker, ließ er sich von Ashley scheiden und heiratete Kay Speckels, die inzwischen ein Kind von ihm erwartete. Gable prahlte mit der Schwangerschaft seiner Frau und gab zum besten, daß die Eltern zusammen über hundert Jahre zählten.

Robert Mitchum hatte versucht, Gable davon abzuhalten, die Rolle in *The Misfits* anzunehmen, weil er wußte, daß Gable bis zu zwei Liter Whiskey pro Tag trank; er hatte ein diagnostiziertes Herzleiden; und die Kämpfe mit den Pferden in der Hitze von Nevada konnten sein Tod sein. Doch Gable wußte, daß die Arbeit mit einem Star von Marilyn Monroes Kaliber ihn wieder auf die Schnellspur bringen würde.

Gable ging mit Marilyn während der ganzen Dreharbeiten freundlich und rücksichtsvoll um. Er erhob nie seine Stimme ihr gegenüber; beschwerte sich nie, wenn sie zu spät kam oder ihren Text verschusselte; fragte allenfalls liebenswürdig: »Wie kommt es, daß attraktive Frauen immer auf sich warten lassen?« Er zwickte sie, zwinkerte ihr zu, ermutigte sie mit: »An die Arbeit, meine Schöne!« und nannte sie liebevoll »Dickerchen« oder »Pummelchen«. Er blieb immer Gentleman, der größte, dem sie jemals begegnet war, und jeder am Drehort wußte das ebenfalls. In der gegenseitigen tiefen Zuneigung schienen sie von unbewußten Mächten geleitet zu werden. Gable konnte ein Vater für sie sein, der sie aufgrund seiner immensen Erfahrung führte. Das Mitgefühl, das sie füreinander hatten, empfand seine derzeitige Frau nicht als Bedrohung; sie verstand die Verbundenheit, die sich zwischen den beiden entwickelte. Und Monroe war auch wirklich eine der besten Schauspielerinnen, mit denen er es jemals zu tun gehabt hatte, und konnte sich mit ihrem Talent an Lombard messen. Gable erfaßte Monroes wahren Charakter.

Zu Marilyns Pech hatte sich der Set in zwei Lager geteilt, das eine stand hinter ihr, das andere hinter Miller; Huston hatte sich auf Millers Seite geschlagen. Er war von kraftvollen Frauen immer eingeschüchtert gewesen und war möglicherweise beeindruckt, daß Miller es geschafft hatte, seine Ehe mit dem führenden Sexsymbol der Welt vier Jahre lang aufrechtzuerhalten. Vielleicht trug er ihr auch immer noch nach, daß sie ihm Olivier als Regisseur von *The Prince and the Showgirl* vorgezogen hatte. Nun konnte er es ihr heimzahlen, indem er ihren Mann in seiner Fehde gegen sie unterstützte.

John Huston hatte eigentlich Robert Mitchum für die männliche Hauptrolle haben wollen. Später, nach Monroes Tod, sagte Mitchum, daß er mit einer Zusage möglicherweise Clarks Leben und vielleicht auch das von Monroe hätte retten können. Mitchum erinnerte sich, wie gut er und Monroe miteinander bei den Dreharbeiten von *River of No Return* ausgekommen waren, wo er der Schauspielerin hatte helfen können, mit ihren Unsicherheiten und ihrer Unpünktlichkeit zurechtzukommen. Er erinnerte sich auch, wie sehr Marilyn ihm vertraut hatte.

Abgesehen davon, daß Gable nicht seine Wunschbesetzung war, hatte Huston den Film auch nicht in Nevada drehen wollen, sondern in New Mexico mit seiner vergleichbaren Landschaft. Doch die Nähe der Spielbanken und die reiche Auswahl an Frauen versöhnten den Meister schließlich mit dem von Anfang an vorgesehenen Drehort. Mit Hustons Alkoholproblem, Gables Herzinsuffizienz und Marilyns Unfähigkeit, ohne Tabletten zu schlafen, schien das Unternehmen auf eine Katastrophe zuzusteuern.

Huston begann, noch ohne die Darsteller, am 18. Juni 1960 in den Casinos mit Einstellungen für die Titel. Erstaunlicherweise lieferte die Crew in der Hitze tüchtige Arbeit. Obwohl die Takes genau geprobt waren, schienen sie aus dem Stegreif entstanden. Huston hatte sich für einen surrealistischen Einstieg entschieden und zeigte einarmige Banditen und Spieltische in voller Aktion.

Endlich kamen in scheinbarer Eintracht am 20. Juli Marilyn Monroe und Arthur Miller mit Rupert Allan und einem PR-Mann der United Artists an. Die wartende Menge mußte sich in

Geduld üben, denn Miss Monroe stieg erst einige Zeit nach der Landung aus dem Flugzeug. Sie hatte sich inzwischen umgezogen und erschien endlich in ihrer typischen weißen Bluse zum Rock und einer platinblonden Perücke für die Kameras. Der Gouverneur von Nevada überreichte ihr Blumen, und sie ließ die Begeisterung ihrer Bewunderer über sich ergehen.

Bekannt für seine stilvolle Kleidung im Handwerkerlook, prunkte Huston mit seiner später berühmten Safarijacke ohne Hemd und einem eleganten Tuch um den Hals. Frank Taylor hatte sich deutlich sichtbar als Produzent ausstaffiert. Er hatte ein feuerrotes Thunderbird-Kabriolett gemietet und versuchte, sich eine Allüre zuzulegen. Obwohl es äußerst deplaziert war, ging Frank davon aus, daß glänzende Kleidung durch die Hitze gerechtfertigt sei, und hatte seinen nichtsahnenden Schneider veranlaßt, eine Kollektion von Hosen in Hellrot, Gelb und Electric-blue zu zaubern. An seinem ersten Tag am Set tanzte Frank mit einem neuen Tirolerhut, Schottenhemd und seinen engen Electric-blue-Hosen an. In Kombination mit seiner schlaksigen Figur sorgte sein Aufzug für Heiterkeit. Gewöhnlich trägt, um für alle kenntlich zu sein, der Regisseur den Hut, doch Huston lehnte sich zurück und paffte bescheiden an seiner geschwungenen Pfeife. In dem kunterbunten Haufen wirkte Paula Strasberg absonderlicher denn je. Ihren Spitznamen »Black Bart – die schwarze Maske« nach dem gleichnamigen Film von 1948 hatte die Crew ausgeheckt, um das Unheilvolle ihrer Erscheinung zu beschwören. Sie trug ein schwarzes Seidenkleid, darüber einen Umhang ebenfalls aus schwarzer Seide und war mit einer langen Goldkette geschmückt, an der goldene Amulette baumelten. Ihre schwarzen Strümpfe, die spitzen schwarzen Latschen und der schwarze Schleier ließen den schwarzen Sonnenschirm überflüssig erscheinen. Huston witzelte, daß ihre schwarze Gestalt das Gewand eines Priesters in einer griechischen Tragödie alt aussehen ließe. Dagegen stach der angemessen gekleidete Clark Gable noch mehr ab, der sich sichtlich aufgemöbelt hatte und die Erscheinung eines maskulinen Vollblutmannes bot.

Es bleibt ein Wunder, daß Huston es auch nur einigermaßen schaffte, die bizarre Kombination von Persönlichkeiten unter einen Hut zu kriegen. Eine Methode, um damit fertig zu werden, war, daß er sich vollaufen ließ und sich in das nächtliche Ritual des Spielcasinos stürzte. Fast alle von der Filmcrew gingen nach Drehschluß auf direktem Weg in die Bars, und die meisten wachten mit gellendem Katzenjammer auf und gaben jedesmal der Klimaanlage die Schuld, die in der Nacht wieder zusammengebrochen war. Obwohl der Vormittagsdreh meistens abgesagt wurde, ging ein Großteil der Unterhaltungen am Set darum, ob sie heute »die Ehre von Miss Monroes Anwesenheit haben würden«. Die meisten konnten sich vor Freude kaum fassen, wenn sie wirklich einmal um 11 Uhr 30 in ihrem weißen Cadillac anrollte.

Die Spannung zwischen Miller und Marilyn war in den ersten zwei Wochen kaum sichtbar. Doch damit, daß er jeden Abend den Text für die Einstellungen des nächsten Tages umschrieb, brachte er die Schauspielerin an den Rand des Wahnsinns. Nicht nur, daß es für sie schwierig war, den Text zu behalten – sie haßte Miller auch für seine Unfähigkeit, mit der Entwicklung der Figuren endlich zu Potte zu kommen. Sie konnte feststellen, daß die Charaktere immer undeutlicher wurden, je mehr er sie umschrieb. Marilyn hielt sich streng an ihre Sätze, während Eli Wallach Probleme damit hatte, Miller und Huston die exakte Wiederholung jenes Textes zu liefern, der gerade eben als der beste befunden worden war. Miller wollte sich durchsetzen, und für Huston war es schwierig, ihn zu beschwichtigen.

Die nächtlichen Sauforgien hatten in den ersten Wochen kaum negativen Einfluß auf die Arbeit am Set. Die meisten erstarrten vor Ehrfurcht über die Star-Kombination Gable/Monroe. Es blieb abzuwarten, ob sie weiter so tüchtig bleiben würden, als Hustons Film in die dritte und vierte Woche ging.

13. Kapitel
Im Staubsee

Die Fehde zwischen Arthur Miller und Marilyn Monroe tobte hinter den Kulissen weiter; Schauspielerkollegen und Crew trugen unwissentlich die Bürde ihrer ehelichen Leidensgeschichte. Miller strengte sich unerhört an, die Produktionsfirma mit seinem Professionalismus zu beeindrucken, aber sein ständiges Umschreiben der Szenen und der Charaktere verlängerte lediglich die Dreharbeiten und ließ die Produktionskosten in die Höhe schnellen. Ironischerweise wurde der Schauplatz seiner Scheidung von seiner ersten Frau Mary der Ort, an dem seine Ehe mit Marilyn endgültig in die Brüche ging. In der Stix Ranch in Quail Canyon, fünfzig Meilen nordöstlich von Reno am Pyramid Lake gelegen, hatte Miller seine gescheiterte erste Ehe auf dem Weg zur zweiten rekapituliert. Nun steckte er mitten in der Auflösung dieser Ehe, in Gesellschaft von Inge, seiner zukünftigen dritten Frau. Die Stix Ranch war das Haus, in dem die Personen der Filmhandlung, Gay, Roslyn, Guido und Isabell, nachdem sie sich im Casino in Reno kennengelernt haben, einander näherkommen, und in dem sich Gay in Roslyn verliebt.

Huston und Frank Taylor hatten den täglichen Beginn der Dreharbeiten auf 9 Uhr 45 verlegt, um Marilyn Zeit für ihr Erscheinen am Set zu lassen. Die anderen Schauspieler trudelten jedoch inzwischen nicht vor 10 Uhr 45 ein. Und schließlich tauchte um 11 Uhr in einer Staubwolke Monroes Cadillac auf und parkte neben Gables schnittigem Mercedes.

Ein Großteil des Films wurde auf der Stix Ranch gedreht, die von dem Filmarchitekten Steve Grimes umgebaut wurde. Sie war im Film das verlassene, nicht fertiggestellte Haus von Guido (Eli Wallach) und seiner verstorbenen Frau. In der Bauruine verliebt sich Roslyn, die Guido vergeblich für sich zu gewinnen sucht, in Gay, einen neurasthenischen Veteranen, der mit seinen

Kriegstraumata nicht fertig wird. Gays Charakterzeichnung verliert sich in pedantischem, hochgestochenem Blabla. Gay hört sich nicht wie ein Cowboy an, der er der Rolle nach zu sein hat, sondern wie ein intellektueller New Yorker in einer Therapiegruppe. Roslyn schießt quasi aus der Hüfte, wenn sie ihm kurz und bündig ihr Meinung sagt, und das als eine Frau, die über das sinnlose Töten von Pferden in schreckliche Aufregung gerät. Ihr schlecht konstruiertes Rollenbild ist unglaubwürdig, sie stellt die richtigen Fragen und scheint alle richtigen Antworten parat zu haben, mehr analysierende Therapeutin als eine ungebildete örtliche Nightclub-Tänzerin.

Das Bemühen, Spannung in die Einstellungen der langatmigen frühen Szenen zu bringen, in der Wallach und Marilyn miteinander tanzen, erwies sich als ermüdende Fleißaufgabe. Aber wenigstens konnte sich Marilyn dabei mit ihren Co-Stars und der Crew vertraut machen. Sie war bereit zu arbeiten. Doch die erste Szene, die sie mit Gable hatte, brachte sie völlig durcheinander. Danach lag sie im Bett, unfähig einzuschlafen, obwohl sie mehrere Schlaftabletten genommen hatte. Das Begreifen, daß sie endlich mit ihrem »Vater« in Verbindung gekommen war, und die Erinnerung an die totale Einsamkeit ihrer vaterlosen Kindheit hatten ihr einen fast katatonischen Schock bis zur Gefühllosigkeit versetzt. Die Aufregung und das erhebende Gefühl durch Gables Gegenwart waren etwas anderes als die lebenslangen Phantasien, an der Seite einer Legende zu spielen. Sie hatte das Gefühl, unter der Belastung einzuknicken, und glaubte gleichzeitig immer noch nicht ganz, daß das alles Wirklichkeit war. Es stand ihr durchaus zu, als Partnerin ihres Kino-Idols in einem Hollywoodfilm der höheren Kategorie mitzuwirken, aber in ihrer Unsicherheit konnte sie es nicht recht glauben.

Whitey Snyder, dessen Zimmer strategisch im sechsten Stock neben ihrem lag, weckte Marilyn Monroe jeden Morgen, rollte sie auf den Rücken und schüttelte sie, bis sie zu Bewußtsein kam. Worauf sie als erstes klagte, daß sie zu müde sei, um zu arbeiten. Whitey pflegte sie dann zu fragen, ob sie vorhabe, an diesem Tag an den Set zu kommen. Falls nicht, würde er das dem Produktionsbüro mitteilen. Darauf erkundigte er sich, ob sie einen Arzt nötig habe. Oft geschah es auch, daß Marilyn ihre Zofe Harriet bat, den Arzt zu rufen. Wenn sie sich endlich entschieden hatte, daß es ihr gut genug gehe, um zu drehen, dauerte es noch Stunden, um sie körperlich und psychisch auf Vordermann zu bringen. Whitey machte große Fortschritte mit dem perfekten Make-up, während Marilyn noch im Bett lag. Dabei gehörte es auch zu seinem Job, ihr Selbstvertrauen so weit aufzubauen, daß sie sich den Anforderungen des Tages gewachsen fühlte.

Miller und Huston überdachten das Drehbuch täglich. Miller schien überhaupt nicht mehr zu wissen, was er nun eigentlich wollte. Möglicherweise befürchtete er, die Kritik seiner Frau sei im Grunde richtig, daß nämlich die Geschichte und die Personen wirklich dünn waren. Er machte dauernd Änderungen in letzter Minute, die sich ebenso regelmäßig als ziellos und ineffektiv erwiesen. Die meisten dachten, daß Huston den Wirklichkeitsgehalt und die Glaubwürdigkeit aus der Geschichte herausholen würde, aber zwischen seinen Besäufnissen und den horrenden Verlusten am Spieltisch konnte er seinem Ruf nicht gerecht werden.

Die beschwerlichen Fahrten zum Drehort und wieder zurück machten jeden wütend. Das Wetter war entweder quälend heiß, bedeckt oder regnerisch, und die Dreharbeiten mußten häufig ruhen, bis sich die Bedingungen wieder geändert hatten. Wegen des unerträglich Klimas und der Unberechenbarkeit der kunterbunten Crew kam die Produktion nur schleppend voran. Selbst an den Tagen, an denen gedreht wurde, konnte Huston nur mit fünf, sechs Stunden ernsthafter Arbeit vor der Kamera rechnen. Wenn die Mittagspause ausgerufen wurde, war maximal anderthalb Stunden etwas getan worden.

In der Zwischenzeit zelebrierte Miller mit Huston unaufhörlich das Skript, was für den Rest der Gesellschaft ein abschreckendes Weihespiel war. Die Führer führten nicht, sondern brachten Schauspieler und Crew nur durcheinander, was zu einer Lustlosigkeit führte, die im weiteren Verlauf immer vorherrschender wurde. Beim ausgedehnten Kaffeeklatsch, mit dem die Vormittage begannen, war die erste Frage: »Wird Marilyn heute arbeiten?«, darauf gab es eine minuziöse Auflistung, wer in der vergangenen Nacht mit wem geschlafen hatte, und dann ging es darum, wieviel Huston getrunken oder am Craps-Tisch verloren hatte.

Ein wenig Abwechslung brachte die Nachricht, daß Frank Sinatra in der Nähe von Reno in seiner Cal-Neva Lodge in Lake Tahoe auftrat, nicht weit von der Grenze zwischen Kalifornien und Nevada. Er rief den PR-Mann Harry Spencer an und lud die Stars zu seiner Show ein, wobei es ihm natürlich um seine alte Freundin Marilyn ging. Gable weigerte sich mitzukommen, wenn nicht die gesamte Gesellschaft eingeladen würde. Also versammelte Marilyn ihre Entourage, und die Karawane machte sich nach Lake Tahoe auf. Sie waren überrascht, daß Sinatra vor einem Stehplatzpublikum auftrat und sie sich ihre Drinks nur mit Mühe erkämpfen konnten. Marilyn nippte langsam an ihrem Scotch Mist, den Whitey für sie ergattert hatte, ließ das Bad in der Menge gelassen über sich ergehen, applaudierte dankbar und träumte von DiMaggio, während Frankieboy ihre Lieblings-Lovesongs schmetterte. Nach der Show begrüßte Sinatra huldvoll die Gesellschaft – die meisten waren von seinem unbezähmbaren Charme beeindruckt. Sinatra sprach kurz mit der Schauspielerin, wobei eigentlich nur Hollywood-Komplimente ausgetauscht wurden. Fast unmittelbar danach brach die Gruppe auf und machte sich auf den Rückweg ins Hotel, rechtzeitig genug, um für den nächsten Tag genügend Schlaf zu tanken.

Währenddessen umsorgte Gable, der zum ersten Mal Vater wurde und deshalb übervorsichtig war, jeden Schritt seiner Frau. Kays Schwangerschaft zerrte an Marilyns Nerven. Der Wirbel, den Gable um die werdende Mutter seines Kindes machte, gemahnte sie wohl an ihre eigenen fehlgeschlagenen Schwangerschaften.

Clark Gable war unheimlich stolz, daß er die höchste Gage von allen bekam. Seine 750 000 Dollar plus 10 Prozent der Bruttoeinnahmen plus 48 000 Dollar für jede Woche, die die Dreharbeiten überzogen wurden, waren mehr als doppelt soviel wie Marilyns 300 000 Dollar plus 3000 Dollar pro Woche für Paulas Bemühungen.

In seinem Kontrakt stand ausdrücklich, daß er strikte Kontrolle über jedes Wort seines Textes hatte, und daß nichts ohne seine Zustimmung geändert werden durfte. Kein Wunder, daß er sich über die unerträgliche Zahl der Drehbuchvarianten, zu denen er sein Okay geben mußte, und über das ganze Durcheinander aufregte.

Gables Anwesenheit schüchterte die meisten ein. Sogar Huston, der sechs Jahre jünger als Gable war, versuchte alles, um ihn auszustechen. Gable hatte während seiner legendären Karriere sehr gut gelebt und legendären Ruhm errungen. Doch nun war er gesetzt geworden und erwartete die Geburt seines ersten Kindes, er lebte also in einer Welt fernab der des hochverschuldeten Verschwenders Huston, der seine Nächte verspielte und versoff. Huston erinnerte Gable an seine frühere Reputation als fröhlicher Zechbruder und versuchte, ihn zu seinem alten Lebenstil zu verführen. Jedesmal, wenn er an den Spieltischen gewann oder verlor, prahlte er damit vor Gable in der vergeblichen Hoffnung, seinen Neid zu wecken. Fast schaffte er es mit seiner Verkündigung: »Die eine große Lehre beim Spielen ist, daß Geld einen Scheißdreck bedeutet.« Doch der heitere Gable ging richtig mit ihm um, gab dem Ego seines Regisseurs Zucker und weigerte sich trotzdem, der Versuchung zu erliegen.

In der ersten Zeit kam Marilyn aus Angst, mit ihrem Matinee-Idol vor der Kamera zu stehen, noch später als üblich und erschien erst mittags, obwohl das Licht am frühen Vormittag wesentlich günstiger gewesen wäre. Statt sie zurechtzuweisen, wenn sie ihren verspäteten Einzug mit ihrem 14köpfigen Gefolge hielt (darunter Friseusen, Masseure, Maskenbildner, Schminkmeister für das Körper-Make-up, Doubles, Garderobieren, Sekretärin, Zofe, Näherin, Chauffeur, Miller, Paula Strasberg und Rupert Allan), saß Gable lediglich da und rang die Hände. Dann machte er sich trotzdem geduldig und ruhig daran, die Szene zu spielen. Eigentlich machte sich Gable mehr Sorgen wegen Montgomery Clift, der am Set anfangs ein größeres Problem als Marilyn war. Clift war nach dem entstellenden Autounfall, der sein knabenhaftes Gesicht ruiniert hatte, ein emotionales Wrack. Vielleicht versuchte Monty, der erklärte Homosexuelle, zu beweisen, daß der Macho Gable allenfalls das

Abziehbild eines wirklichen Mannes sei. Daß er den alternden Schauspieler auf den Rücken schlug, obwohl er wußte, daß er unter einem Bandscheibenvorfall litt, brachte Gable besonders aus der Fassung. Am Anfang ignorierte er den jungen Kollegen einfach und verscheuchte ihn wie eine lästige Fliege. Doch dann wurde er von der Art fasziniert, in der Clift vor der Kamera arbeitete und begann, seinem raffinierten Spiel Achtung zu zollen. Im Wettstreit mit Monroes Schwänzerei buhlte Monty um die Aufmerksamkeit der Crew, indem er sich absichtlich rebellisch und aggressiv gab. Da er ebenfalls eine gequälte Seele war, kicherte er oft mit Marilyn über all das, was sie als Absurditäten des Lebens erkannt hatten. Sie verstanden einander. Und der Regisseur erkannte an, daß Monty trotz seiner psychologischen Probleme intelligent und kultiviert war und ein vorzüglicher Schauspieler.

Im Vertrauen darauf, mit Marilyn ebenso umgehen zu können wie einst in *The Asphalt Jungle*, hatte Huston von ihr Unterordnung und Willfährigkeit erwartet. Doch die Marilyn von 1960 war unendlich viel stärker, populärer und erfahrener als das Starlet von 1950. Auch Miller dachte zwar, er hätte das Rüstzeug, um seine Frau im Griff zu halten, aber sie legte ihm gegenüber mehr Unabhängigkeit und Trotz an den Tag, als er es je für möglich gehalten hätte. Ab und zu verließ sich Huston darauf, daß Miller in seinem Sinne eingreifen würde, aber seine Hoffnung war vergeblich. Monroe dachte nicht daran, auch nur das geringste von Miller anzunehmen.

Huston war von seiner Rolle als »Zirkus«-Direktor frustriert. Je mehr ihm die Kontrolle am Set entglitt, desto mehr trank und spielte er. Außerdem stand er unter dem Druck, eine Million Dollar aufbringen zu müssen, um seinen Besitz in Irland zu renovieren, und träumte davon, an den Craps-Tischen im Casino des Mapes Hotel die Bank zu sprengen. Da er durch die hohen Verluste die Kreditlinie bereits überschritten hatte, die ihm vom Mapes Hotel eingeräumt worden war, alarmierte er seinen Agenten Paul Kohner, die Vertragsverhandlungen mit Universal schleunigst abzuschließen. Darauf flog er nach San Francisco, um den Vertrag für einen Film über das Leben von Sigmund Freud zu unterzeichnen und 25 000 Dollar Vorschuß zu kassieren. Er schwor Kohner hoch und heilig, daß ihm das eine Lehre gewesen sei und er in Zukunft die Finger vom Spiel lassen werde. Doch kaum hatte er seine Schulden mit dem Casinobesitzern geregelt, saß er schon wieder am Craps-Tisch.

Abends konnte man ihn in frischem Hemd und Sportsakko erleben, wie er sich Scotch trinkend und mit Pokerface locker an die Kante des Craps-Tisches lehnte. Das Morgengrauen fand ihn in der nämlichen Haltung vor, immer noch getrieben und gleichzeitig forsch blickend und um weitere 30 000 Dollar ärmer.

Hustons vierundfünfzigster Geburtstag war eine willkommene Ablenkung von den Leiden der Truppe, bei der sich die Scheinwerfer auf den Meisterfilmemacher richteten. Persönliche Freunde wurden aus Paris, Dublin, London, Chicago und Hollywood eingeflogen, um den exzentrischen Regisseur zu überraschen. Aus aller Welt trafen Telegramme und Blumen ein. Der Komiker Mort Sahl und Burl Ives in seiner Funktion als Countryballadensänger bestritten das Programm. Hustons PR-Agent Ernie Anderson, der das Fest im geheimen arrangiert hatte, hatte sogar den 95jährigen Häuptling der Paiute-Indianer aufgeboten, der mit allen Insignien erschien. Mrs. Mapes, die Casino-Besitzerin, revanchierte sich bei dem »größten konsequenten Verlierer«, indem sie ihr Hotel zur Verfügung stellte. Doch sie lud selbst so viele Freunde aus ihrem Kreis ein, daß die Geburtstagssause gerammelt voll war. Trotzdem war es ein kolossaler Erfolg.

Verärgert und verbittert, daß Miller sie wegen dieses »lachhaften Films« nach Nevada geschleppt und dieses Drehbuch geschrieben hatte, das ihren Status ins Wanken brachte, machte Marilyn dem allgemeinen Rätselraten über den Stand der ehelichen Beziehungen ein Ende und sprach nicht einmal mehr mit ihm. Doch trotz der Lage der Dinge mußten sie immer noch die Suite auf der sechsten Etage des Hotels teilen. In dieser Mini-Suite, die aus zwei Schlafzimmern und einem Wohnzimmer bestand, verharrten die Millers in schweigender Feindschaft. Es gab kleine Hinweise, daß Miller sich für eine andere Frau interessierte, wenn er auch nicht damit herausrückte, um wen es sich handelte – doch aufgrund der Blicke, die Miller mit der Fotografin Inge Morath tauschte, nahm Marilyn an, daß sie ein Verhältnis miteinander hatten. (Inge war von Millers Einfluß am Set und seiner Position im Leben geplättet – welcher Drehbuchautor bekam schon 225 000 Dollar für einen Film!) Schließlich wurde das eisige Schweigen gebrochen, und Miller brüllte Marilyn böse Bemerkungen ins Gesicht. Sie revanchierte sich, indem sie ihm vorwarf, daß er nicht das geringste Talent zum Schreiben hätte.

Eines Abends war Marilyn nach ein paar Drinks mit den Kollegen und der Crew bettreif. Whitey Snyder brachte sie in die Suite und begann, ihr aus den Kleidern zu helfen, während ihr Mann schweigend aus dem Fenster starrte, ohne selbst entsprechende Anstalten zu machen. Whitey brachte sie zu Bett und gab ihr einen Gutenachtkuß auf die Stirn. Später meinte er, daß er die Kälte zwischen den beiden klirren gehört habe.

Snyder versuchte, die Schauspielerin am Set gegen Millers Feindseligkeit abzuschirmen, und versicherte ihr, daß es andere Männer in ihrem Leben geben werde. Er fungierte auch als Puffer zwischen Marilyn und den PR-Leuten und den Fotografen von »Magnum«. Der PR-Chef Dick Rown holte einen weiteren Schwarm Fotografen am Flugplatz in Reno ab, überließ sie sich selbst, nachdem er sie am Drehort den Schauspielern und der Crew vorgestellt hatte, und brachte jeden Abend Filme auf den Postweg, damit Kontaktabzüge von ihnen gemacht wurden. Wenn Fotos von Marilyn darunter waren, war der »Amtsweg« wie folgt: die Kontaktabzüge von »Magnum« gingen direkt an Whitey Snyder, der alle »liquidierte«, die ihm nicht gefielen, und die übrigen an Harry Mines übergab, der sie Bob Lewin nach Hollywood schickte, der sie wiederum Rupert Allan vorlegte. Die Fotos, die der Standfotograf Al St. Hilaire aufnahm, gingen erst in das Producer's Laboratory nach Hollywood, dann an Rupert Allan, dann an Whitey Snyder für die »Liquidierungen«, dann an Harry Mines und landeten schließlich bei Bob Lewin. Fotos von Clark Gable gingen durchweg zuerst an Gable, der die ihm genehmen retournierte, außer es handelte sich um Fotos von Monroe und Gable zusammen. Dann trat wieder Prozedur I in Kraft, außer das Negativ war zerschnitten worden. In diesem Fall bekam Gable seine Hälfte und Marilyn respektive Snyder die ihre.

Das komplizierte Verfahren, das Whitey die volle Kontrolle gab, diente dazu, die Veröffentlichung unerwünschter oder unattraktiver Fotos zu verhindern. Monroes Vertrauen in Whiteys Urteil war absolut; sie gab ihm freie Hand über alle Fotos, die von ihr veröffentlicht wurden.

Einer der Fotografen, der berühmte Henri Cartier-Bresson von »Magnum«, gab dem PR-Mann Sheldon Roskin ein Tonband-Interview über seine Eindrücke am Dreh. Er äußerte sich über Millers Behandlung der Geschichte und fand manche Momente anrührend. Über Marilyn Monroe sagte er:
Ich sah sie zum erstenmal leibhaftig und war überwältigt wie von einer Erscheinung in einem Märchen. Natürlich ist sie schön, jeder kann das sehen, und sie verkörpert einen bestimmten Mythos, den wir in Frankreich *la femme eternelle* nennen. Andererseits ist etwas Lebhaftes, Lebendiges an ihr, eine wache Klugheit. Es ist ihre Persönlichkeit, es ist ein flüchtiger Blick, es ist ein Hauch von Lebendigkeit, der rasch verschwindet und dann wieder zum Vorschein kommt. Sie sehen also, es sind alle diese Elemente ihrer Schönheit und auch ihrer Intelligenz, die diese Schauspielerin nicht nur zu einem Modellfall machen, sondern zu einer Frau aus Fleisch und Blut, die sich selbst ausdrückt. Wie andere auch habe ich viele Dinge gehört, die sie gesagt haben soll, aber gestern abend hatte ich das Vergnügen, beim Dinner neben ihr zu sitzen, und ich konnte feststellen, daß all das nur so aus ihr heraussprudelte . . . all diese amüsanten Bemerkungen, präzis, bissig, direkt. Es strömte die ganze Zeit. Es war fast eine Art *naîveté* . . . und völlig natürlich. Man spürt in ihr die Frau und ebenso die große Disziplin als Schauspielerin. Sie ist Amerikanerin und läßt darüber keinen Zweifel – sie tut gut daran. Man muß sehr verwurzelt sein, um universal zu sein.

Mitten in der Konfusion hatten Jerry Wald und Twentieth Century die Premiere von *Let's Make Love* in Reno aufgezogen, weil Marilyn in der Nähe drehte. Reporter und Kolumnisten wurden aus New York, San Francisco und Hollywood eingeflogen. Zur gleichen Zeit gerieten zwei Waldbrände in den Sierras außer Kontrolle, verwüsteten ein riesiges Gebiet und zerstörten die Überlandleitungen nach Reno. Aufgrund des Stromausfalls in ganzen Bezirken hatte Marilyn eine legitime Entschuldigung, der Premiere nicht beizuwohnen, und der Abend wurde abgesagt. Gratis-Publicity für Yves Montand zu machen, wäre das letzte gewesen, was sie sich gewünscht hätte.

Als *Let's Make Love* im September 1960 endlich startete, war es ein ziemlicher Reinfall. Die meisten Kritiker waren ablehnend und hauten den Film als zu »anspruchslos« in die Pfanne. Justin Gilbert schrieb im »New York Daily Mirror«: »Miss Monroe, im Grunde eine erstklassige Komödiantin, hat nicht einen einzigen brillanten Satz. Natürlich sind ihre berühmten Reize nicht zu übersehen.« Millers Drehbuchänderungen verfehlten das Ziel ihre Kostüme von Dorothy Jeakins waren zu salopp; und Montand war als Multimillionär völlig unglaubhaft. Der Versuch, den Film mit einem Elvis-Presley-»Imitator« zu aktualisieren, um ein junges Publikum anzulocken, scheiterte kläglich. Die einzige Szene, die hängenblieb, war der Song »My Heart Belongs to Daddy«.

Mit einer dunklen Perücke und Sonnenbrille getarnt, schaute sich Marilyn den Film in einem Kino an. Bei dem Lied wurde ihr warm ums Herz, und weil sie sich gut fand, sang sie leise mit. Als ihr Partner und sie auf der Leinwand getraut wurden, kuschelte sie sich in ihren Sitz und begann zu weinen. Es war so demütigend, sich vorzustellen, daß die beiden Montands sich in Paris darüber lustig machten, wie leichtgläubig sie war, wie einfach es gewesen war, sie im Interesse der Filmrolle um den Finger zu wickeln . . .

Als die Leitungen wieder repariert waren, konnte der »normale« Drehplan wiederaufgenommen werden. Nach dem Rodeo, bei dem Perce, gespielt von Clift, von seinem Pferd abgeworfen und verletzt wird, gerät Roslyn völlig außer sich. In

Anbetracht der Tatsache, saß sie Perce eben erst kennengelernt hat und sich bereits zu Gay hingezogen fühlt, war der Ausbruch vom Autor ganz offensichtlich übertrieben angelegt. In Gables und Monroes nächster Szene, während sie im Auto auf Perce und Guido warten, sondert Gable das erste von zahlreichen ziemlich absurden Referaten ab, die ihm der Drehbuchautor in den Mund gelegt hat. Er predigt Roslyn Klischees, um ihre Befürchtung, daß Perce irreparabel verwundet sei, zu beschwichtigen: »Honey, wir müssen alle irgendwann einmal abtreten, ob es nun einen Grund dafür gibt oder nicht. Sterben ist so natürlich wie leben; ein Mann, der Angst vor dem Sterben hat, hat zuviel Angst vor dem Leben, soweit ich das jedenfalls mitbekommen habe. Man kann nichts anderes tun als es vergessen, das ist alles, scheint mir.«

Obwohl Miss Monroes Stimme aufgrund ihres Mangels an Selbstvertrauen normalerweise schon leise war, überkam sie möglicherweise ihre eigene Verlassenheit, als sie über ihren Text stolperte und sogar Perces Namen vergaß. Nachdem Huston sie mehrere Male ersucht hatte, den Text zu wiederholen, sagte Marilyn: »Ich kann alle diese Sätze, John, das kann ich dir garantieren.«

»Was, Honey?«

»Das kann ich dir garantieren.«

»Ja, Honey, ich weiß.«

Es war wie immer: Huston war ihr gegenüber herablassend. Ein paar Stunden später hatte sie sich in einen solchen Zorn hineingesteigert, daß sie bei jedem, der ihr zuhören wollte, über ihn fluchte: »Wie kann er es wagen, mich Honey zu nennen!«

Miller bekam die negative Publicity aus Hollywood mit, was seine Fähigkeiten als Drehbuchautor betraf. Die Klatschkolumnistin Florabel Muir war wegen der Premiere von *Let's Make Love*, die dann abgesagt wurde, in Reno gewesen. Sie hatte nicht nur verbreitet, daß Miller die Affäre zwischen seiner Frau und Montand kaltgelassen hatte, sondern daß auch das Skript zu *The Misfits* eine Katastrophe sei und Clifford Odets hinzugezogen worden war, um es zu reparieren. Wie sehr wünschte sich die Truppe, daß der Klatsch wahr wäre!

Ende August mußte Whitey Snyder, der Wecker vom Dienst, feststellen, daß Marilyn am Ende ihrer Kräfte war. Nach Monaten der Entfremdung zwischen ihr und Miller, die zu immer größeren Spannungen geführt hatte, der sengenden Hitze, und zumal, nachdem sie Yves' Eröffnung an Hedda Hopper über ihre »Schulmädchen-Verknalltheit« gelesen hatte, brach sie zusammen. Gerüchte grassierten, daß sie und Miller sich blutig geprügelt hätten, und daß sie darauf eine Überdosis Schlaftabletten genommen hatte. In Wirklichkeit glaubte man zunächst aufgrund ihres hohen Fiebers, daß sie eine Lungenentzündung bekommen habe, aber bald stellte sich heraus, daß es eine schwere Grippe war. Die Fehlgeburt im letzten Jahr, die Eileiterschwangerschaft und die darauf folgende Ausschabung hatten ihr Immunsystem angegriffen, und sie litt unter Blutarmut. Obwohl sie für die Verbesserung ihres Blutbildes dringend Eisensulfat gebraucht hätte, wurde sie mit hohen Dosen von Antibiotika behandelt.

Marilyn flog nach Los Angeles und suchte ihre Ärzte auf, die ihr dringend rieten, auf Kosten der Versicherungsgesellschaft der United Artists eine Woche im Westside Hospital am La Cienega Boulevard zu verbringen. Ihr Zustand war dafür nur zum Teil ausschlaggebend. Huston hatte nicht genügend Bargeld auftreiben können, um seine Spielschulden begleichen zu können. Dafür war nun das Produktionskonto so blank wie er vorher. Die Wochengagen konnten nicht ausgezahlt werden. Die Dreharbeiten mußten eine Woche eingestellt werden, bis die Bosse der United Artists in New York und Los Angeles zusätzliche Gelder bewilligt hatten. Huston hatte Marilyns Ärzte deshalb vorsorglich über ihre Barbituratprobleme und ihren instabilen Zustand informiert. Daß sie ihr selbst die schweren Schlafmittel verschrieben, hinderte sie nicht, sich auch Huston gegenüber gefällig zu erweisen. Marilyn war Hustons As im Ärmel, um die Crew so lange über die wirkliche Lage zu täuschen, bis die Finanzen wieder geregelt waren.

Miller erschien widerwillig im Westside Hospital, besorgt über den Fortgang der Produktion oder sich als Noch-Ehemann einfach nur besorgt gebend. Marilyn jedenfalls durchschaute diesmal seine Anteilnahme und duldete seine kurzen peinlichen Auftritte nur. Das Krankenzimmer erhellte sich erst, als Joe Di-Maggio sie besuchte. Marilyn war überglücklich, und ihr Zustand besserte sich rasch.

Als sie am 8. September nach Nevada zurückkehrte, war sie viel konzentrierter. Daß das Drehen der Szenen in der Dayton Bar trotzdem eine öde Angelegenheit war, lag an Clift, der diesmal über seinen Text stolperte. Aus Sympathie leistete Monroe ihm dabei Gesellschaft.

Schließlich kam Gables schwierigste Szene, in der er im Vollrausch verzweifelt nach seinen Kindern verlangen und volltrunken zu Boden fallen mußte. Monroe mußte sich über ihn werfen, um sich zu vergewissern, daß er sich nichts getan hatte. Sein Arzt hatte ihm zwar geraten, wegen seines Herzleidens und der außerordentlichen Hitze das Trinken einzuschränken, aber Gable hatte nicht auf ihn gehört. Marilyns Masseur Ralph Roberts führte in seinem Kombiwagen eine Kühlbox mit Wodka und Champagner mit, und Gable kam fast täglich um seine Ration Wodka. Da er gewöhnt war, betrunken zu spielen, meisterte er mehrere Takes hintereinander mit Bravour. Seine Frau Kay, die ihn anbetete, aber selten an den Set kam, strahlte, als ihr Mann für seine Darstellung von der ganzen Crew donnernden Applaus bekam, die erste und einzige derartige Reaktion während der gesamten Dreharbeiten. Huston hatte bekommen, was er wollte.

Für die Schlußszenen des Films übersiedelte das Hauptteam zwanzig Meilen östlich an einen ausgetrockneten See, um die Sequenzen der Hauptdarsteller mit den wilden Pferden aufzunehmen. Die Verdunstung des Wassers hatte toten Boden zurückgelassen, der jede Art von Vegetation verhinderte. Der Ort glich der Oberfläche des Mondes. Staubwolken wirbelten während der Dreharbeiten hoch, machten den Schauspielern und der Crew schwer zu schaffen und gestalteten den Abschluß des Films extrem schwierig. Der Staub drang in alles ein, in die Ausrüstung, die Autos und selbst in die Poren. Obwohl sich Gable trotz seines Alters der Aufgabe gewachsen zeigte, seinen ersten Mustang mit dem Lasso einzufangen, wurde er wütend über die widrigen Arbeitsbedingungen.

Miller hatte, eifersüchtig auf die Schwärmerei seiner Frau für Clark Gable, dafür gesorgt, daß dessen 59jähriges Mannestum im Staubsee seinen größten Test zu bestehen hatte. Doch niemand hatte Gable vorher über diesen zusätzlichen Streß informiert. Als er noch bei MGM unter Vertrag war, hatte das Studio dem Star keine Aktionen erlaubt, die auch nur im entferntesten gefährlich waren. Selbst der gnadenlose Huston legte nun Schonpausen ein, als Gable an Bronchitis zu laborieren begann. Ironischerweise hatte zwar der amerikanische Tierschutzverband ASPCA (American Society for Prevention of Cruelty to Animals) einen Beobachter entsandt, der die Behandlung der Tiere überwachte, aber die Filmfirma und der Drehbuchautor ignorierten eklatant und gefühllos die Gesundheit der Menschen.

Die komplizierten Dreharbeiten der Einkreisung der Mustangs mit ihren zahllosen Wiederholungen und die Anstrengungen und Gefahren beim Filmen des Showdown zwischen Mensch und Tier waren in der Tat aufreibend.

Der ursprünglich als letzter Drehtag vorgesehene 14. September kam und ging, und die Fertigstellung des Films verzögerte sich von einem weiteren Monat auf insgesamt drei. Inzwischen brachte Frank Taylor das Skript zur Veröffentlichung bei Dell Publishing unter. Er prahlte, daß Miller für sein Drehbuch ohne allen Zweifel einen Oscar bekommen würde (es gab dann in keiner einzigen Sparte auch nur eine Nominierung für den Film), und daß Gable eine Sensation sei. Er glaubte noch immer, daß das Skript »das beste Drehbuch ist, das jemals geschrieben wurde«.

Gable bat, die Schlafzimmerszene auf der Stix-Farm außerhalb des chronologischen Ablaufs noch einmal zu drehen. Da Gary und Roslyn sich in dieser Nacht ineinander verlieben, wollte Gable mehr Zartheit und Zuneigung gegenüber seiner Geliebten zeigen, als er es seinem Gefühl nach getan hatte. Erleichtert, daß er kurze Zeit von dem erstickenden Staub befreit war, machte sich Gable daran, die im Bett liegende Miss Monroe zu küssen. Marilyn lag in ihrem Drang nach »Realismus« nackt unter dem Laken, setzte sich blitzartig auf und ließ über dem rut-

schenden Laken ihre rechte Brust sehen. »Schnitt«, rief der gäh-
nende Regisseur, »es ist mir bekannt, daß Frauen Brüste haben.«
Tom Shaw, der Second-Unit-Regisseur, fand die Einstellung allerdings perfekt für den Verkauf in andere Länder, in denen die
Zensur nicht so strikt wie in den Staaten war.

Die Meinungen über die »Entblößung« blieben gespalten.
Marilyn fand es köstlich, der freiwilligen Selbstzensur der Motion Picture Association eine Nase zu drehen, und meinte: »Wir
wollen doch die Leute von den Fernsehapparaten weglocken!«
Taylor war angetan, Miller war anderer Meinung, und Max
Youngstein, bei United Artists für die Produktion in Europa zuständig, war von dem »natürlichen Unfall« begeistert. In der
endgültigen Fassung war die Einstellung dann nicht enthalten.

Zur großen Freude aller Beteiligten stellte sich Clark Gable
am 26. September endlich auf die Hinterbeine und verlangte,
daß der »ausschweifende Drehbuchautor« ein für allemal mit
seinen ständigen Textänderungen aufhöre. Erstickt von der
chaotischen Atmosphäre und als der Erfahrenste und Freimütig-
ste am Set, ließ Gable seine Anwälte das Produktionsbüro auf die
Klausel in seinem Vertrag hinweisen und mitteilen, daß er keine
einzige Änderung mehr akzeptieren würde. Die zusätzliche Last,
neue Texte und Kamerapositionen zu büffeln, die bislang eine
angemessene Probezeit verhindert hatte, war endlich gewichen. Gable stellte sich damit vor das ganze Team, aber vor
allem vor Marilyn Monroe, die einfach länger als die anderen
brauchte, um ihre Texte zu verarbeiten. Die Schauspielerin
hatte Gable schon lange in Verdacht, daß er das ganze Projekt
ebenfalls für einen Mißgriff halte. Freunden, die ihn am Dreh
besuchten, sagte er: »Ich habe zwar keine Ahnung, wie sie daraus
einen Film machen wollen, aber ich stecke schließlich drin und
versuche, das Beste draus zu machen.«

Die Aufnahmen in der Wüste gingen weiter. Sogar für die erfahrenen Stuntmen war es fast unmöglich, in den Staubwolken
hinter einem Kamerawagen herzurennen oder von ihm mitge-
schleift zu werden. Huston war in seinem Element und genoß es,
das echte Blut, den Schweiß und die Qual der anderen mit der
Kamera einzufangen.

Die letzte Szene des Films sollte ebenfalls im Staubsee gedreht werden, aber es war zu wolkig, und ein Tag ging verloren. Am nächsten Morgen regnete es, und alle frönten ihren Lieblingsbeschäftigungen. Einen Tag konnte noch gefilmt werden, doch am Wochenende braute sich über den Sierras ein Unwetter zusammen, das am Sonntag noch mehr Regen brachte. Der Montag war wolkig, und Schauspieler und Crew hatten auf Abruf bereit zu sein, falls das Wetter umschlug. Drei Monate lang waren die Wetterbedingungen bis auf die glastige Hitze fast ideal gewesen. Das jüngste Mißgeschick verhinderte die Fertigstellung des Films. Die Autos fuhren am Morgen vor und wurden, als es wieder zu regnen begann, gleich wieder weggeschickt. Der technische Stab beratschlagte über die Verlegung der Dreharbeiten nach Palm Springs oder Arizona. Sogar Los Angeles bekam freundliche Aspekte. Das Produktionsbüro fand es nicht erhebend, für 35 000 Dollar pro Tag auf einen Wetterumschwung zu warten. Es war schon katastrophal genug, daß sich das Budget um eine Million Dollar über die eingeplanten zwei Millionen erhöht hatte. Schließlich wurde beschlossen, um 9 Uhr vormittags zu beginnen und alle nur möglichen Einstellungen an einem Tag abzudrehen. Häppchenweise gelang es, die Takes bei jeder Wetterbesserung in den Kasten zu bekommen.

Am 18. Oktober waren die Außenaufnahmen abgeschlossen, und das Aufnahmeteam machte sich auf den Rückweg nach Hollywood. Die Fahrzeuge hatten im Schnitt mehr als achttausend Meilen auf ihren Tachos und waren durch die Unbill der Elemente in einem desolaten Zustand. Die Abschiedsparty am Abend, die wieder Mrs. Mapes arrangiert hatte, war ein gelungener Ausklang. Am Morgen kehrten die Protagonisten im Auto oder Flugzeug nach Los Angeles zurück, um am Montagvormittag im Studio 2 der Paramount wieder drehfertig zu sein.

Fast acht Millionen Amerikaner verfolgten im nationalen Fernsehen die Diskussion zwischen Marilyns künftigem Liebhaber John F. Kennedy und Richard M. Nixon. Monroe hatte nicht vor, ihre Stimme abzugeben, betete aber, daß Kennedy die Wahl gewinnen möge. In der Zwischenzeit hieß es, im Studio den Film

unter Dach und Fach zu bringen und außerdem den Schluß-
strich unter ihre Ehe zu ziehen.

Als erstes wurden Marilyn und Eli Wallach in einer Lastwagenattrappe vor der Rückpro des wirbelnden Sandes im ausgetrockneten See gefilmt. Frank Taylor war erleichtert, daß es
ziemlich original wirkte. Mrs. Huston war besonders von Marilyns Darstellung beeindruckt. Sowohl der UA-Kader Bill Weatherby wie Taylor waren überzeugt, daß sie Marilyns »spirituelle
Autobiographie« an Land gezogen hatten.

Miller war mit Inge Morath zusammen, und Marilyn sehnte
sich nach einem Wiedersehen mit Joe DiMaggio, während ihr
ein-, zweimal flüchtig John Kennedy durch den Kopf ging. Die
Crew arbeitete flotter als in Reno. Am Ende des Arbeitstages
fuhren alle nach Hause oder in ihre bevorzugten Hotels und genossen das Klima von Los Angeles in vollen Zügen. Der Himmel
war am Morgen klar, und die Temperatur blieb den ganzen Tag
auf 24 Grad. Die vertraute Umgebung sorgte für mehr Effizienz,
obwohl Huston am Stock ging, weil er sich einen Knöchel ver-
staucht hatte.

Der Regisseur arbeitete mit Gable und Monroe an der letzten
Szene des Films. Gay hat den letzten Mustang für die Frau, die er
liebt, in die Freiheit entlassen und sagt in der Fahrerkabine der
Lastwagenattrappe zu ihr: »Halt einfach Kurs auf diesen großen
Stern da vorn. Der Highway liegt gleich unter ihm – bring uns
nach Haus.« Whitey Snyder bemerkte, wie während der Aufnahmen der Schweiß von Gables Stirn rann, und fragte sich, ob
er wieder unter hohem Blutdruck leide. Gables Gesicht war
glänzend rot angelaufen und mußte immer wieder abgepudert
werden. Doch obwohl er sich offensichtlich nicht wohl fühlte,
hielt er alle Takes tapfer durch.

Der Produzent mußte den Rohschnitt mit Max Youngstein
abnehmen. Nach Ende der Vorstellung herrschte im Vorführraum langes Schweigen. Youngstein nahm Taylor unauffällig
beiseite und sagte ihm, wie enttäuscht er sei. Die Spannungen
und Turbulenzen, die am Set zwischen den Darstellern zu greifen gewesen waren, hatten sich aus dem Film davongestohlen.
Youngstein konnte nicht einmal erkennen, daß dies das Werk

John Hustons war, der sonst doch wie ein Schnellkochtopf den Dampf bis zu einer schrecklich schönen Entladung staute. Nein, Hustons Pranke war auf keinem Millimeter Film wiederzufinden. Taylor wand sich, sagte, daß er versucht hätte, Huston und Miller zu beaufsichtigen, sie aber meist sich selbst überlassen hatte und, während er ihnen zuhörte, versucht habe, eine Art unsichtbarer Katalysator zu sein.

Als Taylor Huston Vorhaltungen machte, gab Huston dem Drehbuch die Schuld und beteuerte, daß das, was Youngstein vermißte, nicht im Drehbuch gestanden und deshalb vom Regisseur nicht habe hergezaubert werden können. Auf typische Hollywood-Art schob jeder der Verantwortlichen dem anderen den Schwarzen Peter zu. Mit einem künstlerischen Fehlschlag am Bein begann Miller wieder mit dem Umschreiben, speziell, was die Tanzszene auf der Stix Farm betraf, in die er vergeblich mehr »Freude« pumpen wollte. Die Szene wurde nicht nochmals gedreht. Statt dessen schnitt der Cutter ein paar Meter lebhafte Tanz- und Trinkszenen dazwischen. Miller ging Gable mit seinen Änderungen an, aber Gable wollte sich nicht darauf einlassen, bevor er den ersten Schnitt gesehen hatte. Als er und Monroe mit ihrem gemeinsamen MCA-Agenten George Chasin den Rohschnitt vorgeführt bekamen, war sich Gable noch sicherer, daß er keine einzige Szene nachdrehen oder ändern wollte.

Gable setzte sich durch. Er sagte seinem Agenten, daß Miller und Taylor dabei wären, das Drehbuch noch weiter zu verpfuschen, und daß er damit nichts zu tun haben wolle. Nach Gables Gespräch mit Chasin holte Marilyn ihn ein, als er das Studio verließ. Gable sagte: »Erledigt.« Überrascht fragte sie: »Hast du nicht ihre Änderungen bekommen?« Er antwortete: »Mach dir keine Sorgen, Honey. Für mich ist Feierabend, und ohne mich können sie überhaupt nichts tun.«

Die frühe Szene wurde nicht geändert, aber am 4. November nahm Huston noch einmal die Schlußszene mit Gable und Monroe auf. Beide Darsteller saßen wieder in der Fahrerkabine, »den Sternen entgegen«. Der Regisseur bekam die Szene in einem Take und sagte zum letztenmal: »Gestorben!« Der Film war endlich im Kasten. Anschließend plauderte Gable noch mit

Freunden und Fans und brach dann abrupt auf mit der Entschuldigung, daß er sich nicht wohl fühle und wahrscheinlich wieder eine Grippe kriege. Er fuhr nach Hause auf seine Ranch in Encino.

Vorbei die Zeiten bei MGM, die wilden Parties an den Wochenenden bis spät in die Nacht, nach denen er, statt ins Bett zu gehen, in die Maske fuhr und, während sein persönlicher Garderobier ihn auskleidete, den Text für den kommenden Tag memorierte.

Währenddessen nahm Marilyn an der Abschlußparty in Studio 2 teil. Sie kaufte jedem Mitglied der Crew eine Flasche Whiskey, und Snyder überbrachte sie persönlich allen, die an den enervierenden, zermürbenden Erlebnissen in Nevada teilgehabt hatten. Miller entzog sich der Party und fuhr in seinem Mietwagen allein ins Beverly Hills Hotel.

Als *The Misfits* am 1. Februar 1961 in Premiere ging, hatte es bereits durchwachsene Berichte über Inhalt und Aufbau der Handlung gegeben, doch die Kritiken waren jubelnd, was Gables und Monroes darstellerische Leistung betraf. Paul V. Beckley schrieb im »New York Herald Tribune«: »Es ist kaum vorstellbar, daß Miller die Geschichte ohne Marilyn Monroe hätte schreiben können. Es gibt Sätze, in denen man das Gefühl hat, daß Miss Monroe sie selbst gesagt haben muß. Es ist sehr wahrscheinlich, daß viel in diesem Film direkte Beziehung zu Miss Monroe hat, aber auch so ist ihre Darstellung geeignet, sogar die eines Besseren zu belehren, die bislang an ihren schauspielerischen Fähigkeiten gezweifelt haben. Sie ist dramatisch, ernsthaft, präzise; und Gable, wie bereits gesagt, ist beinahe großartig.«

Trotz der Huldigungen für die beiden Hauptdarsteller war der Film, wie Marilyn vorausgesagt hatte, im Kino ein völliger Mißerfolg. Weder die Academy noch das Publikum gaben dem Zwei-Stunden-Opus die Lorbeeren, die Miller sich erhofft und mit denen Frank Taylor gerechnet hatte.

14. Kapitel
Die Austauschspieler

Es gab nichts Schöneres für Marilyn, als in die Suite ihres Lieblingshotels zurückzukehren und die Tür hinter den Widrigkeiten der letzten Monate zuzumachen. Aber erst mußte noch ein Fremdkörper entfernt werden. Marilyn ersuchte Miller zu gehen. May Reis verpackte die Kleider und Manuskripte ihres früheren Chefs in Kartons, mitten in der Nacht wurde Frank Taylors kleiner Kombiwagen vollgeladen, und Miller zog ins Sunset Towers Hotel um, wo er bis zu seiner Rückkehr nach New York wohnte.

In ihrer Bungalow-Suite im Beverly Hills Hotel zog Marilyn die Verdunklungsrollos herunter, um ungestört vom strahlenden kalifornischen Sonnenlicht und der Welt endlich lange ausschlafen zu können. Als sie aufwachte und telefonisch ihr Frühstück bestellte, war die Küche bereits mit dem Mittagessen beschäftigt, machte aber für Marilyns Eier und Lachs eine Ausnahme. Noch benommen von den Schlaftabletten, wartete sie ungeduldig auf den Kaffee.

Als das Frühstück kam, schlurfte Marilyn durchs Schlafzimmer auf der Suche nach ihrem Bademantel. Sie unterschrieb die Rechnung und gab ein stattliches Trinkgeld. Dann rief sie in ihrer New Yorker Wohnung an, um ihrer Haushälterin Lena Pepitone ihre Heimkehr anzukündigen. In der Annahme, daß die Schauspielerin durch das Essen auf Rädern an den Außendrehs, über das sie geklagt hatte, zugenommen habe, war Lena mit dem Ändern ihrer Garderobe beschäftigt. Sie plauderten darüber, ob Marilyn endlich ein wenig Schlaf finden würde, und welche Erleichterung es sei, nicht arbeiten zu müssen.

Als sie ihre Agentur anrief, erfuhr Marilyn, daß Rupert Allan von der Fürstin von Monaco, deren bevorzugter Betreuer er in ihrer Zeit als Grace Kelly gewesen war, die Einladung erhalten habe, ihr auch in ihrer neuen Rolle zur Seite zu stehen, und nur noch sporadisch zur Verfügung stünde. Marilyn hatte zwar mit ihrer früheren Pressereferentin Pat Newcomb während der Dreharbeiten zu *Bus Stop* gebrochen, aber nun brauchte sie bei den heftigen Angriffen, die zu erwarten waren, wieder ihre Hilfe. May Reis war sicher, daß sie bei Pat mehr Unterstützung in ihrem Umgang mit Monroe bekommen würde. Zusammen arrangierten sie, daß die Schauspielerin inkognito nach New York zurückreisen konnte. Allein der Gedanke an das Höllenspektakel, das auf die Ankündigung ihrer bevorstehenden Scheidung ausbrechen würde, ließ Marilyn erzittern. Obwohl eine Trennung auf immer absolut notwendig war, fiel der Frau, die so schlimm unter Verlassensängsten litt, keine wie auch immer geartete Trennung leicht.

Monroes Beklemmung legte sich etwas in der Vorfreude auf Joe DiMaggios Besuch. Nun mußte sie keine verstohlenen Anrufe mehr machen oder heimliche Treffen mit ihm vereinbaren. Als die Reisearrangements getroffen waren, rief sie ihn an, um ihn von ihrem Entschluß in Kenntnis zu setzen. Er wollte in das Scheitern ihrer Ehe nicht hineingezogen werden und riet ihr, sich zu prüfen, ob ihre Probleme mit Miller wirklich unlösbar seien. Joe versicherte seiner Ex-Frau, daß er sie über alles liebe, aber die Winkelzüge ihres Showbiz-Daseins schlugen ihm noch immer auf den Magen. Er haßte die halsabschneiderischen Schwindler und hatte ihr Geld oder ihren Namen nicht nötig. Auf jeden Fall war Marilyn endlich wieder frei und konnte Joe unter normalen Umständen sehen, was er ja wollte. Vorläufig war ihr das genug. Ohne auf die Liebe ihres Mannes bauen zu können, hatte Marilyn vier Ehejahre durchstehen müssen, die mit Prüfungen und Drangsal beladen gewesen waren. Das Ende konnte für sie nicht rasch genug kommen.

Das Herumhängen in ihrem Zimmer, spätes Frühstück im Bett, Beluga-Kaviar und Champagner, Massagen, lange heiße Bäder, Fernsehen und die Tagträume über DiMaggio stellten ihre Gesundheit in wenigen Tagen wieder her. Sie konnte Clark Gables Freundlichkeit nicht vergessen, die das Martyrium der Dreharbeiten fast erträglich gemacht hatte. Wenn sie sich an ihre gemeinsame Bettszene erinnerte, bekam sie am ganzen Körper Gänsehaut. Sie erinnerte sich an sein distanziertes Verhältnis zu seinem weltberühmten Charme. Bescheiden pflegte er zu sagen, daß es Millionen Burschen gäbe, die besser aussähen als er. Als ihm am Dreh ein Fan in den Ohren gelegen hatte, wie toll er doch aussehe, hatte Clark, statt sich in der Schmeichelei zu sonnen, abrupt sein falsches Gebiß herausgenommen und gerufen: »Schauen Sie, ich bin nur ein alter Mann, wie alle anderen.«

Trotz all dieser wundervollen Erinnerungen an die Erlebnisse, die sie eben erst mit ihrem Idol gehabt hatte, war sich Marilyn im klaren, daß Arthur Miller Gable als Lockvogel benutzt hatte, um sie zu einem Film zu überreden, den sie für »hoffnungslos« hielt, und den er egozentrisch nur geschrieben hatte, um seine Talente in die Auslage zu stellen.

Es stand bereits fest, daß *The Misfits* weder ein künstlerischer noch ein finanzieller Erfolg werden würden. Die Bosse der United Artists hatten trotzdem beschlossen, tausend Kopien ziehen zu lassen, in der Hoffnung, daß die Namen der Stars genügend tragen würden. Nur so hatte das Studio die Chance, die vier Millionen Dollar für den teuersten jemals produzierten Schwarzweißfilm wieder hereinzubekommen.

Als ihr Schlaf besser wurde und sie sich zu entspannen begann, machte sich Marilyn nach New York auf, um die Verhältnisse mit Miller zu regeln. Ihr PR-Agent Arthur Jacobs war der Meinung gewesen, daß der beste Ort, um die bevorstehende Scheidung anzukündigen, New York City sei, wo sie und Miller ihren Wohnsitz hatten.

Als sie in New York ankam, konnte sie der Presse entwischen und stürmte in ihre Wohnung, um Lena mitzuteilen, daß sie endlich wieder zu Hause sei. Kaum war sie angekommen, klingelte auch schon ständig das Telefon. Freunde und Geschäftspartner wollten die Nachricht von der Trennung aus erster Hand erfahren, bevor die offizielle Pressemeldung herauskam. Miller erschien auf der Bildfläche, um seine restlichen Sachen abzuholen. Während er seine Papiere, Andenken, Kartons und

Kleidungsstücke zusammenkramte, blieb Marilyn in ihrem Schlafzimmer. Als er fast fertig war, kam Lena zu ihr und berichtete ihr, daß er sehr traurig aussehe. Marilyn antwortete: »Gib mir Bescheid, wenn er weg ist.«

Erst als er und seine Besitztümer aus dem Haus waren, bat Marilyn Lena, sein Arbeitszimmer zu öffnen, damit sie die Räumlichkeit inspizieren konnte. Auf dem Schreibtisch lag ein Foto von ihr. Marilyn war verletzt, daß er es absichtlich zurückgelassen hatte, und wurde sich klar, daß auch er sie vergessen wollte. Tränen rollten über ihre Wangen, und sie ließ sich von ihrer Haushälterin trösten. Noch mehr Trost spendete allerdings eine üppige italienische Mahlzeit, zu der sie genußvoll Champagnerflips schlürfte und zwischendrin am Telefon mit einem ganzen Schwanz von Anrufern schwatzte. Als Joe sich meldete, um ihr alles Gute zu wünschen, sagte sie, daß sie die Herausgabe der Pressemeldung gar nicht erwarten könne, um ihn endlich wiederzusehen.

Vor diesem Ereignis erschütterte jedoch die Nachricht die Nation, daß Clark Gable einen Herzinfarkt erlitten habe. Marilyn war bestürzt. Am ersten Tag nach Abschluß der Dreharbeiten hatte Gable sich auf die faule Haut gelegt und mit seinen Stiefkindern und dem Hund gespielt. Als er einen Reifen an seinem Jeep wechselte, war er von einem akuten Schmerz in der Brust in die Knie gezwungen worden, dem ein heftiger Schweißausbruch folgte. Kay fand, daß er lediglich müde aussah, und schlug vor, daß er früh zu Abend essen und gleich zu Bett gehen solle. Als er mitten in der Nacht von Schmerzen aufwachte, die er für Kopfschmerzen und Magenverstimmung hielt, nahm er ein Aspirin und schlief bis halb acht Uhr morgens. Als er seine Khakihose anzog, krümmte er sich in einem weiteren Anfall rasender Schmerzen, der schlimmer als der erste war. Er glaubte immer noch stur, daß er lediglich eine Magenverstimmung hätte, und beschrieb anschließend den Schmerz als das Gefühl, »als ob eine riesige Hand in mich gekrochen sei und meinen Brustkasten auseinandergerissen hätte«. Trotzdem hielt er es noch immer nicht für nötig, den Arzt zu rufen. Obwohl er heftig protestierte, setzte sich Kay durch und rief Dr. Fred Cerini an, der den Encino Fire Rescue anwies, beim Transport des Schauspielers in das Van Nuys Presbyterian Hospital eine Sauerstoffmaske einzusetzen. Weil er seine schwangere Frau nicht aufregen wollte, blieb Gable während der ganzen Fahrt ruhig und entschuldigte sich dauernd.

Die Diagnose ergab, daß er eine Koronarthrombose erlitten hatte, die den rückwärtigen Herzmuskel beschädigt hatte. Er bekam Mittel gegen Blutgerinnung (Antikoagulantien), Sedativa, Sauerstoff und einen Herzschrittmacher, und die Ärzte verfolgten die Entwicklung seines Zustands peinlich genau. Die akute Gefahr war zwar gebannt, doch sein Leben hatte durch den Infarkt am seidenen Faden gehangen. Dr. George Griffiths, der Herzspezialist von Präsident Eisenhower, wurde gerufen, um die Regeneration zu überwachen.

Innerhalb weniger Tage war Gable soweit wiederhergestellt, daß er per Briefwahl seine Stimme für die bevorstehenden nationalen Präsidentschaftswahlen abgeben und die Tausende von Briefen, Karten und Blumensträußen mit Genesungswünschen sichten konnte, die er erhalten hatte. Sogar Präsident Eisenhower kabelte ihm herzliche Grüße. Seine Frau Kay und sein Freund Howard Strickling waren die einzigen, die um ihn sein durften und Auskunft über seinen Gesundheitszustand geben konnten.

Die Nachricht verbreitete sich, Gable habe sich erholt und es ginge ihm gut, doch Marilyn war in Panik und befürchtete einen Rückfall. Sie rief immer wieder an, um auf dem neuesten Stand zu sein.

Am Abend des 16. November 1960 gab Kay Gable ihrem Mann einen Gutenachtkuß und zog sich um 10 Uhr ins Nebenzimmer zurück. Gegen 11 Uhr legte Gable die Zeitschrift hin, in der er gelesen hatte, warf den Kopf nach hinten und verschied. Als ihr die Todesnachricht überbracht wurde, kehrte Kay in sein Zimmer zurück und hielt den Vater ihres ungeborenen Kindes fast zwei Stunden in ihren Armen. Schließlich, nach langem Zuspruch der Ärzte, ließ sie es zu, daß sein Körper in die Leichenkammer des Hospitals gebracht wurde.

Nach all den Jahren ihrer Schwärmerei für Clark Gable hatte

Marilyn in der gemeinsamen Arbeit erlebt, daß er so war, wie sie ihn sich erträumt hatte. Sein Tod traf sie schwer. Clark war so freundlich zu ihr gewesen, so freundlich, daß es nicht zu schildern war. Seine kleinen Scherze hatten sie in einer schrecklichen Zeit am Lachen gehalten. Immer wieder rief sie unter Tränen aus: »Ich liebe ihn.« Plötzlich wurde ihr bewußt, daß sie den größten Teil ihres Lebens danach getrachtet hatte, die Zuneigung ihres Phantasievaters zu gewinnen. Endlich war sie am Ziel angelangt, hatte er vier Monate lang all ihre Sehnsüchte gestillt. Und nun war er tot und für immer aus ihrem Leben verschwunden.

Wegen ihres Kummers lehnte es die Schauspielerin ab, an Gables Begräbnis in Los Angeles teilzunehmen. Sie hatte Angst, in der Öffentlichkeit zusammenzubrechen. Und es gab noch weitere Befürchtungen. Es zirkulierten Gerüchte, daß Marilyns notorisches Zuspätkommen die eigentliche Ursache für das Herzversagen des erschöpften 59jährigen gewesen sei. Keiner kam auf den Gedanken, Miller die Schuld zu geben – seiner Unfähigkeit, sein Drehbuch innerhalb der vorgegebenen Zeit zu beenden, seinem Insistieren auf Authentizität, das dem Schauspieler Unmenschliches in der Staubsee-Hitze abgefordert hatte. Marilyn wußte, daß die Reporter beim Begräbnis von ihr verlangen würden, eine Erklärung abzugeben. Rupert Allan schlug ihr vor, eine Pressemeldung herauszugeben, in der sie mitteilte, daß sie betroffen sei, und es dabei zu belassen.

Doch die Gerüchte hielten sich noch Wochen, genährt auch durch ihr häufiges Kranksein und die regelmäßigen Kämpfe mit ihrem Mann, die den Schauspieler in einen derartigen Streß getrieben hätten, daß sein Herz einfach nicht mehr mitmachte. Statt seine aufgestauten Aggressionen abzubauen, habe Gable es vorgezogen, ruhig und gelassen zu bleiben, und das sei zuviel für ihn gewesen. Die Hitze, der Staub, sein starkes Trinken wären Grund genug gewesen – aber darüber wurde nicht gemunkelt. Marilyn nahm sich den Klatsch so zu Herzen, daß sie um eine weitere Chance betete, sich zu ändern. Wenn sie gewußt hätte, was geschehen würde, redete sie sich ein, wäre sie nie zu spät gekommen oder krank gewesen. Es hätte nichts gegeben, das sie nicht für die Liebe und das Leben Clark Gables getan hätte.

Getreu ihrem Charakter, begann sie sich für seinen Tod verantwortlich zu machen. Sie versank in Schuldgefühlen und nahm mehr Schlaftabletten denn je. Aber selbst die Barbiturate konnten die schrecklichen, verstörenden Alpträume nicht auslöschen. In Einsamkeit verzweifelnd verlor sie ihren Appetit und lag tagelang im Bett. Lenas Kochkünste konnten ihre Stimmung nicht aufheitern. Nachdem sie am Telefon einen hysterischen Ausbruch gehabt hatte, reiste Joe an, um sie zu beruhigen. DiMaggio war sich wohl bewußt, wie überwältigend die Trauer eines vaterlosen Kindes sein konnte, und sein Mitgefühl für seine Ex-Frau war außerordentlich. Ein sicheres Zeichen für Liebe ist es, wenn ein Mann eine Frau über den Tod eines anderen Mannes hinwegtrösten kann. Aber wie verständnisvoll und fürsorglich Joe auch war, seine Liebe konnte die Angstanfälle und den wiederauflebenden Schmerz über frühere Verluste nicht besiegen. Sogar Millers Exodus begann weh zu tun. Es hätte ihr geholfen, wenn Arthur sie wenigstens geliebt hätte, aber es war schmerzlich deutlich, daß es nicht der Fall gewesen war. Marilyn steigerte sich so in ihre Psychose hinein, daß sie sich weigerte, ihre Wohnung zu verlassen, nicht einmal, um ihre Therapeutin aufzusuchen. Sie führte mit Dr. Kris ausgedehnte Telefongespräche. Marilyn bestrafte sich für Gables Tod, wobei sie auch die alte Schuld wieder aufrührte, daß sie Johnny Hyde »getötet« hätte. Irgendwie hatte sie immer gespürt, daß sie die Ursache für das Verschwinden ihres Vaters war, daß sie etwas getan hatte, das ihn vertrieb. Dr. Kris hämmerte ihr ein, daß sich allem Anschein nach Clark Gable selbst um die Ecke gebracht hatte, indem er gegen den Rat seines Arztes weiter trank und rauchte.

Marilyn hatte wie immer Schwierigkeiten mit dem logischen Denken; das klang alles richtig, aber sie konnte die Richtigkeit gefühlsmäßig nicht nachvollziehen. Sie konnte nicht von ihren Schuldgefühlen lassen. Mittlerweile trauerte sie um den Verlust all ihrer früheren Beziehungen, auch der zu ihrer Mutter. Sie fühlte sich schuldig, daß sie sie nicht besuchte. Sie fühlte sich schuldig, daß sie sich von James Dougherty hatte scheiden lassen, der sie, wie sie jetzt begriff, wirklich geliebt hatte. Sie erging sich in Schuld über die gescheiterte Ehe mit Joe DiMaggio und das Leid, das sie ihm und sich zugefügt hatte. Und sie gab sich nun auch die Schuld an der Auflösung ihrer Ehe mit Arthur Miller und fragte sich, wie sie ihn so weit gebracht hatte, daß er sie ebenfalls haßte. Der Selbsthaß gewann eine solche Dynamik, daß Lena sie tatsächlich dabei ertappte, wie sie auf eine Art zum Schlafzimmerfenster ging, die darauf schließen ließ, daß sie sich hinausstürzen wollte. Es schien, daß Lena sie gerade noch im rechten Moment zurückhalten konnte. Marilyn fiel schluchzend in ihre Arme.

Die offizielle Mitteilung, daß die Monroe-Miller-Ehe beendet sei, kam am 11. November 1960, als Marilyn bestätigte, daß sie und Arthur Miller sich getrennt hätten. Auf dem Gehsteig vor Marilyns Apartmenthaus in der 57th Street traf Pat Newcomb ein Presseaufgebot an, das für ein Staatsoberhaupt ausgereicht hätte. Newcomb beruhigte die erregten Gemüter, indem sie den Reportern mitteilte, daß es noch keine unmittelbaren Pläne für eine Scheidung gäbe. Darauf machten sich die Reporter auf die Suche nach Miller, in der Hoffnung auf seine Stellungnahme. Arthur teilte ihnen mit: »Unsere Ehe ist vorbei, und es scheint keine Möglichkeit zur Versöhnung zu geben.« Sein Freund James Proctor gab ihnen eine lohnendere Auskunft: »Sie ist nicht nur ein Star, sie ist eine Institution und muß immer dort sein, wo es heiß hergeht. Die Art von Millers Arbeit verlangt von ihm, daß er häufig allein ist und den Beanspruchungen des Showbusiness aus dem Weg geht.«

Kurz vor Weihnachten dachte Marilyn, daß eine Einkaufsorgie in Manhattan ihr eine kleine Atempause von ihren Obsessionen von Tod und Verlassenwerden verschaffen würde. Doch als sie all die Leute sah, die sich glücklich umarmten und Geschenke für ihre Lieben einkauften, wurde sie nur noch verzagter. Mit leeren Händen kehrte sie in ihre Wohnung zurück und spielte mit dem Gedanken, ihr Leben zu beenden. Ohne alle Zukunftsperspektiven ertappte sie sich wieder dabei, wie sie das Fenster anstarrte und an Entkommen dachte.

Die nächstliegende Lösung war, häufig mit Joe zu telefonieren. Allein das Bewußtsein, daß er für sie da war, war genug, um sie wieder lächeln zu machen. Nachdem sie mit ihm gesprochen hatte, gestand sie Lena, daß sie sich nicht vorstellen könne, Selbstmord zu begehen, und fragte: »Wie konnte ich nur so verrückt sein?«

Nachdem Marilyn ihre Todesgedanken beiseite geschoben hatte, teilte Lena ihre Befürchtungen May Reis mit. Marilyns Anwalt, Aaron Frosch, der deswegen konsultiert wurde, hielt es für das Beste, daß seine Klientin ihre Angelegenheiten ordnete und ein Testament machte. Frosch war als Vollstrecker vorgesehen sowie als Treuhänder über ein Konto zur Versorgung ihrer Mutter. Ihre Halbschwester Bernice Baker Miracle und May Reis sollten jede 10 000 Dollar bekommen. 25 Prozent ihres Vermögens gingen an Dr. Marianne Kris zugunsten der Hamptonstead Child Therapy Clinic in London. Den Rostens wurden 5000 Dollar vermacht. Die Überraschung war, daß Lee Strasberg als Haupterbe eingesetzt war, einschließlich Marilyns persönlicher Besitztümer. Marilyn willigte nur zögernd in die Aufsetzung des Testaments ein, weil ihr der Vorgang »gruselig« erschien. Sie wollte ein Testament, das sie wieder ändern konnte, und die vorläufige Aufteilung hatte keine besondere Bedeutung für sie. Sie ging davon aus, daß sie es sich jederzeit wieder anders überlegen konnte. Sie scherzte nervös über die Anziehungskraft, die das Fenster auf sie ausübte, und wies Lena an, »die Fenster geschlossen zu halten«, für den Fall, daß sie jemals wieder in Versuchung käme.

Joe DiMaggio wurde abermals ihr Lebensretter, und sie sahen einander wieder häufig. Im eleganten Anzug und über den Lastenaufzug, um keine Aufmerksamkeit zu erregen, erschien DiMaggio gewöhnlich nach dem Abendessen mit Geschenken und Blumen, blieb die Nacht über und verließ am nächsten Morgen die Wohnung, bevor May Reis kam. Es war für Marilyns Personal eine außerordentliche Beruhigung, wie zufrieden sie mit Joe war. Ein einfaches »Hallo!«, und wie er seinen kräftigen, festen Arm um die geliebte Frau schlang, war eine bessere Therapie, als irgendein Analytiker sie jemals leisten konnte. Marilyn war dankbar für die Liebe eines Mannes, der dafür nicht gekauft und bezahlt werden konnte. Nach einsamen Nächten, einer freudlosen Ehe und endlosem eisigen Schweigen zwischen ihr und Miller erwachte die Wohnung nun zum Leben. Sogar der Silvesterabend war für die Millers jedesmal bedrückend gewesen. Der 31. Dezember 1960 jedoch war anders. Marilyn hatte Lena ein spezielles Festessen für die alten Liebenden zubereiten lassen. DiMaggio und Monroe speisten Spaghetti mit delikaten italienischen Soßen. Nach dem Essen küßten Marilyn und Joe einander und erhoben das Glas auf ihren Küchenchef. Dafür, daß sie am Silvesterabend noch so spät gearbeitet hatte, wurde Lena fürstlich entlohnt und ließ die beiden in einer Umarmung zurück, die sie in das Jahr 1961 geleiten sollte.

Als Lena am nächsten Morgen kam und das Frühstück zubereitete, fiel ihr auf, daß Marilyn und Joe noch immer Händchen hielten und einander »Liebling« nannten. Welch ein Gegensatz zu den Essenszeiten der Millers. Beide schienen völlig heiter und zufrieden, ja, im siebten Himmel, Marilyn wagte den Versuch, Joe eine Wiederverheiratung vorzuschlagen. Doch für den Yankee Clipper war Liebe eine Sache und Ehe eine andere. Seine Antwort war: »Deine Karriere bringt dich um, und damit und mit Hollywood will ich nichts zu schaffen haben.« Nur wenn sie alles aufgäbe, würde die Sache in Ordnung gehen. So eigensinnig und stur er auch war, wollte Marilyn nichts lieber, als ihn wieder zu heiraten, und betete, daß er seine Meinung ändern möge, oder daß sie ihre Sturheit aufgeben könne, was ihre Karriere betraf. Solange DiMaggio da war, um sie wieder aufzusammeln, wenn sie am Boden zerstört war, war Marilyn es zufrieden, geduldig zu warten.

Aber Marilyn hatte ihre Ehe mit Miller noch nicht überwunden. Indem sie ihre Beziehung zu DiMaggio wieder intensivierte, ging sie anderen Problemen allenfalls aus dem Weg und kehrte bequem die jüngsten Verluste Millers und Gables unter den Teppich.

Daß eine stattliche Anzahl Drehbücher ins Haus flatterte, war für Marilyn eine schöne Bestätigung, daß ihre Leistung in *The Misfits* Anerkennung gefunden hatte. Sie war immer noch hoch im Kurs, und die Anrufe, in denen ihr das eine oder andere Projekt vorgeschlagen wurde, rissen nicht ab. Obwohl *The Misfits* kein Kassenerfolg war, wurde Marilyn dafür nicht die Schuld in die Schuhe geschoben. Sie war nach wie vor für Hauptrollen gefragt, und mit Joe an ihrer Seite fühlte sie sich selbstsicher genug, um die Scheidung von Miller einzureichen.

Ihr Agent John Springer und seine Assistentin Pat Newcomb überredeten im Verein mit Aaron Frosch Marilyn dazu, sich von Miller an dem Tag scheiden zu lassen, an dem die Presse mit der Berichterstattung über die Amtseinführung von John F. Kennedy beschäftigt war. Marilyn und ihre Mannschaft flogen über Dallas nach Juarez, Mexiko, um eine Blitzscheidung zu bekommen. Marilyn hatte nicht nach Reno gewollt, wo sie gerade einen Film über eine Scheidung abgedreht hatte. Auch Las Vegas kam nicht in Frage, wo sie vor Jahren die Scheidung von Dougherty in die Wege geleitet hatte, also blieb nur noch Mexiko übrig. Bei einer Zwischenlandung bekamen die vier das bedeutsame Ereignis mit, bei dem John Fitzgerald Kennedy in das Amt des Präsidenten eingeführt wurde. Von vorwiegend europäischen Presseleuten bedrängt, wich Marilyn in Juarez Fragen aus, die mehr mit ihrer »Verwicklung« mit Montand zu tun hatten als mit Miller. Der Richter Miguel Gomez Guerra gab am 20. Januar 1961 ihrem Scheidungsbegehren statt und nannte als Begründung »Unvereinbarkeit der Charaktere«.

Marilyn flog voll Vertrauen in die Zukunft nach New York zurück, doch ihre Hochstimmung löste sich in nichts auf, als sie erfuhr, daß Arthurs Mutter gestorben war. Die alte Mrs. Miller hatte Marilyn trotz einiger Mißverständnisse mehr als Tochter denn als Schwiegertochter behandelt. Sie hatte Marilyn sogar eindringlich gebeten, der Ehe mit ihrem Sohn noch eine Chance zu geben, doch Marilyn hatte ihrem Bitten kein Gehör geschenkt. Ein weiterer Todesfall, diesmal der einer Frau, die ihre längst verlorene Mutter hatte ersetzen müssen – ein weiterer Schicksalsschlag.

Monroe rief DiMaggio an, doch der war auf Geschäftsreise in Florida und nicht erreichbar. Nachdem sie sich im letzten Jahr wieder so nahe gekommen waren, war sie von ihm ziemlich abhängig geworden. Daß er nun nicht zur Verfügung stand, gab ihr abermals das Gefühl des Verlassenseins. Angesichts ihres fragilen Zustands und der anhaltenden Trauer um Clark Gable, der Trennung von Arthur und nun des plötzlichen Todes ihrer Ex-Schwiegermutter war es für Joe einfach nicht mehr möglich, sie zu trösten. Seine Abwesenheit war für sie ein Statement: er wollte nicht, daß sie dauernd an seinem Rockzipfel hing. Nachdem sie abermals verlassen worden war, schien ein völliger Zusammenbruch fast unausweichlich. Weder Vernunftgründe noch gutes Zureden konnten sie beruhigen. Als Folge mußte die Schlaftablettendosis wieder erhöht werden. Weitere schlaflose Nächte, noch mehr Barbiturate, noch mehr Alkohol waren für ihren ohnehin geschwächten Zustand verheerend.

Anfang Februar hatten Marilyns Angstzustände einen Grad erreicht, der ihrer Therapeutin schwere Sorgen machte. Ihre Bewußtseinstrübung erforderte Betreuung rund um die Uhr, die zu Hause nicht gewährleistet war. Dr. Kris überwies ihre Patientin in ein Sanatorium in der Nähe des East River, das nur zehn Blocks von Marilyns Wohnung entfernt war. Doch Marilyn war nicht auf die Gitter und die zellenähnliche Einrichtung in der Payne Whitney Clinic gefaßt gewesen. In Panik und in wieder aufflackerndem Zorn über die »Internierung« ihrer Mutter richtete sie eine flehentliche Bitte an Lee Strasberg, sie zu retten. Dr. Kris hat mich ins Hospital gesteckt . . . unter die Obhut von zwei vertrottelten Ärzten. Diese beiden sollten nicht meine Ärzte sein. Du hast nichts von mir gehört, weil ich mit all diesen armen, verrückten Menschen eingesperrt bin. Ich bin sicher, daß ich verrückt werde, wenn ich in diesem Alptraum bleibe. Bitte hilf mir, Lee, das ist der letzte Ort, an dem ich sein sollte – vielleicht rufst Du Dr. Kris an und überzeugst sie von meiner Verletzlichkeit, und daß ich wieder in die Klasse muß, damit ich besser vorbereitet bin . . . Lee, ich versuche, mich an das zu erinnern, was Du einmal in der Klasse gesagt hast, daß »Kunst in Bereiche weit jenseits der Wissenschaft vorstößt«. Bitte hilf mir. Wenn Dr. Kris Dir versichert, daß ich in Ordnung bin – überzeuge sie, daß ich nicht hierher gehöre! Marilyn. P. S. Ich bin in der Sicherheitsstation: Es ist wie eine Zelle.

Weder Dr. Kris noch Strasberg unternahmen etwas, um Marilyn aus ihrem Gefängnis zu erlösen. Doch Joe DiMaggio wußte, was seine Ex-Frau brauchte – ständige Liebe, besonders in Hinsicht auf die zehrende Reihe von Trennungen. Als Marilyn Joe endlich in Florida erreichte, nahm er das erste Flugzeug, sorgte für ihre Entlassung und brachte sie in eine Umgebung, in der sie eher Ruhe finden konnte. Ende Februar wurde Marilyn vom Payne Whitney in das Columbia Presbyterian Hospital verlegt, wo sie bis Mitte März blieb.

Sie beklagte sich bitter, wie sehr das Payne Whitney mit seinen Gittern, Stahltüren und Gummizellen einem Gefängnis geglichen habe. Sie betonte: »Diese Einrichtung ist für echte Irre«, von der Art, wie es ihre Mutter war, von der Art, von der sie befürchtete, daß sie auch so werden könnte. Die Schauspielerin dankte immer wieder Gott, daß Joe sie gerettet hatte. Da ihre Mutter und ihre Großmutter mit der Diagnose schwerer psychischer Störungen in Anstalten eingewiesen worden waren, nahm Dr. Kris automatisch an, daß die Einschließung von Miss Monroe völlig gerechtfertigt sei. Marilyn hatte ganz einfach deren Geisteskrankheit geerbt. Trotz ihrer Unsicherheit nahm es die Schauspielerin nicht hin, daß sie mit dem Fluch unwiderruflichen Wahnsinns belegt sei. Sie zog Joes Heilmittel vor – bedingungslose Liebe.

Aber auch das Columbia Presbyterian war steril und unpersönlich, und Lena hatte beträchtliche Mühe, das Zimmer der Schauspielerin ausfindig zu machen. Die liebevoll zubereiteten Gerichte der Haushälterin, Hühnersuppe, Pasta und Schokoladenpudding, halfen, die angeknackste Patientin wieder aufzumuntern. Blaß und erschöpft lag sie zwischen Dutzenden Blumenarrangements. Joes aufmerksame Liebe half ihr, von den suchterzeugenden Sedativa wieder herunterzukommen. Ihre Ärzte verringerten langsam die Dosierung, bis Marilyn ohne Barbiturate schlafen konnte. Lena besuchte sie regelmäßig und brachte immer wieder neue Geschenke, von Selbstgekochtem bis zu hübschen Nachthemden. Marilyn überraschte sie mit der Mitteilung, daß sie endlich eine ganze Nacht ohne Tabletten und Alpträume durchgeschlafen habe. Von Joes starkem Arm behütet, erholte sie sich allmählich.

Der immer gutherzige Frank Sinatra, der wußte, daß Miller ihren gemeinsamen Hund Hugo im Rahmen der Scheidungsvereinbarungen mitgenommen hatte (Marilyn behielt die Wohnung und Miller das kürzlich umgebaute Haus in Connecticut), schenkte ihr einen weißen französischen Pudel als Zeichen seiner Verbundenheit. Überzeugt, daß Sinatras Freunde wie Gangster aussahen, und gegen seinen Wunsch nannte Marilyn den Hund »Maf«. Schließlich akzeptierte Frank Marilyns Namenwahl mit Sportsgeist, obwohl es ihm doch ein wenig peinlich war.

DiMaggio, der nach wie vor den Yankees für Eröffnungen und Auftritte zur Verfügung stand, konnte seiner Ex-Frau nicht so viel Zeit widmen, wie er es gerne getan hätte. Sie wollte ihm näher sein, vielleicht kurze Zeit bei ihm einziehen, bis ihr Leben wieder in normalen Geleisen verlaufen würde. Das machte sie sich jedenfalls vor. In Wirklichkeit wollte sie die Ehe. Doch obwohl sie hoffte, daß er vielleicht seine Anforderungen niedriger schrauben würde, war davon keine Rede. Er wollte ihr bester Freund und Liebhaber bleiben, nicht mehr.

Zu Marilyns Glück war ihre Halbschwester Bernice aus Gladys' erster Ehe mit John Newton Baker in ihr Leben getreten. Mrs. Bernice Miracle und ihr Mann hatten in Gainesville, Florida, ein geruhsames Leben geführt. Wie Marilyn war auch sie von ihrer Mutter getrennt worden, allerdings in früherem Alter. Bernice war noch ein Kind gewesen, als ihr Vater mit ihr und ihrem Bruder (der bald darauf starb) aus Kalifornien floh, und erinnerte sich darum kaum an irgendeinen Kontakt mit ihrer Mutter. Marilyn und sie konnten gemeinsam ihrer beider Leben aufarbeiten. Anfänglich hatte Marilyn Bernice in Verdacht gehabt, daß sie von ihrer Prominenz profitieren wolle. Aber bald erkannte sie, daß die Absichten Mrs. Miracles lauter waren. In Wirklichkeit war es ihre Prominenz, die es Bernice ermöglicht hatte, Marilyn überhaupt zu finden. Bald wurde es die höchste Priorität des Superstars, den lebenden Rest ihrer Familie (lebendiger als die eingewiesene »tote« Mutter) kennen- und liebenzulernen.

Die Schauspielerin bot Bernice und ihrem Mann eine Blitzbesichtigung von New York. Sie brachte sie in einem teuren Hotel unter, versorgte sie mit einem Chauffeur, der sie überall hinbringen konnte, und verwöhnte ihre Schwester mit allen Privilegien des Startums, einschließlich Kenneth, ihrem ganz speziellen Friseur in Manhattan. Da sie eine gewisse Ähnlichkeit entdeckte, machte sich Marilyn den Spaß, Bernice in ihren Zwilling zu verwandeln. Obwohl Bernice etwas kleiner und schlanker war, sahen sich die Schwestern bemerkenswert ähnlich. Allerdings paßte die Verwandlung in eine Glamourkönigin nicht so recht zur bescheideneren Schwester.

Entmutigt von DiMaggios Widersprüchlichkeit, bemühte sich Marilyn, eine tiefe, dauerhafte Beziehung zu Bernice aufzubauen. Die Freuden der Blutsverwandtschaft waren Marilyn so gut wie unbekannt. Obwohl sie beträchtliche Geldbeträge überwies, um ihren Beitrag zur Pflege ihrer Mutter zu leisten, machte allein der Gedanke an sie die Schauspielerin traurig und depressiv. Nun, da sie sich mit ihrer »normalen« Schwester identifizieren konnte, bekam Marilyn endlich Boden unter den Füßen. Sie kümmerte sich darum, Bernices Lebensstandard zu heben, und verwandte unerschöpfliche Energie, Zeit und Geld auf sie. Nur wenn sie über ihre Mutter sprachen, fühlten sich die beiden unbehaglich. Daß sie in früher Jugend brutal von ihr getrennt worden waren, hatte ihnen bleibenden emotionalen Schaden zugefügt. Keine von beiden hatte den Schmerz und den Zorn überwunden, den sie als Kinder über den »Verrat« ihrer Eltern empfunden hatten. Daß beide Frauen sich so nach der Liebe und Zuneigung ihrer Mutter sehnten, brachte sie einander noch näher.

In dankbarer Würdigung, daß sie ihre »andere Hälfte« gefunden hatte, fühlte sich Marilyn schließlich so entspannt, daß sie Bernice zur Farm nach Connecticut brachte, um ihr die Freuden eines einfacheren Lebens zu zeigen. Unter dem Vorwand, daß sie ihre persönlichen Sachen abholen wolle, fuhren sie, Bernice und ihr Masseur Ralph Roberts zu Millers Besitz. Sie gab vor ihrer Schwester an, wie sie – natürlich mit ihrem eigenen Geld – mitgeholfen hatte, das Anwesen in die anmutige Farm zu verwandeln, die sie vor sich sah. Marilyn spielte geschickt ihr Glamour-Image herunter, um ihrer Schwester zu demonstrieren, daß auch sie mit beiden Beinen auf dem Boden stand. Sie hatte zusätzlichen Grund gekauft, um die Ungestörtheit und den Wert des Hauses zu erhöhen und dann, großzügige Frau, die sie war, ihren Anteil am Besitz Miller geschenkt, was sie andererseits ein wenig bedauerte, denn sie hatte die Abgeschiedenheit und die Ruhe in Connecticut genossen.

Miller war glücklich, daß er diese Beute aus der Ehe gemacht hatte. Mit einer stolzen Summe auf der Bank, seinem Honorar für *The Misfits*, war er in der Lage, sich mit allem Komfort »zur Ruhe zu setzen«. Durch den Umbau und den Grund, der dazugekommen war, war der Besitz außerdem im Wert gestiegen. Miller lebte finanziell abgesichert, hoffte noch immer auf eine Karriere als Drehbuchautor und träumte davon, daß er für *The Misfits* mit dem Oscar geehrt würde.

Obwohl es in der Beziehung der Schwestern, die einander so spät gefunden hatten, Augenblicke der Fremdheit gab, hatten sie beide Bewunderung, Respekt und Verständnis füreinander und waren von der Erfahrung beglückt, daß die Stimme des Blutes stärker war, als sie es sich hatten vorstellen können. Der lange begrabene Traum, eine »wirkliche« Familie zu haben, wurde Wahrheit, als die Schwestern Bernices eventuellen Umzug nach New York erörterten. Sie konnten sonntags gemeinsam zu Abend essen oder ins Kino gehen wie andere typische amerikanische Schwestern auch. Ihre Wiedervereinigung spornte Monroe an, sich ein neues Leben ohne Arthur Miller einzurichten. Obwohl ihr fünfunddreißigster Geburtstag näherrückte und die schweren Schläge des letzten Jahres immer noch schmerzten, luden die neugefundenen Familienbande die reifer gewordene Sexkönigin mit Energie auf und gaben ihr das Gefühl, daß das Leben doch voller Hoffnung war.

15. Kapitel
Schweinebucht

Um die aufreibende Kampagne trotz seiner Rückenbeschwerden und der Addisonschen Krankheit – einer Bronzeverfärbung der Haut durch das Fehlen von Nebennierenrindenhormonen – durchzustehen, verließ sich Senator Kennedy voll auf die Heilmethode des New Yorker Arztes Dr. Max Jacobson. Johns Freund und Vertrauter Cuck Spaulding, der durch den einstigen Naziflüchtling von einem heftigen Anfall des Pfeifferschen Drüsenfiebers »geheilt« worden war, hatte den Senator und Jackie zu ihm gebracht. Geblendet von der eindrucksvollen Liste prominenter Patienten, darunter Judy Garland, Billy Wilder, Yul Brynner, Eddie Fisher, Truman Capote, Alan Jay Lerner, Van Cliburn, Mickey Mantle und Stavros Niarchos, war der gutgläubige Kennedy erfreut, in diesen privilegierten Klientenkreis aufgenommen zu werden. Eine Woche vor der ersten Kandidatendebatte, die im nationalen Fernsehen übertragen wurde, unterzog sich JFK der ersten von zahlreichen Behandlungen durch Dr. Feelgood, wie Jacobson in New York City familiär genannt wurde. Etwa zum gleichen Zeitpunkt suchte auch Jackie Jacobson auf, um die quälenden Kopfschmerzen und die Depression loszuwerden, die sie nach der Kaiserschnittgeburt von John jr. bekommen hatte; um mit den postnatalen Spannungen, der Aussicht auf die Position der First Lady und dem damit verbundenen angstmachenden Verlust von Privatleben fertig zu werden, setzte Jackie wie ihr Mann in den Wunderdoktor große Hoffnungen.

In seiner Plüschpraxis in Manhattan 155 East 72nd Street gab sich der Medizinguru erst selbst einen Schuß seines geheimnisvollen Allheilmittels, bevor er es seinen berühmten Patienten injizierte. Der dunkelhaarige selbstherrliche Arzt pries sein Geheimserum als das perfekte Elixier für eine Ganzheitsbehandlung an. Seine Patienten bewunderten seine offenbar grenzenlose Energie ebenso wie seine Selbstsicherheit und Weisheit.

Nach ein paar Besuchen bei Dr. Jacobson war Jack Kennedy davon überzeugt, daß die Behandlung ihm die nötige Energie verschafft hatte, um sein unmenschliches Pensum durchzustehen. Aber nichts hätte für einen Mann, der so viele Leiden hatte, schädlicher sein können. Zusätzlich zu Jacobsons Gebräu nahm Kennedy auch das schmerzstillende Mittel Demerol und Cortison gegen die Addisonsche Krankheit. Diese Kombination von Medikamenten (die nach heutiger Auffassung kontraindiziert sind) verschlechterte zweifellos sein Befinden, da sie die Adrenalinfreisetzung hemmte. Doch obwohl Jacobson ihm geraten hatte, das Demerol abzusetzen, spritzte sich Kennedy weiterhin das Schmerzmittel zusätzlich zu den zwei bis drei wöchentlichen Injektionen bei Jacobson.

Als Jackie im Bad Jacks Demerolampullen entdeckte, forderte sie ihn wiederholt auf, damit aufzuhören. Doch der süchtige Präsident verteidigte den Gebrauch des Medikaments heftig und berief sich auf sein chronisches Rückenleiden, die Addisonsche Krankheit und die entsetzliche Bürde als Führer Amerikas in einer Zeit der Krise.

Da er alle Medikamente gleichzeitig nahm, machte der Präsident intensive Höhen und schwere Tiefen durch, wobei die Höhenflüge von grandioser Überschätzung seiner Fähigkeiten und einem enorm gesteigerten Sexualtrieb begleitet waren. Jack war unersättlich geworden.

Nachdem sein Bruder monatelang an der Nadel Dr. Jacobsons gehangen hatte, wurde Bobby über Jacks Zustand besorgt und ließ das Wundermittel einem Labortest unterziehen. Es stellte sich heraus, daß das Serum hohe Mengen von Amphetaminen, Steroiden, Hormonen und Frischzellen enthielt und dazu einen geringen Anteil von Vitaminen. Viele nichtsahnende Klienten, die in den Genuß der Behandlung gekommen waren, litten später an akutem Gedächtnisschwund, Depressionen, Angstzuständen, Gewichtsverlust, erhöhtem Blutdruck, Paranoia, Halluzinationen und anderen unschönen Symptomen. Schließlich entschied das New York City Medical Examiner's

Office, daß einer von Jacobsons Patienten an »akuter Amphetamin-Vergiftung« gestorben sei, und dem Arzt wurde zum Wohle der Volksgesundheit die Approbation entzogen.

Gegen Ende seiner Administration hatte Präsident Eisenhower eine geheime CIA-Mission zum Sturz des neu installierten Castro-Regimes geplant. Die Tatsache, daß der marxistische Zwerg Kuba für die Vereinigten Staaten eine derartige Bedrohung darstellte, ergötzte den Erzfeind Sowjetunion. Mit der ständigen Drohung im Nacken, daß auf Kuba auf die USA gerichtete Langstreckenraketen installiert werden könnten, plante die amerikanische Regierung, Fidel Castro ein für allemal schachmatt zu setzen. Noch vor der Wahl hatte sich der alte Kennedy vom CIA-Chef Allen Dulles instruieren lassen, der bei der Planung der geheimen Invasion federführend war. Einige Tage vor der Fernsehdebatte wurde die folgende Erklärung von der Wahlkampfzentrale Kennedys herausgegeben: »Wir müssen alles daransetzen, die demokratischen Anti-Castro-Kräfte im Exil und in Kuba selbst, die uns auf den Sturz Castros hoffen lassen, zu stärken. Bisher haben diese Kämpfer für die Freiheit von unserer Regierung praktisch keine Unterstützung bekommen.« Der Senator behauptete später, daß er die Pressemeldung nicht einmal zu Gesicht bekommen hätte.

Nixon erkannte sofort, daß Kennedys abwegige Bemerkung eine Bedrohung der nationalen Sicherheit bedeutete, führte seinen Kontrahenten während der Debatte aufs Glatteis und brandmarkte seinen Vorschlag als »gefährlich unverantwortlich«. Darauf argumentierte er erfolgreich weiter, daß der Verlust der Unterstützung Lateinamerikas und der Vereinten Nationen nichts als eine offene Einladung an Mr. Chruschtschow sei, die USA in einen Bruderkrieg mit Lateinamerika zu verstrikken und vielleicht »noch Schlimmeres«. Mit seinem Wissen als Vizepräsident über die verdeckten Operationen zur Bewaffnung der Kuba-Exilanten auf ihrer Ausbildungsbasis in Guatemala war Nixon angewidert, daß Kennedy den Geheimplan in Gefahr brachte, lediglich, um politisches Kapital daraus zu schlagen. Nixon gab sich vor den Fernsehkameras milde gegenüber den

Kommunisten (was in krassem Widerspruch zu seiner wirklichen Auffassung stand), nur um den strategischen Fauxpas des Senators bloßzustellen. Der übersteuerte, mit Medikamenten vollgestopfte Kandidat wies die Beschuldigungen »bei allem Respekt als Fehlkalkulation« zurück. Ted Sorensen kam Jack zu Hilfe und erklärte, daß der Senator bei seiner Unterrichtung nicht auf die Invasionspläne aufmerksam gemacht worden sei. Bei späteren Bemühungen, die Panne aus der Welt zu schaffen, erklärte Richard Goodwin, daß Kennedy in der Tat unterrichtet worden sei, daß er aber, als die Meldung abgefaßt wurde, im Carlyle Hotel in Manhattan nicht erreicht werden konnte, um seine Zustimmung zu geben. In Wahrheit hatte jedoch der Secret Service auf Goodwins Ersuchen den Präsidentschaftskandidaten nicht im Schlaf stören wollen.

Am nächsten Tag war Kennedy damit beschäftigt, seine Position gegenüber Kuba klarzustellen und gab schließlich zu Protokoll: »Ich war und bin kein Befürworter einer Intervention in Kuba, die eine Verletzung unserer vertraglichen Verpflichtungen bedeuten würde ... Wir müssen alle verfügbaren Kommunikationsmittel einsetzen – Rundfunk, Fernsehen und Presse – sowie die moralische Kraft der amerikanischen Regierung, um die freiheitlichen Kräfte in Kuba wissen zu lassen, daß wir auf ihrer Seite stehen.« Die Positionswechsel brachten die erkannten Stärken der Kandidaten aus der Balance, Nixon stand plötzlich als Taube da, was seine Einstellung zum Kommunismus betraf, und Kennedy war in die Position des Falken gedrängt worden. Doch Nixon stand voll hinter der Operation Kuba. Im Oktober 1962 wurde Kennedy mit der Kubakrise konfrontiert – der unmittelbaren Konsequenz seiner stümperhaften Fehlinformation. Als Castro den Plan herausbekommen hatte, rief er zur Selbstverteidigung Chruschtschows Hilfe an gegen die drohende Invasion der Vereinigten Staaten und die Versuche, ihn zu ermorden. Als darauf Raketen mit Atomköpfen auf Kuba installiert wurden, wurde ihre Anwesenheit von der amerikanischen Luftaufklärung fotografisch festgehalten. Kennedy stellte ein Ultimatum, die Welt erzitterte einige Tage, und Chruschtschow gab schließlich nach und ließ die Raketen wieder abtransportieren, allerdings im Tausch gegen das Versprechen der USA, auf eine Invasion auf Kuba ein für allemal zu verzichten.

Ein Wahlhelfer enthüllte später, daß Kennedy während der Fernsehdebatte mit seinen Gedanken ganz woanders gewesen war. Anderthalb Stunden vor Beginn der Livesendung war Jack noch mit einem Callgirl in seinem Hotelzimmer gewesen. Und unmittelbar nach der Debatte hatte JFK gefragt: »Schon Mädchen für morgen organisiert?« Dr. Jacobsons Therapie hatte seinen sexuellen Heißhunger auf beispiellose Touren gebracht. Jack prahlte später damit, daß er vor jeder Debatte Sex haben mußte, um sein Vertrauen in den Wahlsieg unerschütterlich zu machen.

In den ersten Monaten seiner Präsidentschaft war sich Kennedy wohl bewußt, daß der Mob bei der verdeckten Operation gegen Kuba gute Karten hatte. Die florierenden Spielhöllen und Bordelle waren bei Castros Machtübernahme von einem Tag auf den anderen geschlossen worden, und der Mob war sauer.

Die CIA hatte sich für ihren Versuch, das Castro-Regime zu stürzen, nicht zimperlich der Unterstützung der Mafia versichert. Für die Cosa Nostra stand eine Menge auf dem Spiel. Castro hatte ihre »zollfreien Geschäfte« Unsummen gekostet. Auch damit, daß sie Millionen Dollar gelöhnt und Castro einen Anteil versprochen hatten, in der Hoffnung, daß er vielleicht die Wiedereröffnung der Casinos erlauben würde, hatten sie nur ihre Zeit vergeudet. Castro blieb unentschieden und hielt weiterhin den kubanisch-amerikanischen Glücksspielzaren Santos Trafficante im Gefängnis fest. Jack Ruby, der ein paar Jahre später Lee Harvey Oswald, JFKs angeblichen Mörder, erschoß, wurde beauftragt, sich um Trafficantes Entlassung zu kümmern. Beunruhigt, daß er seine Basis für den Drogenschmuggel verloren hatte, beteiligte sich Carlos Marcello, der Unterweltkönig von New Orleans, an der Bewaffnung einer Gruppe kubanischer Rebellen.

Des Präsidenten Rezept für persönliches Glück schien mit seinem öffentlichen Leben in Widerspruch zu stehen. Als sein Vater darauf bestand, daß er sich für das Präsidentenamt bewerben müsse, war JFKs erste Reaktion, daß er in Tränen ausbrach. Jack wollte nur genießen und den Becher bis zur Neige leeren. Als ältester lebender Sohn eines der reichsten und mächtigsten Männer im Land und als Harvard-Absolvent war Mr. Kennedy nur an einem Leben interessiert, das ihn in den Status eines internationalen Playboys versetzen konnte. Er fand, daß ihn das Amt des Präsidenten mit zuviel Verantwortung belasten würde. Jack fühlte sich nicht geeignet, in die Fußstapfen seines älteren Bruders Joe jr. zu treten, der am 12. August 1944 bei der Explosion seines Bomber-Prototyps umgekommen war, der konstruiert worden war, um die Abschußrampen der V1-Raketen in Frankreich auszuschalten. Joe jr., der in dem Ruf stand, genauso feig zu sein wie sein Vater, der amerikanische Botschafter in Großbritannien, war acht Monate frustriert in England herumgegangen, ohne die Möglichkeit zu Heldentaten, wie das Versenken eines U-Boots oder das Abschießen eines feindlichen Flugzeugs, zu bekommen. Um die in England herumschwirrenden Beschuldigungen, daß sein Vater fragwürdige politische Kontakte geknüpft hatte, zu entkräften, hatte er sich umgehend für die gefährliche Top-secret-Mission beworben.

Die Pläne des Patriarchen mit seinem ältesten Sohn waren durch den Absturz zerstört worden. Da er es selber nicht zum Präsidenten gebracht hatte, weil er durch seine allzu »nachsichtige« Einschätzung Adolf Hitlers seine Glaubwürdigkeit verloren hatte, hatte der Senior in seinem Lebensentwurf vorgesehen, daß der Junior seine Pläne stellvertretend erfüllen würde. Plötzlich war JFK der nächste am Zug, um die Fackel für den Kennedy-Clan zu tragen. Bis Jack 1954 im Hospital auf wunderbare Weise aus dem Koma wieder ins Leben zurückgekehrt war, hatte Joe nie daran geglaubt, daß sein kränkelnder Sohn »das rechte Zeug« für die Präsidentschaft hätte. Bloß gut zu sein, war nicht annähernd genug, um die überwältigende Verantwortung im Oval Office zu übernehmen, also war es Joe klar, daß er selbst das Sagen haben würde.

Fast jede Entscheidung im Weißen Haus, die man auch nur im entferntesten für wichtig hielt, wurde durch Joe überwacht.

1/2 Links: Norma Jeane im Alter von sieben Monaten und, 15jährig, kurz vor ihrer ersten Heirat

4 Oben: Als blutjunges Fotomodell, Ende der vierziger Jahre

3 Ihre Tante Ana Lower lädt zum Hochzeitsempfang nach der Trauungszeremonie mit dem Nachbarssohn Jim Dougherty am 19. Juni 1942.

Miss Ana Lower
requests the honour of your presence
at the marriage of her niece
Norma Jean Baker
to
Mr. James E. Dougherty
Friday, the nineteenth of June
nineteen hundred and forty-two
at 8:30 o'clock p. m.
at the house of
Mr. and Mrs. Chester Howell
432 South Bentley Avenue
Los Angeles, California

Reception
Immediately after ceremony
432 South Bentley Avenue
Los Angeles, California

5 Eine Aufnahme von Tom Kelley, die um die Welt ging, 1947

7 Als Werbegirl für Mode-Accessoires auf dem Titel eines amerikanischen Fotomagazins, Anfang der fünfziger Jahre

Gegenüberliegende Seite oben ▷
8-11 V. l. o. n. r. u.: »Mr. Grunion, ich brauche Ihre Hilfe!« Mit Groucho Marx in »Love Happy«, 1949. – In John Hustons »Asphalt-Dschungel«, 1950, mit Louis Calhern. – Die Gründer der Twentieth Century Pictures, Darryl Zanuck (stehend) und Joseph M. Schenk – in der Beurteilung der schauspielerischen Fähigkeiten ihres jungen Stars waren sie unterschiedlicher Meinung. – Mit ihrer Schauspiellehrerin Natasha Lytess, Mitte des fünfziger Jahre

Gegenüberliegende Seite unten ▷
12 In »Alles über Eva«, 1950, mit Celeste Holm, Gary Merrill, George Sanders und Anne Baxter (auf der Treppe v. o. n. u.)

6 Nun heißt sie Marilyn Monroe und hat einen Sieben-jahresvertrag bei der 20th Century-Fox: Mit den anderen jungen Vertragsschauspielerinnen, 1950

13 Der Ehebrecherin geht es an den Kragen: Der Showdown in »Niagara« von Henry Hathaway, 1953, mit Joseph Cotten

14 Freundliche Rivalinnen: Mit Jane Russell in »Blondinen bevorzugt« von Howard Hawks, 1953

15 Die Dreharbeiten waren mühsam: In »Rhythmus im Blut«, 1954, mit Dan Dailey

16 Mit ihrem Maskenbildner und Vertrauten Allan »Whitey« Snyder bei den Außenaufnahmen zu »Fluß ohne Wiederkehr«, 1954

17 Mit Ehemann Nr. 2, Joe DiMaggio, 1954 im Stork Club, New York

18 Links: Die Flitterwochen werden unterbrochen für den Auftritt vor den G.I.s während des Koreakrieges, Februar 1954: »Diamonds Are a Girl's Best Friend«

19/20 Die berühmt gewordene Luftschachtszene in »Das verflixte 7. Jahr«, 1955, und, unten, Entspannung zwischen zwei Szenen mit Partner Tom Ewell (links) und Regisseur Billy Wilder

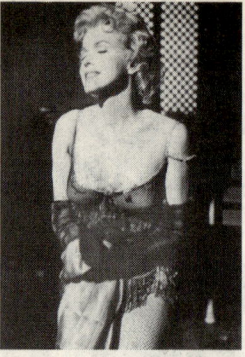

26/27 Mit Laurence Olivier in »Der Prinz und die Tänzerin«, 1957, und, rechts, mit Ehemann Arthur Miller bei
der Premiere dieses Films

◁ *Gegenüberliegende Seite*
21/22 Oben: Die Tingeltangelsängerin und der Cowboy: Mit Don Murray in »Bus Stop«, 1956

23–25 Mitte: Arthur Miller freut sich, wie gut sich seine
junge Frau mit seinen Eltern Isidore und Augusta Miller
versteht, und, unten links, Hochzeit mit Arthur Miller in
New York, 29. Juni 1956. – Unten rechts: Schauspielleh-
rer Lee Strasberg

28–30 Trotz der Mißtöne während der Dreharbeiten
ihre erfolgreichste Rolle: Sugar in »Manche mögen's
heiß«, 1959, mit Tony Curtis und Jack Lemmon, und,
unten rechts, Probe zur Strandszene mit Tony Curtis und
Regisseur Billy Wilder

31 Das Ziel ist erreicht: Der Weltstar im Atelier

32/33 Zwei von vieren sind sich nahe: Treffen des Ehepaars Miller-Monroe mit dem Schauspieler-Ehepaar Yves Montand und Simone Signoret während der Dreharbeiten zu »Machen wir's in Liebe«, 1960, und, rechts, der Regisseur dieser Filmkomödie, George Cukor ...

34/35 ... sowie zwei Szenen daraus mit Yves Montand

36 »Nicht gesellschaftsfähig«, 1961: Kurz vor der Trennung von Arthur Miller in einer Drehpause ...

37 ... die Hauptdarsteller, der Regisseur und der Drehbuchautor: Mit Montgomery Clift, Clark Gable, Eli Wallach, John Huston und Arthur Miller ...

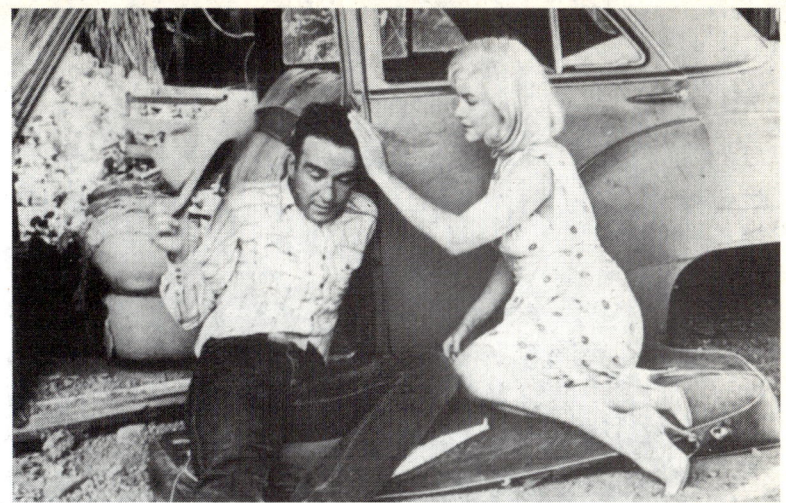

38 ... Szene mit Montgomery Clift ...

39 ... und der »Traumvater« als Liebhaber: Mit Clark Gable. Aber alle leiden unter den Dreharbeiten.

41 Der Film »Something's Got to Give« blieb 1962 unvollendet: Marjorie Plecher und Agnes Flanagan assistieren bei der Nacktbadeszene ...

◁ *Gegenüberliegende Seite*
40 Starfoto, 1960

42–45 ... und Halbakte aus dieser Sequenz. – Rechts: Am Set dieses Films

46–51 Oben links: »Happy Birthday, Mr. President« bei der Geburtstagsgala zu Ehren John F. Kennedys am 19. Mai 1962 im Madison Square Garden, New York. – Oben rechts: Peter Lawford mit seiner Frau Patricia, einer Schwester der Kennedy-Brüder, und, darunter, Präsident John F. Kennedy mit Justizminister Robert Kennedy. – Mittlere Reihe v. l. n. r.: Mafiaboß Sam Giancana, Mafioso John Roselli und Jimmy Hoffa, Präsident der Internationalen Transportarbeitergewerkschaft

52 Warten auf Robert Kennedy?

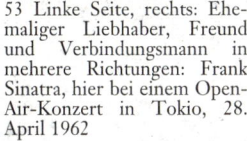

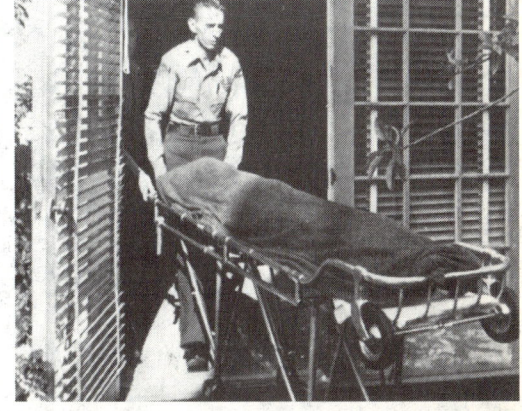

53 Linke Seite, rechts: Ehemaliger Liebhaber, Freund und Verbindungsmann in mehrere Richtungen: Frank Sinatra, hier bei einem Open-Air-Konzert in Tokio, 28. April 1962

54/55 Oben: Eunice Murray, das auf den Star angesetzte Faktotum, im Jahre 1972. – Darunter: Lionel Grandison, Assistent des Leichenbeschauers. Er behauptet, daß er dazu gezwungen wurde, auf dem Totenschein Selbstmord als Todesursache einzutragen.

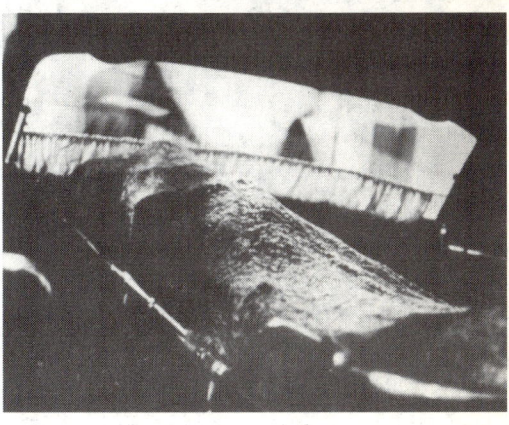

56–58 Von oben nach unten: Das karg möblierte Schlafzimmer ihres Hauses in Brentwood, in dem die Leiche gefunden wurde. – Abtransport der Toten – und Blick in den Leichenwagen, 5. August 1962

59 An ihrem 36. Geburtstag, 1. Juni 1962

Als das Kabinett benannt werden mußte, war Jack gezwungen, sich jedem Kandidatenvorschlag seines Vaters zu fügen. JFK war insbesondere gegen Joes Entscheidung, seinen jüngeren Bruder Bobby, der nicht einmal als Anwalt praktiziert hatte, zum Justizminister zu machen. Kennedys enger Freund Torbet Macdonald bat den Präsidenten um seinen freigewordenen Sitz im Senat, doch der Ex-Botschafter bestimmte flugs Benjamin Smith, der die Botschaft verstand: er mußte den Platz so lange warm halten, bis Ted Kennedy so weit wäre. Die Entscheidungen, die ihm aufgezwungen wurden, mußten einem Mann, der seine Zukunft nicht selbst bestimmen konnte, große Angst einjagen. Joe Kennedys Absicht war es, seinen Sohn mit intelligenten Jasagern zu umgeben. Joe wollte keine Einmischung, weder was seine politischen Pläne betraf, noch die ständige Kontrolle über seinen Sohn. Luther Hodges, der frühere Gouverneur von North Carolina, wurde Wirtschaftsminister, Stewart L. Udall aus Arizona Innenminister, der Gouverneur von Connecticut, Abraham Ribicoff, übernahm das Ministerium für Gesundheit, Erziehung und Soziales, und der altgediente Gewerkschaftsanwalt Arthur Goldberg wurde in das Arbeitsministerium berufen. All diese Männer dienten dazu, den Präsidenten herauszuheben und Joes Anweisungen mehr Nachdruck zu verleihen; und Jack mußte sich weiter auf die ungemeine Entschlußfreudigkeit des Patriarchen verlassen. Die Wochenenden wurden gewöhnlich in Hyannis verbracht, wo der Präsident mit dem Ex-Botschafter über die Politik der Regierung konferierte. Joe mußte niemals trickreich vorgehen, um seinem Sohn sein Diktat aufzuzwingen. Am Eßtisch der Kennedys begnügte sich Jack in der Gegenwart des Grand Old Man mit nervösem Kichern. Joe prahlte dauernd: »Bis zum heutigen Tag hat mich noch keiner meiner Söhne in irgend etwas geschlagen. Vielleicht waren sie der Meinung, daß ich mit dem Tennisspielen etwas zu früh aufgehört habe. Aber ich habe Bobby und Teddy geschlagen, als ich das letztemal mit ihnen Golf spielte.« Im falschen Amt und das auch noch unwillig, flüchtete sich Jack, der im Schatten einer so übermächtigen Vaterfigur seine Versagensangst kultivierte, in Drogen- und Sexsucht.

Zu Beginn der Kennedy-Administration hatte Sam Giancana an der Berufung von Robert Kennedy zum Justizminister schwer zu beißen. Trotz Johns heftiger Einwände glaubte Joe, daß seine Wahl den Kennedys einen Vorteil gegenüber dem Mob verschaffen würde. Auch Clark Gifford, der Familienanwalt der Kennedys, hatte abgeraten. Es wäre Sam aus der Seele gesprochen gewesen. (Später fand Giancana heraus, daß Kennedy wichtige Teile in den Berichten über die Aktionen gegen den Mob entfernt hatte.) Giancana kam schließlich zu dem Schluß, daß die Kennedys systematisch versuchten, ihre Verpflichtungen gegenüber dem Mob zu streichen. Während Bobby mit der Verfolgung und ständigen Überwachung der Aktivitäten des Mob fortfuhr, war Giancana ebenso damit beschäftigt, Räume, in denen sich der Präsident und sein Bruder häufiger aufhielten, verwanzen zu lassen.

Im März 1962 war der Justizminister ein großes Stück weitergekommen und bereitete eine neunzehnseitige FBI-Dokumentation vor, die Frank Sinatras enge Unterweltkontakte zum Thema hatte (der Report wurde auf den 3. August 1962 datiert, also unmittelbar vor Monroes Tod). Die Untersuchung war von J. Edgar Hoover veranlaßt worden, der Bobby Kennedy bei einem Treffen unter vier Augen mitgeteilt hatte, daß der Präsident sich eine Gespielin namens Judith Campbell mit dem Chicago-Gangster Sam »Momo« Giancana teilte. Von Hoover gedemütigt und wütend darüber, wie sein Bruder sich kompromittierte, hatte Bobby zurückgeschlagen, indem er eine Untersuchung von Sinatras Verbindungen in Auftrag gab. Der letzte Entwurf enthielt Abschriften von abgehörten Telefongesprächen zwischen den Mobster und Sinatra, einschließlich der genauen Zeiten sowie Daten der »speziellen« Gefälligkeiten, die Sinatra ihnen erwies. Ein Autohändler namens Peter Epsteen hatte Sinatra vergeblich zu überreden versucht, einen Werbespot für Epsteens Pontiac-Zentrale in Skokie, Illinois, aufzunehmen. Epsteen wandte sich an seine Freunde Joseph und Rocco Fischetti, Vettern von Al Capone. Nachdem sich die Brüder nett mit ihm unterhalten hatten, machte Sinatra den Werbespot gratis, wie Epsteens Ex-Frau den FBI-Agenten erzählte. Sinatra erhielt von Epsteen zwei Pontiacs zum Geschenk. Sinatra verteidigte sich damit, daß der »Gefallen« nichts mit den Fischetti-Brüdern zu tun hätte. Das FBI wies darauf hin, daß kurz darauf eine Freundin von Rocco Fischetti in einem Pontiac »mit Epsteens Händler-Logo« gesehen wurde. Sinatra war berüchtigten Mobster häufiger gefällig. Joe Fischetti erhielt vom Fontainebleau Hotel in Miami Beach jedesmal, wenn Sinatra dort auftrat, Zahlungen für seine Bemühungen als Talentsucher. Die Untersuchung brachte im April 1962 weitere Details an den Tag, als Joe Fischetti unter dem Decknamen Joe Fischer 71 Schecks über je 540 Dollar bekam, was sich auf eine Gesamtsumme von 38 340 Dollar belief. Das FBI verglich die Einkünfte mit Fischettis Angaben zur Einkommensteuer für die Jahre 1959 und 1960 und ermittelte, daß vom Fontainebleau an den »Talentsucher« Honorare in der Höhe von 12 960 Dollar gezahlt worden waren. Der Report vermeldete außerdem, daß »Fischetti, also mit anderen Worten Sinatra« in Miami Beach für eine Gage auftrat, die Fischetti direkt in bar ausgezahlt wurde. Außerdem hatte Sinatra Fischetti 90 000 Dollar geliehen, die er unter der Hand als Anteil an einem Restaurant in Miami investierte. Sinatras Beziehung zu Giancana war ebenfalls aktenkundig gemacht worden. Giancana war 1944 von der Einberufungskommission abgelehnt worden, weil er als Psychopath eingestuft wurde. Mit fünfzehn war er bereits wegen Autodiebstahls im Gefängnis gesessen, und mit zwanzig war er in Verbindung mit drei Morden verhört worden.

Der Report des Verteidigungsministeriums beschrieb detailliert Sinatras Geschäftsbeziehungen mit Gangstern in Nevada, auch was seinen Majoritätsanteil an der Cal-Neva Lodge betraf. Sam Giancana prahlte vor Freunden, daß er über Sinatra einen Teil des Lokals besitze. Der vermeintliche Eigentümer Sinatra beschäftigte Paul Emilio »Skinny« D'Amato, einen Gangster aus New Jersey, der Giancanas Interessen wahrnahm. Die Nevada Gaming Commission entzog Sinatra schließlich die Lizenz, ein Spielcasino zu betreiben.

Bevor er den Report freigab, bat Jack seinen Schwager Peter Lawford, durchsickern zu lassen, daß Sinatra im Weißen Haus nicht mehr erwünscht sei. Der »Held« von Jacks Wahlkampagne war persona non grata geworden; er mußte seine Pläne begraben, in Palm Springs eine westliche Dependance des Weißen Hauses zu etablieren. Es wurde darüber gewitzelt, daß Sinatra seinen Besitz lediglich für einen einzigen Besuch des Präsidenten umgebaut habe. Er hatte Cottages für Präsident Kennedy und den Secret Service errichten lassen, über zwanzig Telefonleitungen mit eigener Zentrale installiert und einen Hubschrauberlandeplatz anlegen lassen, der eine getreue Kopie des Landeplatzes in Hyannisport war. Es wurde kolportiert, daß der Präsident »in keinem Bett schlafen würde, in dem Giancana oder irgendein anderer Gangster gelegen hätte«. Die unwiderrufliche Entscheidung beschädigte Sinatras Kontakte zum Mob. Und um der Kränkung noch eine Beleidigung hinzuzufügen, arrangierte es Chris Dumphy, ein Republikaner aus Florida, daß Jack in Bing Crosbys Haus in Palm Springs Quartier nahm, während der Secret Service bei Sinatras Freund Jimmy Van Heusen untergebracht wurde.

Giancana und Sinatra waren über diesen plötzlichen Rückschlag wütend; Giancana hatte Sinatra als Verbindungsmann zum Präsidenten ausgesucht. Der Plan war gescheitert, und Giancana erwog sogar eine »Abtreibung« für Sinatra wegen dessen Unfähigkeit, seine Aufträge zu erfüllen. Doch Giancanas Wut auf Sinatra klang allmählich ab, und statt dessen machte er die »assholes«, die Kennedys, haftbar.

Im März 1961 war das Dreiecksverhältnis Giancana-Campbell-Kennedy in vollem Gang, und Judith Campbell telefonierte regelmäßig mit dem Weißen Haus. Um noch mehr Konfusion und Dissens zu stiften, ließ Joseph Kennedy Paul D'Amato später die Nachricht zukommen, daß Bobby entgegen seinem früheren Versprechen in West Virginia Joe Adonis die Wiedereinreise in die USA nicht gestatten würde. Dann war da noch Carlos Marcello, der sich nach einem jämmerlichen Marsch durch den Dschungel, um in Guatemala Konterbande und Gewehre abzuliefern, ohne offiziösen Schutz wieder ins Land stehlen mußte. In der Unterwelt kreisten Gerüchte, daß Marcellos Weigerung, JFK in den Vorwahlen zu unterstützen, und sein Votum für Lyndon B. Johnson auf dem Parteikongreß der Demokraten der Grund für Bobbys Zorn seien. Es war allerdings so, daß Marcello auf indirektem Weg verschiedene Behörden unterstützte, sogar die Regierung selbst, und allein das hätte ausreichen müssen, ihn zu beschirmen. Doch Bobby Kennedy ignorierte sein dringendes Ersuchen und seine gefährliche Macht. Giancanas Drähte zum Präsidenten rissen ab. Wie der alte Joe ihm geraten hatte, fuhr der Justizminister fort, die Mobster in noch nie dagewesenem Ausmaß zu verfolgen. Er fand Gefallen daran, den Aktionsradius und die Schlagkraft der Mobster zu beschneiden, obwohl sie verdeckt mit der CIA zusammenarbeiteten.

Die Landung der exilkubanischen Invasionstruppe in der Schweinebucht am 10. April 1961 wurde ein Debakel, das Kennedys Unzulänglichkeiten deutlich sichtbar machte. Marcellos Hilfsersuchen wurden ignoriert, sogar von der CIA. Giancana hatte der CIA Ricard Cain (ehemals Ricardo Scalzitti), seinen fähigsten Kopf, als »Assistent« angeboten. Cain, der vom Chicago Police Department ausgebildet worden war, war nicht nur ein hervorragender Schütze, sondern auch ein mathematisches Genie, sprach fünf Sprachen fließend und stellte als Agent eine Spitzenleihgabe dar. Als das Unternehmen Kuba sich entfaltete, wurde Cain ein unverzichtbarer Mitarbeiter für seine erfolgreiche Durchführung. In seiner Tarnung als Detektiv aus Miami konnte Cain seine Fassade für die CIA aufrechterhalten. Auch als die Exilkubaner bereits ausgebildet wurden, plante Giancana verschiedene alternative Methoden für die Ermordung des kubanischen »Líder maximo«. Der Mob versicherte sich der Fachkenntnis eines Chemikers an der University of Illinois, der sich ein Arsenal tödlicher Accessoires ausdenken mußte, mit denen die Invasionstruppe die Spitzen des Regimes auf James-Bond-Manier eliminieren konnte. In dem reichhaltigen Angebot fanden sich giftgetränkte Zigarren, ein mit tödlichen Bakterien versetzter Körperpuder, Toilettenartikel, die einen Herzinfarkt verursachten, hochkonzentrierte Gifte und ein Serum, mit dem man dem Opfer krebserregende Stoffe injizieren konnte.

Nachdem der erste Anschlag auf sein Leben fehlgeschlagen war, verdreifachte Castro seine Sicherheitsmaßnahmen, aber da die Amerikaner trotzdem von der irrigen Vorstellung ausgingen, daß Castro nicht genügend inneren Rückhalt habe, gingen die Vorbereitungen für die Invasion weiter. Die Pläne sahen die Landung einer 1400 Mann starken Armee aus Exil-Kubanern, Söldnern und Undercover-Agenten mit ausgedienten US-Kampfflugzeugen des Typs B-26 an der kubanischen Küste vor und beruhten auf der Annahme, daß sich das unglückliche kubanische Volk den Rebellen anschließen würde, um das Regime zu stürzen. Zusätzlichen Schutz bot Kennedys Zusage, daß die Air Force bei Bedarf Luftunterstützung geben würde.

Das Fiasko begann, als am 14. April nur die Hälfte der versprochenen Bomber von Nicaragua aus startete. Es gab Gerüchte, daß der Präsident den Befehl zur Luftunterstützung rückgängig gemacht hätte. Die Brigade der 1400 Mann war in ihrem Brückenkopf in der Schweinebucht äußerst verwundbar. Die 200 000 Mann starke kubanische Armee war gewappnet, die zahlenmäßig lächerlich unterlegenen Rebellen zu überwältigen. Castro war sich über die Möglichkeit einer Invasion im klaren gewesen und hatte seine Armee entsprechend vorbereitet. Am 16. April erhielt der Präsident einen weiteren Hilferuf um Luftunterstützung und lehnte abermals ab. Die Mission war auf klägliche Weise gescheitert: Hundert Mann wurden getötet, und der Rest wurde problemlos gefangengenommen, verhört und gefoltert, um die amerikanische Regierung zu kompromittieren. In den kommenden Jahren waren die nationale und die Weltsicherheit durch Kennedys Versagen beim Durchziehen der Operation in einem gefährdeten Gleichgewicht.

Am 24. April hatte Kennedy eine Erklärung herausgegeben, in der er die Verantwortung für die Invasion übernahm. Das forderte nicht nur schärfste Proteste aus dem Ostblock heraus, Castro hatte nun die Oberhand und konnte die 1113 gefangenen Soldaten und 922 Familienangehörige als politisches Faustpfand gegen Medikamente und Babynahrung im Wert von 53 Millionen Dollar austauschen.

Jack Kennedy gab später der »medikamentösen Behandlung seines Rückenleidens« die Schuld an seiner falschen Entscheidung. Wie auch immer, der völlig überraschte Sam Giancana war fassungslos, daß Jack Kennedy die CIA, den Mob und sein Land so jämmerlich im Stich hatte lassen können. Alles Vertrauen, das er einmal in Joseph Kennedy gesetzt hatte, war geschwunden. Die Kampflinie zwischen den Kennedys und dem Mob war unwiderruflich gezogen.

16. Kapitel
Ol' Blue Eyes

Das Hin und Her in ihrer Beziehung zu Joe DiMaggio machte Marilyns Leben nicht stabiler. Nach jeder weiteren langen Liebesnacht war Joe am Morgen wieder gegangen, ohne einen Hinweis, wann sie einander wiedersehen würden. Jeder Abschied jagte einen scharfen Schmerz durch ihren Körper. Fraglos brauchte sie seine Stärke und seinen Trost. Doch schließlich wurde sie der halben Sache müde und orientierte sich in anderer Richtung.

Sie nahm den Unterricht bei Strasberg wieder auf und feilte zielstrebig an ihrer Technik. Da das Publikum sie am liebsten in Komödien sah, und da sie endlich begriffen hatte, daß sie eine fabelhafte Komödiantin war, begann sie, nach einer neuen, gutgeschriebenen Komödie und dem idealen Regisseur Ausschau zu halten. Das bevorstehende Ende ihres Vertrags mit der Fox und die enormen Gagenerhöhungen, die Elizabeth Taylor durchgesetzt hatte, inspirierten Marilyn ganz besonders, sich in den zahllosen eingesandten Skripts auf Schatzsuche zu begeben.

Ihr romantisches Faible für Frank Sinatra lebte wieder auf. Ob er aufrichtig an ihr interessiert war, blieb im dunkeln. Im Bett ging es jedenfalls hoch her. Marilyn vertraute ihrer Haushälterin an, daß Sinatra sie sexuell umgehauen habe und offenbar von ihrem Körper mehr erregt gewesen sei als irgendein Liebhaber vor ihm. Er schickte regelmäßig Champagner und Beluga-Kaviar. Marilyn fuhr nur zu gern nach Los Angeles, um ihn zu treffen. Sie genoß die Schönheit von Beverly Hills und Malibu; die phantastischen Häuser, die Palmen, die Berge und das fabelhafte Klima. Doch ihre bedrückende Vergangenheit in Los Angeles ließ ihr New York als Wohnort angenehmer erscheinen. Die New Yorker behandelten sie mit mehr Rücksicht, als sie in Los Angeles erwarten konnte. Wenn Marilyn durch die belebten

Straßen von Manhattan bummelte, wurde sie von denen, die sie erkannten, mit einem liebenswürdigen Kopfnicken gegrüßt. In Los Angeles war man weniger zurückhaltend.

Sinatra gab sich die größte Mühe, die Schauspielerin einzuwickeln. Er hatte viel Spaß mit Monroe und war gerne in ihrer Gesellschaft. Doch er hatte Hintergedanken. Er konkurrierte mit dem Präsidenten um dieselbe Geliebte und wollte Kennedy möglicherweise ausmanövrieren, indem er Marilyn in sich verliebt machte. JFK war von Hollywood total fasziniert, hatte das Fachblatt »Daily Variety« abonniert, um über den neuesten Klatsch auf dem laufenden zu sein. Und dann war da noch Sinatras frühere Freundin Judith Campbell, die sich nach wie vor zwischen Kennedy und Giancana teilte. Sinatra und Campell hatten einander im »Puccini's« in der Nähe von Westwood kennengelernt, einem Mafiatreff, an dem Sinatra gerüchtweise beteiligt war. Einige Tage nach der ersten Begegnung hatte Sinatra die Lady zusammen mit Peter Lawford und seiner Frau Pat nach Hawaii eingeladen. Campbell fand Sinatra anfangs charmant, doch sein launisches und promiskuitives Verhalten stieß die damenhafte Judith ab. Sie hatte einen hysterischen Weinkrampf bekommen, nachdem er ihr Gruppensex zugemutet hatte. Doch wenige Wochen später lud er sie zu einer Premiere in Las Vegas ein. Und dort, Anfang Februar 1960, war Miss Campbell an Jack Kennedy weitergereicht worden.

Ohne Zweifel bekam Kennedy, der extrem besitzergreifend und eifersüchtig war, »peepshowmäßige« Gefühle, als er von der Liaison zwischen Sinatra und Monroe erfuhr. Die aufregende Vorstellung, mit Marilyn zusammenzusein, lieferte den zusätzlichen Kick, daß er den singenden Superstar ausstechen könne. Der Präsident liebte in seinem durch die Medikamente ins Unermeßliche gestiegenen Selbstvertrauen die Herausforderung.

Inzwischen versuchte Marilyn DiMaggio zu reizen, indem sie sich öffentlich mit Sinatra zeigte, dem Erzfeind des Yankee Clipper seit dem »Überfall durch die falsche Tür«. Sie zahlte ihm damit seine Zögerlichkeit heim und war sicher, »daß Joes italienisches Blut kochen würde«.

Und so haspelte sich das Intrigennetz ab, indem jeder der starken Spieler den anderen benutzte, um dem dritten eins auszuwischen. Marilyns eigenes Gefühl der Macht war durch den Einfluß ihres Umgangs gestiegen. Nach dem stillen Miller war Sinatra eine frische Brise, die für jede Menge Spaß und Gelächter sorgte. Arthur und Joe waren beide Stubenhocker, die einen Widerwillen gegen das Nachtleben hatten; Sinatra war genau der richtige Partytiger, der sie durch die ganze Stadt schleifte. Sogar der Präsident neidete Frank sein ungehemmtes, komplexes Single-Dasein in großem Stil und versuchte, dieselben Haken zu schlagen. Marilyn schätzte besonders die Selbstverständlichkeit von Sinatras Allüre. Die Schauspielerin fühlte sich mehr bei einem Mann zu Hause, der ihren Beruf und all seine Verpflichtungen begriff. Und außerdem bedeutete ihr der französische Pudel Maf mehr als »alle Nerzmäntel oder Diamantarmbänder«.

Frank schien keine weiteren Kinder mehr zu wollen (er hatte drei – Tina, Nancy und Frank jr.). Im Grunde hatte Marilyn den Eindruck, daß er seine Ex-Frau Nancy immer noch liebte und eines Tages, nachdem er sich ausgetobt hatte, wieder zu ihr zurückkehren würde. Aber inzwischen war ihr jeder Mann recht, der ihr das Gefühl gab, daß »sie keine Schlaftabletten nehmen und keinen Psychoanalytiker aufsuchen müsse«.

Obwohl Sinatra ein Gesellschaftslöwe war und viele Bewunderer hatte, war er in seinem Inneren unsicher und bekam, wenn er sich niedergeschlagen fühlte, häufig regelrechte Tobsuchtsanfälle. Sein Minderwertigkeitskomplex war sein Schwachpunkt. Zahlreiche Freunde und Kollegen waren von seinen Ausfällen so peinlich berührt, daß sie ihre Beziehung zu einem Mann abbrachen, der die Frauen aus den Stöckelschuhen kippen ließ.

Die Aufmerksamkeiten, mit denen Sinatra Monroe überschüttete, flößten ihr Vertrauen ein. Sie achtete wieder mehr auf ihren Körper, nahm an den Hüften und am Po ab, badete noch häufiger und pflegte ihre trockenen, ausgebleichten Strähnen, bis sie wieder ihren jugendlichen Glanz hatten. Frank half ihr, ihre persönlichen Probleme zu vergessen. Aber so sehr sie auch versuchte, Miller und den Zorn über ihn aus ihrem Gedächtnis zu streichen, vermißte sie ihn von Zeit zu Zeit doch.

In der Julihitze von Los Angeles bekam Marilyn hohes Fieber

und Schüttelfrost. Bei der Untersuchung wurden Gallensteine diagnostiziert, die sich manchmal bei Diabetes bilden. Monroe mußte sich die Gallenblase entfernen lassen und begab sich für den Eingriff einmal mehr in das Cedars of Lebanon. Marilyn wollte sich erst nicht operieren lassen, weil sie befürchtete, daß die Narbe auf ihrem Bauch ihren Körper für immer verunstalten würde. Aber die Ärzte lehnten alternative Behandlungsmethoden ab, da sie sich in akuter Gefahr befand. Sie waren außerdem der Ansicht, daß die Gallensteine ihre Gesundheit Monate oder vielleicht sogar Jahre beeinträchtigt hatten. Das Bewußtsein, daß alle ihre Fieberanfälle in der Vergangenheit ihre reale Ursache gehabt hatten und nicht reine Einbildung gewesen waren, wie die Studiobosse und Regisseure immer behauptet hatten, gab ihr wenigstens einigen Trost.

Als sie im August von der Operation wiederhergestellt war, begleitete Marilyn Sinatra, Dean Martin und dessen Frau Jeanne auf einer privaten Kreuzfahrt. Sinatra verlor bald den Spaß an dem Trip, als er merkte, daß sie sich auf die Reise nur unzureichend vorbereitet hatte. Ohne ihre gewohnten Betreuer kam sie am Morgen nicht auf Trab. Monroe ihrerseits fand nicht die Befriedigung, die sie sich von Sinatra erwartet hatte. Sie hatte ihre verläßlichen Schlaftabletten nicht mitgenommen, und ohne sie hatte sie wieder einmal Schlafprobleme. Im Morgengrauen geisterte sie an Deck herum und fragte, ob jemand welche hätte. Das war durchaus nicht abwegig, denn Barbiturate waren damals groß in Mode, und Ärzte verschrieben sie hemmungslos, weil sie von den Suchtgefahren keine Ahnung hatten.

Ob Sinatra sich mit der Schauspielerin weiterhin traf, um den Präsidenten zum Wettstreit anzustacheln, aus purem sexuellen Vergnügen oder wegen des hohen PR-Effekts, daß er mit dem berühmten Sexsymbol zusammen war, wird immer Spekulation bleiben. Wenn wir davon ausgehen, daß der klatschgierige Präsident von jeder Eskapade Sinatras regelrecht high wurde, ist die erste Möglichkeit jedenfalls nicht auszuschließen. Als JFKs Appetit wuchs, lud Sinatra Marilyn im Januar 1961 zu einem öffentlichen Ereignis in Hollywood ein, damit alle sehen konnten, wie intim sie miteinander waren.

Marilyn ließ sich von Lena aus New York ein smaragdgrünes, mit Pailletten besetztes Kleid bringen, das ihr speziell auf den neuerdings wieder makellosen Leib geschneidert worden war. Daß Sinatra ihre körperliche Bestform zu würdigen wußte, spornte Marilyn in ihrer Anstrengung an, toll genug auszusehen, um sein »Mädchen« zu sein. Die umsichtige Pat Newcomb arrangierte den Transport. Der Chauffeur holte das Kleid und Lena ab.

Als Marilyn die Kreation zum ersten Mal anprobierte, glühte sie förmlich. Es hatte sich gelohnt, sich zu kasteien, um »für Frank dünn zu sein«. Whitey Snyder war auf Abruf beeit, und George Masters sollte die Frisur der Schauspielerin zaubern. Doch Masters war in einem Salon von Saks in der Fifth-Avenue in Beverly Hills und hatte seinen Termin um 16 Uhr 30 nicht eingehalten. Der blasierte Figaro ließ »seine Schauspielerinnen« mit besonderem Vergnügen warten, bis sie schwarz wurden. Whitey wurde allmählich unruhig und rief um 18 Uhr im Salon an, um George an seine Verpflichtung zu erinnern. Masters machte sich eilends auf den Weg und an die Arbeit, während Marilyn Champagner trank, um sich für das vielversprechende Ereignis im Beverly Wilshire Hotel zu entspannen.

Das Paar sah sensationell aus, trotz Sinatras Bauch und erkahlendem Kopf. Als sie die funkelnden Diamant-Smaragd-Ohrringe anlegte, die Sinatra ihr geschenkt hatte, begann auch ihr Gesicht zu strahlen. Sie war sicher, daß der Sänger ihr heute abend einen Antrag machen würde. Obwohl es Sinatra an diesem denkwürdigen Abend, an dem sie mühelos die Ballkönigin war, verabsäumte, sich zu erklären, trafen sie einander weiter regelmäßig. Marilyns Tagesschema unterschied sich nicht von dem in New York – lange schlafen, Sinatra-Platten, Champagner, Besuche beim Psychoanalytiker und Träume über eine Zukunft mit dem einen Mann.

Da sie vorübergehend mit ihrem Leben mit Sinatra und ihrem offensichtlich begehrenswerten Aussehen zufrieden war, kam Marilyn für kurze Zeit sogar ohne Schlaftabletten aus. Doch nach wenigen Wochen kehrte sie nach New York zurück, deprimiert, daß sich kein neues Filmprojekt gefunden und Sinatra sie nicht um ihre Hand gebeten hatte. Sie war am Boden zerstört, als sie bald darauf von seinem Verhältnis mit der südafrikanischen Tänzerin Juliet Prowse erfuhr.

Es sollte noch ein knappes Jahr dauern, bis Bobbys Bannstrahl ihn traf, und Sinatra war im April 1961 sehr mit einem Trip nach Washington, D.C., beschäftigt, wo der Präsident ihm im Oval Office seinen persönlichen Dank für alles, was er für die Kennedys und die Demokratische Partei getan hatte, aussprechen wollte. Sinatras luxuriöse Party zur Amtseinführung hatte mehr als eine Million Dollar gekostet und Stars wie Ethel Merman, Nat »King« Cole, Jimmy Durante, George Jessel, Gene Kelly, Tony Curtis, Janet Leigh, Joey Bishop und Milton Berle aufgeboten. Die »Millionen-Gala« war eine der spektakulärsten in der Geschichte der Nation gewesen. Kennedy verdankte das Gelingen des Abends Sinatras zwei Monate dauernder Planung bis ins kleinste Detail. Sinatra hatte sich von Hollywoods Star-Couturier Don Loper einen auffallenden Frack und ein Sherlock-Homes-Cape scheidern lassen. Er war sich darin vorgekommen, als ob er von königlichem Geblüt wäre.

Zu guter Letzt wurde Sinatra als VIP-Gast des Weißen Hauses vom Präsidenten durch die Privatgemächer und die großen Empfangsräume geführt. Während sie auf dem Truman-Balkon Bloody Marys tranken, gab es noch eine Überraschung. Der Präsident schenkte ihm ein Hochglanzfoto von sich mit der Widmung: »Für Frank – mit herzlichen Grüßen und den besten Wünschen von seinem Freund John F. Kennedy«. Sinatra sagte anschließend Kennedys Sekretär Dave Powers, daß das der Augenblick gewesen sei, für den all die harte Arbeit sich gelohnt habe.

Am nächsten Tag flogen Frank, Peter Lawford, Teddy Kennedy, Porfirio Rubirosa und dessen Frau Odile in Kennedys Flugzeug »Caroline« nach Hyannis. Sinatra stieg mit einem Champagnerglas aus dem Flugzeug, im Gepäck erlesene Weine, Champagner und italienisches Brot für Joseph Kennedy. Am nächsten Tag unterhielt der Sänger, als die Gruppe auf der »Honey Fitz« segelte, seinen Gastgeber mit amüsanten Geschichten über Hollywood und den Papst. Der lockere Umgang mit dem inneren Kreis der Kennedys, den ihm Lawford vermittelt hatte, gab Frank die Chance, sich für Sam Giancanas Fall einzusetzen. Später wurde der Ausflug von der Presse kritisiert. Pierre Salinger, einer der Pressesprecher der Regierung, setzte seine beste Vernebelungsmaschine in Gang, indem er behauptete, daß Sinatras Besuch lediglich dazu gedient hätte, mit Joe ein Album zu besprechen, das ein Andenken an die Amtseinführung werden sollte.

Bis zum Hals in Staatsangelegenheiten, war Kennedy nach wie vor von den Ratschlägen und Kernsprüchen seines Vaters über politische Führung abhängig, die ihm während der Besuche an den Wochenenden eingetrichtert wurden. Bobby verhielt sich in diesem eingespielten System mehr als Gegner und stellte, bestärkt vom Vater, fortlaufend Ermittlungen über Johns persönliche Gewohnheiten, Aufenthaltsorte und ärztliche Behandlungen an (einschließlich der bei Dr. Feelgood) und interessierte sich besonders für die weiterlaufenden Kontakte zwischen dem Präsidenten und Sam Giancana und Johnny Roselli. Es gibt zahlreiche Beweise, daß die beiden Brüder häufig geheime Aktionen ohne das volle Wissen des anderen durchführten.

Ihre Rivalität betraf nicht nur Bücher, sondern auch Filme. Neidisch auf JFKs Pulitzerpreis, hatte Bobby »The Enemy Within« verfaßt, ein Buch, in dem er detailliert über seine Ermittlungen gegen Jimmy Hoffa, die Internationale Bruderschaft der LKW-Fahrer und ihre berüchtigte Pensionskasse, »die größte Gefühlskitsch-Kasse in der Geschichte«, Auskunft gab. In dem Buch bezeichnete Robert Kennedy die Transportarbeitergewerkschaft als die mächtigste Institution im Land und nannte ihre Tätigkeit eine »Verschwörung des Bösen«.

Hoffa war angeblich in der Tat für eine Legion von Verbrechen verantwortlich, von der Scheingründung von Ortsgruppen der Gewerkschaft über Mord bis zu Bombenanschlägen, Bestechung und einer Unmenge anderer illegaler Aktivitäten, und Bobby war besonders der Tatsache eingedenk, daß Hoffa mehr Macht hatte als er. Hoffa behauptete, daß Robert Kennedy, der damals noch im Senat war, bei ihrer ersten Begegnung in sein Büro hereingeplatzt sei, eine Besprechung unterbrochen und

Einsicht in die Akten der Organisation verlangt hätte. Der Gewerkschaftsboss warf Bobby und seine Begleiter – Pierre Salinger und Carmine Bellino, den Hauptbuchhalter des McClellan Committee – aus seinem Büro. Sie kamen am nächsten Tag mit einer Vorladung zurück, aber nachdem Hoffas Anwalt George Fitzgerald das Dokument sorgfältig studiert hatte, wurden die drei abermals aus dem Büro geleitet. Fitzgerald hatte eine Unterredung mit dem Richter, der ebenfalls der Meinung war, daß die Vorladung zu schlampig abgefaßt sei und das »Greenhorn« genau spezifizieren müsse, wonach gesucht wurde, und daß jedes überprüfte Stück eigens unterzeichnet werden müsse. Bobby lehnte das ab, und der Richter verweigerte den Beschluß. Schließlich gab der hochfahrende junge Anwalt nach und unterzeichnete den Erhalt auch noch des kleinsten Papierschnipsels. Kennedy und Hoffa gerieten noch oft aneinander, das nächste Mal in der Pause eines Hearings des McClellan Committee, in dem Hoffa als Zeuge aussagte.

Bobby, der mit Hoffa inoffiziell sprechen wollte, packte ihn in einem nahe gelegenen Restaurant am Arm. Der zähe kleine Hoffa griff sich Bobby am Revers, schüttelte ihn und zischte: »Hör gut zu, Freundchen, und ich sage dir das nur einmal: Wenn du mich mit deinen Wichsgriffeln jemals wieder anlangst, dann mache ich Kleinholz aus dir.« Darauf stieß Hoffa Bobby gegen die Wand und beendete die Begegnung mit: »Und jetzt verpiß dich.« Später wurde Bobby von seinem Vorgesetzten vor Zeugen gerügt: »Mr. Kennedy, ich würde vorschlagen, daß Sie Zeugen zukünftig außerhalb der Amtsräume in Ruhe lassen.« Er wußte nicht, daß Robert Kennedy Hoffa schon vorher in seinem Büro zu einem Ringkampf herausgefordert hatte und eine böse Schlappe hatte hinnehmen müssen. Vom Gewerkschaftsboß sowohl nach dem Buchstaben des Gesetzes wie körperlich mattgesetzt, verspürte Bobby dieselbe Erniedrigung, wie sie ihm sein Vater und seine älteren Brüder zufügten – er war eingeschüchtert und übermannt und ohne große Hoffnung auf Vergeltung.

Immer noch von dem Wunsch getrieben, mit seinem Präsidentenbruder gleichzuziehen, versuchte Bobby ab März 1961, seinen Kontakt mit Marilyn zu nutzen, um Jerry Wald als Produzenten und Budd Schulberg (der nach seinem eigenen gleichnamigen Roman auch das Drehbuch zu *On the Waterfront/Die Faust im Nacken* geschrieben hatte) als Drehbuchautor für die Verfilmung von »The Enemy Within« zu gewinnen. Abermals stieß er auf gewaltigen Widerstand. Zum ersten war Schulberg von seiner eigenen Autorengewerkschaft zum Kommunisten-Sympathisanten gestempelt worden. Später traf wie eine Bombe ein anonymer Brief in Walds Büro ein, in dem der Präsident als »sexuell Pervertierter« bezeichnet und außerdem behauptet wurde, daß die Familie der »Mafia« angehöre und in Drogengeschichten, Alkoholschmuggel und alle Arten von Geschäften des organisierten Verbrechenes verwickelt sei. Ohne Hoffas ausdrückliche Zustimmung konnte Wald sich begreiflicherweise nicht in eine solche Kontroverse einlassen und zog sich schließlich aus dem Projekt zurück, das umgehend von der gesamten Filmindustrie abgelehnt wurde. Aller Wahrscheinlichkeit nach hatte Bobbys »Freund« Jimmy Hoffa von dem Vorschlag Wind bekommen und ihn erfolgreich sabotiert.

Der Warner-Film *PT 109/Patrouillenboot PT 109* über Jack Kennedys angeblichen Heldenmut im Zweiten Weltkrieg mit Cliff Robertson in der Hauptrolle war bereits in Produktion. (Lästermäuler wollten wissen, daß Joe jr. seine verhängnisvolle Mission geflogen hatte, um es seinem gerade glorifizierten Bruder Jack gleichzutun.) Dadurch war Roberts Chance, das Überlegenheitsspiel, das er gegen seinen Bruder immer zu verlieren schien, zu gewinnen, wieder größer geworden. Doch die leitenden Herren des Warner-Studios wurden mit weiteren Briefen und Sexfotos des promiskuitiven Kennedy-Clans bombardiert, und Ende 1961 waren sogar die Dreharbeiten zu *PT 109* gefährdet. Das Los Angeles Police Department, die CIA und das FBI wurden auf die Enthüllungen aufmerksam gemacht. Von den zwei Dutzend Fotos wurde keines jemals veröffentlicht. Als Auftraggeber für die kompromittierenden Aufnahmen kamen viele Interessenten in Frage: Hoffa, Giancana, Die CIA, das FBI und sogar Jackie, die möglicherweise Privatdetektive auf ihren Mann angesetzt hatte. Einige Fotos, die an die Presse gingen, zeigten Jack und Marilyn beim Sexualakt. Keines der Fotos trug Angaben über Zeit und Ort. Eine als echt anerkannte Aufnahme zeigte den nackten Präsidenten und Marilyn mit erigierten Brustwarzen in einem Swimmingpool. Eine andere zeigte sie im Bett im Untergeschoß des Weißen Hauses, das für die allergeheimsten Undercover-Agenten des Präsidenten reserviert war und angeblich von zuverlässigen Beamten des Secret bewacht wurde. Ein ehemaliger Secret-Service-Agent Kennedys bestätigt sogar, daß JFK mit Marilyn Monroe und diversen anderen Frauen in seinem Schlafzimmer im Weißen Haus »schlief«, wenn Jackie nicht in Washington, D.C., war. Die Örtlichkeit auf mindestens drei Fotos kann als Marilyns Haus in Brentwood verifiziert werden. Eine Weitwinkelaufnahme in Schwarzweiß zeigt Miss Monroe am Fußende des Bettes kniend und JFK an der Kante sitzend, mit seinem deutlich erigierten Penis in ihrem Mund. Ein anderes Foto, das augenscheinlich in einem Hotelzimmer aufgenommen wurde, zeigt deutlich Marilyns rechte Seitenansicht mit dem Präsidenten über ihr. Leichtsinnig, wie Jack war, fuhr er auch quasi unter den Augen der Geheimdienste fort, Marilyn, Judith Campell und so viele andere Frauen, wie er nur bekommen konnte, zu vögeln. Trotz seiner fortgesetzten Heldentaten im Schlafzimmer gingen seine Kinoheldentaten weiter wie geplant. In Wahrheit stellte sich Warner Brothers auf den Standpunkt, daß die Fotos die Kasseneinnahmen des Films steigern würden, indem sie für zusätzliche Publicity sorgten.

Im November weilte John Kennedy in Los Angeles bei seinem Schwager Peter Lawford, traf sich mit Marilyn Monroe und sah in Sinatra noch immer seinen direkten Konkurrenten. Als Marilyn sich in ihrer Wohnung für die Begegnung mit dem Präsidenten schön machte und Whitey Snyder letzte Hand an ihr Makeup legte, schlug er ihr vor, sie in seinem VW-Käfer zu fahren, da ihr Chauffeur Rudy sich offenbar verspätete. Im Abendkleid, knöchellangem Nerz, frisiert und in eine Duftwolke gehüllt, ließ sich die Schauspielerin von ihrem Schminkkünstler mitnehmen. Als die beiden vor Lawfords Strandhaus am Pacific Coast Highway vorfuhren, wimmelte es dort von Beamten des Secret Service. Der Anblick einer Marilyn Monroe im Nerz, die in einem kleinen VW ankam, war ein Schock für die Männer, die sich schon auf einen großen Filmstar-Auftritt gefreut hatten. Ihr Gestarre und Gestotter war ein Anzeichen, daß der Superstar so hinreißend aussah, wie sie es sich in ihren Träumen ausgemalt hatten. Marilyn winkte ihnen lässig zu: »Hi, Jungs«, und verschönte ihnen damit den Abend, während drinnen der Präsident und sein Schwager bereits darauf warteten, sie zu verwöhnen.

Der Präsident mußte bald wieder nach Washington, um für sein Programm »The New Frontier« zu werben, das die innere Stagnation der letzten Jahre der Eisenhower-Administration beenden sollte, und damit der negativen Publicity über seine unsäglichen Entscheidungen, mit denen er die nationale und die globale Sicherheit gefährdet hatte, die Spitze abzubrechen. Seine Administration war noch immer von dem militärischen und politischen Desaster der Schweinebucht benebelt und wußte immer noch nicht, was sich eigentlich abgespielt hatte. Enttäuscht von der ineffektiven Leistung der CIA bei der Operation, wollte Joseph Kennedy seinen Sohn Bobby zum Chef der CIA berufen. Statt dessen machte die Cuba Study Group, die nach dem Fiasko ins Leben gerufen worden war, um die Hauptbeteiligten zu befragen, den CIA-Chef Bissell als den Lackierten aus, der kein Geheimnis für sich behalten konnte. Ob ein weiterer Angriff auf das Castro-Regime erfolgen sollte oder nicht, blieb auf der Tagesordnung, und beide Seiten hatten sich auf lange Grabenkämpfe eingerichtet. Kennedy machte sich auch über Laos Sorgen, wo ein von den Kommunisten finanzierter Bürgerkrieg gegen die Demokratie tobte. Gedemütigt durch sein Versagen in der Schweinebucht, forderte der Präsident das Schicksal noch weiter heraus, indem er für eine »leise« Antiguerilla-Kampagne optierte, die sich direkt gegen die Pathet-Lao-Aufrührer richtete. Er beschloß, mehr militärische Berater zu entsenden, und erhöhte damit das Engagement der Vereinigten Staaten in Vietnam. Schon in seiner frühen Ansprache zur Lage der Nation hatte der Präsident zusätzliche Mittel für 12 000 Marines und ein Verteidigungsbudget gefordert, das dreimal so hoch war wie unter Eisenhower.

Im Juni 1961 hatte erst ein Staatsbesuch bei General Charles de Gaulle in Paris angestanden. Zu Kennedys Glück ebnete Jakkie den Weg für einen enthusiastischen Empfang. Mit ihrer französischen Abstammung und ihrem umwerfenden, aristokratischen Aussehen gewann die First Lady (sie verabscheute diesen Titel) die Herzen der Franzosen und ihres Führers. Unter vier Augen informierte de Gaulle Kennedy darüber, daß Frankreich sich an einer militärischen Aktion in Laos nicht beteiligen werde, und sprach eine ernste Warnung aus: »Eine Intervention in [Südostasien] wird für Sie eine Verwicklung ohne Ende sein . . . Ich sage voraus, daß Sie Schritt für Schritt in einen bodenlosen militärischen und politischen Sumpf gezogen werden, trotz der Verluste und des Aufwands, die Sie dabei in Kauf nehmen.«

Nach dem überwältigenden Triumph in Paris ließ sich das Gipfeltreffen mit Chruschtschow in Wien trotz der freundlichen Mienen der beiden Weltführer doch etwas anders an. Nach einem zermürbenden elfstündigen Gespräch, das während der Mahlzeiten und bei einem Waldspaziergang mit Dolmetschern fortgesetzt wurde, machte Kennedy den Fehler, sich philosophisch über den Krieg und die Krisengebiete der Welt zu äußern, was seine Sachkenntnis deutlich überforderte. Unbeeindruckt sah Chruschtschow ihn als einen unentschlossenen jungen Mann, »der sich herumschubsen ließ«. Als das Thema Berlin angeschnitten wurde, verschlechterte sich das Gesprächsklima weiter. Kennedy ließ Chruschtschow wissen, daß er bereit sei, Berlin zu verteidigen, was den sowjetischen Ministerpräsidenten, wie der Bau der Mauer zwei Monate später bewies, völlig kalt ließ. Da half auch Kennedys halbherzige Drohgebärde der Entsendung einer kläglichen Einheit nach Westberlin nichts. Chruschtschow bekam seine Mauer, und Kennedy stand vor der Welt als der unerfahrene politische Emporkömmling da, der er in Wirklichkeit auch war. Abermals ausgespielt, zogen es JFK und sein Bruder vor, einmal mehr mit aller Kraft gegen Castro zu arbeiten. Ihr Vater hatte seinen strampelnden Söhnen seine Wünsche unverblümt mitgeteilt: »Schnappt euch Castro.« Die Mission, die unter dem Namen Operation Mongoose lief, bekam erste Priorität.

Nach einer Reihe politischer Demütigungen und militärischer Niederlagen wollte der Präsident seine Defizite auf jenem Feld überkompensieren, auf dem er immer noch der Sieger sein konnte: im Schlafzimmer. In Wirklichkeit waren Marilyn Monroe, Judith Campbell und der Rest seines Harems vermutlich mehr von seiner Macht als von seinen Liebeskünsten gefesselt; er war für »Quickies« bekannt. Jackie Kennedy fand sich mit seinen Affären ab, revanchierte sich aber, indem sie wie verrückt einkaufte. Schon bald hatte sie beschlossen, seine »Mädchenbekanntschaften« an die Wand zu spielen, indem sie besser aussah als irgendeine von ihnen, auch wenn ihr Sexappeal weit hinter dem der anderen zurückblieb. Als Ehefrau war sie für den Präsidenten ein politischer Aktivposten, aber er ging dem Zusammensein mit ihr aus dem Weg und konnte es kaum erwarten, bis sie »aus dem Haus« war. Viele seiner festen Freundinnen wußten von diesem Mangel an Zuneigung zwischen den Eheleuten. Marilyn sagte sogar: »Ich kann einfach nicht begreifen, warum er diese Statue geheiratet hat.« An den meisten Wochenenden war Jackie auf dem Land beim Reiten, und JFK war selten allein.

Die Vernunftehe war eine perfekte Absicherung für den Nonstop-Playboy, um sich allen Verwicklungen zu entziehen. Die »Leider bin ich verheiratet«-Platte funktionierte immer, außer bei Marilyn. Peter Lawford, der in jener Zeit sehr engen Kontakt zu Marilyn bekam, sagte später über ihr Verhältnis mit JFK: »Sie paßten gut zusammen. Sie hatten beide Charisma und ein Gefühl für Humor. Er genoß es, sie spielerisch zu necken, tätschelte und knuffte sie, als ob sie seine kleine Schwester wäre.«

Die sichere Beziehung aber, die sich Marilyn so lange ersehnt hatte, war nirgendwo in Sicht. Weder die Verspieltheit des Präsidenten noch seine »Quickies« konnten Marilyn auch nur annähernd befriedigen. Die Sehnsucht nach DiMaggios Berührungen entzündete sich gewöhnlich bald, nachdem die Erregung über das Zusammensein mit dem Präsidenten abgeklungen war.

Folgerichtig vertiefte sich Marilyn in eine Analyse bei Dr. Greenson, der schon bei ihrem Krankenhausaufenthalt während der Dreharbeiten zu *The Misfits* eine zweifelhafte Rolle gespielt hatte und sie nun nicht ganz uneigennützig davon überzeugte, daß ihr Platz in Los Angeles sei und nicht in New York. Außer der Zeit, die sie mit den Rostens verbracht hatte, konzentrierte sich fast das gesamte gesellschaftliche Leben Marilyns auf Hollywood. Ohne Ehemann mußte sie sich von ihrer »Ich-Fixierung« lösen. Die Manipulation ihres Psychoanalytikers stank nach Selbsterhöhung. Die Sitzungen, die er mit der Schauspielerin mehrmals wöchentlich gegen Star-Honorare abhielt, gaben zumindest ihm finanzielle Sicherheit.

Das Büro des Bezirks-Staatsanwalts von Los Angeles war den Kennedys seit dem Parteitag der Demokraten im August 1960 auf der Spur geblieben. Frank Hronek, der als der beste geheime Ermittler galt, verfolgte die Kennedy-Connection mit dem Mob. Mit zwei Hilfsdetektiven überwachte er die Aktivitäten der Kennedys an der Westküste und hatte speziell ein wachsames Auge auf das Haus von Lawford. Jack wendete sich generell mit allem, was mit moralischen Fragen zu tun hatte, an seinen Bruder Bobby, da er selbst anscheinend bar jedes ethischen Gefühls war. Was seine Ehe und seine außerehelichen Beziehungen betraf, war Bobby immer vorsichtiger und betrog seine Frau lieber, wenn er in einer anderen Stadt zu tun hatte. Es hieß, daß er gerne trinke und bei Frauen auf Abwechslung aus sei, aber er war »menschlicher« und wählerischer als sein älterer Bruder oder sein Vater. Die strenge katholische Zucht Rose Kennedys hatte zumindest ein wenig auf ihn abgefärbt.

Hronek und seine Detektive beschatteten Johnny Rosellis Aktivitäten in Los Angeles und oberservierten Marilyns Restaurantbesuche mit Roselli und anderen Mafia-Handlangern. Als Verbindungsmann zu Marilyns Mentor Joseph Schenk war Roselli zusammen mit Schenk wegen erpreßter Zahlungen an die Gewerkschaften zu einer Haftstrafe verurteilt worden. Als Sam Giancanas Mann in Hollywood hatte sich Roselli längst zu einem Hollywood-Insider gemausert und war in den Genuß der Gesellschaft der Großen gekommen, sowohl der Produzenten wie der Stars.

Hronek, dessen Schwerpunkt in erster Linie auf dem Mob und seiner Verbindung mit Hollywood lag, trug umfassende Akten und Dokumente zusammen, die eine staatliche Auflistung konkreter Aktivitäten darstellten. Er fand heraus, daß Giancana und Roselli große Beträge »Schweigegeld« in Umlauf brachten, das Stars und Studios bezahlten, damit illegale Geschäfte nicht an die Öffentlichkeit drangen. Nachdem sein Team die schlagenden Beweise über einen langen Zeitraum gesammelt hatte, gab Hronek, als er nach Marilyns Tod befragt wurde, offen zu, daß er glaube, Marilyn sei ermordet worden. Jahre nach seinem Tod haben manche den Verdacht, daß auch Hronek selbst Opfer eines schmutzigen Spiels gewesen sei.

17. Kapitel
Kampf der Titanen

Dr. Greenson betrieb weiterhin Seelenmassage, um die Schauspielerin aus ihrer New Yorker Isolation zu befreien. Er gab ihr den Rat, sich selbst eine ausgeglichene Häuslichkeit zu schaffen, statt vergeblich nach einem Mann zu suchen, an den sie sich anlehnen konnte. Greensons komfortable Privatvilla im Hazienda-Stil, in der er Marilyn gegen alle Gebote der Beziehung Therapeut-Patient bisweilen empfing, beschwor in der Schauspielerin, die immer noch dem Farmhaus in Connecticut nachtrauerte, warme Gefühle herauf.

Abgesehen von dem dringenden Rat, ihren Hauptwohnsitz nach Los Angeles zu verlegen, argumentierte Greenson, daß es ihren Zugriff auf Drehbücher und Filmideen erleichtern würde, wenn sie ihren Vertrag mit der Fox erfülle. Zögernd willigte die Schauspielerin ein. Er äußerte auch die Ansicht, daß eine neue Haushälterin besser mit ihren physischen und psychischen Höhen und Tiefen umgehen könne, und kannte rein zufällig die richtige Person für den Job, Mrs. Eunice Murray. Dr. Greenson versicherte Marilyn, daß dieser Tausendsassa von Frau zusätzlich zu ihrem Repertoire als Chauffeur, Wohlfahrtsinstitut, Innendekorateurin, Krankenschwester und Gesellschafterin ihr tatsächlich behilflich sein würde, das richtige Heim für sie ausfindig zu machen. Eunice Murray hatte dem Doktor sein Buen Retiro verkauft und war eine persönliche Freundin. Nun wurde sie auch seine Spionin.

Die Suche nach einem perfekten Heim wurde also mit einer passenden Begleiterin begonnen und dann mit Pat Newcomb fortgesetzt. Da Marilyn während ihrer Ehe mit Arthur Miller erkleckliche Summen verloren hatte, weigerte sie sich, ein großes, standesgemäßes Haus für sich allein zu kaufen. Sie wollte etwas Schlichteres, Gemütliches, etwas, das sie sich leisten konnte. Da sie die Wohnung in New York behielt, war Brentwood eine zusätzliche Belastung ihres Budgets, aber die Zuflucht, die sie hier haben würde, war die Investition wohl wert.

In Erwartung von Presseangriffen gegen die Kennedy-Administration heckten die Kennedys mit dem alten Joe am Ruder Ende 1961 einen ingeniösen Gegenangriff aus, der dem Präsidenten ein positiveres Image verschaffen sollte. Das Fernsehen schien dafür das geeignetste Propagandamittel. Mit seiner Schlagfertigkeit verwandelte JFK vom Fernsehen übertragene Pressekonferenzen im Handumdrehen in Unterhaltungsprogramme. Unter der Leitung des Mentors Joe durchforschte das Oval Office die Printmedien nach negativen Berichten über Jacks Stümpereien und würgte über den Kennedy-Apparat, zu dem so brillante PR-Fachleute wie Pierre Salinger gehörten, rufschädigende Stories ab. So wurde beispielsweise ein Artikel, der mit der kläglichen Leistung des Präsidenten während des Schweinebucht-Desasters ins Gericht ging und in der »New Republic« erscheinen sollte, unversehens gekippt. Nachdem Ben Bradlee, »Newsweek«-Korrespondent im Weißen Haus und ein Freund Kennedys, eine harmlose Bemerkung über Kennedys Machtmißbrauch gemacht hatte, wurde er eine Zeitlang aus dem inneren Kreis verbannt. Andererseits rief Jack Reporter, die wohlwollende Berichte geschrieben hatten, persönlich an, um ihnen zu danken.

Joe Kennedy gab seinen Söhnen genaue Instruktionen, wie sie mit dem Mob umzugehen hatten. Die »Boys« sollten bei der Stange bleiben und im Interesse des Weißen Hauses arbeiten und nicht nach den Wünschen von Jimmy Hoffa und Sam Giancana. Außerdem wurden die jungen Männer auch von den Behörden unter Druck gesetzt, den Mob mit effektiven Mitteln unter Kontrolle zu bringen.

Das FBI schnitt Telefongespräche mit, denen zu entnehmen war, daß Roselli und Giancana über Frank Sinatras Versagen, ihre Unternehmungen aus der Schußlinie zu bringen, sehr enttäuscht waren. Die ständige Überwachung und die juristischen Schikanen, die die Regierung aus dem Ärmel zauberte, machten sie böse. Sinatras sehnlicher Wunsch, mit einem Botschafterposten betraut zu werden, wurde lachend als Witz abgetan, denn die Mobster verachteten seinen frivolen Appetit nach politischer Macht. Pierre Salinger und seine Männer waren sich über Sinatras wacklige Position voll im klaren; er wurde mehr als fliegender Händler denn als politischer Verbündeter behandelt.

Als nächstes setzte Giancana alle Räder in Bewegung, um Sinatra wenn nicht politisch, so doch wenigstens finanziell benutzen zu können. Er zwang den Sänger, einen Vertrag über eine nicht spezifizierte Anzahl von Auftritten zu unterzeichnen und bezahlte ihn, wie beim Mob üblich, jedesmal aus der Tasche. Später machte Giancana einen neuen Nightclub mit achthundert Sitzplätzen auf, die »Villa Venice«, nur zwei Blocks von seinem Spielcasino entfernt, das in einer umgebauten Wellblechbaracke untergebracht war. Dafür hatte er nicht nur den Spitzensänger nötig, sondern auch dessen Kumpane Dean Martin und Sammy Davis jr., ein Arrangement, das ihm die Hasardeure in den Laden brachte, die ihr Geld bei Roulette, Würfeln und an den Black-Jack-Tischen in großem Stil verloren.

Spätestens im Oktober 1962 trat das Rat Pack regelmäßig auf, und das Geld strömte nur so herein. Das steuerfreie Unternehmen hatte bereits drei Millionen gebracht, als das FBI auf den Trichter kam, das Etablissement schloß und die Verträge des Rat Pack mit der »Villa Venice« beendete.

Die Weihnachtszeit 1961 bescherte dem Kennedy-Clan eine weitere Katastrophe. Mit dreiundsiebzig hielt Joseph Kennedy seine Söhne noch immer streng im Griff, und keiner von ihnen wagte sich aufzulehnen. Der große Entwurf des Patriarchen war unter Dach und Fach, sein Ältester war der Präsident der Vereinigten Staaten, der zweite Justizminister, und der dritte wartete in der Kulisse, um den früheren Senatssitz des Präsidenten zu übernehmen.

Stolz, ichbezogen und selbstgefällig sein Lebenswerk überblickend, gedachte der alte Mann, seine Herrschaft unbegrenzt fortzusetzen. Am 19. Dezember hatte er auf dem Besitz in Palm Beach den engsten Familienkreis um sich versammelt. Nachdem er Jack zum Flugplatz begleitet hatte, spielte er nachmittags

Golf. Unvermittelt von einem Unwohlsein befallen, setzte er sich neben dem sechsten Loch ins Gras und bat seine Nichte, ihn ins Haus zu bringen, wollte aber nicht, daß ein Arzt gerufen wurde. Im Bett erlitt er eine Gehirnthrombose, bei der sich in einer Arterie ein Blutpfropf bildete. Mit einer Autokolonne brachte die Familie den Bewußtlosen in rasender Fahrt ins Krankenhaus, wo die Ärzte feststellten, daß der Schaden inoperabel sei. Ein katholischer Priester erteilte ihm die Letzte Ölung. Jackie rief ihren Mann in Washington an. JFK war von dem Gedanken, daß er seinen Vater verlieren würde, niedergeschmettert.

Joseph Kennedy starb jedoch nicht; sein Zustand stabilisierte sich; doch nach zwei Tagen konnte er seine Familie immer noch nicht erkennen. Jacqueline und Jack kamen in Begleitung von Pierre Salinger ins Krankenhaus. Als der Präsident sich über seinen Vater beugte, erkannte Joe seinen Sohn. Seine Wiederherstellung machte weiter Fortschritte, blieb jedoch begrenzt. Immerhin entwickelte der ältere Kennedy die Fähigkeit, die Notierungen seiner Wertpapiere zu lesen und zu verstehen und ja oder nein zu murmeln. Seine Versuche zu sprechen erzeugten lediglich kaum verständliches Kauderwelsch. Aber er lernte, seine linke Hand wieder zu gebrauchen und konnte kurze Notizen kritzeln. Bei den Familienessen dominierte seine Persönlichkeit noch immer, doch JFK lispelte nicht mehr oder strich sich wie früher aus Angst vor seinem Vater über den Unterkiefer. Nun verbrachte Jack mit dem alten Mann zärtliche Stunden und versuchte, sein Gebrabbel zu verstehen. Vor anderen, die nach wie vor kein Wort verstehen konnten, vertrat er energisch den Nutzen der Kommunikation mit seinem Vater: »Wenn bei meinem Dad auch nur zehn Prozent des Gehirns funktionieren würden, hätte ich immer noch das Gefühl, daß er mehr Verstand hat als jeder andere, den ich kenne.« Da er den alten Mann mehr denn je brauchte, war sich der Präsident bisweilen über die Speicherfähigkeit seines Vaters nicht im klaren. Um so mehr versuchte er, ihn zur Äußerung seiner Ideen und Gedanken zu ermutigen. Joes Ratschläge hatten nicht mehr den diktatorischen Tonfall von früher, aber sein Scharfblick war intakt geblieben. Der Patriarch war noch immer aufnahmefähig und behielt die Kontrolle.

Der Präsident war um seinen Vater geradezu wütend besorgt. Bei einem Wochenendaufenthalt in Hyannisport erlitt Kennedy senior einen weiteren Anfall. Joes Krankenschwester sah den Präsidenten das erste Mal »ausrasten«. Er hatte den Arzt ersucht, bei dem Patienten zu bleiben, während er selbst Spezialisten in New York zu Rate zog, und mußte bei seiner Rückkehr feststellen, daß der Arzt gegangen war. Ärgerlich verlangte er seine Rückkehr und schärfte ihm ein, daß er »jede Minute« bei Joe zu bleiben habe. JFK kam fast jedes Wochenende, um alles, was in seiner Macht stand, für die Besserung des Zustands seines Vaters zu tun. Er nahm ihn sogar auf dem Segelboot mit und kümmerte sich stundenlang um ihn.

Marilyn verbrachte Weihnachten in der Gesellschaft von Joe DiMaggio. Was ihre Gefühle und Bedürfnisse betraf, vertraute sie ihm voll. Um sie aufzumuntern, kaufte er mit ihr einen kleinen Baum und Weihnachtsschmuck, um die karge Möbilierung in ihrem Apartment freundlicher zu gestalten. Die Greensons luden das ehemalige Ehepaar DiMaggio für den nächsten Nachmittag ein, und Joe kam bei der Familie des Psychoanalytikers sofort an. Auch zur Jahreswende herrschte Festtagsfreude, als Joe und Marilyn Greensons Tochter Joan und ihren Freund mit gerösteten Kastanien und Champagner bewirteten. Sie waren wie ein altes Ehepaar, das sich immer noch liebte, und Marilyn war es ein besonderes Anliegen, ihren Mann mit kleinen Aufmerksamkeiten zu verwöhnen. Doch nach den Feiertagen verschwand Joe einmal mehr von der Bildfläche, und die Erinnerung an das weihnachtliche Hochgefühl erstarb allmählich.

Um Marilyn aus ihrer Niedergeschlagenheit herauszuholen, redete Dr. Greenson ihr weiter zu, ein neues Haus zu kaufen, eines, das ihr die Nestwärme vermitteln konnte, die ihr fehlte; Ende Januar hatten Marilyn und Mrs. Murray ein bescheidenes Pendant zu Greensons Haus gefunden, südlich vom Sunset in einer ruhigen Sackgasse in Brentwood. Der Schauspielerin sagte besonders zu, daß es in der Nähe ihres Analytikers und von Peter Lawfords Strandhaus lag, ihrem »Kennedy-Zentrum«. Als sie die Übertragungsurkunde unterschrieb, brach sie trotzdem in

Tränen aus, weil sie so traurig war, daß sie ihr erstes Haus allein kaufen mußte und ihren neuen Besitzerstolz mit keinem Gefährten teilen konnte.

Am 1. Februar lernte Marilyn auf einer Party bei Lawford Robert Kennedy kennen. Er war von der Schauspielerin hingerissen und tanzte den ganzen Abend mit der Geliebten seines Bruders. Irgendwann zogen sich die beiden in eine ruhige Ecke zurück, und Marilyn verwickelte den Justizminister in ein ernsthaftes politisches Gespräch. Er war von ihrem politischen Köpfchen beeindruckt. Marilyn erzählte später in Mexiko ihrem Freund Frederick Field aus der Vanderbilt-Familie, daß sie und Bobby über den anscheinend allmächtigen J. Edgar Hoover diskutiert hätten. Marilyn hatte genug unter den Ermittlungen des »House Un-American Activities Committee« gegen Arthur Miller gelitten. Was sie nicht wußte, war, daß Hoover zwar Miller mit seinem Haß verfolgte, sie aber vergötterte; nach seinem Tod fand sich im Haus des heimlichen Homosexuellen bizarrerweise ihr Foto aus dem Aktkalender an der Wand.

Nachdem Bobby mehrmals angelegentlich sein Buch erwähnt und betont hatte, was für ein vortrefflicher Filmstoff es wäre, machte sich Marilyn erbötig, einige Anrufe für ihn zu tätigen. Auch als Justizminister war der Karrierist Bobby auf Beziehungen aus. Gloria Romanoff, die ebenfalls eingeladen war, erinnerte sich, daß Bobby über sein Zusammensein mit Marilyn so aufgeregt gewesen sei, daß er wie ein Schuljunge zum nächsten Telefon stürzte, um es brühwarm seinem Vater zu berichten.

Im Februar 1962 begann die Vorproduktionsphase von Marilyns nächstem Film, der den passenden Titel *Something's Got to Give* trug. Die Fox wankte unter den erheblichen Verlusten, die sie in den letzten drei Jahren hatte hinnehmen müssen, suchte verzweifelt nach einem Kassenknüller und setzte den Produktionschef Peter Levathes unter Druck, die Firma wieder flottzumachen. Und wer war dafür besser geeignet als Marilyn Monroe? Man einigte sich auf ein Remake der Irene-Dunne-Komödie *My Favorite Wife/Meine liebste Frau* aus dem Jahr 1940, die von Nunnally Johnson neu bearbeitet worden war. Marilyn hatte gute Erinnerungen an ihn. *How to Marry a Millionaire/Wie angelt man sich einen Millionär?*, die erste Filmkomödie in Cinemascope, in der sie neben Lauren Bacall, Betty Grable und William Powell gespielt hatte, war einer ihrer Lieblingsfilme geblieben. *How to Marry a Millionaire* war die Geschichte dreier Mannequins gewesen, die ihre mageren Einkünfte für die Miete eines Penthouse in Manhattan zusammenlegen, wo sie Millionäre an Land zu ziehen hoffen.

Marilyn war von den Kritikern äußerst lobend erwähnt worden, etwa von Otis L. Gurnsey jr. in der »New York Herald Tribune«: »Sie spielt ein bezauberndes kurzsichtiges Geschöpf, das sofort die Brille absetzt, sobald ein Mann in der Nähe ist, und mit so unschuldiger Gerissenheit gegen Möbel und Türen prallt und Bücher verkehrt herum liest, daß die Leinwand wackelt.« Auch Johnsons Beitrag in seiner Doppelfunktion als Produzent und Drehbuchautor war nicht unbemerkt geblieben. Kate Cameron schrieb in den New Yorker »Daily News«: »Betty Grable, Lauren Bacall und Marilyn Monroe teilen die Pointen und Seitenhiebe, die Nunnally Johnson reichlich geliefert hat, mit einer Natürlichkeit aus, die den umwerfenden komischen Effekt noch erhöht und den Film zur spaßigsten Komödie des Jahres macht.« Monroes Vertrauen in Nunnally Johnsons Fähigkeiten erklärt, warum sie auf die bloße Erwähnung seines Namens mit dem neuen Projekt einverstanden war.

Die Schauspielerin hatte nicht einmal das Treatment gesehen, geschweige denn eine ausgearbeitete Drehbuchfassung. An diesem Punkt des Dramas griff Dr. Greenson, ihr neuester und verhängnisvollster Svengali, auch in ihre Karriere ein und schlug einen Anfänger, den 29jährigen Henry Weinstein, als ausführenden Produzenten für *Something's Got to Give* vor. Marilyn war auch damit einverstanden, weil sie dachte, daß sie auf diese Weise selbst mehr Einfluß ausüben könne.

Als die Dreharbeiten Anfang April beginnen sollten, stellte Marilyn fest, daß sie sich in ihrer Rolle nicht wohl fühlte. Sie war mit einigen Szenen ganz und gar nicht einverstanden und schickte das Drehbuch mit der Forderung zurück, daß es umgeschrieben werden müsse. Inzwischen war Nunnally Johnsons erste Fassung von anderen Autoren bereits fünfmal umgearbeitet worden, und Walter Bernstein bekam den Auftrag, eine siebte Fassung zu erstellen. Bernstein nahm Johnsons ursprüngliche Version wieder auf, in der eine Frau, die sieben Jahre für tot gehalten wurde, zurückkehrt und ihren Ehemann wiederverheiratet findet. Da Marilyn persönlich ihre Hoffnung auf eheliche Treue aufgegeben hatte, sträubte sie sich, eine Frau zu spielen, die hinter einem Mann her ist, und dann auch noch hinter ihrem früheren Ehemann.

In das neue Haus gewöhnte sie sich dagegen allmählich ein und beauftragte Eunice Murrays Schwiegersohn Norman Jeffries II, für 180 Dollar pro Woche die nötigen Reparaturen auszuführen. Weil das Haus dem von Greenson möglichst ähnlich sein sollte, reisten Marilyn, Mrs. Murray und Pat Newcomb nach Mexiko und erstanden auf dem Toluca-Markt in Mexico City und anschließend im Urlauberparadies Taxco in den Bergen Spiegel, Bilder, Fliesen und ein paar pittoreske Möbelstücke.

Am Ende ihrer rauschhaften Einkaufsreise traf sie sich mit ihrem Freund Fred Field, dem »landesflüchtigen« Vanderbilt-Erben, und schüttete ihm, animiert durch starken Alkoholkonsum, reichlich konfus ihr Herz aus. Ihr Vertrauen in Sinatra, politische Glaubenssätze wie ihr Abscheu gegen die McCarthy-Doktrin und Hoover, die Spannungen in ihrer Ehe mit Miller, die Fehlgeburten – alles kam nach oben. Um sie auf andere Gedanken zu bringen, brachte Pat Newcomb sie mit dem mexikanischen Drehbauchautor José Bolaños zusammen. Die Schauspielerin reagierte zu Fields Bestürzung spontan auf die Reize des jungen Mannes. Als Marilyn nach Taco weiterreiste, folgte ihr Bolaños mit einer Mariachi-Kapelle und brachte der Schauspielerin vor ihrem Hotelfenster ein Ständchen. Marilyn war zwar von seinen filmischen Referenzen nicht beeindruckt (er behauptete, ein Freund von Luis Buñuel zu sein), war aber der flüchtigen Romanze mit einem Fremden zugeneigt, der nichts mit ihrem Leben zu tun hatte, und ließ sich ein wenig gehen. Fotos dieser Episode lassen darauf schließen, daß Marilyn volltrunken ist, aber sich dabei sichtlich wohl fühlt. Bolaños folgte ihr nach

Los Angeles und behauptete später, daß sie hatten heiraten wollen. Doch die Wahrheit ist, daß es eine kurze Affäre war und nichts weiter, ohne die geringste Absicht, daraus ein festes Verhältnis zu machen. Einmal besuchte er sie in ihrem Häuschen, aber der Funke zündete nicht mehr. José zog tief beleidigt ab und unternahm trotzdem zahlreiche Versuche, das erloschene Feuer wieder zu schüren. Daß sie so umschwärmt wurde, gab ihr zwar Auftrieb, aber die Alkoholexzesse mit Bolaños hatten ihre angegriffene Gesundheit noch zusätzlich geschwächt.

Immerhin gab sie nach ihrer Rückkehr nach Los Angeles, als die Hauptdarsteller für *Something's Got to Give* bereits feststanden, ihren Segen dazu, daß George Cukor die Regie übernahm. Seine Erfolgsserie war in der Tat beeindruckend. Außerdem hatte sie in Dean Martin und Wally Cox zwei Partner an der Seite, mit denen sie befreundet war. Levathes hatte Marilyn für ihren letzten Fox-Film Carte blanche gegeben. Endlich spürte sie ihre Macht und genoß sie.

Dr. Greenson seinerseits wurde von seinem wachsenden Einfluß zu dem Trugschluß verleitet, daß er bei der Therapie der Schauspielerin wesentlich größere Erfolge erziele, als es Dr. Kris vermocht hatte. Er war so felsenfest davon überzeugt, ihre tiefverwurzelte Unsicherheit müsse in erster Linie mit dem Aufbau des Selbstbewußtseins bekämpft werden, daß seine manipulativen Eingriffe allen ethischen und professionellen Gesetzen einer psychoanalytischen Begleitung hohnsprachen. Für 50 Dollar pro Sitzung, monatlich 1500 Dollar, sorgte »Dr. Svengali« nicht minder für seine Zukunft als für die der Schauspielerin.

Joe Kennedy hatte vorsichtig versucht, seine Familie aus der Umarmung durch die Mafia zu lösen, und JFK wiederholt eingeschärft, daß »der Mob für dich arbeiten muß, und nicht umgekehrt«. Auch jetzt waren die Kennedys der Meinung, daß ein schrittweiser Rückzug effektiver sei als eine radikale Kehrtwendung im Umgang mit dem Mob. Aber da war Hoover vor. Am 27. Februar 1962 schickte der FBI-Direktor gleichlautende Memos an Robert Kennedy und Kenny O'Donnell, JFKs ergebenen wandelnden Terminkalender, in denen er seine Bedenken gegen

Jacks Mätresse Judith Campbell und ihre Kungelei mit John Roselli und Sam Giancana äußerte. Hoovers gutplazierte Abhöranlagen hatten mindestens drei Anrufe von ihr in das WeißeHaus registriert. (Später stellte sich heraus, daß im Telefonjournal des Weißen Hauses siebzig Anrufe von Judith Campbell verzeichnet waren.) Obwohl er immer noch keine Ahnung von der Sinatra/Campbell-»Connection« hatte, wurde der Justizminister unruhig und warnte seinen Bruder. Doch Jack – konkurrenzbesessen, getrieben und süchtig – erkannte nicht, daß er reingelegt wurde, und sah deswegen keinen Anlaß, etwas in seinem Umgang mit der Geliebten oder Roselli zu ändern.

Am 22. März nahm der FBI-Chef im Weißen Haus mit dem Präsidenten ein zweites Frühstück ein. Er dürfte Kennedy bei dieser Gelegenheit mit den geheimen FBI-Akten über dessen ehemalige Geliebte Inga Arvad gedroht haben, eine inzwischen ältere Dame, die mit Spionage für die Nazis in Zusammenhang gebracht wurde. Hoover wollte offensichtlich nicht, daß sein eigenes Büro durch irgendwelche Beweise über JFKs Verbindungen mit der Mafia, die an die Presse durchsickerten, kompromittiert würde. Denn daraus konnte sich eine Untersuchung ergeben, die Hoovers eigene frühere »Gefälligkeiten« an Joseph Kennedy an den Tag gebracht hätte. (Während seiner Schmugglerjahre hatte Joseph Kennedy der J. Edgar Hoover Foundation hohe Summen gespendet, um sich damit Rückendeckung für seine illegalen Geschäfte zu sichern.) Hoovers und JFKs Glaubwürdigkeit war in Gefahr, und Kennedys politisches Leben stand auf der Kippe.

Angesichts dieser bedrohlichen Situation rief Jack Judith zum letzten Mal aus dem Weißen Haus an. Und nur zwei Tage bevor der Präsident seinen geplanten Urlaub in Sinatras »Western White House« antreten sollte, tätigte Bobby den schicksalhaften Anruf bei seinem Schwager. Peter Lawford bat Robert dringend, es sich anders zu überlegen, erstens angesichts der unendlichen Mühe, die Frank sich gemacht hatte, und zweitens wegen der möglichen Revanche, die sich daraus ergeben konnte. Bobby lehnte ab. Peter rief hektisch den Präsidenten an, aber auch Jack stand fest zu seiner Entscheidung und sagte: »Ich kann nicht dort wohnen . . ., während Bobby seine Untersuchung über Giancana führt. Sieh zu, daß du etwas anderes findest. Als Präsident kann ich nicht bei Frank wohnen und in demselben Bett schlafen, in dem Giancana oder irgendein anderer Gangster gelegen hat!« Offenbar nicht darüber eingeweiht, daß sich Jack und Sam dieselbe Dame teilten, folgte Peter nur zögernd dem Befehl des Präsidenten, alle Pläne über den Haufen zu werfen. Bedenken des Secret Service vorzuschieben, schien eine gute Lösung, und es wurde beschlossen, Frank diese Version zu servieren. Obwohl Sinatras Haus und Grundstück riesig waren, kam Peter also mit der faulen Ausrede, daß die Anlage für den Einsatz des Secret Service nicht ganz ausreichend sei und der Präsident deshalb im Haus von Bing Crosby logieren werde, während das Haus seines unmittelbaren Nachbarn Jimmy Van Heusen als Zentrale des Secret Service dienen würde, was alles in allem einen besseren Schutz für den Präsidenten darstelle, als Franks »Western White House«.

Fuchsteufelswild und noch zusätzlich erbittert, daß einem Republikaner und früheren Konkurrenten der Vorzug gegeben wurde, sammelte der Sänger feurige Kohlen auf Peters Haupt und rief umgehend Bobby an, um sich zu beschweren. Bobby sagte Frank, daß es, um den Schein zu wahren, nur diese Lösung gebe. Immer noch kochend vor Wut, zerlegte Frank mit dem Vorschlaghammer den Hubschrauberlandeplatz, den er extra hatte anlegen lassen. Obwohl Sinatra gesagt worden war, daß der Präsident versprochen hätte, die Sache später wieder einzurenken, ließ der hitzige Sänger weiter Dampf ab und nannte Bobby Kennedy einen Heuchler, der »das Geld von Gangstern annimmt, aber nicht ihre Freundschaft«.

Peter lud umgehend Marilyn Monroe ein, das Wochenende mit dem Präsidenten zu verbringen. Marilyn kam der Einladung nur allzugern nach. Peter tigerte ungeduldig in ihrem Wohnzimmer herum, während Miss Monroe zu Greensons Haus rannte, um sich die Haare zu waschen, denn bei ihr war das Wasser abgestellt worden. Als es endlich soweit war, fungierte Lawford als Bedeckung und Chauffeur. Einige Stunden trödelten Kennedy und Marilyn um Bings Haus herum, tranken und küßten sich, er in Rollkragenpullover und Freizeithosen, sie im Abendkleid. Am Abend meinte JFK, während er mit der Schauspielerin herumalberte, daß Peter Sinatra anrufen und in Bings Haus einladen solle, offenbar, um die Entschuldigung für die Änderung der Pläne gleich hinter sich zu bringen. Sinatra lehnte die Einladung »zur linken Hand« ab und schützte vor, daß »Freunde« in Los Angeles auf ihn warteten. Angeblich waren die »Freunde« in der Einzahl und niemand anders als Jack Kennedys frühere Gespielin und Franks frühere Partnerin Angie Dickinson. Obwohl zu jener Zeit kein Wort über die Affäre mit dem Präsidenten über ihre Lippen kam, erzählte Angie später, daß Frank sich bitter beklagt hätte: »Wenn er nur zum Hörer greifen und mich anrufen würde, um mir zu sagen, daß der Umgang mit mir politisch nicht opportun ist, würde ich das verstehen. Ich möchte ihn nicht verletzen. Aber er macht sich nicht einmal diese Mühe.« Sinatra schandmaulte allerdings nie über den Präsidenten, sondern ließ seinen Zorn nur an Bobby Kennedy und Peter Lawford aus. Es sah so aus, daß Jack gegen den Willen Bobbys einen Versöhnungsversuch mit Sinatra unternommen hatte. Er hatte ihn schließlich nötig. Denn abgesehen davon, daß er am politischen Krisenherd zündelte, hatte Kennedy nichts Dringenderes zu tun, als mit Sinatra um dieselben schönen Frauen zu buhlen und oberflächlich das letzte Wort zu haben.

Der Justizminister verstärkte indes die Überwachung der Mobster, vor allem die Sam Giancanas. Bobby versuchte um jeden Preis zu verhindern, daß irgendwer in der Regierung oder in der Öffentlichkeit die Annahme, das Gefühl oder den Verdacht haben könnte, daß die Familie jemals mit dem Mob in Verbindung gestanden hatte oder sich Gefälligkeiten hatte erweisen lassen. Seine Unersättlichkeit im Überführen von Gangstern (1961 war ein Rekordjahr, in dem über hundert Unterweltfiguren verurteilt wurden) sollte der Welt beweisen, daß die Gerüchte über Verbindungen seiner Familie mit dem organisierten Verbrechen absolut falsch seien. Außerdem wollte der Justizminister den Skeptikern, die seine Qualifikation und Kompetenz für diese Schlüsselposition im Kabinett bezweifelten, beweisen, daß er dafür genau der Richtige war.

Jimmy Hoffa und Sam Giancana setzten ihrerseits die Beschattung der Kennedys fort, während das FBI gnadenlos sein Image der absoluten Unbestechlichkeit aufrechtzuerhalten suchte. Während er schmutzige Geschichten über seine »hypokritischen« Freunde sammelte, erfuhr Giancana von Judith Campbell, daß das FBI über Jacks Methode, sie als Kurier zu benutzen, Bescheid wisse. Der Mobster begann endlich durchzublicken, was die Motive des Präsidenten betraf. Indem er seinen Kontakt mit Judith auf ein Minimum beschränkte, schützte Kennedy sich selbst. Daß der Oberhäuptling des Mob die wöchentlichen Reporte des FBI über die Aktivitäten gegen ihn nicht mehr geliefert bekam, war irrelevant. Denn Kennedy hatte ihn ohnehin die ganze Zeit geleimt, indem er vorgab, ihm die vollständigen Reporte zukommen zu lassen, in Wirklichkeit aber vorher alle Hinweise über Giancanas Überwachung entfernt hatte. Und nun war sogar das Vorgaukeln einer Kooperation inopportun geworden.

Giancana genoß immer noch den Vorzug, ab und zu die Schmutzarbeit für die CIA erledigen zu dürfen, was internationalen Schmuggel oder das Waschen von Geld betraf. Nachdem sie schließlich gegenüber Bobby Kennedy zugegeben hatten, daß sie Giancana gefällig gewesen seien, hatten die betreffenden CIA-Agenten ihren Job riskiert, aber letztlich war doch nichts unternommen worden. Im Vertrauen darauf, daß er noch immer alles unter Kontrolle hatte, war Giancana nun nicht mehr auf die Informationen und die Einflußnahme von Sinatra oder Judith Campbell angewiesen, hielt sich Campbell aber warm, was den anderen Teil ihrer Beziehung betraf. Der Chicago-Mobster nahm die Sache nun selbst in die Hand. Was allerdings seine wachsende Materialsammlung zur Erpressung des Präsidenten anging, wurde er von seinen CIA-Kontaktleuten gewarnt. Eine völlige Bloßstellung des Präsidenten würde seine eigenen Unternehmungen beschneiden, weil sich damit automatisch die Aufmerksamkeit auch auf die profitablen Geschäfte des Mob richten würde. Was die Aktivitäten im Inland betraf, hatte Giancana noch immer die FBI-Agenten Bill Roemer und Ralph Hill am Hals, die jeden seiner Schritte überwachten.

Marilyn war in der Welt des Hinterherspionierens ebenfalls kein völliges Greenhorn. Sie erinnerte sich an die Zeit unmittelbar nach der Trennung von DiMaggio, als der Yankee Clipper den Privatdetektiv Fred Otash engagiert hatte, um sie im Auge zu behalten. John Danoff, der mit Otash in den frühen sechziger Jahren zusammenarbeitete, bekennt offen, daß Monroes Wohnung und Peter Lawfords Haus bereits 1961 verwanzt wurden. Jimmy Hoffa hatte dafür den »Wanzenkönig« Bernard Spindel eingesetzt. Marilyns Haus, das mitten im Umbau war, war dann ein noch leichteres Ziel, und der ruhmreiche Abhörexperte hatte nicht die geringsten Probleme, die Telefonleitung anzuzapfen und seine »Tierchen« in den Räumen zu verteilen. Spindel hatte sich als Pionier des elektronischen Lauschangriffs seine Sporen im Zweiten Weltkrieg verdient. In den fünfziger Jahren hatte Hoffa ihn angestellt, um seine Gewerkschaft zu verwanzen und seine eigenen Büros zu entwanzen. Bobby Kennedy versuchte, Spindel umzudrehen, doch der Versuch ging in die Hose, und Spindel blieb Bobby bis zum Tod feindlich gesinnt. Schließlich hatte der geniale Bernie auch im Justizministerium seine Abhörgeräte installiert. Als Bobby Kennedy sich der Möglichkeit bewußt wurde, daß er ebenfalls abgehört würde, schleppte er zu Konferenzen im Ministerium in seinem Aktenkoffer Antiabhörgeräte mit sich herum. Aber Bobby hatte nicht die blasseste Ahnung, daß Marilyns Haus ebenso »transparent« war, und daß alles, was sich bei seinen Besuchen bei ihr ereignet hatte, mitgeschnitten worden war.

Der Beginn der Dreharbeiten zu *Something's Got to Give* war für Anfang April angesetzt worden, und Marilyn begann mit den Garderobe- und Frisurtests, die wie immer siebenmal am Tag Umziehen und Umfrisieren bedeuteten. Whitey Snyder und Marjorie fanden, daß sie so schön aussehe wie vor zehn Jahren. Sie hatte einen klaren Blick, ihre Haut schimmerte, und sie war körperlich in Bestform. Der Chefbeleuchter entwickelte eine besondere Methode, um die Schauspielerin für die Kamera zu soften, indem er Units von bernsteinfarbenen und rosa Scheinwerfern zusammenstellte. Daß George Cukor sich weigerte, bei den Tests dabeizusein, war der Beginn eines langen, erbitterten Ringens zwischen ihm und Marilyn, wer am Set das Sagen habe. Dem völlig unerfahrenen Produzenten Henry Weinstein blieb nichts übrig, als händeringend herumzulaufen und das Schlimmste zu befürchten. Doch seine Ängste wurden beschwichtigt, als die Testaufnahmen bestätigten, daß Monroe noch immer top war und es derzeit mit wesentlich jüngeren Frauen aufnehmen konnte.

Ursprünglich hatte David Brown, der auch als neuer Direktor der Twentieth Century-Fox im Gespräch gewesen war, die Produktion von *Something's Got to Give* übernehmen sollen, und Cukor war guten Mutes gewesen, daß er der geeignete Verbündete und Ratgeber sein würde, um am Set für Ordnung zu sorgen. Aber die Bosse waren der Meinung gewesen, daß Greenson, Weinstein und Cukor ein geeigneteres Trio seien, um Marilyn auf Vordermann zu bringen, auch was die Einhaltung der Termine betraf, und so hatte Weinstein Brown ersetzt. Sobald Cukor herausgefunden hatte, daß Weinstein wegen seiner künstlerischen Verbindung mit Marilyns Therapeuten der Vorzug gegeben worden war, ging er die Wände hoch und dann Weinstein an: »Sie glauben also, daß Sie Marilyn pünktlich zum Set schaffen können? Lassen Sie mich Ihnen eines sagen. Selbst wenn Sie Marilyns Bett am Set absetzen und alle Scheinwerfer eingeschaltet sind, selbst dann wäre sie nicht pünktlich zur ersten Klappe da!«

Regisseur und Schauspielerin prallten während der ganzen Dreharbeiten zusammen – Marilyn hielt ihre Kritik am Drehbuch und den Lösungen, die ihre Rolle in Mitleidenschaft zogen, aufrecht, während Cukor darauf beharrte, daß diese Textstellen vom letzten Drehbuchautor bereits geändert worden seien. Cukor verabscheute Frauen, die sich seiner Kontrolle nicht unterwerfen wollten.

Wie das alte Studio-System, dem er angehörte, haßte es Cukor, Macht in einem Gewerbe abzugeben, das er brillant beherrschte. Nach so vielen gefeierten Filmen wie *Little Women/ Vier Schwestern*, *Camille/Die Kameliendame*, *The Women/Die Frauen*, *A Star Is Born/A Star is born* und *The Philadelphia Story/*

Die Nacht vor der Hochzeit hatte Cukor, um seine hochgesteckten Standards zu halten, mit der Fox einen Vertrag über zwei Filme abgeschlossen, deren erster *Let's Make Love* gewesen war. Gegen besseres Wissen hatte Skouras ihm nun *Something's Got to Give* aufgedrängt.

Cukor hatte sich erst breitschlagen lassen, nachdem sein Anwalt drohende Gebärden in Richtung Chefetage gemacht hatte. Er verabscheute Marilyn schon vor Beginn der Dreharbeiten und sagte zu Nunnally Johnson: »Sie ist ein verzogener, verhätschelter Superstar und repräsentiert alles, was am heutigen Hollywood schlecht ist.« Ironischerweise war sein Eindruck von der Schauspielerin nicht sehr von dem verschieden, was manche in der Filmindustrie über ihn dachten. Mit seinem Hang zur Protzerei führte er in einer Mittelmeervilla aus dem 17. Jahrhundert ein luxuriöses Leben, bewirtete bei seinen schwulen Soireen Matrosen und Möchtegernschauspieler, hatte einen Kammerdiener und fuhr einen Rolls-Royce.

Cukor schluckte fieberhaft Amphetamine, um seinen Appetit und seine Figur in Schranken zu halten. Am Ende eines Drehtags brachten die Highmacher den Regisseur für gewöhnlich ins Abtrudeln. Und ebenso häufig richtete er seinen durch die Drogen erzeugten Koller gegen Marilyn Monroe.

Bei dem Versuch, dem Film seinen eigenen Stil aufzuprägen, ging Cukor so weit, daß er als Dekoration sein eigenes Haus am Sunset Boulevard bis ins kleinste Detail nachbilden ließ. Voller Stolz, daß er die großen Hauptdarstellerinnen ihrer Zeit geführt hatte, versuchte er Monroe mit seiner absoluten Kontrolle über den Set einzuschüchtern und ließ sogar Repliken der Wasserbälle anfertigen, die er von Vivien Leigh am Set von *Gon With the Wind/Vom Winde verweht* bekommen hatte. Clark Gable hatte es allerdings abgelehnt, mit dem »schwulen« Regisseur zu arbeiten, der sich zu sehr mit den »Girls« beschäftigte, und durchgesetzt, daß Cukor durch Victor Fleming ersetzt wurde.*

* Kenneth Anger bietet in »Hollywood Babylon« (1984) eine andere Version für einen der berühmtesten Regisseurswechsel in der Filmgeschichte an, die Cukor kurz vor seinem Tod 1983 preisgab. Die Hauptrolle darin spielt der Stummfilmstar William Haines, der seine Homosexualität allzu offen auslebte und dafür Ende der zwanziger Jahre von den Studios mit dem Bann belegt wurde. Cukor wußte als inti-

Die schreiende Replik der Villa Cukor brachte den Vorstand auf den Plan, der verlangte, daß jede auch nur erdenkliche Kameraposition gefunden werden müsse, um die auffällige Zurschaustellung von Cukors schrillem persönlichen Geschmack zu kaschieren. Tief beleidigt über die Injurie wurde Cukor auf Marilyn noch wütender.

Von den Drogen benebelt, witterte Cukor in seinem paranoiden Wahn sogar eine Verschwörung zwischen einem der Drehbuchbearbeiter und dem Autor des Originalskripts Nunnally Johnson und verdächtigte sie, sich zusammengetan zu haben, um das Drehbuch ohne seine Zustimmung zu ändern. In seinem Vertrag war festgelegt, daß er und nicht Marilyn das letzte Wort hatte. Und er wollte verdammt sein, wenn er ihr das Okay überlassen würde. Aber schließlich bekam sie es doch.

Levathes beraumte ein Meeting an, um die blauen Flecken auf den Egos seines Regisseurs und seines Stars zu lindern. Levathes schlug sich auf Monroes Seite, die von ihrem Anwalt Milton Rudin begleitet wurde, und Cukors Ärger bekam neue Nahrung. Am Set wurde der überempfindliche Regisseur noch enervierter, als Paula Strasberg Kritik an seiner Arbeit übte. Obwohl sogar Whitey Snyder zugeben mußte, daß alle sie schauerlich fanden, stand Paula nach wie vor auf der Lohnliste der Marilyn Monroe Productions.

Die meisten Takes zeigen eine Schauspielerin, die sich völlig im Griff hat, obwohl Monroe noch immer ihre morgendlichen Phobien davor hatte, am Set erscheinen zu müssen. Doch mit Snyders unermüdlichen, aber liebevollen Rippenstößen schaffte sie es.

Im Würgegriff des Budgets für *Cleopatra/Cleopatra*, das völlig außer Kontrolle geraten war, befürchteten die Studiobosse, daß auch das Budget für *Something* explodieren und viel mehr als vorgesehen verschlingen könnte. Für *Cleopatra* waren ursprünglich

mer Freund von Haines, daß sich Gable, als er bei MGM noch ein kleines Licht war, von dem damaligen Idol bei mehreren Gelegenheiten hatte »bedienen« lassen, um seiner Karriere einen Kick zu geben. Und Gable wußte, daß Cukor wußte. Der »Mitwisser« Cukor aber war für den Supermacho Gable als Regisseur nicht tragbar. (A. d. Ü.)

zwei Millionen Dollar veranschlagt gewesen, aber da hatte man für die Titelrolle noch an Joan Collins gedacht. Dann wurde beschlossen, Elizabeth Taylor zu verpflichten, die eine Gage von 750 000 Dollar plus 7,5 Prozent von den Bruttoeinnahmen erhielt, sowie 50 000 Dollar pro Woche, falls sich die Dreharbeiten hinausziehen sollten. Mit Douceurs wie einem Rolls-Royce Silver Cloud, Porzellan- und Kristallgeschirr, einer bezahlten Beschäftigungstherapie für ihren Ehemann Eddie Fisher, einer enormen Conduite, in der sich auch Ärzte befanden, verlor Taylor in ihren Bemühungen, das luxuriöse Leben Kleopatras nachzuleben, schließlich die Schlacht zwischen Phantasie und Realität und brachte das kränkelnde Studio an den Rand des Ruins. Selbst falls sich *The Longest Day/Der längste Tag* als Kassenmagnet herausstellen sollte, würde das Studio in den roten Zahlen bleiben.

Marilyn Monroe empfand Taylors enorme Gage immer wieder als persönlichen Affront. Daß Taylor mit einem Federstrich unter ihrem Vertrag die Twentieth dazu gezwungen hatte, von *Something* den Rahm abzuschöpfen, gab ihr einmal mehr das Gefühl, daß sie von der Rivalin übervorteilt worden war. Als Levathes andeutete, daß sie, Monroe, den Untergang des Studios bedeuten könnte, brach Marilyn in eine Schimpfkanonade aus. Sie war nicht nur seit 1959 über die ungerechte Gagenskala empört, sie hatte sich selbst um die Rolle der Kleopatra bemüht und Skouras gebeten, sie zu besetzen. Sie hatte Skouras sogar Fotos von sich im Kostüm der Kleopatra geschickt, die schließlich im »Life«-Magazin erschienen. Ihr Agent George Chasin hatte den Besetzungszirkus um *Cleopatra* in der Hoffnung, daß sie ihr Rollenklischee sublimieren könne, genau verfolgt, aber letztlich waren ihre dringenden Bitten nicht laut genug gewesen, und Taylor war unter Vertrag genommen worden.

18. Kapitel
Die Party bringt es an den Tag

Marilyn kämpfte mit einer Nebenhöhlenentzündung und leichtem Fieber und versäumte darum wieder einmal ein paar Drehtage. Als sie sich so weit erholt hatte, daß weitergedreht werden konnte, bekam Dean Martin, ihr Liebhaber im Film, eine Grippe und hohes Fieber. Marilyn weigerte sich aus Angst um ihre Gesundheit, mit ihrem Co-Star in körperlichen Kontakt zu treten.

Dazu kam noch, daß Marilyn in Erwartung eines großen Ereignisses hochgradig nervös war. Sie hatte schon lange ihre Mitwirkung bei der Veranstaltung zu JFKs 45. Geburtstag im Madison Square Garden in New York City zugesagt, mit deren Erlös das Democratic National Committee die Schulden der Wahlkampagne von 1960 bezahlen wollte. Der Produzent der Show, der New Yorker Regisseur und Komponist Richard Adler, war wie Peter Lawford und Bobby Kennedy der Meinung, daß Marilyn Monroe das perfekte Geschenk für einen Mann sei, der schon alles und »alle« hatte.

Bei dem intimen Wochenende in Palm Springs waren sich die beiden noch näher gekommen, und der Präsident hatte Marilyn bereits seine private Telefonnummer gegeben. Bei der Gala sollte sie während des großen Finales »Happy Birthday« singen. Da sie wußte, daß es um JFKs Ehe nicht gut bestellt war, wiegte Marilyn sich in der Hoffnung, daß der Präsident sich öffentlich zu ihrer Beziehung bekennen würde.

Bei der Vorbereitung für ihr gemeinsames »Coming-out« setzte Marilyn alles daran, um Jackie in den Schatten zu stellen. Ihr Kleid mußte überwältigend und »historisch« sein. Sie wollte sowohl elegant wie sexy aussehen und ihre Kurven, die aufregender als je zuvor waren, zur Schau stellen. Unter dem Siegel der Verschwiegenheit wandte sie sich an ihren französischen Lieblings-Couturier Jean Louis, machte ihm mit dem bevorstehenden Auftritt den Mund wäßrig und spielte auf eine Affäre an. Jean Louis hatte das berühmte Kleid für Marlene Dietrich geschaffen, das diese 1953 bei ihrer Nightclub-Premiere getragen hatte. Um den Eindruck der Nacktheit unter all den Perlen, Kristallen und Pailletten zu dämpfen, hatte Marlene darunter ein Unterkleid getragen, aber Marilyn wollte unter dem Glitzer nicht nur nackt scheinen, sondern es auch sein. Der Couturier schneiderte ihr den Musselin direkt auf den Leib und mußte sich dann den Kopf zerbrechen, wie er in den vorgesehenen hauchdünnen Bodystocking, der eigentlich nur ein Netzgewebe war, Stützen einbauen konnte, die ihren Busen hoben, die Taille noch schlanker machten und den Hintern lifteten. Marilyn beschrieb dem Präsidenten am Telefon das extravagante Gebilde, und er feuerte sie an – es klang für sie so, als ob er wollte, daß sie besser aussehe als jede andere Frau auf der Welt, einschließlich seiner eigenen. Sie riefen einander ständig an, und Marilyn bekam immer stärker das Gefühl, daß Jack tatsächlich vorhabe, der Welt etwas zu »unterbreiten«. In der von Dr. Greenson geschürten Überkompensation ihrer Minderwertigkeitskomplexe pickte sie sich aus der Menge der Möglichkeiten die verlockendste heraus: »Wenn er die Beziehung nicht bekanntmachen wollte, hätte er nicht den Wunsch, mich zu präsentieren!«

Der Präsident schien das Ereignis selbst kaum mehr erwarten zu können und verlangte schließlich, daß sie »Happy Birthday« mit derselben hauchigen Stimme singen müsse, mit der sie ihre Lieder in den Filmen brachte. Er schickte ihr sogar den Filmkomponisten und -dirigenten Lionel Newman zum Üben.

Zu Beginn der Dreharbeiten von *Something* hatte Monroe sich ein paar freie Tage ausbedungen, um dem Wunsch des Präsidenten der Vereinigten Staaten nachzukommen, oder so hatte sie es zumindest dargestellt. Die Studiobosse akzeptierten anfangs völlig ihre früher eingegangene Verpflichtung. Aber als das Budget für *Something* sich wegen der durch Marilyns Krankheit ausgefallenen Drehtage erhöhte und dem Studio die Probleme mit den Dreharbeiten für *Cleopatra* in Rom immer mehr über den Kopf wuchsen, wurde das Abkommen zwei Wochen vor ihrem Auftritt aufgehoben. Marilyns Anwälte führten gemeinsam mit Bobby Kennedy einen verbissenen Kampf gegen das Management der Twentieth. Und der Kampf ging weiter, als Marilyn schon nach New York geflogen war.

Bobby war der Auffassung, daß sein Bruder wichtiger sei als das Studio samt Vorstandsvorsitzendem und allen Führungskräften, die sie antraben ließen. Dies war in der Tat ein angeordneter Auftritt, und niemand konnte dem beliebten Präsidenten, dessen Charme das ganze Land zu Füßen lang, eine Absage erteilen.

Den ersten Kampf gab es mit Levathes, nachdem er die Bitte »des Präsidenten« abgelehnt hatte. Dann legte Bobby den Fall Milton Gould vor, dem einflußreichsten Geldgeber der Fox. Anfangs noch höflich, versuchte Bobby ihn zu überreden, Marilyn freizustellen. Aber Gould wollte nichts davon hören. Er erklärte dem übereifrigen 35jährigen Justizminister, daß der Drehplan von *Something's Got to Give* überschritten, das Budget bereits überzogen sei, das Studio ernste finanzielle Probleme habe und den Gürtel enger schnallen müsse. Bobby nahm die Ablehnung nicht einfach so hin und meinte, er würde es das Studio spüren lassen, daß es dem Wunsch des mächtigsten Mannes in Amerika nicht Folge geleistet habe. In dem anschließenden Wortgefecht beharrte Gould auf dem Standpunkt, daß das letzte Wort gesprochen sei und Marilyn keine Erlaubnis habe, die Dreharbeiten zu unterbrechen; er deutete auch noch an, daß ein Verfahren oder sogar die Beendigung des Vertragsverhältnis die Folge sein könnte.

Obwohl sie alarmiert war, daß selbst Bobby mit seinem drastischen Vokabular die Bosse von ihrem starren Standpunkt nicht hatte abbringen können, beschloß Marilyn, nachdem sie sich nicht nur Jack gegenüber persönlich verpflichtet, sondern auch mehr als 15 000 Dollar für das Kleid ausgegeben hatte, daß sie auf der Stelle tot umfallen wolle, wenn es irgend jemandem gelingen sollte, sie von ihrem Plan abzubringen. Und weil sie immer noch kränkelte, hatten ihre Ärzte sie mit Vitamin-B-Komplex-Injektionen, hohen Dosen von Vitamin B12 und Amphetaminen aufgeputscht. Da ihr Vertrag mit der Twentieth ohnehin auslief und ihre Zukunft offensichtlich beim Präsidenten lag, fand sie das Risiko den Einsatz wert. Ihre Aussichten mit Jack waren noch rosiger geworden, nachdem auch sein jüngerer Bruder alles daransetzte, um ihr Erscheinen zu ermöglichen. Und nachdem offenbar der ganze Kennedy-Clan seinen Segen zu der Affäre gab, stiegen ihre Chancen weiter.

In einem anderen Teil der Arena braute sich allerdings eine Fehde zwischen Jack und Jackie zusammen. Zutiefst gedemütigt, daß seine regierende Mätresse tatsächlich die berühmte Marilyn Monroe war, setzte ihm Jackie zu, den Auftritt zu streichen. Sie erklärte, daß sie von der Geliebten ihres Mannes vor 15 000 Besuchern nicht in peinliche Verlegenheit gebracht oder gar brüskiert werden wolle. Einige aus dem engsten Kreis wußten bereits von der Affäre, aber daß die Liaison nun Gegenstand öffentlichen Klatsches werden sollte, würde sich auf die Mutter seiner Kinder vernichtend auswirken. Jackie erinnerte ihren Mann an Joseph Kennedys Versprechen, daß sie in ihrer Ehe niemals öffentliche Erniedrigung werde erdulden müssen, was andere Frauen betraf. Und die Erklärungen des Patriarchen hatten Gewicht. Privat könne jeder treiben, was er wolle, predigte Joe, aber der äußere Schein zähle.

Jackie versuchte alles; doch selbst ihre Drohung, daß sie und die Kinder nicht dabeisein würden, machte auf John Kennedy keinen Eindruck. Er ließ sich nicht umstimmen. Jackie fuhr wie so oft über das Wochenende zum Reiten nach Virginia und nahm die Kinder Caroline und John jr. mit.

JFKs Verhalten war für Jackie ein Schlag ins Gesicht. Sie hatte vor, mit ihrem Schwiegervater zu sprechen, aber Joseph Kennedy hatte nicht mehr genug Zeit, um alles umzuwerfen. So setzte sich die Maschinerie für ein größeres Ereignis in der Kennedy-Administration in Gang, ein Ereignis, von dem Marilyn glaubte, daß es für sie den Gipfel ihrer Macht bedeuten würde.

Am späten Vormittag des 17. Mai, während Whitey Snyder noch letzte Hand an ihr Reise-Make-up legte, landete Peter Lawford mit einem Hubschrauber auf dem Fox-Gelände, um sie mit Pat Newcomb und Paula Strasberg im Schlepptau zum International Airport von Los Angeles zu bringen. Als sie abflog, kochte Cukor vor Wut darüber, daß sie das Studio herausgefordert und vorsätzlich »seinen« Film im Stich gelassen hatte.

Als sich Marilyn Monroe am Abend des 19. Mai in ihrem Gewand, in dem sie kaum gehen konnte, langsam zum Podium vorgearbeitet hattet, ging ein Stöhnen durch die fünfzehntausendköpfige Menge. Marilyn entledigte sich ihrer weißen Hermelinjacke, warf sie einem Freund zu und stellte ihr außergewöhnliches Kleid und das Weib, das darin steckte, zur Schau. Gekreisch und wilde Pfiffe gellten durch das Auditorium, als die Menge ihre Traumvorstellung von Marilyn Monroe in Fleisch und Blut vor sich erblickte. JFK achtete dagegen nur auf ihren Hintern, wie er einem Freund gegenüber bemerkte, und verfolgte jede atemberaubende Kreisbewegung.

Marilyn hauchte ihr »Happy Birthday« als Liebesgruß ins Mikrophon, genau, wie der Präsident es bestellt hatte, rätselhaft erotisch und gleichzeitig verletzbar. Als JFK in der Hälfte seiner zwanzigminütigen Dankesrede bei Marilyn angekommen war, sagte er: »Nachdem sie mir auf eine so süße und bezaubernde Weise ›Happy Birthday‹ gesungen hat, kann ich mich nun aus der Politik zurückziehen.« Niemals hatte sich Marilyn so angebetet gefühlt.

Ganz Amerika liebte Marilyn Monroe in diesem Moment. Doch auch dieses Bewußtsein half ihr wenig, als das Fieber wieder zu steigen begann. Nach dem Konzert versuchten ihre Zofe und ihr Masseur, sie zu überreden, sich zu Hause ins Bett zu legen. Aber davon konnte für sie keine Rede sein. Sie wollte die heitere Laune des Präsidenten und sein Bett teilen und machte sich zu dem privaten Empfang auf, den der United-Artists-Präsident Arthur Krim in seiner Wohnung an der East Side gab. Marilyns offizieller Begleiter für die Party war ihr ehemaliger Schwiegervater Isidore Miller. Als sie ankamen, wurde sie von JFK und Bobby in Beschlag genommen, die ihr noch einmal überschwenglich für ihren Auftritt dankten. Robert und Marilyn tanzten einige Male miteinander, während Ethel Kennedy vor Wut schäumte.

Das Ende des glorreichen Abends wurde in der privaten Maisonette des Präsidenten im Carlyle Hotel verbracht, während der Secret Service Wache hielt.

19. Kapitel
Der Höllensturz

Die Abbauarbeiten im Madison Square Garden waren noch in vollem Gange, als die »Get Hoffa Squad«, eine von Bobby Kennedy gebildete Sonderkommission aus sechzehn Juristen und dreißig Ermittlern erfolgreich zuschlug: Hoffa wurde verhaftet und unter dem Taft-Hartley-Gesetz angeklagt, Schmiergelder zur Beilegung eines Streiks angenommen zu haben. Ein Foto des Gewerkschaftsbosses in Handschellen erschien in sämtlichen Zeitungen der USA, die »New York Times« brachte es sogar auf der Titelseite. Aus Rache dafür, daß Bobby ihn schließlich doch hatte »festnageln« können, schwor Hoffa, die Bespitzelung des Justizministers und des Präsidenten zu verschärfen, um die Kennedys fertigzumachen.

Für den Präsidenten begann nach seiner rauschenden Geburtstagsfeier wieder der Alltag, und er mußte feststellen, daß seine Familie und seine politischen Berater sich weniger gut unterhalten hatten. Vor allem Papa Joe war außer sich darüber, welche Beachtung Marilyns »Happy Birthday«-Darbietung im Fernsehen gefunden hatte. Jack, Bobby und Teddy hatten ein gewisses Verständnis für die Haltung ihrer Frauen, waren jedoch von der Mißbilligung des alten Mannes überrascht.

Für Joseph Kennedy war die Spaltung der Familie von Hyannisport aus nicht einfach in den Griff zu bekommen. Er hatte früher oft mit seinen Geliebten öffentlich geprahlt. Gloria Swanson hatte ihn sogar mit seiner Familie im Urlaub begleitet. Aber Joe hatte schließlich nicht wiedergewählt werden wollen.

Während sich Jack wegen seiner Rolle im Castro- und Schweinebucht-Komplex um Schadensbegrenzung in der Presse bemühte, dachte der ehemalige Botschafter bereits an den Wahlkampf für die Präsidentenwahl im November 1964. Kennedys Gegner würden sicher nicht darauf verzichten, sein

Verhältnis mit Marilyn als Mittel zum Rufmord einzusetzen. Die Beziehung mußte beendet werden, sonst drohten unkontrollierbare, katastrophale Folgen. Die Meinungsumfragen ergaben Verluste für JFK aufgrund seiner Außenpolitik, die durch Bobbys Erfolge in der Bekämpfung der Korruption nicht ausgeglichen werden konnten. Die Verhaftung von Jimmy Hoffa war zwar ein wichtiger Punktgewinn für den Justizminister, aber noch stand Hoffa nicht vor Gericht. Auch Bobby mußte sich allmählich der Realität beugen. So sehr er bisher Marilyns Auftreten verteidigt hatte, sah er doch ein, daß sie abtreten mußte. Bobby bot sich an, die schlechte Nachricht zu überbringen.

Marilyn meldete sich im Studio 14 der Twentieth zurück, um die Arbeit mit Cukor fortzusetzen. Sie wurde von der Begeisterung, den Pressemeldungen und den Fotos mit dem Präsidenten getragen und sah ihre Zukunft in rosigerem Licht, auch wenn ihr ihre angeschlagene Gesundheit zu schaffen machte. Dean Martin laborierte noch immer an seiner Infektion, und der Studioarzt Lee Siegel riet ihr, sich von ihm fernzuhalten.

Obwohl man ihr die Erschöpfung ansah, wurde die nächste große Szene für den 23. Mai angesetzt. Sie sollte darin ihren Film-Ehemann dazu verführen, seine neue Frau zu verlassen, indem sie nackt im Swimmingpool herumplanschte. Dazu hatte Jean Louis einen unsichtbaren Badeanzug entworfen. Doch Marilyn spielte in ihrem notorischen Hang zu Realismus mit dem Gedanken, die Szene nackt zu drehen.

Cukor und Marilyn heckten einen Plan aus: Sie sollte zuerst den Badeanzug tragen, und wenn man ihr dann sagte, daß die Nähte für die Kamera sichtbar wären, sollte sie ihn »spontan« abstreifen und nackt schwimmen. In der Hoffnung, die Publicity für den Film zu steigern, wurde die spektakuläre Szene akribisch geplant. Zwei freiberufliche Fotografen, William Woodfield und Larry Schiller, der damals für »Life« arbeitete, wurden engagiert, um im Bild festzuhalten, was Schiller später ein »historisches« Ereignis nannte. Sie hofften, damit jeden anderen weiblichen Star auszustechen, vor allem die sechs Jahre jüngere Elizabeth Taylor mit *Cleopatra*.

Marilyn war stolz darauf, daß sie mit fünfunddreißig eine so perfekte Figur hatte. Nackt fühlte sie sich frei und genoß die Bewunderung. Einmal legte sie ein Bein auf den Schwimmbeckenrand, dann wieder setzte sie sich auf die Stufen. Mit dem Rücken zur Kamera achtete sie darauf, daß ihre Brustwarzen und das Schamhaar nicht zu sehen waren, denn die Fotos sollten nicht zu aufreizend werden. Das himmelblau gefärbte Wasser brachte ihr blondes Haar und die blauen Augen wunderbar zur Geltung. Sie war in Höchstform und ließ sich in mindestens zwanzig Posen fotografieren. Die Neuigkeit, daß Marilyn eine Nacktszene drehte, drang nach außen, und die Hölle brach los.

Marilyn und Pat Newcomb hatten mit der Twentieth vereinbart, auf die Rechte an Schillers Fotos unter der Bedingung zu verzichten, daß er sie »weltweit in jedem Magazin« veröffentlichte. Die Fotos waren von hinreißender Sinnlichkeit, und 72 internationale Magazine gaben Marilyns Nacktfotos den Vorzug vor Bildern der Taylor oder anderer Schönen.

Als das Wochenende nahte, hatte das negative Feedback auf ihren Auftritt bei der Geburtstagsgala für den Präsidenten ihre bereits angeschlagene Gesundheit weiter geschwächt. Es gab keine drängenden Anrufe mehr von Jack Kennedy. Auch die versprochenen Besänftigungen der Bosse bei der Fox blieben aus. Statt dessen rief Bobby an und bat dringend um ein Gespräch. Er flog nach LA und traf sich mit Marilyn in ihrem Haus in Brentwood. Dort informierte er sie über die Reaktionen auf die Affäre. Er sagte ihr, daß die CIA den Präsidenten aufgefordert habe, das Verhältnis im Interesse der nationalen Sicherheit zu beenden, und daß dieselbe Forderung auch von Hoover gestellt worden sei. Die Berater von JFK hätten ihn davor gewarnt, an Scheidung auch nur zu denken, wenn er wiedergewählt werden wolle. Er brachte alle möglichen und unmöglichen Gründe vor, um den plötzlichen Sinneswandel zu erklären.

Marilyn erlitt einen Schock. Sie hatte sich dem Präsidenten nicht nur heimlich hingegeben, sondern ihm ihr ganzes Wesen in aller Öffentlichkeit zum Geschenk gemacht.

Sie stand vor einem Rätsel. In ihrer Not rief sie Frank Sinatra an und sagte: »Wie konnte er das tun?« Frank hatte selbst eine

Abfuhr des Kennedy-Clans hinnehmen müssen und war verbittert. Er erinnerte Marilyn daran, wie oft er sie davor gewarnt habe, sich zu sehr mit dem Präsidenten einzulassen.

Es dauerte nicht lange, bis Marilyn in die Arme eines Mannes sank, von dem sie Trost und Linderung ihres brennenden Schmerzes erhoffte. Sie ließ sich von Bobbys Versicherung einlullen, daß es das Amt sei und nicht der Inhaber des Amtes, das JFK eine Scheidung verbiete. Das klang einleuchtend, und Marilyn wandte sich Bobby Kennedy zu. Der Justizminister war in seinem Element. Gemäß seinem Anspruch auf den Titel »Mr. Alles paletti« genoß er seine Rolle als Tröster der gekränkten Konkubine. Möglicherweise berührte ihn Marilyns schutzlose Verletzlichkeit, er brachte jedenfalls eine Menge Mitgefühl und Verständnis auf, das mit Liebesspielen durchsetzt wurde.

Trotzdem wollte Marilyn Monroe sich nicht eingestehen, daß der Präsident sie fallengelassen hatte. Sie versuchte weiterhin, ihn unter seiner Privatnummer zu erreichen, aber er war nicht zu sprechen und rief nicht zurück. Er sollte ihr ins Gesicht sagen, warum er sie so schändlich im Stich gelassen hatte. Sie schrieb Briefe und versuchte es mit Gedichten. Seine absolute Unerreichbarkeit traf sie ins Mark. Ihre Angst vor dem Alleingelassenwerden war wieder zum Vorschein gekommen, und die konnte ihr auch Bobby, der sie stellvertretend »im Namen« seines Bruders liebte, nicht nehmen.

Als Marilyn am Montag am Set erschien, blieb ihre tiefe Niedergeschlagenheit niemandem verborgen. Vielleicht hatte sie die Dosis des Schlafmittels verdoppelt, vielleicht tagelang geweint – ihre Augen waren fast zugeschwollen. Sie konnte ihre Szenen kaum durchstehen. Von ihrem ersten Auftritt wurden zehn Takes gemacht, die Cukor, der sie durch die Kamera beobachtete, alle vernichten ließ.

Doch am nächsten Tag hatte sich Marilyn wieder gefangen und stürzte sich in ihre Arbeit. Nach weiteren Therapiesitzungen, schlaflosen Nächten und den alten Alpträumen, in denen sie ausgesetzt und verlassen wurde, glaubte die Schauspielerin nun, daß Bobby sein Bestes tun würde, um sie zu trösten. Aber sogar ihr prominentensüchtiger Therapeut warnte sie vor den Kennedys.

Der 1. Juni, ein Freitag und ihr sechsunddreißigster Geburtstag, brachte einen weiteren Tiefschlag. Marilyn war daran gewöhnt, ihren Geburtstag in großem Stil zu feiern – die Dreharbeiten wurden unterbrochen, es gab extravagante Geschenke, und der Set wurde zur festlichen Kulisse. Der verärgerte Cukor ließ jedoch nicht einmal eine kleine Party zu, bevor nicht alle für den Tag geplanten Szenen abgedreht waren. Marilyns Double Evelyn Moriarty sammelte für einen Kuchen. Immerhin konnte sich Marilyn damit trösten, daß Blumen, Telegramme und Geschenke für sie abgegeben wurden, aber irgend etwas war im Busch. Die komplizierten Szenen mit Dean Martin und Wally Cox verliefen einwandfrei.

Nach Drehschluß versammelten sich die Gratulanten, es gab Champagner und die Torte, die ein Marilyn-Püppchen im Bikini zierte. Arm in Arm mit dem Produzenten Weinstein und dem Fotografen und Freund George Barris beugte sich Marilyn über die funkensprühende Torte. Der Fotograf Larry Schiller fing die Verzweiflung in ihrem Blick ein. Anschließend fuhr sie noch ins Dodger-Stadion zu einer Wohltätigkeitsveranstaltung, zu der sie als Ehrengast gebeten worden war. Es war ein Baseballspiel, bei dem Geld gesammelt wurde, und Henry Weinstein machte sich Sorgen wegen ihrer leichten Bekleidung.

Am Montag, dem 4. Juni, war ihre fiebrige Grippe wieder voll ausgebrochen, und sie konnte nicht arbeiten. Weinstein hätte den Rückfall vorhersagen können, aber das Studio sah sich weitaus größeren Problemen gegenüber, als Marilyn sie verursachte. Die Verfilmung von *Cleopatra* hatte die Fox an den Rand der Katastrophe gebracht. Durch die absurd hohen Spesen, die aberwitzigen Forderungen für exotische Gaumenfreuden und die gigantischen Champagner-Rechnungen hatte Joseph Mankiewicz die Kontrolle über die Produktion verloren. Als man kaum mehr die wöchentlichen Gagen für die Schauspieler und die Crew aufbringen konnte, dachten Levathes und Gould an eine Beendigung der Produktion ohne Elizabeth Taylor und ihren Hofstaat. Da sie genug Filmmaterial von ihr hatten, hielten sie es für gerechtfertigt, der Schauspielerin wegen ihrer Exzesse, die die Produktion in noch nie dagewesenen Verzug brachten, fristlos zu kündigen. Ihr Partner Richard Burton hatte ein Verhältnis mit ihr begonnen, obwohl beide verheiratet waren. Die Taylor lag Burton in den Ohren, sie zu heiraten. Elizabeths Drogen- und Richards Alkoholsucht verschärften das emotionale Chaos. In betrunkenem Zustand schlug Burton sie grün und blau, um sie loszuwerden, und die Dreharbeiten mußten unterbrochen werden, bis Miss Taylor wieder vorgezeigt werden konnte.

Das nicht zu übersehende Dilemma verursachte den Finan- zierungs-Jongleuren Kopfzerbrechen. Als sich herausstellte, daß nicht genügend Film mit den beiden Stars im Kasten war und sie deshalb nicht gefeuert werden konnten, ging es nun vor allem darum, die 35 Millionen Dollar, die bereits in den Film investiert worden waren, zu retten. Die Taylor nahm die wiederholten Ab- mahnungen nicht ernst, darum versuchte man, sich an dem billi- geren Monroe-Film schadlos zu halten. Die Rechtsberater schlugen den Studiobossen vor, die anhaltende Krankheit – ob eingebildet oder nicht –, die unerlaubte Reise nach New York und ihren Zustand nach der offensichtlichen Auflösung ihrer Beziehung mit dem Präsidenten als Gründe für eine einseitige Vertragsbeendigung zu benennen. Auch Cukor kämpfte mit Zähnen und Klauen für ihre Entlassung. Und die Twentieth spekulierte, daß sich die Taylor sofort zusammenreißen würde, sobald ihr zu Ohren gekommen wäre, daß das Studio ausgerech- net den Star gefeuert hatte, dem es die besten Einspielergebnisse verdankte.

Die Entscheidung war gefallen, und die Anwälte machten sich an die Arbeit. Obwohl er wußte, daß Marilyns Herz wirklich ge- brochen war, ersann Levathes einen Plan, sie loszuwerden. Phi- lip Feldman, der mit Milton Rudin verhandelt hatte und über- zeugt war, daß Marilyns Krankheit nur vorgetäuscht war, stellte die entscheidende Frage: Konnte Rudin ihre Vertragserfüllung garantieren? Falls nicht, müsse das Studio leider zum letzten Mittel, der Entlassung, greifen. Rudin wußte nicht, daß Marilyn gerade wegen einer schweren Grippe im Cedars of Lebanon be- handelt wurde, so daß er diesen Beweis nicht zu ihrer Verteidi- gung einbringen konnte. Aber er wußte, daß ihr Vertrag am sei- denen Faden hing.

Dr. Greenson war verreist und konnte ebenfalls nicht für seine Patientin sprechen. In einem Stadium, in dem er einmal wirklich nötig gewesen wäre, hatte er sie einfach im Stich gelassen. Und ohne die ausdrückliche Garantie ihres Therapeuten, daß sie am Set erscheinen werde, hielt es Henry Weinstein am Dienstag nicht für opportun, sie offiziell für Mittwoch zu bestellen. Das Gerücht, Feldman suche bereits einen Ersatz für Marilyn, verbreitete sich in Hollywood wie ein Lauffeuer. Nun, da Marilyn ein Rechtsstreit ins Haus stand, ging Levathes mit allen Mitteln gegen sie vor, einschließlich Rufmord und der Beschuldigung des professionellen Fehlverhaltens und der Verletzung der Moralitätsklausel in ihrem Vertrag. Die Ironie des Schicksals wollte es, daß die gleiche PR-Abteilung, die das Image Marilyn Monroes geschaffen hatte, zu seiner Zerstörung mobil machte.

Für die Twentieth stand nicht viel auf dem Spiel. Man wußte, daß Marilyn Monroe aus ihrem Vertrag herauswollte, aber trotzdem vorher noch höhere Gagen, eine Verdreifachung der Diäten und eine größere Beteiligung an den Einspielerergebnissen fordern würde. Ohnehin bestrebt, sie auszumanövrieren, ging die Twentieth das geringste Risiko ein, indem sie ihren Star feuerte. Alles war strategisch geplant und durch eine Verleumdungskampagne untermauert. Cukor führte den entscheidenden Schlag, indem er die Aufnahmen der vergangenen sechs Wochen allesamt für vollkommen wertlos erklärte. In der entscheidenden Endrunde dieses Kräftemessens teilte der Regisseur, dessen Meinung in hohem Ansehen stand, Feldman mit, daß die Monroe ersetzt werden müsse und ihre Leistung nicht einmal das verbrauchte Zelluloid wert wäre. Damit war Marilyns Schicksal besiegelt.

Die Studiobosse machten geltend, daß Marilyn vertragsbrüchig sei und deshalb entlassen werden könne. Feldman und Rechtsanwalt Ferguson trafen sich mit Rudin und Greenson, die Marilyns Interessen vertraten, um eine Regelung auszuarbeiten. Seitens des Studios forderte man Unmögliches, die Verbannung von Strasberg und Newcomb vom Set und eine Verringerung der Nebenleistungen. Zuerst schienen Marilyns Anwalt und Psychiater Terrain zu gewinnen, aber nach zweistündiger Verhandlung gab es keine Hoffnungen mehr auf eine gütliche Regelung. An der Entlassung von Miss Monroe war nicht mehr zu rütteln, und außerdem stand ihr eine Vertragsstrafe von 500 000 Dollar ins Haus. Marilyn ließ indessen ihren Masseur kommen, denn der extreme Streß des Wartens war kaum noch zu ertragen. Ralph hatte bereits gehört, daß sie gefeuert worden war, weigerte sich aber, es ihr beizubringen. Statt dessen kam sie selbst auf das Thema zu sprechen, konnte aber den Gerüchten nicht glauben. Ihr war schon so oft mit Kündigung gedroht worden, und um sich Mut zu machen, zitierte sie sich selbst: »Es zählt nur das, was auf der Leinwand zu sehen ist.« Die allgemeine Meinung war, daß ihre Leistung in *Something* bisher hervorragend gewesen war, und die Verzögerung war nicht so schlimm, denn die schwierigen Szenen waren bereits im Kasten. Nein, sie brauchte sich wirklich keine Sorgen zu machen.

Am selben Abend erfuhr sie die Wahrheit von Greenson. Sie war wütend und verstört, und er besuchte sie in ihrem Haus, um die Ereignisse mit ihr durchzusprechen. Whitey Snyder und Marjorie Plecher eilten herbei, sie zu trösten. Schlimmer als je zuvor, wenn sie verletzt war, ließ sie ihre Wut und Enttäuschung an denen aus, denen sie vertraute. Auch Greenson bekam sein Fett ab. Er hätte seine Kompetenz überschritten, er und Rudin hätten sie falsch behandelt und beraten.

Die negative Publicity erhielt einen neuen Schub. Ihre Glaubwürdigkeit, ihr mentaler Zustand, ihre Professionalität, ihre schauspielerischen Fähigkeiten, alles wurde in Frage gestellt. Ihr ehemaliger Verbündeter Harry Brand machte eine Kehrtwendung und verglich sie mit ihrer »verrückten Mutter«. Louella Parsons und Hedda Hopper stürzten sich auf die Gelegenheit, nannten sie »halb verrückt« und führten die Nacktszene am Swimmingpool auf ihren Alkohol- und Drogenmißbrauch zurück. Sheilah Graham veröffentlichte ein Statement, das vermutlich von Weinstein stammte: »Marilyn ist nicht krank – ich habe keine offizielle Bestätigung ihrer Krankheit. Alles, was ich von ihr weiß, ist, daß sie nicht zur Arbeit erscheint. Wir können es nicht mehr hinnehmen – ihre Fehlzeiten haben das Studio über eine Million Dollar gekostet.« Der Produzent bestritt später, eine solche Aussage gemacht zu haben. Der »Los Angeles Herald Examiner« appellierte mit seinem Angriff gegen sie an das Mitleid mit dem kleinen Mann auf der Straße: »Durch ihre vorsätzliche Verantwortungslosigkeit hat Marilyn Monroe denjenigen buchstäblich das Brot gestohlen, denen dieser Film den Lebensunterhalt ihrer Familien sichert.«

Der Arzt Lee Siegel bestritt, daß Marilyn ihre Krankheit vorgetäuscht habe, aber man bedeutete ihm, sich aus der Angelegenheit herauszuhalten. Die PR-Abteilung ging so weit, Aussagen von George Cukor, Levathes und Weinstein zu erfinden, in denen die Schauspielerin in jeder Hinsicht heruntergemacht wurde. Das komplette Filmmaterial von ihrem Geburtstagsständchen für JFK wurde gezeigt, und ihre Kritiker versäumten es nicht, darauf hinzuweisen, daß sie, während sie angeblich krank war, nach New York geflogen sei, um »vor dem Präsidenten der Vereinigten Staaten« aufzutreten. Lee Remick wurde als ihr Ersatz gehandelt, die Kostümproben waren den Gerüchten nach bereits in vollem Gange.

Ihr langjähriger Freund Dean Martin bot den Studiobossen die Stirn. Er weigerte sich, an der Seite einer anderen zu spielen und kündigte seinen Vertrag. Ein großer Aufmacher in der »New York Times« brachte die gesamte Story in Dean Martins Worten. Am Wochenende bettelten die Studiokrähen Martin an, die Arbeit wiederaufzunehmen, allerdings mit Remick als Partnerin. Sie übergingen sogar seinen Agenten bei MCA und drangen bis zu Lew Wassermann persönlich vor, aber mehr als ein Gespräch am Montag, dem 11. Juni, wollte der ihnen nicht zusagen.

Während des Wochenendes versuchte Marilyn, JFK zu erreichen. Sie brauchte ihre mächtigen Freunde. Als eine Antwort aus dem Weißen Haus ausblieb, schickte sie ein Telegramm an ihren Liebhaber im Justizministerium und eines an sein Haus in Arlington, Virginia. Außerdem entschuldigte sie sich bei den Schauspielern und der Crew und versuchte, ihren Standpunkt darzulegen.

Nach ein paar Tagen meldete sich Bobby telefonisch und versprach ihr, sich bei befreundeten Direktoren des Studios, einschließlich Zanuck, für sie einzusetzen. Sie entschloß sich nun, auch selber etwas zu unternehmen und rief ihren Vertrauten Skouras an. Sie erfuhr, daß er nichts mit der Entscheidung zu tun habe und inzwischen die Anwälte das Sagen hätten. In Wirklichkeit sprachen jedoch Levathes und Gould das letzte Wort.

Whitey Snyder versicherte ihr zwar, daß sie aufgrund der Zusage von Bobby, sich für sie zu verwenden, bald wieder ihren alten Platz einnehmen würde. Denn Richter Samuel Rosenman, einer der Redenschreiber von Franklin D. Roosevelt und ein Freund von Joseph Kennedy, saß im Direktorium der Twentieth und hatte dem Justizminister versprochen, sich beim Vorsitzenden für Marilyn Monroe einzusetzen. Der Vorsitzende war jedoch Gould, mit dem es sich Bobby verscherzt hatte, als er brüsk seine Einwilligung zu Marilyns Auftritt in New York gefordert hatte. Darryl Zanuck, ihr Mr. Nemesis, bislang der Inbegriff rächender Ungerechtigkeit in ihrer Karriere, rief sie in tiefer Sorge an, während er mitten im Schnitt von *The Longest Day* war, der schließlich die Fox vor dem Bankrott bewahren sollte. Obwohl er Marilyn zwar nie wirklich gemocht hatte, war Zanuck ihr dennoch dankbar für die guten Einspielergebnisse und ergriff Partei für sie. Da er sich bewußt war, daß das Direktorium sein sorgfältig aufgebautes Studio durch das Mißmanagement von *Cleopatra* zerstören konnte, schwor sich Zanuck, das Ruder wieder zu übernehmen. Feldman und Levathes sollten seinen Zorn bald zu spüren bekommen.

Als das Studio mit Fan-Post und Telefonaten zugunsten Marilyns überschüttet wurde, merkte Feldman, daß er einen Fehler begangen hatte. Der gut geplante Publicity-Vernichtungsfeldzug war ein Schlag ins Wasser. Marilyn erfuhr von der überwältigenden Reaktion ihrer Fans. Ihr neuer Liebhaber, der ihre Erwartungen nicht ganz erfüllt hatte, besuchte sie. Bobby bat Marilyn erneut, Jack nicht mehr im Weißen Haus anzurufen, und bot ihr dafür seine Privatnummer im Justizministerium an. Bobby hatte eine jünglingshafte Leidenschaft für Marilyn gefaßt und war passenderweise wie ein Student gekleidet, während Marilyn große Mühe darauf verwendet hatte, perfekt geschminkt und frisiert zu sein. Hand in Hand spazierten sie um den Swimmingpool, und eine neue Romanze erblühte.

John F. Kennedy hatte keinerlei Probleme damit, neue Frauen in sein Leben zu integrieren. Bereits als Georgetown-Debütantin war Pamela Turnure Sekretärin im Büro des Senators gewesen. Danach arbeitete sie in seinem Wahlkampfteam für die Präsidentschaft mit. Sie war »gescheit, attraktiv, gut erzogen, gebildet, sah Jackie ziemlich ähnlich« und hatte es geschafft, ihre Romanze ziemlich lang geheimzuhalten. Schließlich sorgte Jack dafür, daß sie aus ihrem Apartmenthaus auszog, wo die Vermieter das Paar bespitzelt und fotografiert hatten. Leonard und Florence Kater gaben sich alle Mühe, den Präsidenten zu demütigen, indem sie die Fotos an das FBI und die Presse verteilten, womit sie allerdings nichts erreichten. Hoover bewahrte die Fotos in seinen Akten »nur der Vollständigkeit halber« auf.

Jack wollte die Beziehung nicht aufgeben und brachte Pamela Turnure bei der Schwägerin von Ben Bradlee, Mary Pinchot Meyer, unter. Obwohl sie Jack nach wie vor heimlich traf, blieb Pam mit Jackie befreundet und unternahm mit ihr bis zu ihrem Einzug ins Weiße Haus als First Lady lange Spaziergänge. Nach seinem Wahlsieg wollte JFK Pam in seiner Nähe haben und schlug Jackie vor, sie als ihre Pressesprecherin zu engagieren. Jackie fand zwar, daß sie für diesen Posten nicht genügend qualifiziert war, da sie jedoch Verdacht geschöpft hatte, wollte sie Pam im Auge behalten und stellte sie ein.

Im Januar 1962 hatte die schöne Mary Meyer die Stelle von Pam eingenommen. Sie stammte aus der Pinchot-Familie in Pennsylvania, die eine Dynastie von Gouverneuren hervorgebracht hatte. Die schöne Blonde mit den gemeißelten Zügen, einem raschen Verstand und einer Vorliebe für experimentelle Drogen verstrickte den jungen Präsidenten in ein Verhältnis, das bis zu seinem Tod anhielt. Sie versorgte ihn mit LSD und Marihuana. Bald lautete ein Standardwitz, was wohl mit der Welt passieren würde, wenn der Präsident im LDS-Rausch auf den »Knopf« drücke.

Mary hielt die vielen Begegnungen mit dem Präsidenten sorgfältig fest und schrieb Einzelheiten ihrer Affäre und von Staatsangelegenheiten nieder. Der Präsident ging sogar so weit, mit ihr und ihrer Schwester zu ihrer Mutter in Pennsylvania zu reisen, einer erzkonservativen Anhängerin von Barry Goldwater.

Nach der Ermordung des Präsidenten plante Mary Meyer, ein Buch über ihre Beziehung zu schreiben. Am 12. Oktober 1964 wurde sie in Georgetown auf Unterweltmanier zweimal in den Kopf geschossen. Ein schwarzer Arbeiter wurde zwar verhaftet, mußte aber wieder auf freien Fuß gesetzt werden. Ihr Buch hätte der Kennedy-Administration schweren Schaden zufügen können. Und Bobby hätte seine Kandidatur für die Präsidentschaft kurz vor Beginn der Vorwahlen wohl niederlegen müssen. Nach ihrem Tod fand und zerstörte die CIA angeblich ihr Tagebuch.

JFK bezog Mary mehr und mehr in sein Leben ein, während er Judy Campbell langsam den Laufpaß gab. Gleichzeitig hofierte sein Bruder Bobby Marilyn in Los Angeles. In ihrem Bemühen, ihrem Liebsten nicht nur als Star, sondern auch mit ihrem politischen Wissen zu imponieren, begann sie, Pat Newcomb über scharfsinnigen Diskussionsstoff auszufragen, und informierte sich durch eifriges Zeitungsstudium über das laufende Geschehen.

Schließlich trug Marilyn im Kampf mit dem Studio den Sieg davon. Ihr Geburtstagsständchen für den amerikanischen Präsidenten hatte ihr auch Anerkennung im Volk gebracht. Schon wurde gemunkelt, daß die Twentieth gerne wieder mit ihr verhandeln würde und es ihr Schaden nicht sein sollte. Zunächst gab es jedoch noch Hindernisse, denn das Studio hatte bereits Klage gegen Dean Martin auf drei Millionen Dollar Schadenersatz wegen unprofessioneller Ablehnung eines Ersatzes für Marilyn Monroe erhoben. Seine Anwälte antworteten mit einer Gegenklage auf sechs Millionen Dollar wegen Rufschädigung.

Die Verhandlungen mit Levathes fanden in Marilyn Monroes Haus statt. Als Chefin ihrer eigenen Filmgesellschaft beeindruckte sie mit ihren profunden Kenntnissen auf dem Gebiet der Filmproduktion. Als Gegenleistung dafür, daß sie Paula fallenließ, gestand Levathes Marilyn die Mitsprache beim Umschreiben des Drehbuchs zu. Cukor sollte ersetzt werden, wenn sie dafür auf die Teilnahme Greensons an den Verhandlungen verzichtete. Die neue Gage von 500 000 Dollar würde ihrem Einkommen hinzugefügt werden, wenn sie in einem weiteren Fox-Film die Hauptrolle übernähme. Mit Marilyns Versprechen in der Tasche, pünktlich und arbeitsbereit zu sein, machte sich der Anwalt des Studios an die Ausarbeitung des Vertrags.

Die Verzögerungstaktik, mit der Marilyns Anwalt Milton Rudin die Vertragsunterzeichnung hinauszog, sorgte für Verwirrung. Seine Ausrede, er glaube nicht, daß Miss Monroe die Willenskraft hätte, ihren Vertrag zu erfüllen, diente eindeutig zur Verschleierung seines Zorns über das Verhandlungsgeschick seiner Klientin. Sie hatte sowohl Rudin als auch Greenson an die Wand gespielt.

Den Familienvater Bobby Kennedy erwischte es wesentlich ernster als seinen Bruder. Der Justizminister begnügte sich nicht damit, der Liebhaber der Schauspielerin zu sein, sondern er förderte auch ihre Karriere. Er beriet sie bei den Verhandlungen mit dem Studio und stärkte ihr Selbstvertrauen, und ihr ehrliches Streben nach Weiterentwicklung auf anderen Gebieten beeindruckte ihn zutiefst.

Bobby konnte auch gut zuhören, und dafür und für seine liebevolle Unterstützung liebte ihn Marilyn bedingungslos. In Zusammenhang mit der Veröffentlichung seines Buches »The Enemy Within« kam Bobby häufig nach Los Angeles. Marilyn und Bobby trafen sich abwechselnd in der Präsidentensuite im Beverly Hilton oder in der Luxusvilla von Peter Lawford. Sie spazierten Hand in Hand am Strand entlang oder waren Gäste bei einem Barbecue, das Lawford veranstaltete.

Immer wenn Bobby nach Los Angeles kam, gab Marilyn ihrer Haushälterin frei. Sie schrieb nieder, was ihr zu dem Verhältnis mit dem Justizminister in den Sinn kam und was er ihr über die Würde und Bürde des höchsten Amtes im Staate erzählte. Er rühmte sich damit, daß eigentlich er die Invasion in der Schweinebucht organisiert hätte, denn Jack hätte damals große Probleme mit seinem Rücken gehabt. Bobby erzählte ihr über die

Beteiligung der Mafia am Plan zur Ermordung von Fidel Castro, und daß Präsident Trujillo von einem CIA-Kommando getötet worden sei. Beim Lesen der Zeitungen und Magazine wurden ihr die von Bobby geschilderten Situationen klarer und sie schrieb getreulich alles nieder. Wenn sie etwas nicht verstanden hatte, fragte sie Bobby. Da Bobby so freimütig über seine Karriere und sein Amt erzählte, glaubte sie allmählich, daß ihm an einer langanhaltenden Beziehung gelegen sei.

Marilyn erzählte jedem, der ihr zuhörte, begeistert von ihrer neuen Liebe. Sie war stolz darauf, die Geliebte des Justizministers, eines Kennedy, zu sein, und ihr Glaube an sich selbst und ihre Macht festigte sich. Er neigte viel mehr als Jack dazu, mit seiner Affäre anzugeben, und rief sogar in ihrer Gegenwart einen Freund an, um damit zu protzen, daß er wahrhaftig mit Marilyn Monroe zusammen sei.

Aber schon bald platzte eine neue Bombe – ihre Periode blieb aus. Da sie selten regelmäßig war, ignorierte sie zuerst alle Anzeichen einer Schwangerschaft. Aber sobald sie sich Klarheit verschafft hatte, war sie im siebten Himmel. Nach ihrer Bauchhöhlenschwangerschaft, der Entfernung eines Eileiters und der letzten Fehlgeburt hatte Marilyn jede Hoffnung, jemals Mutter zu werden, aufgegeben.

Im Lichte der wachsenden Liebe schienen Ehe und Mutterschaft wieder in greifbare Nähe gerückt. Bobby, der sich so offen zu ihr bekannte, würde keine andere Wahl haben, als sich von seiner Frau Ethel scheiden zu lassen. Marilyn hütete ihr Geheimnis tagelang; von einem verheirateten Mann geschwängert zu werden, bedeutete Scherereien. Aber lief nicht seit kurzem alles nach Marilyns Vorstellungen? Die Frage war nur, was zu tun war und wann der Justizminister eingeweiht werden sollte.

20. Kapitel
Die tödliche Entscheidung

Gestärkt durch ihre erfolgreichen Verhandlungen mit Levathes, hütete Marilyn ihr Geheimnis sorgfältig. Da der Vertrag noch nicht unterzeichnet war, fürchtete sie, daß ein Hinweis auf eine Schwangerschaft das Studio zum Rückzug veranlassen könnte. Sie war zuversichtlich, den Film abdrehen zu können, bevor sich ihr Zustand bemerkbar machte. Dann würde sie das Kind zur Welt bringen und den zweiten Film nach der Hochzeit und Entbindung drehen.

Marilyn war sich sicher, daß ihre Schwangerschaft der willkommene Grund für Robert Kennedy sein würde, sich aus seiner Ehe mit Ethel zu lösen. Greenson war über ihre Pläne, das Baby zu behalten und Bobby Kennedy zu heiraten, nicht so begeistert. Er war auch nicht so zuversichtlich, daß Bobby zustimmen würde. Da sie an ihre Liebe glaubte und die Schwangerschaft als ein Zeichen des Himmels sah, auf das sie nicht mehr zu hoffen gewagt hatte, wollte Marilyn von Abtreibung nichts hören. Im Laufe ihrer Analyse hatte sie ihre Schuldgefühle wegen der Abtreibung von DiMaggios Kind noch immer nicht bewältigen können. Sie war entschlossen, keinen solch irreversiblen Fehler mehr zu begehen.

Auch wenn Bobby sie nicht heiraten sollte – sie wollte das Kind behalten und traute sich durchaus zu, es allein aufzuziehen. Sie würde ihm sagen, daß sie durch nichts davon abzubringen sei, das Kind auszutragen. Wie sollte er sie hindern?

Anfang Juli kam Bobby wieder nach Los Angeles, und das war ihre Chance. Sie wollte schöner denn je sein und hoffte, ihn endlich ganz für sich zu gewinnen. Sie achtete ängstlich darauf, nicht zuzunehmen und arbeitete hart, ihre Taille schlank zu halten. Ihr atemberaubender Körper hatte ihr wieder zu großer Popularität verholfen, nun mußte er sie nur wieder an den Mann bringen.

Die Vorbereitungen für das Wiedersehen beschäftigten ihr gesamtes Personal. Sie nahm ausgedehnte Bäder, ließ sich gründlich massieren und schwelgte in Hochzeitsträumen. Whitey und Marjorie planten Stunden für Make-up und Frisur ein, und Ralph versprach ihr, jede Anspannung aus dem Nacken zu massieren, bevor sie »mit der Neuigkeit herausrückte«.

Als sie vor dem Spiegel stand, vertraute sie ihren Freunden an, daß es diesmal für immer sein mußte. Marjorie konnte kein passendes Kleid finden und schlug vor, eines aus dem Studio-Fundus zu holen. Auf den ersten Blick erschien Marilyn zwar schlank, aber ihr Bauch begann sich bereits zu wölben und ihre Brüste waren angeschwollen und hart. Für einen flachen Magen tat sie alles und hatte schon tagelang gefastet. Außer einem kleinen Steak, dem üblichen Champagner und den Schlaftabletten hatte sie nichts zu sich genommen.

Die Fahrt zu Peter Lawfords Haus schien diesmal länger als sonst. Aber weder ihr nervöser Magen noch die Vorahnungen, was die bevorstehenden »Verhandlungen« erbringen würden, nichts konnte Marilyn davon abhalten, dem Champagner exzessiv zuzusprechen.

Die Sonne über Santa Monica war noch nicht untergegangen, als die Schauspielerin vorfuhr. Bobby hatte besonders ungeduldig auf das Wiedersehen gewartet und war von ihrer geheimnisvollen neuen Schönheit geblendet. Die Vorfreude auf eine weitere Nacht mit der schönsten Frau der Welt stand ihm ins Gesicht geschrieben. Mit ihrer unverhüllten Verliebtheit stachen die beiden von den anderen, vom Ehejoch gebeugten Paaren der Dinnerparty bei Lawford kraß ab und zogen sich liebeshungrig bald in ihre Suite zurück.

Da sich Marilyn eine freudige Überraschung erwartete, war sie ganz besonders verführerisch und entgegenkommend, in der Hoffnung, ihn sanft auf ihre Eröffnung einzustimmen. Nachdem sie sich geliebt hatten, sagte sie ihm, daß sie sein Baby erwarte. Aber Bobby freute sich nicht, er reagierte geschockt. Obwohl er bereits sieben Kinder gezeugt hatte, schien er vergessen zu haben, daß Sex und Schwangerschaft irgendwie zusammenhängen. Für ihn war Marilyn sein Betthäschen oder das Objekt eines Films, aber ganz sicher nicht seine »Ehefrau«. Eine Schwangerschaft durfte einfach nicht passieren.

Ihre sorgsam geplante Verführung war mißlungen. Bobby wollte kein Kind von Marilyn. Er schilderte ihr alle möglichen negativen Auswirkungen. Seine entgeisterte Reaktion verwirrte sie. Hatte sie seine Zuneigung falsch eingeschätzt? Ein ums andere Mal hatte er ihr erzählt, daß er aus seiner Ehe heraus wolle, aber nicht wisse, wie er es anstellen solle. Jetzt, als sie ihm den Weg zeigte, wollte er nichts mehr davon hören. Bobby spielte auf Zeitgewinn. Solange er das Problem seiner Ehe nicht gelöst habe, könne er keine endgültige Entscheidung treffen.

Bobby Kennedy schämte sich, als er seinem Bruder von Marilyns Schwangerschaft erzählte. Jack, der sich stets als der »moralischere« gab, nannte ihn einen Dummkopf. Aber er sah auch keinen anderen Ausweg als eine Abtreibung. Während der Kennedy-Administration durfte es einfach keine Scheidungen geben! Joseph Kennedy erfuhr die Neuigkeiten zuletzt, und er war noch unerbittlicher.

Das Wochenende in Hyannisport schien diesmal länger als sonst zu dauern, und Jack überredete seinen Bruder, Marilyn alles zu versprechen, damit sie die Schwangerschaft abbreche. Der alte Kennedy hatte seinen Söhnen den guten Rat auf den Weg gegeben: »Bumst so oft wie möglich – aber wenn es Ärger gibt, kauft euch frei.«

Doch Marilyn Monroe war ganz gewiß nicht hinter Geld her, wie der Justizminister bald erfahren mußte. Es gab nur eine Möglichkeit, sie zum Nachgeben zu bewegen: er mußte ihr die Ehe versprechen. Aber es gab eine Vorbedingung. Seine Argumentation lautete: »Wenn meine Frau von der Schwangerschaft wüßte, würde sie als Katholikin niemals einer Scheidung zustimmen. Mit anderen Worten, sie würde mich trotz allem behalten wollen.« Die einzige Lösung sei eine Abtreibung. Dann könnten sie allmählich den Boden für eine Scheidung bereiten und nach einer angemessenen Zeit »würdig« heiraten. Bobby gab sich große Mühe, ihre Ängste, unfruchtbar zu werden, zu zerstreuen. Er meinte, daß ihre unvermutete Schwangerschaft das Gegenteil beweise, und versprach ihr, es bald noch einmal zu versuchen.

Marilyn traute ihm nicht. Sie hatte die Trümpfe in der Hand und wußte es. Sie drohte im Scherz: »Wenn es jemand wüßte?«, als ob er schon am Pranger stände. Aber Bobby blieb fest, indem er ihr vorhersagte, ihre Fans würden sie fallenlassen, sie würde ihre Figur ruinieren, und ihre Karriere wäre rasch beendet. Eine Scheidung sei schon kompliziert genug, auch ohne Baby-»Problematik«.

Schließlich wolle er sie heiraten, aber sie müßten einen realistischen Plan ausarbeiten. Das Kind zu bekommen, sei vielleicht für sie das richtige, aber es würde seine Scheidung erschweren. Marilyn widersetzte sich ihrem verheirateten Liebhaber und verlangte, daß er seine Frau sofort verlassen solle, sonst müsse sie sich wehren. Er habe keine Wahl, denn die Götter hätten bereits entschieden. Als sich Marilyn hartnäckig weigerte, seinen Vorschlag anzunehmen, sagte er, daß ihm dann nichts anderes übrig bleibe, als seine Vaterschaft ganz einfach zu leugnen. Schließlich stellte er sie vor die Alternative Abtreibung oder Trennung auf immer. Seit Jahren hatte sich Marilyn nach einem Kind gesehnt. Sie wollte Bobby sein Versprechen glauben, aber zermarterte sich den Kopf, ob er sich nur aus dem Verhältnis herauswinden wolle und seine Liebe zu ihr nur vortäusche.

Wieder im Schoß der Familie, suchte Bobby Rat bei seinem älteren Bruder. Sollte die Schwangerschaft bestehen bleiben, waren die Folgen klar. Die Leute würden vermutlich annehmen, das Kind sei von Jack, vor allem nach dem Auftritt im Madison Square Garden. Der Kennedy-Wahlkampfzug würde entgleisen. Eine andere Alternative nahm Gestalt an. Sie könnte zum Schweigen gebracht werden. Joseph Kennedy ließ keinen Zweifel darüber – entweder Abtreibung, sonst . . .

Bobby drohte Marilyn weiter mit endgültiger Trennung. Ohne Abtreibung keine Beziehung! Deprimiert und verletzt von seiner unbeugsamen Haltung, begann Marilyn zu begreifen, daß er sein Ultimatum ernst meinte. Ihr wurde klar, daß die Situation für ihn äußerst prekär und gefährlich war, und ihr Widerstand wurde schwächer.

Nach einer Woche wußte Marilyn, daß sie verloren hatte. Greenson versuchte, die Schauspielerin zum Nachgeben zu überreden, da er den Zorn der »Mächtigen« fürchtete. Diesmal hatte er es nicht mehr so leicht, sein Einfluß auf Marilyn war geringer geworden. Sie ließ sich schließlich davon überzeugen, daß die Enthüllung ihrer Affäre vor der Öffentlichkeit wahrscheinlich auch die Zerstörung ihrer eigenen Karriere bedeuten würde.

Der erleichterte Greenson beschwor die Schauspielerin, Bobby unverzüglich über ihren Entschluß zu informieren. Doch von dem Gedanken an einen weiteren Verlust zutiefst betrübt, weigerte sie sich. Die Schlaftabletten brachten den erhofften Schlaf nicht mehr. Sie hatte sich geschworen, nie mehr eine Abtreibung vornehmen zu lassen. Sie glaubte, beeits genug verloren und entbehrt zu haben. Greenson fing die Schauspielerin ab und wiederholte, daß sie »keine andere Wahl habe«. Wenn sie RFK halten wolle, müsse sie nachgeben. Also gab sie nach.

Es fiel ihr ungeheuer schwer, Bobby anzurufen. Bevor sie sich dazu entschließen konnte, quälten sie Alpträume, unfruchtbar zu werden. In die Enge getrieben, wie sie war, teilte sie ihm schließlich »ihre« Entscheidung mit. Er reagierte mit Erleichterung über ihren Sinneswandel und versprach, nach dem Eingriff, so bald »er es schaffen« könne, zu ihr zu kommen. Er vergaß auch nicht, ihr zu sagen, wie sehr er sie vermisse und daß er es kaum erwarten könne, wieder in ihren Armen zu liegen. Ihren Einwand, daß sie frühestens zwei Wochen nach der Ausschabung wieder Sex haben könnte, wischte er als unwesentlich vom Tisch. Was zähle, sei seine Liebe.

Marilyn war mit diesen Versprechungen zufrieden und ließ den Eingriff am 20. Juli vornehmen. Nach wenigen Tagen wurde sie aus dem Cedars of Lebanon nach Hause zu ihrer Vertrauten, Eunice Murray, entlassen, die sie gesundpflegen würde. Da Eunice nicht wußte, warum sie im Krankenhaus gewesen war, konnte sie Marilyn besser beim Vergessen helfen. Pat Newcomb war es gelungen, die Presse herauszuhalten. Marilyn teilte Bobby mit, daß alles planmäßig verlaufen sei. Er versprach, bald zu kommen.

Während des Wochenendes, als Jack und Bobby wie üblich ihren Vater besuchten, besprachen sie die Auswirkungen der Affäre und das Dauerproblem Marilyn. Bobby mußte mit dem Debakel fertig werden, in das er sich mit der Notlüge des Heiratsversprechens gebracht hatte. Wie konnte er sich ungeschoren aus der Beziehung lösen? Als Jack versucht hatte, das Verhältnis zu beenden, sobald es ihm zu brenzlig wurde, hatte sie sich geweigert, ihn freizugeben und viele Stunden versucht, ihn zu erreichen, wodurch er vor seinem Stab in peinliche Situationen geraten war. Jack war sich schmerzhaft bewußt, daß sie erst von ihm abgelassen hatte, als Bobby an seine Stelle getreten war. Ohne Bobby hätte sie darauf bestanden, daß er sich »öffentlich« zu ihrem ehebrecherischen Verhältnis äußere und dazu, daß er ihr politische Geheimnisse anvertraut hatte. Das Problem war noch immer nicht gelöst.

Auch wenn ihn die Abtreibung etwas beruhigt hatte, machte sich Joseph Kennedy weiterhin Sorgen über die »Zeitbombe«, die die Affäre mit Marilyn für seine Söhne bedeutete. Er war tief enttäuscht über ihren »Fehlgriff«, und es machte ihn wütend, daß ihn seine Krankheit daran hinderte, radikaler durchzugreifen. Der Patriarch war nicht gewillt zuzusehen, wie sein Lebenswerk wegen eines Filmstars zu Bruch ging.

Diesmal bekam Jack den Befehl, Bobbys Beziehung zu beenden. Mit ihren Drohungen, an die »Öffentlichkeit« zu gehen, ängstigte Marilyn Monroe, die schließlich nicht irgend jemand war, den Patriarchen, der ihrer nicht Herr werden konnte. Er befürchtete, daß Amerika nach der öffentlichen Zurschaustellung der Romanze des Präsidenten mit Monroe-Bescheid wußte. Joseph hatte seine Söhne immer davor gewarnt, welche Gefahr eine Frau darstellte, die »redete«. Eine solche Frau zum Schweigen zu bringen, war nicht das Problem, es geschickt und diskret anzustellen, sehr wohl. Joseph Kennedy war unbeugsam: Marilyn war eine hochbrisante »unbekannte Größe«, damit war sie in Lebensgefahr.

Als Marilyn nach diesem Wochenende Bobby im Justizministerium anrufen wollte, bekam sie keinen Anschluß. Als sie nochmals wählte, hörte sie einen Meldetext, der sie über die Auflösung der Nebenstelle informierte. Sie verlangte den Justizminister über die offizielle Telefonnummer. Man nahm ihre Nachricht entgegen, aber Bobby rief nicht zurück. Marilyn hatte die

Angewohnheit, von überall aus anzurufen, so daß jedermann in Hörweite die Namen Jack und Bobby Kennedy hören mußte. Die Leute konnten ruhig wissen, daß sie einen »heißen Draht« zu den beiden Mächtigen hatte, also versuchte sie es unaufhörlich. Erst im Justizministerium – keine Antwort. Dann begannen wieder die Anrufe im Weißen Haus. Sie versuchte, die Sekretärinnen auszuhorchen. Die bestätigten ihr nur, daß Bobbys Privatanschluß aufgelöst worden sei und es keinen neuen gäbe. In Panik wählte sie jede Nummer, die Peter Lawford, Jack oder Bobby ihr jemals gegeben hatten. Unter keiner wurde abgehoben.

Wieder einmal war Marilyn hereingelegt worden. Ihre ständigen Anrufe hatten die Kennedys in Angst versetzt. Diese Frau würde nicht aufgeben oder nachgeben. Sie forderte die Versprechen ein, die sie ihr gegeben hatten. Marilyn weigerte sich zu akzeptieren, daß Bobby Kennedy sie so schamlos belogen hatte, daß er nur sexuell an ihr interessiert war, um im Freundeskreis damit zu prahlen.

In der nächsten Therapiesitzung erzählte sie Greenson, was geschehen war. Er gab sich Mühe, sie davon zu überzeugen, daß sie an sich und ihre Karriere denken müsse. Da er die Details ihrer Abmachungen mit dem Justizminister kannte, war Greenson mehr als besorgt über die möglichen Machenschaften des politisch mächtigen Clans. Er riet ihr, sich nicht die Finger zu verbrennen.

Marilyn hatte schon seit längerem den Verdacht, daß ihre Telefone abgehört würden. Sie hatte das vertraute Klicken und das Geräusch einer freien Leitung gehört. Sie war schon einmal im Auftrag von Joe DiMaggio abgehört worden, aber jetzt betete sie, daß DiMaggio nichts von den komplizierten intimen Gesprächen mit den Kennedys mitbekommen hatte. Da sie die Möglichkeit einer Wiederheirat mit ihm nie ganz aufgegeben hatte, wollte sie DiMaggio nicht vor den Kopf stoßen. Sie erzählte Bob Slatzer* von ihrem angezapften Telefon und er-

---

* Robert F. Slatzer aus Ohio war als 25jähriger im Sommer 1952 während der Dreharbeiten zu *Niagara* als Tourist in Niagara Falls gewesen und hatte die Schauspielerin gebeten, sich mit ihm fotografieren zu lassen. 1974 behauptete er in sei-

wähnte, sie hätte während eines Streits wegen des Babys angedeutet, daß sie eine Menge über Bobbys krumme Dinge wüßte.
Sie sagte Slatzer auch, daß sie Bobby damit zur Heirat erpressen
wolle. Und sie habe Notizen angefertigt, von denen Bobby
wisse, daß sie Einzelheiten über die Pläne der Kennedys und der
CIA zur Ermordung Castros und des Präsidenten Trujillo enthielten.

Marilyn erhielt den Rat, mit Bobby zu einer Einigung zu kommen. Sie verteidigte ihre Maßnahmen. »Das können sie nicht
mit mir machen! Ich verlange eine Antwort!« Die jahrelange
Tiefenanalyse hatte sie gelehrt, sich ihre Wut bewußt zu machen, anstatt sie in sich hineinzufressen und ihren Schmerz zu
kaschieren. Die direkte Attacke brachte sie in Gefahr, aber sie
konnte nicht mehr zurück.

Das nächste Wochenende in Hyannisport bei Joe war angst-
befrachtet. Was könnte Marilyn aufhalten? Joseph Kennedy
wußte die Antwort, wollte aber abwarten. Auch wenn es nicht die
beste Alternative war, er wußte keinen anderen Weg, wie die
Schauspielerin mundtot gemacht werden konnte. Da sie Bobby
nicht trauten, würden der Vater und der ältere Sohn die Entscheidung ohne ihn treffen.

In dem früheren Botschafter brodelte es. Gerade jetzt, als sein
jüngster Sohn Ted um einen Sitz für Massachusetts im Senat
kämpfte, wurden Gerüchte über die Ehebrüche der Kennedys
gehandelt. Es wurde also noch wichtiger, das Familienfoto der
Kennedys unter der Schlagzeile: »Eine grosse amerikanische
Familie« zu fixieren. Die Vorwahlen am 11. September waren
besonders problematisch. Teds Kritiker hatten festgestellt, daß
er auf keinem Gebiet mit der nötigen Qualifikation aufwarten
könne.

Vater Kennedy war nahe daran, seinen Traum aufzugeben,
alle seine drei Söhne in Regierungsämtern zu sehen. Da Bobby

nem Buch »The Life and Curious Death of Marilyn Monroe« unter anderem, daß
sie am 4. Oktober 1952 in Tijuana, Mexiko, getraut worden seien. Daniel Spoto
benennt in seinem Buch »Marilyn Monroe – Die Biographie« Zeugen dafür, daß
Slatzer Marilyn nach der kurzen Begegnung in Niagara Falls nie wiedergesehen
habe. Entweder irren sich die Zeugen, oder Slatzer ist ein Meister der Telepathie.
(A. d. Ü.)

Kennedy erst kürzlich zum Vater des Jahres ernannt worden war, vertraute der alte Mann seine schicksalhafte Entscheidung nur seinem Sohn Jack an.

Jack kam gelegentlich mit Sam Giancana zusammen, der immer noch eng mit der CIA zum Zwecke der Ermordung Fidel Castros zusammenarbeitete. Jack hatte einen guten Draht zu Sam, »dem Besten in seiner Sparte«. Judith Campbell mußte zwar hinnehmen, wie ihr Verhältnis mit dem Präsidenten in den Sommermonaten des Jahres 1962 erlosch (wie sie später schrieb). Aber einen Gefallen durfte sie dem Präsidenten, der keinerlei Skrupel hatte, sich ihrer als Kurier zu Giancana zu bedienen, noch tun.

Giancana war überaus erfreut, vom Präsidenten zu hören. Es lag ganz in seinem Interesse, daß Kennedy dem Mob verpflichtet blieb, und er hörte sich den Auftrag aufmerksam an. Sam wollte sich die Kooperation der Ersten Familie sichern, erfuhr aber von Jack, daß er auf Bobby nicht zu zählen brauche – und Jack war sein stärkster Verbündeter. Der Präsident umwarb immer noch den Mob, da er Rückendeckung gegen J. Edgar Hoover brauchte, der nur darauf lauerte, ihn zu Fall zu bringen.

Da er wußte, daß Marilyns Haus verwanzt war, dachte sich Giancana eine andere Methode aus, den Präsidenten erpreßbar zu machen. Bei der Planung und Ausführung des Anschlags auf Marilyn Monroe wollte er sich auch ein Tonband der früheren Gespräche mit JFK und RFK über das pikante Dreieck und Monroes abgebrochene Schwangerschaft beschaffen. Auch der Auftragsmord wäre ein für allemal dokumentiert, und dem Mobster stünde perfektes Erpressungsmaterial zur Verfügung. Ein grandioser Coup!

Giancana wies Sinatra an, den Kontakt zu Peter Lawford wiederherzustellen, ihm das Debakel in Palm Springs zu verzeihen und Pat und Peter über das Wochenende nach Cal-Neva einzuladen. Lawford wußte, daß Bobby sich bei Marilyns Anrufen verleugnen ließ, und schlug Marilyn vor, ebenfalls mitzukommen.

Marilyn versuchte nach wie vor, Bobby zu erreichen. Ihre Anrufe in seinem Haus in Hickory Hill, Virginia, erbitterten seine Familie zutiefst. Joe Kennedy wurde mit Bobby immer ungeduldiger und immer sicherer in seiner Überzeugung, daß Marilyn zum Schweigen gebracht werden mußte.

Hinter Lawfords Einladung an Monroe stand Giancanas Plan, über sie alles nur Mögliche über seine Erzfeinde herauszufinden, um das Weiße Haus zum Einsturz zu bringen. Giancana war sich sicher, daß Marilyn beim feucht-fröhlichen Geplauder in ihrer Wut über die Kennedy-Brüder in den verwanzten Räumen der Cal-Neva Lodge »singen« würde, und diesen Abgesang vor ihrem bevorstehenden Tod wollte er auf Tonband festhalten. Sinatra, auf dessen Zuspruch sie rechnen konnte, hatte sie schon eine Menge anvertraut.

Bereits am zweiten Abend hatten Sinatra und Marilyn einen Streit. Hotelgäste beobachteten, wie Sinatra sie anschrie und auf ihr Zimmer schickte. Der FBI-Agent Bill Roemer vermutete, daß Frank in Rage geriet, weil Marilyn sich weigerte, an einer privaten Orgie mit ihm und Giancana teilzunehmen. Marilyn Monroe hatte ihm einen Wunsch verweigert, und so etwas wagten nicht viele Frauen.

Wieder rief Marilyn ihren besten Freund Joe DiMaggio in San Francisco ratsuchend an. Sie vertraute ihm an, daß ihre Beziehung zu Bobby zu Ende sei und sie sich in den Kennedys getäuscht hätte. Sie bereute, ihn verletzt zu haben und gestand ihm, daß sie ihn nach wie vor liebe und sich nach seiner Rückkehr sehne. Da sie sich ohnehin in der Nähe von San Francisco aufhielt, war Joe zu einem Treffen in Lake Tahoe bereit.

Marilyn benahm sich das ganze Wochenende Sinatra und Giancana gegenüber »zickig«, und sobald sie mit Peter und Pat zusammen war, fing sie erneut mit ihrer Tirade an, wie sie es »Kennedy zeigen« würde. Bobby sollte ihr Auge in Auge gegenüberstehen, wobei sie sich einen ähnlichen Verhandlungserfolg ausrechnete, wie er ihr mit der Twentieth gelungen war. Zuvörderst galt es, das Gesicht zu wahren, aber sie forderte nicht minder Respekt und Unterwerfung. Ihre Wut war so offensichtlich, daß ihren »Freunden« klar war, daß sie gegenüber jedem, der zuhören wollte, über den Präsidenten und den Justizminister weiter schandmaulen würde. Ihr PR-Betreuer Rupert Allan, ihre Friseuse Agnes Flanagan und ihr Masseur Ralph Roberts versuchten immer wieder, ihren Zorn zu besänftigen und sie zu überreden, sich anderen Zielen zuzuwenden. Aber die neue Marilyn dachte nicht daran, den Kennedys ihr Benehmen durchgehen zu lassen.

Nach einer langen Nacht mit viel Alkohol gingen Marilyn und die Lawfords schlafen. Um nicht geweckt zu werden, hängte Marilyn das Telefon aus. Die Telefonistin bekam es jedoch mit der Angst zu tun und alarmierte die Lawfords. Sie fanden Marilyn auf dem Boden vor ihrem Bett. Peter, der Schlimmes befürchtete, versuchte, sie mit starkem Kaffee wiederzubeleben. Genau das, was sie am wenigsten wollte! Doch sie waren erleichtert, daß sie in Ordnung war.

Während sich Marilyn im Bungalow 52 in der Cal-Neva Lodge wieder eingeigelt hatte, suchte DiMaggio fieberhaft nach ihr. Er hatte genug über ihr katastrophales Liebesleben gehört und spielte bereits mit dem Gedanken einer dauerhafteren Beziehung mit Marilyn. Er wußte, daß sie auf der Suche nach einem Ehemann war und ihre Suche, wenn er es nicht sein konnte, weitergehen würde. DiMaggio liebte Marilyn, und er war dazu bereit. Aber seine Suche nach ihr in Lake Tahoe war vergeblich. Sie hielt sich in ihrem Buganlow verborgen und schlief. Die Nachwirkungen der Abtreibung und die Alkoholexzesse verlangten ihren Tribut. Joe beschloß, ihr nächste Woche einen Pyjama als Hinweis auf ein gemeinsames Leben zu zweit zu schicken.

Nach ihrer Rückkehr nach Los Angeles nahm Marilyn wieder ihr gewohntes Leben auf. Sie verschönerte ihr Häuschen und ließ sich sogar Bougainvilleas liefern und Dutzende exotischer Pflanzen, um ein mexikanisches Ambiente zu zaubern. Die erfreulichen Neuigkeiten zu den letzten Details ihres Vertrags munterten sie auf. Der arrogante Cukor hatte Jean Negulesco weichen müssen, dem Regisseur des Kassenschlagers *How to Marry a Millionaire*, während Nunnally Johnson sich die Rechte an dem endgültigen Drehbuch für *Something* sichern wollte. Auch wenn sie noch mehrere Sitzungen pro Woche bei Dr. Greenson absolvierte, hatte Marilyn bereits begonnen, »klar Schiff« zu machen. Als erste mußte Paula Strasberg gehen. Da

Marilyn festgestellt hatte, daß weder die geschäftlichen Ratschläge von Dr. Greenson noch seine Therapie hilfreich waren, die sie monatlich über 1500 Dollar kostete, begann sie, sich auch aus seinen Klauen zu befreien. Agnes, Whitey, Marjorie und Ralph blieben bei ihr. Obwohl sie nach wie vor von Schlaflosigkeit geplagt wurde, schwor sich Marilyn, ihre Schlafgewohnheiten zu ändern und hoffte, daß die neu installierten Verdunklungsvorhänge eine Besserung bringen würden.

Am Mittwoch erhielt Marilyn mit der Post Joe DiMaggios Pyjama. Sie konnte nicht erraten, was damit gemeint war, und rief ihn an. Beide hatten ihren Spaß, denn Marilyn haßte Herren- Pyjamas. DiMaggio gestand ihr, daß sie ihm fehle, und daß er sie bald in ihrem selbst ausgestatteten Häuschen besuchen wolle. Marilyns heimliche Hoffnungen schienen sich zu erfüllen. DiMaggio würde zurückkommen.

Nach dem Sieg über die Fox und Joe DiMaggio erneutem Versprechen auf eine gemeinsame Zukunft glaubte Marilyn, endlich wieder Grund zum Feiern zu haben. Sie sagte Whitey, daß sie eine neue Fotoserie geplant habe. Whitey holte Marjorie, und zu dritt vergnügten sie sich bei Kaviar und Champagner, wie schon so viele Male zuvor. Marilyn erzählte, daß Dean Martin sich zur Wiederaufnahme der Dreharbeiten verpflichtet habe und *Toys in the Attic/Puppen unterm Dach*, ein Film, den er in der Zwischenzeit angenommen hatte, schon fast abgedreht sei. Mitte September konnte er zurück sein. Whitey erinnerte Marilyn an seine Voraussage, daß alles halb so schlimm sein würde. Eine strahlende Marilyn dankte ihm für seine Loyalität während der chaotischen Verhandlungen. Sie feierten tief in die Nacht hinein.

Am Freitag wagte es die Reporterin Dorothy Kilgallen, in der Presse auf eine geheime Affäre Marilyns anzuspielen. Für halb Hollywood war das zwar kalter Kaffee, aber die Regierung hüllte sich in eisiges Schweigen. Vorsichtig und sorgfältig und ohne Preisgabe ihrer Quellen hatte die tollkühne Reporterin ihre Chance wahrgenommen. (Es gibt Leute, die annehmen, daß Kilgallen nach dem Kennedy-Attentat ermordet wurde, obwohl als offizielle Todesursache eine versehentliche Überdosis angegeben wurde.)

Nachdem er es übernommen hatte, die Schauspielerin »zum Schweigen zu bringen«, wartete Jack nervös auf die bevorstehende Explosion und forderte Bobby nachdrücklich auf, sich von Hollywood fernzuhalten. Jeder Kontakt mit Marilyn war untersagt. Lediglich Peter Lawford unterrichtete Jack laufend über ihre Wutanfälle.

Während der Plan bereits besiegelt war, bereitete sich Bobby auf eine Rede vor der Anwaltskammer in San Francisco vor. Zusammen mit seiner Frau wollte er einige Urlaubstage auf der Ranch eines befreundeten Anwalts, John Bates, in Gilroy, Kalifornien, verbringen. Er wußte zwar, daß der letzte Ausweg darin bestand, Marilyn endgültig zum Schweigen zu bringen, aber er wußte nicht, daß es bereits beschlossene Sache war. Er ließ sich von Lawford zu einem letzten Treffen mit Marilyn überreden, um ihr die zweite abrupte Beendigung eines Verhältnisses mit einem Kennedy zu erklären.

Da immer mehr damit zu rechnen war, daß Marilyn eine Pressekonferenz abhalten oder ein Exklusivinterview geben würde, mußte Bobby diesen letzten Versuch wagen, um ihr klarzumachen, daß er ihr »nichts Böses« wünsche. Gegen den Rat von Vater und Bruder wollte er Marilyn treffen, um eine Schadensbegrenzung der Kennedy/Monroe-Affäre zu erreichen.

Er hatte sich eine Reihe von Ausreden zurechtgelegt, um jeder möglichen Indiskretion der Presse gegenüber gewappnet zu sein und Marilyns Namen als Grund für eine mögliche Scheidung, wie sie von Kilgallen angedeutet worden war, herauszuhalten. Er wollte sie um Verzeihung bitten, daß er sich tiefer mit ihr eingelassen habe, als er vorgehabt hatte, und sie danach darauf hinweisen, daß er viel für den neuen Aufschwung ihrer Karriere tun könne.

Der Justizminister verließ die Bates-Ranch diskret per Wagen und flog in einem gecharterten Hubschrauber nach Los Angeles. Peter Lawford holte ihn am späten Vormittag des 4. August auf der Landebahn am Santa Monica Beach ab. Das Treffen mit Marilyn war für den Nachmittag geplant.

Pat Newcomb hatte die Nacht bei Marilyn verbracht. Joe Di-Maggios Sohn hatte die Schauspielerin am Vortag angerufen und wußte, daß sie auf eine Wiederverheiratung mit seinem Vater hoffte. Greenson, der seinen Einfluß nicht verlieren wollte, hatte Eunice Murray gebeten, ebenfalls über Nacht bei Marilyn zu bleiben, um alles in seinem Sinne im Auge zu behalten. Eunice Murray verließ das Haus am frühen Nachmittag, um sich ihre persönlichen Utensilien für das Wochenende aus ihrer Wohnung zu holen.

Nachbarn, die in den Abend hinein (sogar noch nach Marilyns Tod) Karten spielten, geben zu Protokoll, daß Bobby gegen 17 Uhr in einem Cabrio auftauchte. Er trug Freizeitkleidung und war in Begleitung eines anderen Mannes, der einen »Arztkoffer« trug . . .

21. Kapitel
Der Mord

Als das Linienflugzeug den Flughafen Chicago mit Ziel Los Angeles verließ, herrschten starke Turbulenzen. Fünf Passagiere in dem nahezu vollbesetzten Flugzeug waren unterwegs, ihren brutalen Auftrag auszuführen. Sie hatten ihre Waffen unbemerkt durch die Kontrollen gebracht. Aber ihr nächstes Opfer würde nicht durch Schüsse sterben. Die Mordwerkzeuge, die sie bei sich hatten, würden auch heute noch ohne weiteres die modernsten Sicherheitskontrollen passieren.

Auf ihrem unruhigen Flug kippten sie ein paar kräftige Drinks. Wie vereinbart, wurden sie von Johnny Roselli abgeholt. In einer dunklen Limousine wurden sie dann zu einem unbekannten Treffpunkt in der Nähe von Brentwood gebracht.

Mord gehörte zu ihrem Handwerk. Ihre Lebensaufgabe war Loyalität gegenüber der Mafia. Die ausgewählten Henker zählten zu den zuverlässigsten Killern, die im Sold der Mafia standen. Sie waren auf die eine oder andere Weise an über dreihundert Morden beteiligt gewesen.

Im Unterschied zu ihren üblichen Opfern – rivalisierenden Gangstern oder Schuldnern von Geldhaien – war ihre Beute diesmal eine Schauspielerin, deren einziges Vergehen ihre fordernde Liebe war. Ihr Geliebter hatte sie in Angelegenheiten der nationalen Sicherheit eingeweiht, und sie hatte alles sorgfältig in ihrem Tagebuch festgehalten. Das Bekanntwerden dieses Dokuments konnte den Sturz der Kennedy-Dynastie zur Folge haben.

Jeder Raum ihres einfachen Hauses war verwanzt, jedes Wort, jeder Ton und jede Intimität in ihrem winzigen Schlafzimmer wurden abgehört und aufgezeichnet. Beide Geheimnummern der Schauspielerin waren angezapft.

Der Gewerkschaftsboss Jimmy Hoffa hatte seinen Abhörspezialisten Bernard Spindel mit der Überwachung der Lauschmaßnahmen beauftragt. Hoffa dachte natürlich nicht im Traum daran, daß seine illegalen Wanzen schließlich den Mord an Marilyn Monroe belauschen würden. Seine Absicht war lediglich, kompromittierendes Material über die Kennedy-Brüder zu sammeln, um sie – zumal Bobby – zu zwingen, seine Gewerkschaft in Ruhe zu lassen und sich nicht in seine Beziehungen zum Mob einzumischen.

Sam Giancana, der Boss der Bosse, entdeckte Hoffas konspirative Anlage. Momos getreuer Vasall, Johnny Roselli, bekam den Auftrag, Monroe gemeinsam mit Hoffas Abhörspezialisten zu überwachen und alles und jeden im Haus zu registrieren. Der Beobachtungsposten befand sich zwei Ecken von Marilyns Haus entfernt in einem unauffälligen Lieferwagen mit dem Namen einer nichtexistierenden Firma.

Im Wagen lief ein hochmodernes Uher-400-Tonbandgerät mit der ultra-langsamen Geschwindigkeit von 2,4 cm/sec. Ein RCA-Eingangsstecker verband das Tonbandgerät mit dem Ausgang eines quarzgesteuerten Empfangsmonitors. Ein winziger Funksenderempfänger übertrug vertrauliche Gespräche aus dem Haus in Brentwood.

Hoffas und Giancanas Lauscher hatten es beinahe so gemütlich wie zu Hause. Der Lieferwagen besaß einen eigenen Generator, der den Monitor, einen elektrischen Ventilator, eine mobile Toilette und einen Mini-Kühlschrank mit Strom versorgte, der mit Bierdosen im 6er-Pack vollgestopft war.

Den Aussagen von Nachbarn zufolge waren Bobbys Besuche bei Marilyn allgemein bekannt, so daß sie sich auch an diesem Spätnachmittag nichts dachten. Eunice Murray stritt den Besuch von Bobby Kennedy ab, änderte aber später ihre eigene Version und bestätigte das Erscheinen von Kennedy am frühen Abend.

Bei laufendem Tonbandgerät versuchten die Lauscher, dem Gespräch zwischen Marilyn und dem Justizminister zu folgen, konnten aber wenig verstehen, da es durch laute Schallplattenmusik übertönt wurde. Der für die Wanzen zuständige Mann informierte seinen Boss in Chicago sofort über das Funktelefon über Bobbys Besuch. Ein unverhoffter Glücksfall für das organisierte Verbrechen. Bevor Giancana den Anschlag auf die Monroe anordnete, hatte er sich der Zustimmung von Tony Accardo, dem »Consigliere« des Chicagoer Mob, versichert. Bobby tappte in eine Überwachungsfalle. Giancana jubelte, daß er nicht nur den vom Präsidenten der Vereinigten Staaten bestellten »Anschlag« auf Tonband festhalten konnte, sondern als Zugabe noch den zeitlich passenden Besuch des Bruders.

Marilyns Tod sollte wie ein unbeabsichtigter Selbstmord erscheinen, gestützt auf die allgemeine Annahme, daß sich ein Tablettensüchtiger schon einmal in der Dosis vergreifen könne (was bei Marilyn, die ihre Tabletten im Lauf des Abends gestaffelt einnahm, nicht zutraf). Laut Plan würde Marilyn Monroe »Selbstmord begehen«.

Abgesehen von der Mafia und Hoffas Abhörspezialisten sprach bis 1982 niemand von den Ereignissen, die sich am letzten Tag ihres Lebens in Marilyns Haus abspielten. Zwanzig Jahre später meldete sich ein enger Mitarbeiter Spindels zu Wort, der bat, anonym zu bleiben: »Ich habe Informationen, die Ihnen nützen können.« Er bekleidete inzwischen einen Führungsposten bei einem großen kalifornischen Sicherheitsunternehmen. »Ich beobachte die Untersuchungen seit Jahren. Die Tonbänder von Spindel beweisen, daß Monroe ermordet wurde.«

Kurz vor seinem bis heute nicht aufgeklärten »Verschwinden« hat Hoffa einem Reporter erzählt: »Ich besitze Tonbandaufnahmen, die den Präsidenten und den Justizminister kompromittieren.« Hoffas Leiche wurde nie gefunden, aber sein Beweismaterial gelangte in das Büro des Bezirksstaatsanwalts von New York.

Da Marilyns neues Heim gerade umgebaut wurde, lagen überall Bauwerkzeuge und Geräte herum. Im Gegensatz zu anderen Stars verzichtete Marilyn auf Alarmanlagen oder Bewacher, so daß sie es Eindringlingen nicht schwermachte.

Nachdem Bobby gegangen war, begann Maf, Marilyns kleiner Pudel und einziger Leibwächter, wütend zu bellen, als die Türglocke anschlug, während im Hintergrund eine Sinatra-Platte lief. Eine halbe Stunde zuvor hatte Marilyn versucht, Joe Di-Maggio jr. zu trösten. Ihr Ex-Stiefsohn hatte ihr sein Herz ausgeschüttet, denn seine Verlobung war in die Brüche gegangen.

Den Weg vom Schlafzimmer bis zur Haustür legte Marilyn in nur wenigen Sekunden zurück. Da sie Roselli seit langem gut kannte, öffnete sie ihm ahnungslos die Tür und bat ihn herein. Maf hörte auf, die gedungenen Mörder anzukläffen, die wie hungrige Aasgeier in unmittelbarer Nähe auf ihre Beute lauerten.

Während Roselli und Marilyn im Wohnzimmer saßen, betraten zwei »Soldaten« rasch das Haus. Ihre babyblaue viertürige Limousine war von der Diele aus sichtbar. Einer der Eindringlinge näherte sich der Schauspielerin, der andere scheuchte das Hündchen in ein anderes Zimmer und schloß die Tür. Maf jaulte hilflos, aber sie mußten ihren Job erledigen. Jeder hatte präzise Befehle zu befolgen. Sie mußten speziell darauf achten, keinerlei Spuren körperlicher Gewalt an Miss Monroes Körper zu verursachen.

Der kleinere Killer nahm einen chloroformgetränkten Lappen aus einer Plastiktüte und drückte ihn rasch und geübt über Marilyns Nase und Mund. Der andere holte eine Thermosflasche mit einer vorbereiteten Lösung hervor. Die Lösung bestand aus einem hochkonzentrierten Gemisch aus Chloralhydrat, Nembutal und Wasser. Nachdem die Wirkung des Chloroforms eingesetzt und sie aufgehört hatte, sich zu wehren, zogen sie sie aus und legten ihren nackten Körper auf den Boden, wobei sie ein kleines Handtuch unter ihr Gesäß legten. Sie saugten eine Klistierspritze mit der Lösung voll. Der größere Killer fettete die Spritze mit Vaseline ein und führte sie sanft in den After der Schauspielerin ein. Mit einem kurzen, festen Druck spritzte er das Gift in ihren Darm. Unmittelbar darauf folgte eine zweite Dosis. Sie legten den nackten Körper auf das Bett. Dann holten sie sämtliche Tablettenpackungen aus dem Badezimmer, entnahmen das Nembutal und legten die leeren Pillenröhrchen auf den Nachttisch. Bevor sie verschwanden, beseitigten sie rasch noch jegliche Spuren. Sie hatten gute Arbeit geleistet, aber trotzdem eine Kleinigkeit übersehen. Weit und breit war kein Wasser- oder Champagnerglas zu sehen, mit dem Marilyn die Tabletten geschluckt haben könnte.

22. Kapitel
Zyanose

Richard Stolley, der Leiter der Außenredaktion von »Life« in Los Angeles, wurde um sechs Uhr morgens mit der Mitteilung aus dem Schlaf gerissen, daß Marilyn Monroe offensichtlich durch Selbstmord gestorben sei. Das Magazin hatte zahlreiche Titelgeschichten der Filmschönheit veröffentlicht, und Stolley ging diese Neuigkeit sehr zu Herzen. Er wußte, daß er für diese Reportage seine fähigsten und aggressivsten Journalisten und Fotografen einsetzen mußte. Marilyns Haus würde sicher von unzähligen Zeitungsleuten, Vertretern anderer Medien und Polizisten umlagert, so daß er seinen Top-Korrespondenten Thomas V. Thompson und seinen besten Fotografen Leigh Weiner mit der Mission beauftragte.

Leigh Weiner hatte drei Fotosessions mit Marilyn gemacht, und im Gegensatz zu anderen Fotomodellen war sie immer kooperativ gewesen. Sie beherrschte das Posieren vor der Kamera, ihre Haut war perfekt und sie wußte, welche Perspektive für sie am günstigsten war.

Aber Weiner war weniger von ihrem Körper fasziniert, als von ihren schönen blaugrauen Augen, die hinter das Objektiv zu blicken schienen. Ihr Ausdruck war eindringlicher als alle Worte, und sie ließen ihre wahre warmherzige Natur und ihre Verletzlichkeit erahnen. Sie machten ihre wirkliche Anziehungskraft aus. Sie war leicht zu fotografieren, da sie ihr Aussehen, ihre Mängel und ihre Vorzüge genau kannte.

Weiner und Thompson, ein unschlagbares Team, erhielten also den Auftrag, sich die komplette Story zu verschaffen. Die morgendliche Information ihres Herausgebers über Marilyns Tod war ein Schock, der größer wurde, als die Experten tiefer in die geheimnisvollen Umstände ihres Ablebens eindrangen.

Die beiden Männer eilten zum Ort des Geschehens, bevor die

Leiche abtransportiert wurde. Wie erwartet, schwoll die Menge aus Reportern, Polizisten und Fotografen im Verlauf des frühen Morgens immer mehr an. Die Polizei wies die Reporter an, auf der Straße zu warten, da der Polizeiarzt und der Leichenbeschauer im Haus ihrer Pflicht nachgingen.

Es wurde unheimlich still, als die Bahre mit Monroes Leiche durch die französischen Fenster neben ihrem Schlafzimmer gefahren wurde. Der Körper war mit einer schwarzen Decke verhüllt, und die Menge verharrte einige Sekunden wie gelähmt. Als die Bahre in den schwarzen Leichenwagen geschoben wurde, hörte man nur das Klicken der Kameras. Leigh machte die gleichen Aufnahmen wie die übrigen Fotografen, wußte aber, daß Dick Stolley von diesem Ereignis außergewöhnliche Bilder erwartete. Stolley hatte Leigh den Tip gegeben, dem Leichenwagen, wenn irgend möglich, zu folgen. Er wußte, daß es schwierig sein würde, wollte aber dennoch den Versuch wagen. Leigh hatte versprochen, nichts Ungesetzliches zu unternehmen und seinen eigenen Ruf und den des Magazins nicht aufs Spiel zu setzen. Er hatte auch versprochen, die Leiche selbst dann nicht zu fotografieren, wenn man ihn dazu auffordern sollte. Das Äußerste wäre ein Foto der Schublade im Leichenschauhaus, und sämtliche Aufnahmen müßten vor der Veröffentlichung sorgfältig geprüft werden. Weiner machte sich auf den Weg.

Das Büro des Leichenbeschauers befand sich im Justizgebäude von Los Angeles, 211 West Temple Street, hinter einer grauen Steinfassade. Die Büros lagen im Erd- und Tiefgeschoß, und für den Bedarfsfall war ein zusätzlicher unterirdischer Kühlraum vorgesehen. Dieser enthielt fünfzig Schubladen und einen Laborbereich. Der Leichenbeschauer oder einer der sechs Pathologen waren für die Durchführung und Überwachung der Autopsie zuständig.

Am Sonntag gegen Mitternacht besorgte Weiner in Los Angeles drei Flaschen des teuersten schottischen Whiskys, den er auftreiben konnte. Bewaffnet mit seiner Kamera und der Whiskytüte schritt Weiner selbstsicher durch den langen, kahlen Gang zum Leichenschauhaus.

Er hatte sich rasch eine Geschichte zurechtgelegt. Er wolle

einen Freund namens Billy Burton treffen. Er fragte drei diensttuende Männer, wo er Billy finden könne, denn sie hätten sich zu einer Feier verabredet. Da keiner den Man kannte, fragte Weiner, ob sein Freund Billy womöglich versetzt worden sei. Niemand kam auf die Idee, nachzuhaken, als er der Nachtschicht einen Schluck anbot.

Die Unterhaltung über die Arbeit in einem Leichenschauhaus im allgemeinen verlagerte sich allmählich auf das Ereignis des Tages – den Tod Marilyn Monroes. Weiner spielte den Unbefangenen und fragte, ob ihre Leiche womöglich in diesem Leichenschauhaus wäre, da sie doch wahrscheinlich in Brentwood gestorben sei. In der Tat, so erfuhr er von dem Antialkoholiker der Nachtschicht, befinde sich der Leichnam hier, und zwar in Schublade 33. Er bot dem Fotografen an, mit ihm in den mit Stahl ausgekleideten Kühlraum zu gehen.

»Willst du sie sehen?« fragte einer der anderen Männer, der dem Whisky kräftig zugesprochen hatte. Noch bevor Weiner antworten konnte, fragte ihn der Mann, ob er schon einmal eine Leiche gesehen habe. Leigh versicherte ihm, daß er schon viele gesehen hätte.

Einer der Assistenten mußte einen Totenschein an der großen Zehe anbringen, den er gerade ausfüllte, als Weiner das erste Bild schoß. Die Aufschrift auf den Anhänger lautete »CRYPT 33 – MARILYN MONROE«. Der Assistent öffnete die Tür und zog die Lade heraus. Marilyns Leichnam war bis zu den Knöcheln mit einem weißen Laken bedeckt. Der Totenschein wurde an ihrem linken großen Zeh befestigt.

Leigh Weiner fragte die Herren höflich, ob er den Totenschein fotografieren dürfe. Niemand hatte etwas dagegen. Leigh machte ein Foto nach dem anderen. Es dauerte nicht lange, und Weiner entfernte das Laken. Er hatte sein Versprechen, das er Richard Stolley gegeben hatte, vollkommen vergessen, diese Gelegenheit konnte er sich einfach nicht entgehen lassen. Nach einer Stunde und zwei Rollen Film hatte er ihren Körper verhüllt und nackt aus jeder nur denkbaren Perspektive fotografiert. Er ließ die Whiskytüte zurück und verließ das Leichenschauhaus.

Bis jetzt hatte er insgesamt fünf Filme vom Ereignis des Tages belichtet. Er ließ sie entwickeln, gab einen Satz Kontaktabzüge von den Aufnahmen der Leiche in Auftrag und schickte die anderen drei Filme an Stolley, ohne sein eigenmächtiges Vorgehen zu erwähnen. Am Montagmorgen deponierte er die Negative und die Kontaktabzüge von Marilyns Leichnam in einem Schließfach. Dabei spekulierte er darauf, daß sie eines Tages in einer Untersuchung wichtig sein könnten. Bis dahin würde sie niemand zu sehen bekommen, und niemand könnte sie mißbrauchen, um Marilyns Andenken zu beschmutzen.

Als die drei Filmrollen mit Aufnahmen ihres Hauses und des Leichenschauhauses in Westwood eintrafen, konnte Stolley nichts mehr mit ihnen anfangen. Inzwischen war beschlossen worden, Marilyns Leben und nicht die morbiden Umstände ihres Todes zum Thema zu machen.

Es dauerte nicht lange, bis in Hollywood in Zusammenhang mit Marilyn Monroes angeblichem Selbstmord von Mord gemunkelt wurde. Sergeant Jack Clemmons, der als erster Polizeibeamter in ihrem Haus eingetroffen war, vermutete sofort ein Verbrechen. Es fiel ihm auf, daß das Schlafzimmer »inszeniert« aussah. Das verdächtige Verhalten der Haushälterin Eunice Murray am Sonntagmorgen, die mit allen Anzeichen von Entsetzen Kleidung wusch und das Haus putzte, erregte ebenfalls die Aufmerksamkeit des Sergeanten, denn sie behauptete, daß Marilyns Tür verschlossen gewesen sei, und daß sie Dr. Greenson angerufen habe. Guy Hockett, ein Mitarbeiter des Leichenschauhauses von Westwood Village, stellte fest, daß die Leichenstarre bei seinem Eintreffen um fünf Uhr früh schon eingesetzt hatte, was darauf schließen ließ, daß ihr Tod sehr viel früher eingetreten sein mußte, als man ihm gesagt hatte.

Als »Life«-Fotograf hatte Weiner schon viele Tote gesehen. Er wußte, daß die Haut nach dem Tod eine grau-weiße Färbung annimmt und wächsern aussieht. Die Haut von Marilyns Leichnam sah auf seinen Fotos bläulich aus, mit blauen Streifen an einigen Stellen.

Das konnte ein Anzeichen dafür sein, daß anstelle eines langsamen Todes, wie er bei der Resorption massiver Dosen von

Drogen über den Magen eintritt, der Tod plötzlich und durch »vorverdaute« Drogen in Form einer Lösung, Injektion oder durch eine anale Gabe eingetreten wäre. Die etwa fünfzig Mitarbeiter des County Coroners setzten allerlei Gerüchte in Umlauf. Obwohl es Spekulationen über die Injektion von Barbituraten als Todesursache gab, fand man nur einen Einstich an der Hüfte. Dr. Hyman Engelberg, Marilyns Internist, gab an, daß dies die Stelle sei, an der er ihr zwei Tage vor ihrem Tod eine Spritze gegeben habe.

Es war nicht klar, wo die tödliche Injektion gesetzt worden war, wenn es denn überhaupt eine gab. Professionelle Killer wählen dazu häufig eine schwer feststellbare Stelle, etwa unter Finger- oder Zehennägeln, in den Achselhöhlen oder in der Kopfhaut.

Leigh Weiner war nicht der einzige, dem die bläuliche Färbung von Marilyns Leichnam auffiel. Er hatte dazu einen Arzt befragt, der ihm erklärte, daß eine bläuliche Verfärbung ein als Zyanose bekannter Zustand sei, bei dem die Haut sich aufgrund eines abnorm reduzierten Hämoglobin-Gehalts im Blut leicht bläulich, gräulich, schieferfarben oder dunkelpurpur verfärbt.

Der Arzt beschrieb, wie die Lungen kollabieren, wenn der Körper rasch Sauerstoff verliert, was den sofortigen Tod zur Folge hat. Auch die nicht mehr mit Sauerstoff versorgte Haut erstickt, und die Zellen sterben einzeln ab. In diesem Fall bleibt die Haut bläulich verfärbt. Ein zyanotisches Aussehen weist darauf hin, daß der Tod rasch eingetreten ist, und schließt folglich die Möglichkeit einer langsamen Resorption von Drogen über den Magen als Ursache aus.

An diesem Wochenende schwirrten einander widersprechende Gerüchte durch das Leichenschauhaus.

Sechs Monate nach Marilyns Tod erschien in der »Los Angeles Times« eine Kolumne von Hedda Hopper, die nie zu Marilyns Freunden gezählt hatte. Hopper hatte unabhängig von Leigh Weiner einen Hinweis auf den zyanotischen Zustand der Leiche erhalten. Sie schmierte eine reißerische Story darüber zusammen, daß ein sehr berühmter Filmstar im Tode zu einem »blauen Leichnam« geworden sei. Die Geschichte erschien in der »Times« im ersten Andruck. Hopper deutete an, daß dieser Zustand auf eine Zyanidvergiftung oder eine Überdosis einer Droge zurückzuführen sein könnte, durch die die Zellen rasch Sauerstoff verlieren und absterben. Normalerweise erschien Hoppers Kolumne in der gesamten Auflage, doch diesmal war sie vor Redaktionsschluß gekippt worden. Weiner fragte sich, ob die Wahrheit über Marilyns Tod wohl jemals bekannt werden würde.

Zahlreiche Zeitschriften veröffentlichten Serien über Leben und Tod des Filmstars, so wie es die Fans erwarteten. Jede jährliche Wiederkehr ihres Todestages brachte neue Spekulationen über ihre Ermordung ans Tageslicht. An ihrem zwanzigsten Todestag erschien ein Artikel von Leigh Weiner in der »Los Angeles Times«. Weiner stellte die Frage: »Haben Sie jemals ein Bild aufgenommen, das Ihnen zu schaffen gemacht hat?« und beantwortete sie selbst, indem er schilderte, welche Aufgabe er sich nach dem Tod Marilyns gestellt hatte. Er war damit immer noch nicht fertig und erzählte zum ersten Mal, wie es ihm gelungen war, Fotos der Leiche in Schublade 33 ungefähr zwölf Stunden nach der Autopsie zu machen.

Seine Story erschien am 9. August 1982. Darauf erhielt er einen Anruf aus dem Büro des Bezirksstaatsanwalts von Los Angeles. Ein Mitarbeiter bat um ein Treffen und lud Mr. Weiner zum Frühstück ein.

Weiner wußte, was der Bezirksstaatsanwalt wollte, nahm aber die Einladung in das piekfeine Pacific Dining Car Restaurant an, das für sein exquisites Essen bekannt war. In den luxuriösen Räumen mit ihren Sitznischen aus rotem Leder herrschte die Atmosphäre eines englischen Clubs. Das Eiswasser war noch nicht einmal eingeschenkt worden, als der Wortführer der drei Herren aus dem Büro des Bezirksstaatsanwalts kundtat, daß nach seiner Auffassung die Fotos und Negative nicht Eigentum von Weiner seien. Sie müßten seiner Behörde ausgehändigt werden. Weiner wußte, daß er der rechtmäßige Besitzer war. Nach einigem Hin und Her sagte er ihnen, daß man ihn nicht einmal mit einer Zwangsvorladung dazu bringen könne, die Bilder herauszugeben.

Als das Frühstück serviert wurde, sprach ihm der Wortführer

der Gruppe seine Anerkennung dafür aus, daß es ihm überhaupt gelungen war, die Bilder zu machen. Danach wurde von irgendwelchen Untersuchungen durch das Büro des Bezirksstaatsanwalts oder gar einer Zwangsvorladung nicht mehr gesprochen.

Als man sich eine halbe Stunde später verabschiedete, bedankte sich Weiner artig für das Frühstück. Weiner hörte nie wieder vom Bezirksstaatsanwalt. Die Fotos schienen für ihn nicht von Bedeutung zu sein und blieben in Weiners Schließfach irgendwo in Los Angeles.

23. Kapitel
Die endgültige Autopsie

In den sechziger Jahren erreichte der Drogenkonsum nie dagewesene Ausmaße. Als Marilyn Monroe 1962 starb, hatte sich der Mißbrauch von Beruhigungs- und Schlaftabletten zum größten Drogenproblem entwickelt, da Ärzte und Psychiater noch zu wenig über ihre suchtfördernden Eigenschaften und langfristigen Nebenwirkungen wußten, so daß sie kritiklos Rezepte ausstellten. Diese sorglose Übermedikation war die Ursache einer zunehmenden Anzahl versehentlicher Überdosen und Selbstmordversuche. Allerdings gab es noch keine wissenschaftlich eindeutigen Methoden zur Erkennung ungewollter Überdosen oder Selbstmorde. 1972 wurde die Methode zur Erkennung von Überdosen standardisiert. Da sie seither von Leichenbeschauern, Pathologen, Gerichtsmedizinern und Ärzten angewendet wird, ist die Diagnostik wesentlich verbessert worden. Als man die tote Marilyn Monroe fand, gab es die nun verfügbaren hochentwickelten Geräte noch nicht. Außerdem war das Leichenschauhaus des Bezirks Los Angeles schlecht ausgerüstet, aber die entscheidende Untersuchung ihres Darms wäre möglich gewesen.

Um noch mehr Verwirrung zu stiften, hatte Dr. Theodore Curphy die Autopsie einfach abgebrochen, denn sonst wäre Marilyns Tod zweifellos sofort als Mord gewertet worden. Elton Noels, ein pensionierter Beamter des Leichenschauhauses, gab an, daß es nicht ungewöhnlich gewesen sei, Autopsien aus verschiedenen Gründen plötzlich abzubrechen. Das Recht der Öffentlichkeit auf Information zählte weniger als der Druck, den einflußreiche Privatpersonen oder Politiker ausübten. In Hollywood war es seit langem üblich, das Image der Stars zu schützen, und Curphy war schon oft seitens der Versicherungen, der Studios oder politischer Gruppierungen manipuliert worden. Von seinen Kollegen wegen seiner Ehtik hoch geschätzt, hatte er eine unüberwindliche Abneigung gegen Politiker und Hollywood und deren Einflußnahme auf seine Behörde entwickelt. Er war aus Long Island, New York, nach Los Angeles geholt worden, um das veraltete System auf den neuesten medizinischen Stand zu bringen. Er war der erste, der Autopsien nur ausgebildeten Ärzten übertrug. (Vorher brauchte ein Coroner in Los Angeles weder als Arzt noch als Gerichtsmediziner zugelassen zu sein.)

Aber selbst Theodore Curphy konnte offensichtlich diesem Druck nicht mehr standhalten, denn am 16. Juni 1959 hatte er erklärt, daß der Tod des Fernseh-»Superman« George Reeves ein Selbstmord gewesen sei. Auch hier gab es zahlreiche Beweise, die diesem Urteil widersprachen. Die von Reeves' Mutter beauftragte Detektei Nick Harris Detectives wies nach, daß »Superman« ermordet worden war.

Der Leichenbeschauer des Bezirks L.A., Thomas Noguchi, erzählt in seinem Buch »Coroner«, das lange nach Marilyns Tod veröffentlicht wurde, daß er selbst an den Widersprüchlichkeiten in Zusammenhang mit den Todesfällen von Natalie Wood und William Holden beteiligt gewesen sei, und daß sein Vorgänger Dr. Curphy ihm ein guter Lehrmeister im Verwischen von Tatsachen gewesen war. Seine erste diesbezügliche Anleitung hatte Noguchi erhalten, als Curphy ihm erstmals die Autopsie einer Berühmtheit übertrug – Marilyn Monroe.

Die Ergebnisse und Folgerungen von Marilyn Monroes Autopsiebericht weisen mehrere Widersprüche auf. Bei den Beweisen zur Bestimmung der Todesursache gibt es einige Diskrepanzen. An erster Stelle wären hier die Barbiturate zu nennen, die Miss Monroe angeblich oral eingenommen hatte. Die zum Tod führende Dosis setzte sich aus den hohen Konzentrationen von Pentobarbital (Nembutal) zusammen, von dem 13,0 mg/100 ml in ihrer Leber und 4,5 mg/100 ml in ihrem Blut nachgewiesen wurden, und von Chloralhydrat mit 8 mg/100 ml der Blutprobe. Diese beiden in Blut und Leber festgestellten Drogen stellten eine tödliche Dosis dar. Die 25 Kapseln zu je 1½ Grain (ca 1 g) Nembutal hatte ihr ihr Internist Dr. Engelberg am 3. August 1962, einen Tag vor ihrem Tod, verschrieben. Das leere Nembutal-Röhrchen wurde an ihrem Bett gefunden. Auf Basis der hohen Nembutal-Konzentration in der Leber hätte sie 40 Tabletten (plus/minus einer kleinen Anzahl je nach Resorptionsrate) schlucken müssen. Am 4. August hatte Miss Monroe höchstens 25 Kapseln zur Verfügung, aber angesichts ihrer chronischen Schlaflosigkeit ist es äußerst wahrscheinlich, daß sie am Tag zuvor bereits einige Kapseln eingenommen hatte. Die Resorption von maximal 25 Nembutal hätte auch so kaum die Konzentration von 13,0 mg/100 ml in der Leber herbeiführen können – eine gravierende Diskrepanz. Nach Aussage von Whitey Snyder, der Marilyn sechzehn Jahre begleitete, nahm sie normalerweise zwischen halb acht und acht eine oder zwei Schlaftabletten, der dann bis etwa halb zehn noch eine oder zwei folgten. Danach begann das Medikament zu wirken, und sie schlief ein. Wenn sie aufwachte, nahm sie bis zum frühen Morgen wiederholt eine oder zwei weitere Tabletten ein.

Nach Aussage von Natalie Jacobs, der geschiedenen Frau des Presseagenten Arthur Jacobs, besuchte sie am Abend von Monroes Tod mit ihrem künftigen Mann ein Konzert mit Henry Mancini und Ferrante and Teicher in der Hollywood Bowl. Dem Sperrstundengesetz entsprechend muß die Veranstaltung spätestens um 23 Uhr beendet gewesen sein. Natalie erinnert sich deutlich an diesen Abend. Ein Sprecher der Hollywood Bowl unterbrach das Programm mit der Nachricht, daß Marilyn Monroe tot sei. Natalie ging nach dem Konzert sofort nach Hause und sah Jacobs erst zwei Tage später wieder. Er erzählte ihr, daß Marilyns Tod schrecklich gewesen sei, und alles, was darüber veröffentlicht worden sei, die Wahrheit verschleiert habe.

Dieser Aussage zufolge trat Monroes Tod vor 23 Uhr ein. Obgleich sowohl Dr. Greenson als auch Dr. Engelberg behaupteten, daß sie Sonntag nacht gegen 3 Uhr 30 verschied, starb sie in Wirklichkeit am Samstag, dem 4. August 1962, vor 23 Uhr.

Diese Annahme eines früheren Todeszeitpunkts wird gestützt durch die Aussage von Sergeant Jack Clemmons, der als erster Polizeibeamter am Ort des Geschehens eingetroffen war. Er erschien zwölf Minuten nachdem Dr. Engelberg um 4 Uhr 35 bei der Polizei angerufen hatte. Er bemerkte die bläuliche Färbung auf der Rückseite (Posterior) der Leiche, während die Vorderseite (Anterior) die normale Leichenblässe aufwies. Da sich das Blut aufgrund der Schwerkraft nach dem Tod nach unten absetzt, kam er zu dem Schluß, daß sie auf dem Rücken liegend gestorben sei. Außerdem stellte er fest, daß die Leichenstarre bereits eingesetzt hatte. Wie lange es nach dem Tod bis zum Eintreten der Leichenstarre dauert, hängt von verschiedenen Variablen ab, zum Beispiel von der Umgebungstemperatur, dem Lebensalter, dem Körpergewicht, der Bekleidung, dem Grad der körperlichen Betätigung vor dem Tod und dem allgemeinen Zustand des Kreislaufs. Der Zustand von Marilyns Leiche ließ darauf schließen, daß der Tod sechs bis acht Stunden vor dem Eintreffen Clemmons' eingetreten war. Ihr Tod ist also wahrscheinlich zwischen 20 und 22 Uhr und nicht um 3 Uhr 40, wie die Ärzte aussagten, eingetreten.

Marilyn nahm regelmäßig rezeptpflichtige Medikamente ein und kannte deren Wirkungen genau. Whitey Snyder erzählte, er hätte niemals erlebt, daß Marilyn nicht mehr gehen konnte oder so mit Drogen vollgepumpt gewesen wäre, daß sie hinfiel, wie man es die Öffentlichkeit glauben machen wollte. Sie wußte immer, wie viele Tabletten sie genommen hatte, wie viele sie brauchte und welche Zeitabstände einzuhalten waren, damit sie schlafen konnte oder ruhig wurde. Marilyn war kein Gelegenheits-Drogenkonsument. Übrigens wurde weder in der Leber noch im Blut Alkohol nachgewiesen. Eine versehentliche Überdosis scheint also völlig außer Frage zu stehen.

Die Schlußfolgerung der Autopsie, daß der Tod durch die orale Einnahme von Pentobarbital verursacht wurde, ist äußerst suspekt. In Marilyns Magen wurden keinerlei refraktile Pentobarbital- oder Hydrochloralkristalle gefunden. Die aus ihrem Magen entnommenen 20 Kubikzentimeter Schleimhaut wurden nach der Auskristallisierung unter einem Polarisationsmikroskop untersucht, und es wurde auch nicht die geringste Spur von Nembutal oder Chloralhydrat festgestellt. Bei einem Selbstmörder, der eine Überdosis dieser beiden Medikamente eingenommen hat, wären zumindest Spuren davon im Magen gefunden worden.

In seinem Buch »Coroner« versucht Noguchi seine Ergebnisse zu begründen:

Um die erste Frage, den leeren Magen betreffend, zu beantworten, stellte ich eine allgemeine Erfahrung an den Anfang meiner Erklärung. Ißt man etwas Exotisches, das einem nicht bekommt, so stellt sich eine Magenverstimmung ein, was bedeutet, daß der Magen die Speise ablehnt und nicht so leicht in den Verdauungstrakt befördert. Ißt man jedoch gewohnte Speisen, zum Beispiel Steaks, gibt es keinerlei Verdauungsstörungen, und die Nahrung wird problemlos in den Verdauungstrakt befördert.

So verhält es sich auch bei der Einnahme von Tabletten durch gewohnheitsmäßige Drogenkonsumenten. Marilyn Monroe hatte jahrelang hohe Dosen von Schlafmitteln und Chloralhydrat eingenommen. Ihr Magen war daran gewöhnt, so daß die Drogen rasch resorbiert und in den Verdauungstrakt »geschleust« wurden. Aufgrund meiner Erfahrung mit Tablettensüchtigen rechnete ich nicht damit, sichtbare Spuren der Pillen zu finden – eine Tatsache, die nur beweist, daß es sich um Abhängige handelt und nicht um Mordopfer, denen Spritzen verabreicht waren.

Das also war seine »Begründung« für das Fehlen jeglicher Spuren von Psychopharmaka im Magen.

Joseph Mato, ein Toxikologe vom Leichenschauhaus des Bezirks L. A., erläutert den Widerspruch in Noguchis Beweisführung. Bei einem Tod aufgrund der oralen Einnahme wäre die Konzentration der Drogen im Magen weitaus höher als die Konzentrationen, die sich nach intramuskulärer und intravenöser Injektion ergeben. Wird der Tod durch anal einzuführende Suppositorien oder durch einen Einlauf herbeigeführt, würden sich, wenn überhaupt, winzige Mengen im Magen finden. Mato hält die häufige Einnahme von Drogen der Verstorbenen nicht für eine Variable, das heißt, es ist für ihn auch bei einer Abhängigen ausgeschlossen, daß nach oraler Einnahme im Magen keine Spuren mehr nachweisbar sind.

Zwei führende Spezialisten auf dem Gebiet von durch Psychopharmaka herbeigeführten Todesfällen, der Psychiater und

Neurologe Louis A. Gottschalk und der Toxikologe Robert H. Cravey, waren 1972 maßgeblich an der Entwicklung des Standard-Bewertungssystems beteiligt. Ihre Erkenntnisse, die sie in ihrem Buch »Toxological and Pathological Studies on Psychoactive Drug-Involved Death« veröffentlichten, basieren auf Autopsien von über 1500 gewohnheitsmäßigen Drogenkonsumenten. Jede Autopsie bei einem durch orale Einnahme von Drogen verursachten Tod beinhaltete eine Analyse, des Mageninhalts auf Drogen. In jedem Fall wurden hohe Konzentrationen oder kleinere Mengen der spezifischen, oral eingenommenen Droge im Magen gefunden. Diese Studien widerlegen die früher gültige Lehrmeinung, daß »gewohnheitsmäßige Drogenkonsumenten« über außerordentliche Fähigkeiten bei der Resorption ihrer üblichen Drogen verfügen.

Unter Berufung auf seine langjährige Erfahrung als Cheftoxikologe des Leichenschauhauses von Orange County, Kalifornien, stellt Dr. Cravey fest, daß er bei jeder Überdosis durch orale Einnahme Drogen im Magen nachgewiesen habe.

Unter der Prämisse, daß Marilyn Monroes Tod nicht durch die freiwillige Einnahme von Barbituraten verursacht wurde, wäre die nächste Möglichkeit, die zu prüfen gewesen wäre, die Verabreichung einer Überdosis auf eine andere Weise, zum Beispiel durch eine intravenöse oder intramuskuläre Injektion. Als Dr. Noguchi Monroes gesamten Körper mit einem Vergrößerungsglas absuchte, fand er nur einen einzigen Einstich an ihrer linken Hüfte. In seiner Tonbandaufzeichnung während der Untersuchung der Leiche sagte er: »Ich sehe eine großflächige Blutung im unteren linken Teil des Rückens«, beschrieb die Stelle als rötlich-blau und dunkel, was darauf hinwies, daß es sich um eine frische Verletzung handelte – wahrscheinlich um eine Schwellung aufgrund einer Blutansammlung im subkutanen Gewebe, die laienhaft als »blauer Fleck« bezeichnet wird. Obwohl dies auf einen Kampf hätte schließen lassen können, entschied sich Noguchi, die Bedeutung des blauen Flecks herunterzuspielen. Später schrieb er ihn der Injektion zu, die Dr. Hyman Engelberg Marilyn zwei Tage vor ihrem Tod gegeben hatte. Die weitere Untersuchung von Monroes Leichnam beschränkte sich auf die Sichtprüfung und physische Untersuchung des unteren Verdauungstraktes. Dr. Noguchi hatte zunächst Proben an die UCLA-Labors geschickt, da es im Leichenschauhaus keine Möglichkeiten zur Organuntersuchung gab. Aus Nachlässigkeit, Ignoranz, wegen politischen Drucks oder aufgrund von Überarbeitung warf Dr. Ralph Abernathy, einer der Cheftoxikologen, die Darmproben weg. Von dem mißtrauisch gewordenen Noguchi nach dem Ergebnis befragt, antwortete Abernathy, daß der Fall seiner Meinung nach abgeschlossen sei. Das entsprach offenbar nicht Noguchis Auffassung, der, wie er später angab, eine Analyse der Proben aufgrund des verdachterweckenden Zustandes der Leiche, speziell des leeren Magens, und, was ebenso wichtig war, wegen der »ausgeprägten arteriellen Blutüberfüllung und der Purpurverfärbung des Darms« gewünscht hatte.

Ebenfalls anwesend bei der Autopsie war John Miner, der juristisch-medizinische Berater des Leichenschauhauses (der später wegen der Aufdeckung von Betrug in onkologischen Praxen in Los Angeles bekannt wurde). Er wurde von dem Kriminologen Fenton Bressler befragt, der ihn wie folgt zitiert: »In Noguchis Autopsieprotokoll gibt es einen Punkt, der mir bis jetzt keine Ruhe gelassen hat – der Hinweis auf die arterielle Blutüberfüllung und die Purpurverfärbung des Darms. Ich muß zugeben, daß ich darüber zunächst nichts zu Thomas Noguchi gesagt habe, aber ich habe einen anderen führenden Pathologen dazu befragt, der mir erklärte, daß dies mit einem kurz zuvor erfolgten Einlauf in Einklang stünde. Ich stellte Dr. Noguchi wegen dieser beiden Befunde zur Rede, und er sagte: ›Ich weiß es nicht. Ich habe so etwas selten bei einer Autopsie gesehen. Ich habe keine Erklärung dafür.‹« (Damals hatte Noguchi erst fünf Jahre Berufserfahrung.) Bressler führte weiter aus, »daß die anale Zufuhr mit der Gabe einer hohen Dosis vergleichbar sei, die rasch vom Körper resorbiert wird«.

Dr. Joseph Davis, derzeit praktizierender Pathologe in Dade County, Florida, erklärt die Verfärbung des Intestinums. Wird Secobarbital (Seconal) einem Lackmus-Test unterworfen (pH 7: neutral), so ergibt sich ein pH-Wert zwischen 9,7 und 10,5. Die stärker alkalische Droge Pentobarbital (Nembutal) liegt zwischen 9,6 und 11. Die Erfahrung von Davis zeigt, daß eine oral induzierte Überdosis eines alkalischen Barbiturats wie Nembutal mit Sicherheit eine Purpurverfärbung des Magens verursacht und sich bei der Autopsie in einer sichtbaren Beschädigung der Magenschleimhaut manifestiert hätte. Er fügt hinzu: »Bei einer Alkalität der Substanz entsprechend der von Secotal oder Nembutal kann mit einer ähnlichen Reaktion im Darm gerechnet werden.«

Bei weiterer Eingrenzung der Möglichkeiten und Wahrscheinlichkeiten scheint die anale Zufuhr der Droge mittels Einlauf oder Suppositorien am logischsten. Wenn auch Noguchi damals noch nichts über die kriminelle Verwendung von Suppositorien oder des Einlaufs wußte, machten internationale Spionageorganisationen, einschließlich der CIA und der Mafia, davon bereits Gebrauch. Bereits in den fünfziger Jahren wurden Barbiturat-Suppositorien in Puerto Rico und Europa hergestellt, wenn auch nicht allgemein verwendet. Wenn der Auftragsmord nicht Erschießen vorsah, und wenn bekannt war, daß das Opfer Psychopharmaka nahm, konnte die Unterwelt den perfekten Mord durch Suppositorien oder Einlauf beinahe garantieren. Die Mafia schlug ihre Vorteile aus dem Ruf des Opfers, Drogen zu konsumieren oder drogensüchtig zu sein, denn die meisten Pathologen beziehen die Gewohnheiten der Verstorbenen in ihre Diagnose mit ein. Das Büro des Leichenbeschauers von Los Angeles ging zweifellos entweder zu oberflächlich vor oder unterschlug Fakten (wie schon oft zuvor). Gleichgültig, wie man es betrachtet, die Autopsie von Marilyn war eine eklatante Fehlleistung.

Dr. Noguchi wurde schließlich zum Chef der medizinischen Untersuchung ernannt, allerdings später u. a. wegen »Mißbrauchs des Büros des Leichenbeschauers und der reißerischen Darstellung der Todesfälle von Berühmtheiten« degradiert.

Die von Leigh Weiner beschriebene (und von Hedda Hopper erwähnte) Zyanose wurde von Noguchi nicht erkannt. Allerdings hatte er die Untersuchung der Haut erst nach der Einbalsamierung vorgenommen, als das Blut schon aus den Gefäßen entfernt worden war; die Anzeichen einer Verfärbung waren dadurch äußerst schwach geworden.

Bei Ausschluß eines möglichen Herzversagens oder eines Verschlusses der Speiseröhre käme als nächste mögliche Ursache der Zyanose die rasche Aufnahme von Barbituraten ins Blut durch intravenöse oder intramuskuläre Injektion, Suppositorien oder Einlauf in Frage, jedoch nicht durch orale Einnahme.

Dr. Cyril Wecht, ein international anerkannter Pathologe, ergänzt: »Wenn der Körper aus anderen Gründen als der Leichenblässe zyanotisch ist [eine bläuliche Hautfärbung hat], sucht der Pathologe normalerweise nach einer anderen Todesursache als der oralen Einnahme einer Droge oder sonstigen Substanz. Ein rascher Sauerstoffverlust verursacht das Absterben der Hautzellen, was die Verfärbung der Haut erklärt.«

Nach der irrtümlichen Erklärung der Todesursache als »wahrscheinlicher Suizid« wurden vom Leichenbeschauer des Bezirks Los Angeles drei Totenscheine ausgestellt. Die beiden ersten, die als »vorläufig« bezeichnet werden, wurden normalerweise während der laufenden Untersuchung verwendet. Die endgültige Bescheinigung ist das offizielle Dokument. Nach der Unterzeichnung steht einer Beerdigung oder Verbrennung nichts mehr im Wege. Lionel Grandison, der dem stellvertretenden Leichenbeschauer unterstellt war, bekam Fall Nr. 81128 zugewiesen. Das Unterzeichnen des Totenscheins von Marilyn Monroe zählte zu seinen unbedeutenderen Aufgaben. Merkwürdigerweise waren in den drei Dokumenten verschiedene Todesursachen eingetragen worden: einmal »Selbstmord«, dann »möglicher Selbstmord« und schließlich »wahrscheinlicher Selbstmord«.

Grandison: »Ich wollte ihren Totenschein nicht unterzeichnen. Nach meiner Meinung war keine ordnungsgemäße Untersuchung durchgeführt worden. Es gab Gerüchte, daß sie ermordet worden sei. Es wurde der Name Kennedy genannt.« Aber Dr. Curphy ließ ihn in sein Praxisbüro rufen, zusammen mit anderen Beamten aus dem Büro des Bezirksstaatsanwalts, des LAPD (Los Angeles Police Department) und Mitgliedern des Selbstmordverhütungs-Zentrums. Ein Vertreter des Studios und der Prudential Insurance Company waren ebenfalls anwesend. Grandison unterschrieb. Nach zwei Jahren Berufserfahrung und mit guter Beobachtungsgabe ausgerüstet, kam er seinen Pflichten gewissenhaft nach. Er behauptet, daß der erste Autopsiebericht »verschwand« und durch einen zweiten ersetzt wurde; schließlich tauchte noch ein dritter auf. Der diensthabende Stenograph habe ihn über die drei Versionen informiert.

Dr. Theodore Curphy gab am 18. August 1962 eine weltweit ausgestrahlte Pressekonferenz. Fragen fing er ab, indem er präzise einen bestimmten Todeszeitpunkt angab. Er sagte: »Die Leichenstarre war schon weit fortgeschritten, und sie war seit mindestens drei, wahrscheinlich mehr Stunden tot.« Auf die pointierte Frage: »Nahm sie die tödliche Dosis in einem Zug zu sich oder in Abständen?« antwortete er, ohne zu zögern: »Wir nehmen an, daß sie [42 Kapseln] in einem Zug innerhalb – sagen wir – weniger Sekunden zu sich nahm.«

»Wahrscheinlicher Selbstmord« war die offizielle Feststellung im Bericht des Leichenbeschauers. Dr. Noguchi räumt ein, daß die Autopsie unvollständig gewesen sei. John Miner wohnte nicht nur der Autopsie bei, sondern war auch der einzige, der die auf Band aufgezeichneten letzten Sitzungen von Marilyn bei Dr. Greenson abhörte. 1962 schickte er seinem Vorgesetzten eine interne Mitteilung sowie eine Kopie an den ärztlichen Leichenbeschauer. Miner drückte darin seine professionelle Einschätzung aus, daß Marilyn Monroe nicht Selbstmord begangen habe.

Zwanzig Jahre später, anläßlich einer neuen »Untersuchung« des Bezirksstaatsanwalts, wiederholte Miner seinen Standpunkt. Dr. Noguchi glaubt inzwischen, »daß eine versehentliche Überdosis dieser Größenordnung extrem unwahrscheinlich war«. Seit Monroes Tod hatte er zahlreiche forensische Untersuchungen nach Selbstmorden mit Nembutal durchgeführt. »Ich glaube, daß allein die Anzahl der von Marilyn eingenommenen Pillen zu groß war, um versehentlich geschluckt zu werden.« Er sagte einmal, daß die Lebenden aus jedem Tod Lehren ziehen können. Aus Marilyns Ableben zog er den Schluß: »Wenn Miners Einschätzung 1962 richtig war, dann bleibt als einzige denkbare Ursache für Monroes Tod Mord.«

24. Kapitel
Ihr Held nimmt Abschied

Dem Büro des Leichenbeschauers fiel die Aufgabe zu, die nächsten Angehörigen von Marilyn Monroe ausfindig zu machen, die eventuell Anspruch auf den Leichnam erheben könnten. Lionel Grandison tat sein Bestes, Familienmitglieder oder Freunde aufzuspüren, die sich um die Bestattung kümmerten, um seiner Behörde die äußerst unangenehme gesetzliche Pflicht zu ersparen, für die Verbrennung einer nicht beanspruchten Leiche zu sorgen. Da sich niemand freiwillig meldete, versuchte man es mit Hilfe eines Telefonbuchs aus ihrem Haus.

Marilyns Mutter Gladys fand sich darin, aber Grandison erfuhr vom Direktor der Anstalt, in der sie untergebracht war, daß sie nicht geschäftsfähig sei. Ihre Betreuerin Inez Melson, über die auch Marilyns Zahlungen an die Anstalt liefen, schlug vor, sich an Marilyns Halbschwester Bernice zu wenden. Aber Bernice hatte weder das Geld noch die Nerven, um mit dieser Aufgabe fertig zu werden. Schließlich wandte sich die Behörde an Joe DiMaggio.

Nachdem sich Joe entschlossen hatte, Marilyn diesen Dienst zu erweisen, wickelte er die gesamten Vorbereitungen würdig ab und vermied alles, was zu dem sonst üblichen Publicity-Zirkus Hollywoods hätte führen können. Er sorgte dafür, daß es an Marilyns letzter Ruhestätte und bei den Feierlichkeiten nicht den Rummel gab, der nicht unwesentlich zur Zerstörung ihrer gemeinsamen Ehe beigetragen hatte.

Er wählte das kleine Bestattungsunternehmen Westwood Mortuary aus. Marilyns Pflegemutter Ana Lower war von ihnen bestattet worden, und Marilyn hatte manche Stunde an ihrem Sarg gesessen. DiMaggio suchte einen stabilen Bronzesarg und eine Vase aus, die während der kommenden zwanzig Jahre immer wieder mit frischen Rosen gefüllt wurde. Das letzte Make-up sollte ihr Whitey Snyder anlegen.

Whitey bat Marjorie um ihre Unterstützung bei diesem schweren Auftrag. Whitey hatte noch nie eine Leiche hergerichtet, geschweige denn die Leiche einer engen Freundin. Marjorie und Whitey schritten Hand in Hand durch den langen Korridor bis zu dem Raum, in dem Marilyn aufgebahrt war. Ihr Körper war von einem weißen Laken verhüllt, und an ihrem Zeh hing noch der Totenschein. Whitey stellte seinen Schminkkoffer ab und schlug das Laken zurück. Der Anblick der Toten nahm ihm fast den Atem, und er stieß fassungslos hervor: »Verdammt, Liebling, wenn ich nicht gleich mit dir anfange, gehe ich stiften.«

Er kam mit seiner schwierigen und unheimlichen Arbeit gut voran. Whitey versuchte sich einzureden, daß Marilyn nur schlafe, was ihm tatsächlich ein wenig half . . .

Es war erst zwei Tage her, daß er gedacht hatte: Das muß Marilyn sein, die mit mir reden möchte, als sein Telefon um 5 Uhr 40 unaufhörlich klingelte. Benommen und widerstrebend knipste er das Licht an und bereitete sich innerlich auf einen längeren Schwatz mit Marilyn vor, die häufig mitten in der Nacht »einfach nur so« anrief. Aber Whitey hatte sich geirrt, es war sein Sohn Ron, der gerade im Radio die Nachricht von Marilyn Monroes Selbstmord gehört hatte.

Whitey wählte sofort Marilyns Nummer, hörte aber nur das Besetztzeichen. In Sekundenschnelle war er angezogen, um selbst nachzusehen. Das gab es doch nicht?

Er stieg in sein Auto und schaltete das Radio ein.

»Es darf nicht wahr sein«, sagte er sich wieder und wieder, während er geistesabwesend rote Ampeln auf seinem Weg zu Marilyns Haus übersah.

Er betete darum, daß sich die Medien wie schon so oft bei Marilyn geirrt hatten. Außerdem gab es ja auch noch ihre übereifrigen PR-Berater. »Sicher haben sie sich geirrt, das tun sie doch ständig«, versuchte er sich Mut zu machen.

Die zehn Minuten lange Fahrt schien endlos zu sein, während Whitey die schöne Zeit mit Marilyn Revue passieren ließ. Er hatte sie 1947 bei der Fox kennengelernt. Whitey war für das Make-up bei den Probeaufnahmen zuständig gewesen. Als nächste war eine unscheinbare Blondine mit eigenem Kopf an der Reihe. Whitey erinnerte sich: »Sie schrieb mir vor, wie ich ihre Nase abtönen sollte, wie ihre Augen zu schminken seien, und wie sie aussehen wollte.« Auf die Frage, ob sie schon Erfahrungen mit dem Filmgeschäft hätte, verneinte sie ehrlich, sagte aber, daß sie sich bei Make-ups trotzdem auskenne.

Da Whitey von Natur aus nicht zum Streiten neigte, erlaubte er ihr, das Make-up selbst aufzutragen. Einer der Kameraleute der Fox, Leon Shamroy, rief, als er Norma Jeane durch sein Objektiv betrachtet hatte: »Wer zum Teufel hat Ihnen dieses Make-up verpaßt?«

Norma Jeane wußte, daß der Maskenbildner dafür verantwortlich gemacht würde. Sie trat beherzt vor und gab zu, daß es ihre und nicht Whiteys Schuld sei. Shamroy war von ihrer Ehrlichkeit und Offenheit beeindruckt und schickte sie in die Maske zurück. »Mach sie ordentlich zurecht«, rief er Whitey zu.

Whitey hatte noch nie einen Menschen wie sie getroffen. Es war nicht ihre Schönheit oder ihre Figur, die ihn vom ersten Moment an gefangennahm, sondern ihre Aufrichtigkeit und Ehrlichkeit.

Er dachte an die Zeit im Shrine Auditorium in Los Angeles, wo Marilyn mit dem Komiker Jack Benny aufgetreten war. Ihr Lampenfieber war so schlimm wie immer gewesen. Sie saß starr, beinahe katatonisch, in ihrer Garderobe. »Ich mußte sie tatsächlich in den Hintern treten, um sie auf die Bühne zu kriegen. Sie war vor Angst wie gelähmt. Sie konnte kaum gehen.« Nach diesem Tritt lief alles perfekt. Von da an hatte Marilyn Whitey stets gefragt, wie ihre Leistungen gewesen waren, und er hatte ihr immer wieder versichert, daß sie einfach unschlagbar sei. Marilyn Monroe war niemals selbst davon überzeugt gewesen, daß sie sensationell war.

Whitey erinnerte sich an den Spaß, den sie miteinander gehabt hatten – diese ganz besonderen Vormittage bei der Twentieth Century-Fox, als Marilyn oft genug per Anhalter ins Studio getrampt kam. Sie trug hautenge Kattunhosen, eine in der Taille geknotete weiße Bluse und einen um den Kopf geschlungenen Schal und hatte ihr Gesicht dick mit Vaseline eingefettet. Das war ihr Markenzeichen – ein fettglänzendes Gesicht. Sie mußte am Doheny Drive oft eine halbe Stunde warten, bis endlich ein Auto hielt, um sie mitzunehmen. Im Studio galt es, zunächst die Fettschicht vom Gesicht zu entfernen. Whitey zog eine Grimasse und ging mit einem Handtuch bewaffnet ans Werk. Nach seinen Ausgrabungsarbeiten kam ihre Haut geschmeidig und strahlend zum Vorschein. Marilyn behauptete hartnäckig, daß sie ihren Teint der Vaseline verdanke. (Im März 1992 kam die Nationale Dermatologenkammer schließlich zu der Erkenntnis, daß Schmierfett für die Haut mindestens so gut ist wie die teuerste Markencreme.)

Er dachte an die besonders netten Zeiten zurück, als Marilyn noch eine Kleindarstellerin war und im Studio-Club wohnte. Als sie zu Außenaufnahmen für die Presse waren, hatte Whitey sie in sein Haus in Pacific Palisades eingeladen. Sie spielten stundenlang in der Sonne, vergnügten sich entweder im Swimmingpool oder spielten eine Partie Badminton, was damals der letzte Schrei war. Es gab immer etwas zu lachen. Damals hatte Whitey seinen 35-Fuß-Schoner in San Pedro liegen. Marilyn war stets als Gast an Bord willkommen und genoß die wohltuende Seeluft, so oft sie nur konnte. Manchmal ging sie auch mit Whitey und seinen Kindern in den Pacific-Ocean-Vergnügungspark. Sie schossen auf die beweglichen Enten oder die Clowns, aßen Eiscreme und Zuckerwatte und kreischten vor gruseligem Vergnügen in der Geisterbahn. Um unerkannt zu bleiben, trug Marilyn legere Freizeithosen und verbarg ihr gebleichtes Haar unter einem Tuch. Nachdem sie sich ausgetobt hatten, kochte Whitey für seine müden »Kinder« Hausmannskost. Manchmal blieb Marilyn über Nacht und plauderte sich und seine Kinder in den Schlaf. Bei solchen Gelegenheiten fühlte sich Marilyn im Schoße seiner Familie geborgen.

Es gab aber auch Momente, in denen sich Whitey über sie ärgerte. Marilyn war sträflich leichtgläubig. Man konnte ihr alles verkaufen. Wer ihre Unsicherheit erkannte, nutzte das häufig aus. Whitey hatte sie immer wieder vor Menschen mit unlauteren Absichten gewarnt.

Er hatte ihr dringend zugeredet, das Filmen aufzugeben, um

nicht den Verstand zu verlieren. Er hatte sie vor Miller gewarnt, aber sie hatte nichts davon hören wollen. Er hatte sie vor den Kennedys gewarnt, sie hatte wieder nicht auf ihn gehört. Hätte sie sich doch nur mit DiMaggio auf einen Kompromiß einigen können. Wäre sie nur nicht so leicht auf Schmeicheleien hereingefallen! Es gab zu viele »wenn« und »hätte«.

Whitey wollte sein Taschentuch herausziehen, als ihm eine goldene Geldscheinklammer in die Finger geriet, die ihm Marilyn geschenkt hatte. Damals, 1953, drehte sie gerade *Gentlemen Prefer Blondes*, als sie wieder einmal einen Zusammenbruch erlitt und ins Cedars-of-Lebanon-Krankenhaus eingewiesen werden mußte.

Bei ihrer Entlassung lauerten wie üblich Reporter. Whitey mußte sie zurechtmachen. Während er sie im Bett schminkte, sprach Marilyn, die sich niedergeschlagen fühlte, über den Tod. Er mußte ihr versprechen, daß er sie niemals im Stich lassen würde, und daß nach ihrem Tod kein Fremder ihren Körper und ihr Gesicht berühren dürfe. Sie fragte ihn: »Wirst du mich schminken, wenn ich gestorben bin?«

Zum Spaß hatte Whitey geantwortet: »Honey, komm, solang du noch warm bist, nur dann würde mich der Fall interessieren.« Whitey hatte diese Unterhaltung längst wieder vergessen, als Marilyn ihm nach Abschluß der Dreharbeiten im selben Jahr die goldene Geldscheinklammer mit der Gravur »Solang ich noch warm bin« schenkte . . .

»Whitey, Whitey«, rief Marjorie ihn in die Gegenwart zurück. »Wird es dir zuviel?« Der sichtlich erschütterte Make-up-Künstler mußte das Wunder schaffen, dem leblosen Körper etwas von seiner Lebendigkeit zurückzugeben. Die kalte, harte Tatsache war, daß seine geliebte Marilyn nicht mehr warm war.

Für ihre bleiche, teigige Haut war viel mehr nötig als die übliche Grundlage, aber Whitey tat, was er konnte. Als sie feststellten, daß ihr Haar mit Formaldehyd getränkt war, wußten sie, daß es sich nicht frisieren läßt, und wandten sich an Sydney Guillaroff, den 52jährigen kanadischen »Coiffeur der Stars«.

Sydney ließ sich einige Perücken aus dem Bestand der Fox bringen. Bis zu seinem Eintreffen hatte Marjorie Marilyns Bu-

sen, der durch die Autopsie verunstaltet worden war, rekonstru-
iert. Als Sydney mit den Perücken anrauschte, fiel er beim Anblick der Leiche in Ohnmacht. Marjorie und Whitey brachten
ihn wieder zu sich. Nach einer Weile löste sich Whiteys Beklemmung, er konnte unbefangener über Marilyns Leiche sprechen
und erging sich in Erinnerungen an sie.

Während Marjorie und Whitey ihre traurige Arbeit erledig-
ten, wurden sie ständig von aggressiven Fotografen gestört, die
gegen die Tür hämmerten. Einer bot Whitey für ein Foto 10 000
Dollar. Whitey lehnte ab. Ein anderer von »Life« versuchte
ebenfalls, ihn zu bestechen, aber Whitey blieb fest.

Marjorie gefiel das Kleid, das Inez Melson für Marilyns letzten Auftritt ausgesucht hatte, gar nicht. Auch wenn die Schauspielerin viel von dem europäischen Couturier Pucci gehalten
und oft seine Schöpfungen getragen hatte, so war das lindgrüne
Kleid dennoch nicht geeignet, die stille Schönheit der Toten zu
unterstreichen. Unter Zeitdruck und gegen ihren Geschmack
kleideten Marjorie und Whitey Monroes Leichnam an und legten ihr einen grünen Chiffonschal um den Hals.

Bei Aufbahrungen im offenen Sarg war es üblich, daß man den
Verstorbenen Blumen in die Hand legte, meistens Rosen. Allan
Abbott, dem Inhaber des Bestattungsunternehmens, wurde aufgetragen, durch den Blumenhändler des Ortes rote Rosen bringen zu lassen. Die aber sahen gegen das grüne Kleid viel zu aufdringlich aus, so daß Marjorie statt dessen neun Teerosen
besorgen ließ.

Endlich waren sie fertig und baten den geduldig wartenden
DiMaggio herein. Sie nahmen ein letztes Mal Abschied und ließen den gramgebeugten Yankee Clipper zurück. Er setzte sich
an ihren Sarg. Als Whitey am nächsten Morgen zurückkam, saß
Joe immer noch an derselben Stelle. Seine Augen waren rot und
verschwollen. Whitey und Marjorie wußten nur zu gut, wie sehr
sich die beiden trotz ihrer Differenzen geliebt hatten. Marilyn
hätte noch leben können, wenn beide weniger stur gewesen wären!

Joe wählte die Sargträger aus. Frank Sinatra bat um diese
Ehre, wurde aber von DiMaggio ignoriert. Er bestimmte Whi-

tey Snyder, Sydney Guillaroff und seinen Sohn Joe jr. dafür. Die übrigen sollten vom Bestattungsunternehmen gestellt werden.

Die Zusammenstellung der Liste der Trauergäste war für Di-Maggio kein Problem. Es wurden nur engste Freunde und Vertraute von Monroe geladen. Seine Entscheidung, kein Mitglied des Kennedy-Clans an den Bestattungsfeierlichkeiten teilnehmen zu lassen, schloß auch Peter Lawford und seine Frau Pat ein. Obwohl Pat einen Jet gechartert hatte, blieb die Tür für sie verschlossen. Joe machte die Kennedys für Marilyns Tod verantwortlich.

Eunice Murray, die schließlich ihre Aussage bezüglich der Abfolge der Ereignisse am Abend des Todestages revidierte, war ebenso wie Dr. Greenson und dessen Familie eingeladen und saß neben Marilyns Anwalt Milton Rudin. Dr. Engelberg war nicht anwesend. Jahre später behauptete seine Ex-Frau, daß er währenddessen beschäftigt war, Gelder auf Schweizer Konten verschwinden zu lassen, die er nach Monroes Tod erhalten hatte. Joe DiMaggio war von Pat Newcombs Trauer angerührt. Newcomb weigerte sich, Monroes Tod zu akzeptieren. Als man sie am nächsten Tag aufforderte, Monroes Haus zu verlassen, sträubte sie sich noch immer und bekam einen hysterischen Weinkrampf. Nach wenigen Tagen nahm Newcomb eine Einladung auf den Familiensitz der Kennedys in Hyannisport an, offensichtlich »zur Neuorientierung«, und verschwand dann bequemerweise nach Europa, wo sie, wie sie behauptet, für die Filmfestspiele von Venedig tätig war. Ihrem Reisepaß war zu entnehmen, daß sie Deutschland, Frankreich, Holland, Dänemark und Italien bereist hatte.

Als sie zurückkehrte, wurde sie auf der Gehaltsliste der Regierung als Sachverständige für Filmfragen geführt. Der Reporter Walter Winchell deckte die Hintergründe der Newcomb-Story auf. Sie hatte ein Büro neben dem des Justizministers Bobby Kennedy. Nachdem sich herausgestellt hatte, daß ihre Personalakte unvollständig war, wurde Pat entlassen. Nachdem Bobby Kennedy das Amt des Justizministers niedergelegt hatte und als Senator für New York kandidierte, arbeitete sie in seinem Wahlkampf-Team mit. Als sich Pierre Salinger, Kennedys früherer

Pressesprecher, als Senator für Kalifornien bewarb, wechselte Newcomb in sein Team.

Newcomb versucht inzwischen, die Tatsachen ins Gegenteil zu vernebeln. »Die Kennedys haben mir niemals auch nur einen Cent gegeben, mir nichts angeboten und mir niemals einen Job verschafft.«

Die Reporter waren von den Trauerfeierlichkeiten im Westwood Mortuary ausgeschlossen. Selbst Journalisten, die Monroe nahegestanden hatten, erhielten keinen Zutritt. Auch Joes alter Verbündeter Walter Winchell, der versucht hatte, Whitey zu bestechen, um ein Foto der aufgebahrten Marilyn zu bekommen, hatte das Vertrauen DiMaggios verloren. Winchell, der seine Kenntnisse über Marilyns Affären mit den Kennedys zu ihren Lebzeiten nicht an die Presse weitergegeben hatte, war der erste, der eine Schuld der Kennedys an ihrem Tod andeutete.

Die Enthüllungsjournalistin Dorothy Kilgallen versuchte ebenfalls, die Sperren zu durchbrechen, war aber nicht erfolgreich. Später gab sie den Anstoß zu den Untersuchungen der Umstände des Todes von Marilyn und der Ermordung von JFK. Sie starb eines »natürlichen Todes«, aber da die Ursache eine Überdosis von Medikamenten war, schloß man Mord nicht aus.

Wenige von Marilyns Bekannten und ihrem Gefolge in Hollywood waren zugelassen, nur der Masseur Ralph, der Chauffeur Rudy und Fred Karger mit seiner Mutter Mary waren unter den wenigen Trauernden in der Kapelle.

Lee Strasberg las einen vorbereiteten Nachruf, in dem die Schauspielerin als »Lichtgestalt« gepriesen wurde, während die Platte ihres Lieblingslieds »Over the Rainbow« in Judy Garlands Originalversion gespielt wurde.

Arthur Miller hatte Lionel Grandisons Anfrage, ob er Anspruch auf den Leichnam erhebe, negativ beschieden. Seine Blumen waren unter den Hunderten von Gebinden verschwunden.

Am Grab waren Stühle für die Trauergäste aufgestellt worden. Der Geistliche sprach die vertrauten letzten Worte »Erde zu Erde, Asche zu Asche«, dann wurde der Sarg in das Grab gesenkt. Gestützt von seinem Sohn, seinem besten Freund George

Solotaire und einigen der engsten Freunde Marilyns, schloß Joe DiMaggio das letzte Kapitel ihres Lebensbuches und bettete seine ehemalige Frau und Freundin zu ihrer letzten Ruhe.

25. Kapitel
Die Killer

In der ersten Dezemberwoche des Jahres 1962 wurde Eugenia Pappas bei der Polizei von Chicago als vermißt gemeldet. Familienmitglieder befürchteten ein Verbrechen, erfuhren aber wenig Unterstützung durch überarbeitete Beamte, die Statistiken über das organisierte Verbrechen frisieren mußten und manchmal sogar mit der Mafia klüngelten. Das Verschwinden einer jungen hübschen Maniküre erregte in der Vermißtenabteilung wenig Aufmerksamkeit.

Nach einigen Tagen teilte man der unglücklichen Familie mit, daß es keinerlei Spuren über den Verbleib der jungen Frau gebe. Ihr Bruder berief den Familienrat ein, und sie beschlossen, der Polizei zu sagen, warum sie glaubten, daß Eugenia in Gefahr oder sogar schon tot sei. »Ihr Freund ist ein Killer der Mafia«, gab der Bruder zu Protokoll. Daraufhin wurde die Suche intensiviert.

Laut Aussage ihres Bruders habe der Freund seiner Schwester seine Tätigkeit nicht verschwiegen. »Ich tue, was man mir sagt, und widerspreche meinem Boss nie.« Er habe ihr erzählt, daß er manchmal Leute beseitigen müsse, die unbequem geworden seien, und zu seiner Rechtfertigung gesagt: »Sie taugen sowieso nichts. Es ist besser, sie sind tot.«

Aber als ihr Freund ihr von Marilyn Monroe erzählte, wollte Eugenia Pappas wissen, warum der Star getötet werden mußte. Sie hatte keine Ahnung von den Hintergründen des Auftragsmordes und begann, sich vor ihrem »Killer-Verlobten« zu fürchten. Und sie konnte ihr Wissen nicht für sich behalten.

Die Mafia-Hierarchie erfuhr von ihrem »Vertrauensbruch«. »Sie muß bei den Fischen schlafen«, trug man ihrem Geliebten auf. Frank »the German« Schweihs lehnte den Auftrag nicht ab, er war ein Profi. Was getan werden mußte, mußte getan werden. Eugenia würde sterben.

In diesem Jahr gab es für Eugenias Familie keinen Weihnachtsbaum. Zehn Tage vor Weihnachten kam die Unglücksbotschaft. Eugenias Leiche war aus dem Chicago-River geborgen worden. Eugenia war durch einen Schuß ins Herz ermordet worden. Die Zeitungen von Chicago brachten die kurze Meldung über ihren Tod auf den hinteren Seiten.

Aus Angst vor Vergeltung schwieg die Familie vierundzwanzig Jahre lang. Ein Familienmitglied – wahrscheinlich Eugenias Bruder – kam 1986 mit der Sprache heraus. Er war damals Mitte vierzig, knapp 1 Meter 80, wog ca. 77 Kilo und sprach mit griechischem Akzent.

Jahrelang hatte er Speriglios Nachforschungen über den Tod von Marilyn Monroe verfolgt. Jetzt war die Zeit gekommen, Monroes Killer zu entlarven. »Diese Bastarde haben sie getötet«, sagte er und zog eine handschriftliche Liste aus der Tasche. Er war damit einverstanden, daß das Gespräch aufgezeichnet wurde.

Sam Giancanas Name war der erste auf der Liste. »Er befahl den Mord.« Der Informant sagte nur, daß seine Verwandte von einem der Mörder Marilyns deshalb umgebracht worden sei, weil sie etwas wußte. Er selbst gehöre nicht der Mafia an und sei auch kein Krimineller, habe aber gute Verbindungen zur Unterwelt. Alles, was er verlange, sei »Gerechtigkeit«. Anschließend bestätigten unabhängige Quellen, die alle irgendwie mit dem organisierten Verbrechen zu tun hatten, die Namen der Killer und baten verständlicherweise um Geheimhaltung ihrer Identität.

Der gemeinsame Nenner von Giancana und Jack Kennedy, Judith Campbell Exner, die beider Geliebte war und Kurierdienste zwischen ihnen leistete, lebt jetzt auf Abruf, denn sie leidet an Brustkrebs im fortgeschrittenen Stadium. Eine Lunge ist bereits entfernt worden, und die Metastasen haben die Wirbelsäule erfaßt.

Sie hat keinen Grund mehr zu schweigen: »Marilyn wurde umgebracht. Ich bin eine Zeitzeugin wider Willen – es gab so viele vertuschte Skandale in unserer Regierung. Die Wahrheit muß ans Licht kommen . . .«

Einsam und zurückgezogen, auf Medikamente angewiesen,

bekennt sie, daß ihre Aussage 1975 vor dem Frank-Church-Ausschuß unvollständig war. Weil sie um ihr Leben fürchtete, hatte sie gelogen. Sie hatte allen Grund dazu, denn zwei Wochen vorher war Sam Giancana ermordet worden. Sie hatte Angst, der Ausschuß würde ihre Vermittlerrolle zwischen Kennedy und Giancana aufdecken.

Im Tagebuch von Marilyn Monroe war der Plan der Regierung, Castro zu beseitigen, vermerkt. Vor dem Church-Ausschuß räumte Judith ein: »Jack wußte davon, denn ich war der Kurier für geheimes Material zwischen ihnen. Die Mafia sollte – mit Kennedys Zustimmung – Castro umbringen . . . Jack sprach nie von Mord, sondern nur von Eliminieren.« Auch Marilyn wurde also nicht getötet, sie wurde »eliminiert«.

Die Informanten aus den Mafia-Kreisen bestätigen, daß Phil »Milwaukee« Alderisio von Giancana beauftragt wurde, den Mord an Marilyn zusammen mit Johnny Roselli, dem »Todesengel«, vorzubereiten.

Der Geburtsname von Phil lautet Felix Anthony Alderisio, seine Spitznamen sind »Milwaukee Phil« oder »Philly«. Alderisio war einer von Giancanas Vertrauensleuten. Seine Kriminalakte reicht zurück bis ins Jahr 1929. Insgesamt wurde er 36mal verhaftet. Er begann als Teenager mit Autodiebstählen und stieg später auf Erpressung, Drogenhandel, wucherischen Geldverleih und Mord um. Er wurde zwar nie wegen Mord verurteilt, doch sollen mindestens vierzehn Morde auf sein Konto gehen.

Der Mann, der Monroes Mord plante, war während der Kennedy-Administration an der CIA/Mafia-Operation in der Schweinebucht beteiligt. Er arbeitete mit Chuckie Nicoletti zusammen, einem Mobster, mit dem er früher Mafia-Morde erledigt hatte. In den späten 60er Jahren stieg Alderisio zum absoluten Boss der Chicagoer Mafia auf. Seine Regentschaft währte jedoch kaum ein Jahr. Er wurde wegen des Betreibens eines Callgirl-Rings verurteilt und kam ins Bundesgefängnis von Marion.

Bevor er seine Haftstrafe antrat, setzte er Stellvertreter in Chicago ein. Einer davon war Anthony »die Ameise« Spilotro, der als einer der Mörder Monroes identifiziert wurde. »Spilotro und Schweihs arbeiten im Team, sie morden gemeinsam«, bestätigte der Informant. Alderisios zweiter Vertrauensmann war Patrick »Patsy« Ricciardo, der eine große Nummer im Pornogeschäft war.

Als die Mafia ihren Einflußbereich auf Hollywood ausdehnte, waren Roselli und Ben »Bugsy« Siegel, der früher zur Gang von Charles »Lucky« Luciano gehörte, für das »Casting« zuständig. Später stieß noch Mickey Cohen dazu, eine Unterweltgröße aus Los Angeles. Nachdem sie die Kontrolle der Filmstudios an sich gerissen hatten, »kümmerte« sich Roselli im Interesse der Produzenten um »Streikbrecher«; Siegel hatte Einfluß auf die gewerkschaftlich organisierten Komparsen; Frank Costello stand Harry Cohn von Columbia Pictures und George Wood von der Williams-Morris-Agentur sehr nahe. Der Produzent Bryan Foy drehte bei Warners zahlreiche Gangster-Filme, bei denen er sich meistens von Roselli beraten ließ.

Johnny Roselli freundete sich mit vielen Filmstars an, einschließlich Marilyn Monroe. Der Anschlag auf die Schauspielerin erfolgte daher durch die Chicagoer Mafia, denn der Verdacht wäre auf Roselli gefallen, da er auch mit Marilyn befreundet und Boss der Mobster von Los Angeles war.

Der Informant sagte, daß Frank Schweihs einer der Killer gewesen sei. »Schweihs war mit meiner Verwandten in Los Angeles. Er erledigte dort seinen Job, den ihm Alderisio aufgetragen hatte.« Er fuhr fort: »Schweihs war nicht allein, er arbeitete immer mit Anthony Spilotro und Frank Cullotta zusammen.« Cullotta lebte inzwischen unter dem Zeugenschutzgesetz, da er gegen »Personen in Las Vegas und Chicago« ausgesagt hatte. »Schweihs«, so der Informant weiter, »war ein Killer und Einbrecher. Die meiste Zeit verbrachte er mit Einbrüchen.«

Auf die Frage, ob die Mörder Marilyns die Stadt unmittelbar nach ihrer Tat verlassen hätten, antwortete er: »Sofort. Sie hatten einen Hin- und Rückflug gebucht [Chicago – Los Angeles und zurück].«

Der Informant setzte seinen Bericht fort: »Meine Verwandte starb drei Monate nach Marilyn.« Auf die Frage, wie sie umgebracht wurde, sagte er: »Erschossen. Sie wurde erschossen.« Die

Verwandte des Informanten war also in der Todesnacht mit Schweihs zusammen gewesen, aber er weigerte sich, offenzulegen, daß es seine Schwester gewesen sei. Er kam wieder auf den Verdächtigen zu sprechen: »Er pendelt zwischen Chicago und Florida, lebt überwiegend in Florida, hat aber Angehörige in Chicago. Er wurde von der Polizei von Chicago beschützt, einschließlich des Sheriffs von Cook County, Richard Ogilivie, der später Gouverneur wurde.«

Sam Giancana wurde am 18. Juni 1975 umgebracht. »Es war gegen elf Uhr nachts, als ich Mos Leiche fand«, erinnerte sich Joe DiPersio im Alter von einundachtzig Jahren. Joe war drei Jahrzehnte ein enger Freund Giancanas gewesen und hatte auch im Dienste Al Capones gestanden. Während der letzten Lebensjahre von Giancana diente Joe als Faktotum; er war Hausmeister, Gärtner, Chauffeur und Bodyguard.

»Ich war oben in meinem Zimmer und habe mir Johnny Carson im Fernsehen angeschaut. Ich rief nach unten, ob Mo noch etwas brauche, bevor ich zu Bett ging. Er hat nicht geantwortet.«

Im extravaganten Haus des Paten, 1147 South Wenowah Avenue, im Oak Park, Illinois, war es totenstill. DiPersio ging leise die Treppe hinunter, um nachzusehen. »Mo, Mo«, rief er. »Mo, mein Gott, ist alles in Ordnung?« Er fand Sam auf dem Küchenboden. Er dachte zuerst, sein Chef sei betrunken, aber als er näher trat, verlor er fast das Bewußtsein. Alles war mit Giancanas Gehirnmasse bespritzt und der Boden voller Blut.

Der Pate war durch etliche Kopfschüsse für immer zum Schweigen gebracht worden. Auf dem Ofen stand eine große Bratpfanne mit Olivenöl, italienischer Wurst, grünem Pfeffer und Spinat, gewürzt mit Knoblauch. Der Inhalt war inzwischen zu einer harten Masse zusammengeschrumpft. Daneben lagen drei Scheiben italienisches Brot.

Giancana war nie wegen Mordes verurteilt worden. In diesem Fall hätte er wenigstens noch seine »Henkersmahlzeit« genießen können. Als Hauptverdächtiger für den Mord an Giancana galt Johnny Roselli.

Eugenia Pappas' mutmaßlicher Bruder führte das Gespräch

wieder zu Frank Schweihs zurück. »Er war nichts als ein Befehls-
empfänger – das ist alles, ein Kraftbündel, ein Killer. Er hatte nie
das Vertrauen der oberen Chargen. Er war nicht einmal Italiener. Ich habe versucht, Bilder von ihm zu bekommen – ich hatte
ein persönliches Interesse, alles über ihn zu erfahren.«

Dann kam er auf Anthony Spilotro zu sprechen. »Ich habe ihn
vor einigen Jahren zum ersten Mal aus der Nähe gesehen. Klein,
unauffällig, gutaussehend, glattrasiert.«

Der Informant wurde gefragt, wer seine »Verwandte« auf
dem Gewissen habe. »Vielleicht Giancana oder Milwaukee Phil
Alderisio. Er war Joey O'Brian Aiuppa und Giancana direkt unterstellt. Schweihs wurde oft von der Chicagoer Polizei und auch
von der Polizei in Miami vernommen. Er hatte Freunde in den
richtigen Positionen, und niemand krümmte ihm ein Haar. Erst
kürzlich wurde Frank verdächtigt, Allen Dorfman umgebracht
zu haben, der seine Finger in der Teamster-Pensionskasse
hatte.« Der Fonds ist in der Unterwelt als Bank der Mafia bekannt. Jimmy Hoffa hatte Dorfman die Aufsicht über die Kasse
übertragen, aus der Darlehen für verbrecherische Projekte finanziert wurden. Andere Informanten, die um Geheimhaltung
ihrer Identität baten, bestätigen, daß Alderisio Marilyns Mord
geplant hatte und Spilotro und Schweihs die »Soldaten« waren,
die den Auftrag exekutierten.

Schweihs hätte niemals ein Sotto Capo, Capo, Capitan oder
ein Pate werden können. Er war nicht einmal Mitglied der Mafia, nur ein »Soldato« – ein bezahlter Killer. Frank hatte nie den
Schweigeeid geleistet, er unterstand nicht dem Gesetz der
Omertà. Er würde eines Tages »singen«, ohne das geheime
Band zu verletzen, das Mitgliedern des Mob verbietet, Informationen über die »Familie« preiszugeben oder auch nur Gelüste
nach den Frauen oder Freundinnen anderer Mitglieder zu ver-
spüren.

Schweihs arbeitete als Teilzeit-»Versicherungs«-Vertreter
für die Mafia. Er verkaufte Schutzpolicen, die sich steuerlich
nicht absetzen ließen. Der Versicherungsnehmer erhielt die Garantie, daß sein Geschäft nicht angezündet werden würde, daß es
keine Ausfälle geben würde. Die Police enthielt den Vermerk,

daß Besitzer und Personal nichts zustoßen würde. Der »Versicherungsvertreter« setzte die »Prämien« nicht fest. Die Versicherung war unter der Bezeichnung »Straßensteuer« bekannt, die jedes Unternehmen zu zahlen hatte, wenn es ungeschoren bleiben wollte. Die Höhe der Raten wurde den Unternehmern freundlicherweise selbst überlassen.

So trieb Schweihs über einen Zeitraum 21 450 Dollar »Straßensteuer« von Old Town Videos ein. Die Kameras hielten jede Sekunde fest. »The German« wurde von einer versteckten Kamera des FBI gefilmt, als er die Hand wieder einmal hinhielt. Im Februar 1990 wurde er dafür zu dreizehn Jahren Gefängnis verurteilt. Der Staatsanwalt sagte: »Schweihs ist einer der gewalttätigsten Menschen, die jemals vor diesem Gericht standen.«

Schweihs war nicht im Gerichtssaal, als das Urteil verkündet wurde; er war zu krank. Er wurde schon bald vom Gefängnis in das medizinische Zentrum in Rochester, Minnesota, überstellt, wo er wegen seines Nierenkrebses behandelt wird.

Am 4. Februar 1990 schrieb die »Chicago Sun Times«: »Wenn sich die FBI-Agenten durchsetzen können, wird Schweihs' Zelle bald als Kanarienkäfig bekannt werden.« Unser Informant hatte sich nicht vorstellen können, daß Frank eines Tages selbst zum Informanten werden würde. Schweihs, der 1992 einundsechzig Jahre zählte, wird von Beamten der FBI-Abteilung Organisiertes Verbrechen, dem Finanzamt und dem Bureau of Alcohol, Tobacco and Firearms in der Hoffnung befragt, daß mit seiner Hilfe mindestens vierzig ungelöste Mob-Morde geklärt werden können.

26. Kapitel
Der Ehrenkodex der Omertà

Der letzte Name auf der Liste der Mafiakiller war Frank Cullotta, jener Cullotta, der »immer mit Spilotro und Schweihs zusammengearbeitet« hatte und inzwischen gegen Gangster in Las Vegas und Chicago aussagte.

An einem sehr warmen, trockenen Tag im Juni 1986 schnappten sich Bundesagenten Frank Cullotta in der Wüste von Las Vegas. Er wurde über seine Rechte belehrt, während sich die kalten Handschellen um seine Handgelenke schlossen. Innerhalb einer Stunde war Cullotta unter Anklage gestellt und fotografiert. Als die Fingerabdrücke genommen worden waren – für den Mobster eine vertraute Prozedur –, drehte ihn der Polizeibeamte grob herum und ließ – klick! – die Handschellen wieder zuschnappen. Frank wurde in eine Zelle gebracht. »Und jetzt werfen wir den Schlüssel weg«, verkündete der Cop, der die Zellentür abschloß, und ging grinsend weg.

»Fick dich selber!« brüllte Frank.

Cullotta war zwei Jahre zuvor wegen Hehlerei angeklagt worden, aber außerdem hatte er eine lange Strafakte und wurde zahlreicher Delikte verdächtigt. Und falls es dem Staat gelingen sollte, ihm die Schwerverbrechen nachzuweisen, die er angeblich begangen hatte, würde er Gelegenheit haben, dem Richterspruch für den Rest seines Lebens hinter Gittern nachzusinnen. Im Gegensatz zu Schweihs hatte Frank nach dem Ehrenkodex der Omertà den Schweigeeid geleistet, aber nun war er nicht mehr bereit zu schweigen.

Die Nachricht, daß sich die Bundespolizei Cullotta gegriffen habe, verbreitete sich schnell, und bereits nach wenigen Stunden bekam er die Botschaft: »Frankie, paß auf deinen Arsch auf. Spilotro hat dich zum Abschuß freigegeben. Er will dich fertigmachen.«

»Scheiß auf den Ehrenkodex«, sagte er den Beamten. »Ich möchte reden. Gebt mir Schutz, gebt mir Schutz.« Der wurde ihm schließlich zugesichert, und die Staatspolizei hatte endlich den Durchbruch, auf den sie so lange gewartet hatte.

Ein Beamter konnte kaum glauben, was er alles zu hören bekam, und wunderte sich: »Er hört überhaupt nicht auf.«

Der Gangster Frank Cullotta, Spilotros Gefährte seit Kindertagen und später im Verbrechen, erzählte dem FBI: »Anthony hat sich den Respekt der Bosse verschafft.« Er behauptete, daß Spilotro 1962 zwei abtrünnige Mafiakiller getötet und ihre Leichen in einen Kofferraum gestopft habe.

Bald nach Cullottas eidlicher Erklärung wurde »die Ameise« verhaftet und in der Gerichtsverhandlung von den Morden freigesprochen. Der Vorsitzende der Strafkammer, Richter Thomas J. Maloney, bestand darauf, daß es begründete Zweifel gäbe. Entweder war Frank Cullotta bei diesen Morden, die er Spilotro anlastete, nicht dabeigewesen, oder er wollte sich nicht selbst belasten.

Der Grund für Cullottas »Singen« war, daß er Spilotro dessen jüngstes Verhalten nicht vergeben konnte. Nachdem er in Las Vegas verhaftet worden war, hatte Spilotro seinen Freund fallengelassen und die Kardinalsünde begangen, nicht für Cullottas Frau und Tochter zu sorgen. Als »die Ameise« ihn auch noch zum Schweigen bringen wollte, machte sich Cullotta daran, es ihm heimzuzahlen.

Cullotta lieferte eine Reihe von Details über rund fünfzig Morde, die von der Mafia in Chicago bestellt worden waren, alles Verbrechen, die in den Polizeiakten als unaufgeklärt geführt wurden. Das Vögelchen wurde für sein unermüdliches Zwitschern belohnt. Frank Cullotta nahm am Zeugenschutzprogramm teil, bekam eine neue Identität und wurde an einem neuen Wohnort dabei unterstützt, sich eine legale Existenz aufzubauen.

Schon viel früher hatte ein Informant Spilotro als einen der Mörder Marilyn Monroes identifiziert. »Angeklagt K.C. [Kansas City] Verschwörungsprozeß L.V. [Las Vegas] Gewinnabschöpfung – Las Vegas Vollstrecker von Chicagoer Interessen – Verdächtigt der Beteiligung an zahlreichen Mafia-Morden. Italiener, 1 Meter 67, dunkel, 50 Jahre.«

Spilotro setzte sich 1971 aus Chicago ab und ging in die Wüste als Aufseher der Casinos in Las Vegas, an denen die Unterwelt von Chicago beteiligt war. Schon bald war er als der einflußreichste Mobster von Nevada bekannt. Die Zentrale des neuen Aufsehers befand sich im Circus Circus Casino. Hier betrieb er einen Souvenir-Shop, der auf den Namen seiner Frau lief.

Fünfzehn Jahre lang war Anthony Spilotro für diverse Anklagen von Einbruch bis Mord gut gewesen. Doch die einzigen Verfahren, bei denen er nicht davonkam, waren das Jugenddelikt eines Hemdendiebstahls und in reiferem Alter die Anklage wegen Betrugs aufgrund falscher Angaben, die er in einem Darlehensantrag gemacht hatte, wofür er zu einem Dollar Strafe verurteilt wurde. Mit siebenundvierzig war »die Ameise« mit elf anderen wegen des Verdachts der Hehlerei über die Staatsgrenzen und Erpressung verhaftet worden. Eine Anklage wurde im September 1983 zurückverwiesen, und nach einer Reihe von Verzögerungen war der Fall 1985 endlich so weit, daß er vor Gericht aufgerollt werden konnte. Doch die Anklage wurde nach einem Fehlprozeß fallengelassen.

Cullotta wurde Informant, um einer lebenslänglichen Strafe zu entgehen, und kam in den Genuß des Zeugenschutzprogramms der Regierung. Seine Zeugenaussage im ersten Mordprozeß gegen Spilotro war nicht fundiert genug, und die Geschworenen wollten ihm seine Geschichte nicht abkaufen. Das Verfahren wurde als Fehlprozeß erklärt, und einmal mehr spazierte »die Ameise« im April 1986 als freier Mann aus dem Gerichtssaal. Es gab Gerüchte, daß die Geschworenen manipuliert worden seien, aber es wurde keine Anklage erhoben.

Anthony Spilotros Bruder Michael hatte weniger Glück. Er stand unter Anklage wegen seiner Verbindungen zum organisierten Verbrechen auf den Sektoren Prostitution, Kreditkartenbetrug und Erpressung, und ein anderes Verfahren in Chicago wartete bereits auf ihn.

Im Juni 1986 verließen die Spilotro-Brüder Michaels Haus in einem Vorort von Oak Park, Illinois. Sie waren zu einem Treffen mit Joe »Negall« Ferriola zitiert worden, der jahrelang der Oberhandlanger des berüchtigten Fiore »Fifi« Buccieri und dann von James »Turk« Torello gewesen war.

Anthony Spilotro hatte, grob geschätzt, acht bis zehn Millionen Dollar aus den Casino-Erträgen, Wucherkrediten und Erpressungsgeldern für sich selbst »abgeschöpft«. Das Geld gehörte dem Mob von Chicago, und es bestand die Annahme, daß er es irgendwo verscharrt hätte. Bevor Anthony eingesargt wurde, mußte erst noch der Schatz gehoben werden.

Es hagelte im ganzen Land Schlagzeilen, daß die Spilotro-Brüder verschwunden seien – und Verdacht auf einen unnatürlichen Tod bestehe. Am Montag, dem 23. Juni 1986, fanden Streifenpolizisten aus Morocco, Indiana, zwei Leichen in einem Kornfeld, von denen man annahm, daß es sich um die Spilotros handle.

Von an der Untersuchung Beteiligten war zu hören, daß Informanten den Chicagoer Mob-Häuptling Ferriola als den Mann bezeichnet hätten, der den Auftrag gegeben habe. Einer der Hauptverdächtigen an diesem Doppelmord ist nach Meinung des FBI wieder einmal Frank Schweihs, Anthonys langjähriger treuer Komplize.

27. Kapitel
Das große Vertuschen

Marilyn Monroes Mörder verließen den Tatort schnell und unerkannt. Zurück blieb nur eine einzige Spur – die verräterischen Wanzen von Hoffa. Giancana hatte Anweisungen gegeben, die Tonbandgeräte während der Ermordung laufen zu lassen. Die Bänder sollten ihm ein weiteres Druckmittel gegen die Kennedys verschaffen.

Der Autor von »The Ominous Ear«, König der Abhörspezialisten und Cheffahnder von Jimmy Hoffa, Bernard Spindel, hatte seine Lauscher nicht nur in Marilyns Schlafzimmer und überall sonst in ihrem Haus, sondern auch im Anwesen von Peter Lawford. In seinem 1968 verfaßten Buch schreibt Spindel: »Wenn ein Bürger ein Telefon abhört, dann heißt das unverblümt ›anzapfen‹, beim FBI spricht man von Überwachung, und wenn eine Telefongesellschaft mithört, nennen sie das Beobachtung.«

1968 wurde Bobby Kennedy für seine Abhörpraxis kritisiert, die auch die illegale Anzapfung der Telefone von Martin Luther King und das Abhören der Räume, in denen er sich oft aufhielt, einschloß. Der Justizminister gab in diesem Jahr seine Kandidatur für die Präsidentschaft bekannt.

Gegen 3 Uhr 10 morgens fand am Freitag, dem 16. Dezember 1966, eine sorgfältig geplante Durchsuchung von Spindels Haus in Holmes, New York, statt. Eine Autokarawane der Staatspolizei näherte sich langsam der Einfahrt. Spindel wurde durch ein Klopfen an der Tür geweckt und sah durch die Fenster blinkende Rotlichter und aufgeblendete Scheinwerfer. Der Anzapfer wußte, daß seine ungebetenen Besucher Cops waren. Er rief hinaus: »Wer sind Sie, was wollen Sie?«

»Wir haben einen Haftbefehl gegen Sie und einen Durchsuchungsbefehl für Ihr Haus, machen Sie auf«, schrie Carmine Pa-

324

lombo von der Staatspolizei New York zurück. Der Durchsuchungsbefehl war vom Staatsanwalt des Bezirks New York, Frank Hogan, ausgestellt worden.

»Es war illegal, ich wohne außerhalb der Zuständigkeit von Hogan«, verteidigte sich Spindel später erfolglos.

Herman Richard Zapf, Assistent des Bezirksstaatsanwalts von Putnam County, stand an der Eingangstür, sein Vorgesetzter William Benchtel ein bis zwei Meter hinter ihm. Auch der Chef-Fahnder der New York Telephone Company war an diesem eiskalten Morgen dabei. Spindel verlangte, den Durchsuchungsbefehl zu sehen, man solle ihm eine Kopie durch den Türschlitz schieben. »Sie werden ihn schon noch sehen, wenn ich ihn Ihnen aushändige«, sagte Palombo.

»Zum Teufel mit euch«, schrie Spindel, griff sich eine 12er-Flinte und zielte auf die Beamten. Zapf, Bechtel, Palombo und die anderen gingen in Deckung. »Entweder ich sehe den Durchsuchungsbefehl, oder ihr verschwindet von meinem Grund.« Palombo gab nach und hielt das Dokument vorsichtig gegen das Fenster. Spindel vergewisserte sich, daß es in Ordnung war, und öffnete die Tür. Dann rannte er außer sich zum Telefon und rief seinen Anwalt an. Der war über den Anruf zu nachtschlafender Zeit nicht begeistert, aber dennoch bereit, sofort rechtlichen Beistand zu leisten.

Alle Hüter des Gesetzes, darunter einige, deren Ermächtigung nicht zu ermitteln war, begannen, Spindels Haus systematisch zu zerlegen. »Wo sind die Marilyn-Monroe/Kennedy-Tonbänder?« fragte einer der Agenten. Spindel gab keine Antwort. In der Mitte der sechziger Jahre mußte bei Durchsuchungsbefehlen nicht detailliert angegeben werden, wonach gesucht werden sollte. Alles und jedes konnte aus der Wohnung des Verdächtigen mitgenommen werden. Die Beschuldigungen waren verschwommen: »Verbrecherische, unrechtmäßige, vorsätzliche, ungesetzliche und wissentliche Unterschlagung sowie Beihilfe zur Unterschlagung von bestimmtem Eigentum der New York Telephone Company.«

Barbara Spindel, die Frau des Beschuldigten, brach zusammen. Ihr Arzt vermutete einen schweren Herzanfall, und sie wurde in ein nahe gelegenes Krankenhaus gebracht. Dort stellte man einen bleibenden Herzschaden fest.

Spindels Haus glich einer Ruine. Er wurde in Handschellen abgeführt. Um 9 Uhr eröffnete ihm der Friedensrichter Behrend Goosen die Anklage. Spindel blieb in Haft und wurde beschuldigt, Eigentum der Telefongesellschaft in seinem Besitz zu haben. Als Spindel quittierte Rechnungen vorlegte, die belegten, daß die Ausrüstung sein rechtmäßiger Besitz war, wurde das Verfahren eingestellt. Aber der Staatsanwalt des Bezirks New York hatte, was er eigentlich wollte.

Die Polizisten hatten nicht bemerkt, daß in Spindels Haus, in dem sich ein Großteil seines Lauschangriff-Laboratoriums befand, Wanzen angebracht waren. Als die Durchsuchung begann, hatte Spindel einen geheimen Schalter umgelegt, der ein verstecktes Aufzeichnungssystem in Gang setzte. Der Durchsuchungstrupp des Bezirksstaatsanwalts hatte die Wanzen übersehen. Nach der Entlassung aus dem Gefängnis mußte Spindel bei seiner Heimkehr feststellen, daß seine Akten, Aufzeichnungsgeräte und Tonbänder mitgenommen worden waren. Von besonderer Bedeutung war eine Kassette mit 40-cm-Spulen, die mit der Geschwindigkeit 2,4 cm/sec aufgezeichnet worden waren. Die Bezeichnung lautete nur »M.-M.-Tonbänder«. Der wütende Mann wollte das Band abhören, das er während der Durchsuchung aufgezeichnet hatte, hatte aber kein Wiedergabegerät. Er kaufte sich ein Tonbandgerät, auf dem er die Stimmen der Beamten teils deutlich, teils schwach erkennen konnte. Er machte sich Notizen der Gespräche, in denen Sätze wie »Hoffas Mann kriegt, was er verdient« und »Spindel nimmt Blutgeld von der Mafia« zu hören waren. Eine unbekannte Stimme ließ ihn aufhorchen: »Was haben Tonbänder von Marilyn Monroe mit Bobby Kennedy zu tun?«

Spindels Anwalt reichte einen Schriftsatz ein, in dem er die Rückgabe des Eigentums seines Mandanten forderte. Das scharfe Auge des Reporters Robert Tomasson erkannte die brisanten Details. Am 21. Dezember 1966 erschien ein dreispaltiger Artikel in der »New York Times« mit der Schlagzeile »Klage auf Herausgabe von Abhörausrüstung«, aus dem u. a.

zu erfahren war, daß Spindel seine Marilyn-Monroe-Bänder zurückforderte und bestätigte, daß sie Beweismaterial für die Umstände von Monroes Tod enthielten. Der Bezirksstaatsanwalt von New York leugnete, die prekären Bänder vorliegen zu haben. Jahre später, nach Spindels Tod, räumte man ein, daß die Bänder entweder verlorengegangen oder zerstört worden seien.

Ein Informant, der mit Spindel zusammengearbeitet hatte, gab an, daß mehrere Kopien der Bänder angefertigt worden waren. Davon wurde ein Exemplar Hoffas Anwalt Edward Bennett Williams persönlich übergeben.

Als Lyndon B. Johnson es ablehnte, Bobby Kennedy 1964 als seinen Kandidaten für das Amt des Vizepräsidenten zu benennen, legte der Justizminister sein Amt nieder, um seiner Entlassung zuvorzukommen. Noch unter dem Einfluß von Joe Kennedy kandidierte Bobby als Senator für New York. Er gewann die Wahl und hatte dieses Amt bis zu seiner Ermordung am 6. Juni 1968 inne.

Bobby Kennedy manipulierte das Justizdepartment von New York City. Als der Bezirksstaatsanwalt von New York Spindel verfolgte, ging es nicht um einen kleinen Einbrecher oder Dieb, der im Verdacht stand, Ausrüstung einer Telefongesellschaft entwendet zu haben. Ein derartiges Vergehen hätte eine nächtliche Durchsuchung unter Teilnahme des Staraufgebots des Bezirksstaatsanwalts niemals gerechtfertigt. Es gab nur ein Ziel – die inkriminierenden Hoffa/Monroe/Kennedy-Tonbänder sicherzustellen.

Im darauffolgenden Jahr wurde Spindel verhaftet und wegen der Verbreitung technischer Informationen über das Anzapfen von Telefonleitungen verurteilt. Ein Privatdetektiv hatte im Auftrag von Huntington Hartford, dem Erben der Lebensmittelkette A&P, Spindel um Rat gebeten. In einem erbitterten Kampf um Scheidung wollte Hartford die Telefone seiner Frau anzapfen lassen. Spindel selbst hatte keine Leitungen angezapft oder Anrufe aufgezeichnet, er hatte nur Tips gegeben.

Das Justizdepartment schloß die Hartford-Abhöraffäre nach einer langwierigen Untersuchung ab. Der Privatdetektiv und seine Mitarbeiter, die die Wanzen installiert hatten, wurden freigesprochen. Der Millionär, der den Auftrag gegeben hatte, wurde nicht einmal verhaftet. Spindel dagegen wurde verhaftet, verurteilt und ins Gefängnis gesteckt.

Spindel war früher schon oft als Abhörspezialist hinzugezogen worden. Er war technischer Berater der New York City Anti-Crime Commission gewesen, die speziell zur Bekämpfung der Kriminalität und der Korruption innerhalb der Polizei in New York City ins Leben gerufen worden war. Spindel wie auch unser Informant unterwiesen die Vollstreckungsbehörden in der Kunst des Abhörens und von Abwehrmaßnahmen. Hoffas Mann betrieb Abhöreinrichtungen in Alexandria, Virginia, nicht weit entfernt vom CIA-Hauptquartier, sowie in Washington, D. C., im Watergate-Gebäudekomplex und in der Pennsylvania Avenue in der Nähe des Weißen Hauses.

Barbara Spindel behauptete, daß man ihrem Mann die Freilassung angeboten habe, wenn er sein Wissen über die Kennedys preisgäbe. Nach 18monatiger Haft wurde Spindel freigelassen, aber nicht, weil er geredet hatte, sondern weil er im Sterben lag. Er starb am 2. Februar 1972 im Alter von fünfundvierzig Jahren. Er hinterließ eine Frau und sechs Kinder, von denen zwei bald nach seinem Ableben angeblich Selbstmordversuche unternahmen.

Einer von Marilyns Nachbarn erinnerte sich im Mai 1984: »Um ehrlich zu sein, es ist schon sehr lange her«, womit er den 4. August 1962 meinte, »aber ich hörte einen Krankenwagen zu ihrem Haus kommen. Ich weiß nicht mehr, welche Gesellschaft es war.« Damals maß er seiner Beobachtung keine große Bedeutung bei, denn sie war in der Nacht gestorben, so daß ein Krankenwagen etwas Selbstverständliches gewesen wäre.

Aus den Unterlagen der Polizei geht hervor, daß die Haushälterin, Ärzte und Polizisten mit Marilyns Leiche zu tun gehabt hatten, aber keiner von ihnen wollte den Krankenwagen gerufen haben. Sämtliche immer noch im Bereich Brentwood tätigen Ambulanzdienste wurden befragt. Aber zweiundzwanzig Jahre nach dem Geschehen gab es keine Unterlagen mehr darüber, und langjährige Mitarbeiter konnten sich nicht erinnern, damals zu Monroes Haus gerufen worden zu sein. Die Unterlagen des Bezirks über Einsätze des Rettungsdienstes wurden sorgfältig geprüft – auch hier keine Spur von einem Notfall.

1962 war der Schaefer Ambulance Service das größte Unternehmen seiner Art in der Stadt. Dreiundzwanzig Jahre später gab sein Besitzer Walter Schaefer an, daß sie den Anruf erhalten hätten, aber nicht wüßten, wer angerufen habe. Sehr wahrscheinlich alarmierte Eunice Murray, Marilyns Haushälterin, ihren Auftraggeber Dr. Greenson, der seinerseits bei Schaefer dringend einen Krankenwagen anforderte und dann Rudin und Engelberg anrief.

»Marilyn lag im Koma, als wir ankamen«, darüber war sich Schaefer sicher. Schaefer sagte, sie hätte noch geatmet, als er sie ins Santa-Monica-Krankenhaus brachte.

Wie gesetzlich vorgeschrieben, wurde ein Protokoll für die Polizei von Los Angeles ausgefertigt, das Marilyn Monroe als die transportierte Person und die Notaufnahme des Santa-Monica-Krankenhauses als Ziel angab. Hunderte solcher Transportprotokolle gehen – oftmals mit einigen Tagen Verspätung – bei der Polizei ein. Trotzdem kann man sich nur schwer vorstellen, daß bei der Polizei von Los Angeles nicht sofort jemand auf dieses Protokoll über Marilyn aufmerksam wurde.

Schaefers Aussage hätte damals ein Erdbeben ausgelöst. Gefragt, warum er sein Wissen nicht kundtat, antwortete er: »Keiner hat mich danach gefragt. Und schließlich, so ist Hollywood eben!« Außer ihm müßte es zwei weitere Zeugen gegeben haben, nämlich den Fahrer und einen Sanitäter, deren Namen Schaefer als Ken Hunter und Murray Liebowitz angab. Hunters Aussage: »Den genauen Zeitpunkt weiß ich nicht mehr; aber Marilyn hat nicht mehr reagiert, als wir ankamen.« 1982 hatte er bei einer Untersuchung des Bezirksstaatsanwalts noch widersprochen und behauptet, daß Marilyn bei ihrer Ankunft tot und die Polizei bereits anwesend gewesen sei. Hunter bestätigte, daß Liebowitz in dieser Nacht der diensthabende Sanitäter war.

Liebowitz hatte inzwischen seinen Namen in Lieb geändert und war aus Los Angeles weggezogen. Zunächst leugnete er, überhaupt für den Schaefer Ambulance Service gearbeitet zu haben, dann gab er es schließlich zu, sagte aber, daß er in jener Nacht dienstfrei gehabt hätte. Verärgert, daß man ihn aufgespürt hatte und ausfragte, sagte Liebowitz: »Ich möchte da nicht hineingezogen werden. Vergessen Sie mich und lassen Sie mich in Ruhe.«

Die offizielle Lesart lautet, daß es ein Schaefer-Protokoll oder Unterlagen des Santa-Monica-Krankenhauses »niemals gegeben« hat.

Peter Lawford geriet bei seinem Versuch, die Umstände ihres Todes zu schönen, unvermittelt in die Wirren der Vertuschungsaffäre. Aus den Unterlagen des Schaefer Ambulance Service geht nicht hervor, daß Marilyns Leiche wieder in ihr Haus zurückgebracht wurde. Peter Lawford behauptete, während jener Nacht ständig angerufen zu haben, um sie zum Essen einzuladen. Betrunken und unter dem Einfluß von Kokain und PCP (»Angel Dust«), sagte er außerdem: »Sie wurde in die Notaufnahme gebracht und war schon tot oder lag im Sterben. Ich fuhr ins Krankenhaus, sie hatte uns verlassen.« Er veränderte seine Geschichte mehrmals. Wahrscheinlicher ist, daß einer ihrer Ärzte oder beide bei ihrem Ableben in der Notaufnahme waren und die Ambulanz mit der Leiche wieder ins Haus zurückschickten, um sich mit dem Anwalt Milton Rudin und dem PR-Agent Arthur Jacobs abzusprechen, wie man Marilyns ungelegenen Tod für die Phantasie Hollywoods in glaubwürdigeres Licht rücken könne. Lawford vermutete sofort, daß die Kennedys wegen Marilyns fortgesetzter Drohungen irgend etwas mit ihrem Tod zu tun haben könnten, und versuchte als getreuer Vasall, die Spuren der Kennedys zu verwischen. Er schickte den Privatdetektiv Fred Otash hin, der nach eigener Aussage aus Marilyns Haus mitnahm, was er zu fassen bekam, bis man ihn hinauskomplimentierte.

Bobby Kennedy hatte ein Alibi. Er hatte gehofft, die Schauspielerin in einem letzten Versuch dazu überreden zu können, ihre Drohungen einzustellen, wußte aber nicht, daß ihr Haus abgehört wurde. Der Justizminister versuchte, seinen Seitensprung zu vertuschen. Am 3. August 1962 kam Bobby mit seiner

Frau Ethel und vier der Kinder in San Francisco an, etwa 450 km nördlich von Los Angeles. Mit dieser Reise war ein doppelter Zweck verbunden: Zum einen war er der Hauptredner bei der Konferenz der kalifornischen Anwaltskammer, was sich mit einem Kurzurlaub in Gilmore, Kalifornien, verbinden ließ, zum anderen war auch ein außertourlicher heimlicher Besuch bei Marilyn arrangiert worden. Die Kennedys schlugen ihre Zelte auf der Bates Ranch auf, etwa neunzig Kilometer südlich von San Francisco. John Bates, ein wohlhabender Anwalt und Freund, hatte die Ehre, den Justizminister als Gast zu beherbergen. Bobbys Besuch bei Marilyn Monroe an ihrem Todestag wird von verschiedenen Zeugen bestätigt. Aber wie kam er von Nord- nach Südkalifornien? Bates sagte, dazu hätte sich Bobby in Peter Pan verwandeln müssen. Damit hatte er beinahe recht. Peter Lawford ließ Bobby mit einem Privathubschrauber nach Culver Field bringen, das nur wenige Minuten Autofahrt von Lawfords Strandhaus entfernt war.

Einige Wochen nach Marilyns Tod erhielt Florabel Muir, eine Kolumnistin der »New York Daily News«, einen äußerst vielversprechenden Hinweis. Bobby hatte sich am Abend vor Marilyn Monroes Tod unter einem falschen Namen im St. Francis Hotel in Los Angeles eingemietet. Die Reporterin nahm die Fährte auf. Nachdem 20 Dollar den Besitzer gewechselt hatten, erhielt sie von einer jungen Telefonistin des Hotels den Ausdruck mit Kennedys eingehenden und ausgehenden Anrufen.

Marilyn wußte, daß das St. Francis in Los Angeles die Absteige ihres Geliebten war. In der Hoffnung, daß er in der Stadt sei, rief Marilyn dort an. »Mr. Kennedy ist heute nicht bei uns Gast. Sollten wir etwas von ihm hören, werden wir ihm ausrichten, daß Sie angerufen haben, Miss Monroe.« Marilyn war davon überzeugt, daß Bobby in der Stadt war. Muir stellte fest, daß Marilyn am 4. August noch mehrmals angerufen hatte, aber daß keine Anrufe aus Bobbys Zimmer beantwortet worden waren. Die sensationelle Entdeckung der Kolumnistin fiel der Zensur der Redaktion zum Opfer.

Noch Jahre nach Marilyns Tod sprachen andere Zeugen von

Kennedys inoffiziellem Aufenthalt in Los Angeles an diesem Tag. 1962 war Sam Yorty Bürgermeister von Los Angeles, und er ist sich sicher: »Da können Sie Gift drauf nehmen, daß dieser Hundesohn in der Stadt war.« Lawford teilte Milton Greene mit, daß Bobby nur wenige Stunden vor Marilyns Tod in ihrem Haus gewesen sei. William Parker, ein Anhänger Kennedys und damals Polizeichef von Los Angeles, behauptete, Bobby sei nicht in der Stadt gewesen. Dem widersprach der Kriminalkommissar Thad Brown; er hatte mehreren Mitarbeitern erzählt, daß sich Bobby in Los Angeles aufhalte und mit Lawford in einem Hotel gesehen worden sei. Auch Browns Bruder Finis, ebenfalls Kriminalbeamter, bestätigte dies aufgrund von Zeugenaussagen. Schließlich plazierte Hugh McDonald, 1962 Chef der Mordkommission, Bobby am fraglichen Tag in der Stadt.

Daryl Gates, der umstrittene spätere Polizeichef von Los Angeles (seit kurzem im Ruhestand), gehörte dem Department drei Jahrzehnte an. 1975 war er für die Untersuchung der Umstände des Todes von Marilyn Monroe zuständig, die auf Druck der Öffentlichkeit eingeleitet worden war. Ebenso wie die Untersuchung 1982 durch den Bezirksstaatsanwalt von Los Angeles verlief sie im Sande. 1984 gab das Polizeipräsidium auf Anfrage die Auskunft, daß die Polizeiakten über Monroe der Öffentlichkeit nicht zugänglich gemacht werden dürften und weiterhin Verschlußsache bleiben müßten.

In seinem Bestseller »Chief«, der 1992 erschien, schreibt Gates: »... 1973 wurden die Polizeiakten vernichtet.« Nach dem Tod des Polizeichefs William Parker 1966 ordnete Bürgermeister Sam Yorty an, ihm die Akte über Monroes Tod zu übergeben. Man sagte ihm, daß keine solche Akte existiere. Gates schreibt in seinem Buch: »Wir haben relevante Protokolle in den Archiven des verstorbenen Thad Brown gefunden.« Was Gates verschweigt, ist, daß es nicht die Polizei von Los Angeles war, die die Akten »fand«, sondern Thads Sohn. Die Dokumente und Fotografien befanden sich auch nicht in den Archiven, wie Gates behauptet, sondern verstaubten und verschimmelten in Browns Garage.

Thad Brown war ein sturer, ehrlicher Cop und manchmal

rund um die Uhr im Einsatz. Gegen seinen ausdrücklichen Wunsch betraute Chief Parker »seinen Mann« Captain James Hamilton, den Chef der geheimen Abteilung des LAPD, mit dem Monroe-Fall. Hamilton arbeitete extrem diskret, und seine Berichte bekam nur Parker zu Gesicht – und vielleicht die Kennedys.

Captain Hamilton war in der Tat voreingenommen. Er wurde in Bobby Kennedys Buch »The Enemy Within« oft erwähnt und als Freund bezeichnet. Kaum ein Jahr nach Marilyn Monroes Tod trat Hamilton zurück und wurde Sicherheitschef der National Football League – ein Posten, für den ihn Bobby Kennedy wärmstens empfohlen hatte.

Tom Reddin, ebenfalls früherer Polizeichef von Los Angeles und jetzt Leiter der Reddin Security Agency, erinnert sich daran, daß Hamilton »Parkers Mann« war. Er selbst wurde von der Monroe-Untersuchung ferngehalten, erfuhr aber aus eigenen Quellen, daß es nicht nur Beziehungen zu den Kennedys gegeben hatte, sondern daß die Brüder auch Marilyns Liebhaber waren. Parkers Nachfolger Tom Reddin sagte: »Hamilton war extrem verschlossen, er hatte nur zwei Ansprechpartner – Gott und Chief Parker.«

Der Leiter der Mordkommission Brown war alles andere als überzeugt, daß Marilyn Selbstmord begangen hatte oder versehentlich gestorben war. Er opferte Hunderte von Stunden seiner Freizeit, um Licht in ihren Tod zu bringen. Inoffiziell teilte er dem Stellvertretenden Direktor des Finanzamts Virgil Crabtree mit, daß zwischen Marilyns Bettwäsche eine private Telefonnummer des Weißen Hauses gefunden worden sei. Gelegentlich gelang es Brown, Durchschläge von geheimen Berichten aufzutreiben, die ganz bestimmt nicht für seine Augen bestimmt waren. Der Name Bobby Kennedy kam oft darin vor. Bis zu seinem Tode war Thad Brown davon überzeugt, daß Marilyn Monroe ermordet worden war.

J. Edgar Hoover, Chef des FBI, war 1962 der mächtigste Mann in Washington, vor dem Präsidenten, Senatoren und Kongreßabgeordnete zitterten.

Nur ein paar Kilometer entfernt gab es im FBI-Hauptquartier ebenfalls eine Akte über Marilyn Monroe, die in einem verschlossenen Schrank mit der Aufschrift »Top Secret« aufbewahrt wurde. Im Inneren des Schranks verbargen sich dicke Ordner mit Einzelheiten ihres Lebens und Sterbens. Zahlreiche Anfragen auf Einsichtnahme im Rahmen des Gesetzes über Informationsfreiheit (Freedom of Information Act) brachten keinen Erfolg. Die meisten der herausgegebenen Blätter waren stark zensiert, aber die Namen der Kennedys waren trotzdem zu erkennen, obwohl die Zusammenhänge geschwärzt waren.

Das Federal Bureau of Investigation war 1907 gegründet worden. In seinen Anfängen hatte das Bureau nur eine begrenzte Zuständigkeit. 1924 wurde J. Edgar Hoover zum Direktor des FBI ernannt, um dem Präsidenten zuzuarbeiten. Er blieb bis zu seinem Tod 1972, zehn Jahre nach dem Ableben von Marilyn Monroe, im Amt. Der schlaue Hoover mißbrauchte das Bureau in großem Stil, um sich die totale Kontrolle zu verschaffen und sich diese Position lebenslänglich zu sichern.

Als Hoover sein Amt antrat, sollte das Bureau nach dem Willen der Regierung von Korruption gesäubert werden und das FBI seine Finger von der Politik lassen. Hoover hatte jedoch andere Pläne. Er begann in wahrer Sammlerwut, Faszikel mit den Abschriften angezapfter Telefongespräche und kompromittierenden Fotos anzulegen, die mit versteckter Kamera geschossen worden waren. Seine Opfer waren Persönlichkeiten des öffentlichen Lebens, nahezu jeder ambitionierte Politiker, Amtsinhaber und Beamte in Washington, D. C. Seine Untersuchungen waren von niemandem genehmigt, außer von ihm selbst. Die Betroffenen mußte nicht einmal irgendwelcher Vergehen verdächtig sein, und die sogenannten Untersuchungen lagen außerhalb des Zuständigkeitsbereichs des FBI. Zu den angesammelten Dossiers zählten Berichte über Ehebruch, Homosexualität und andere kompromittierende Tatbestände. Hoover führte auch einen geheimen »Political Sex Deviate Index«, also eine Liste, die nach sexuellen Abweichungen von Politikern gestaffelt war. Der FBI-Chef ging als notorischer Erpresser zur Absicherung seiner einzigartigen Machtposition in die Geschichte ein.

Die nur für Hoover bestimmten Akten befanden sich in Helen Gandys Büro, das neben dem seinen lag. Ihr vertraute er von allen seinen Mitarbeitern am meisten. Sie arbeitete seit 1918 für ihn. 1939 verlieh er ihr den Titel einer weisungsberechtigten Assistentin. Wie ihr Boss blieb sie unverheiratet, und zwischen ihnen gab es niemals romantische Bande. Wofür sich Hoovers Freund Clyde Tolson auch schönstens bedanke hätte.

Die unter Verschluß gehaltenen Akten waren numeriert. Für jede gab es eine farbige Karteikarte, 7,5 x 12,5 cm groß. Die weißen trugen die Kennung PF (personal files – persönliche Akten), rosa Karten waren mit OC (official and confidential – offiziell und geheim) gekennzeichnet. Eine Anzahl von besonders sensiblen Fällen war zusätzlich getarnt. Die Akte über Richard Nixon war nicht unter seinem Namen, sondern unter »Obscene Matters« (»Obszönes«) abgelegt. Unmittelbar nach Hoovers Tod wurden die PF- und OC-Akten angeblich zerstört.

Hoover legte die Akte über JFK bei dessen Entlassung aus der Navy an. Als Hoover von den politischen Ambitionen erfuhr, die der alte Kennedy für seinen Sohn hegte, setzte er FBI-Überwachungsteams auf den jungen Mann an.

John und Robert Kennedy versuchten, J. Edgar Hoover um jeden Preis loszuwerden. Abgesehen von seiner Abneigung gegen den FBI-Direktor, hatte sich Bobby außerdem mit Chief William H. Parker auf ein Gegengeschäft eingelassen: Wenn Parker die Kennedys aus der Untersuchung von Marilyns Tod heraushalte, könne er mit seiner Ernennung zum Direktor des FBI rechnen.

Hoover wurde zu einer Besprechung mit den Kennedys ins Weiße Haus bestellt. Der Direktor hatte Spione bei allen Präsidenten, denen er »diente« – er war also gut präpariert. Bevor er das FBI-Hauptquartier im vierten Stock des Justizministeriums verließ, hatte er die geheime Kennedy-Akte fotokopiert.

Die Kennedys schlugen ihm vor, sich zur Ruhe zu setzen. Man wollte nicht seinen Rücktritt, das hätte ihn verärgert. Als Antwort legte Hoover eine dicke Akte auf den Schreibtisch des Präsidenten und forderte die Brüder auf, sie sofort zu lesen. Sie enthielt viele Fotos, darunter heimlich aufgenommene Bilder von

Marilyn Monroe mit jedem von beiden. Damit hatte sich das Problem der Hoover-Nachfolge erledigt.

Das Federal Bureau of Investigation und die Central Intelligence Agency sind zwei voneinander unabhängige Behörden, die ihre Informationen nicht nur nicht austauschen, sondern auch häufig gegeneinander arbeiten. Die 1947 gegründete CIA stand immer im Kreuzfeuer der Kritik. Ihre geheimen Operationen bestanden unter anderem in der Unterstützung politischer Führer in anderen Ländern und in der Rekrutierung einflußreicher Persönlichkeiten, nicht selten auch aus Verbrecherkreisen.

Immer noch gibt es unüberwindbare Barrieren, was die Beteiligung der Kennedys und der Mafia an Marilyn Monroes Tod betrifft. Angeblich existieren noch umfangreiche Akten zu diesem Fragenkomplex. Alle Bemühungen, solche Akten im Rahmen des Freedom of Information Act einzusehen, blieben erfolglos; es wurde keine einzige herausgegeben. Die CIA lehnt es ab, die Aufzeichnungen als nicht mehr geheim einzustufen, und beruft sich auf die »nationale Sicherheit«.

Greenson hatte am Todestag von Marilyn Eunice Murray gebeten, die Nacht bei Marilyn zu verbringen. Murray verließ das Haus, um sich Kleidung und Toilettenartikel zu holen. Das bekam das Abhörkommando mit und setzte sofort Marilyns Killer in Marsch. Als Mrs. Murray zurückkam, fand sie Marilyn im Koma und rief Greenson an. Ihre immer wieder neuen Versionen über die »letzten Stunden« trugen nicht unwesentlich zur Vernebelung bei. Zuerst »entdeckte« sie Marilyn gegen Mitternacht, da sie »das Licht aus ihrem Schlafzimmer« beunruhigt habe. Für Marilyn war es allerdings nichts Ungewöhnliches, um diese Zeit auf zu sein. Die Haushälterin sagte Sergeant Jack Clemmons, daß sie Marilyns Ärzte gerufen habe. Sie blieb dabei, daß Dr. Engelberg und Dr. Greenson ab 0 Uhr 30 anwesend waren, was diese bestätigten.

Greenson, Engelberg und Murray waren einander keineswegs fremd. Bald nach Monroes Tod zog Dr. Engelberg mit seiner Praxis in dasselbe Gebäude in Beverly Hills, in dem auch Dr. Greenson praktizierte.

Clemmons befragte Murray niemals näher über das Licht aus Marilyns Schlafzimmer. Aber Murray hätte das Licht, das angeblich durch einen Spalt unter der Tür drang, sowieso nicht sehen können, da Marilyn bei der Umgestaltung ihres Hauses einen hochflorigen Teppich hatte verlegen lassen, so daß es schwierig war, die Tür zu schließen, wie Hausgäste und Freunde bestätigten. Die Tür hätte um mindestens einen halben Zentimeter abgehobelt werden müssen.

Im Laufe der Jahre erfuhr die Geschichte der Haushälterin einige Änderungen. 1975 verfaßte Eunice Murray ihre Memoiren: »Marilyn: The Last Months«. Dort liest man: »Ich erschrak, als ich eine Telefonleitung unter Marilyns Tür sah.«

Murray hatte sich gleich zwei unmögliche Szenarien ausgedacht, warum sie besorgt war und nach Marilyn sah. Marilyn hatte zwei Telefonanschlüsse mit Geheimnummern, beide mit Verlängerungsschnüren. Die Nummer des pinkfarbenen Telefons, das an einen Auftragsdienst angeschlossen war, hatten die Vertrauten, die sie jederzeit erreichen mußten, sowie die Studios und ausgewählte Journalisten. Die Nummer des weißen Telefons erhielten nur Auserwählte, so auch die Kennedy-Brüder. Die Haushälterin konnte nie angeben, welche Telefonleitung ihren Verdacht erregt hatte.

Zehn Jahre danach, 1985, machte Mrs. Murray ihre erste plausible Aussage in einer BBC-Dokumentarsendung »Die letzten Tage der Marilyn Monroe«, die weltweit gesendet wurde. Vor der Kamera gab Marilyns Haushälterin zu, daß Bobby Kennedy am 4. August 1962 im Haus der Schauspielerin gewesen sei, was die Folgerung zuließ, daß die Berichte über den Tod gefälscht sein könnten. Bis dahin hatte sie unbeirrt abgestritten, daß der Justizminister Marilyn überhaupt jemals besucht hätte. Noch 1975 hatte Mrs. Murray vor den Kameras von ABC Television diese Behauptung von sich gegeben.

Im August 1985 flogen die ABC-Reporterin Sylvia Chase und der Produzent Stanhope Gould nach Hollywood. Sie machten sich auf die mühsame Suche nach Interviewpartnern für die vorgesehene dreiteilige Sendung im Magazin »20/20« über den Mord an Marilyn. »Wir brauchen alle Zeugen vor der Kamera«, lautete Goulds Vorgabe. Obwohl ihm einige professionelle Berater vorhersagten, daß es niemals zur Sendung kommen würde, blieb er beharrlich. »Ich habe alle Genehmigungen von ganz oben. Arledge selbst hat uns grünes Licht gegeben. Wir haben keine Auflagen.« Roone Arledge war der Nachrichten- und Sportdirektor von ABC und außerdem ein persönlicher Freund Ethel Kennedys.

Auch der Co-Autor dieses Buchs, Milo Speriglio, der als technischer Berater von Gould fungierte, machte diesen darauf aufmerksam, daß einige der Zeugen über Marilyns Affären mit den beiden Kennedy-Brüdern plaudern könnten, aber Arledge meinte nach wie vor, daß dies kein Problem sei.

ABC sparte an nichts für diese wichtige Story. Chase und Gould bewohnten die teuersten Suiten eines Luxushotels. Sie hatten ihre erfahrenste Film-Crew angefordert und reisten auf der Suche nach Bruchstücken der Story aller Stories kreuz und quer durch das südliche Kalifornien.

Zu den wichtigen Augenzeugen zählte Eunice Murray. Sie war inzwischen verwitwet und mußte mit ihrer Tochter von Sozialhilfe leben. Als das ABC-Team bei ihr vorsprach, zeigte sie sich keineswegs so kooperativ, wie man gehofft hatte. Was sie dreiundzwanzig Jahre als Geheimnis gehütet hatte, hatte einen hohen Wert. Sie verlangte nicht direkt Geld. Denn »20/20« war zwar keine tägliche Nachrichtensendung, fiel aber unter die Bestimmungen für Nachrichtenprogramme. Um »guten Willen und Dankbarkeit« zu demonstrieren, ohne Mrs. Murray in bar zu entlohnen, besorgte ein Mitarbeiter des Teams Lebensmittel aus dem nahen Supermarkt, worauf sie bereit war, Fragen zu beantworten.

Für Sylvia Chase waren harte Interviews nichts Neues, und sie hatte sich gut vorbereitet. Als sie Marilyns ehemalige Haushälterin über Bobby Kennedy befragte, kam das überraschende Geständnis von Mrs. Murray: »Bobby war an dem Tag, als sie starb, bei Marilyn.« Mit dieser Antwort, die eine dramatische Umkehrung der bisherigen Fakten bedeutete, hatte selbst die abgebrühte Fernsehreporterin nicht gerechnet.

Eine Zeugenaussage nach der anderen wurde gesammelt, und

alle bestätigten diese Angabe. Wie konnte das Büro des Bezirkstaatsanwalts als verantwortungsvoll angesehen werden, wenn nicht einmal einem zentralen Verdachtsmoment nachgegangen worden war? Eunice Murray hatte am Anfang gelogen, und jeder verantwortungsvolle Rechercheur hätte durch die Änderungen ihrer Aussage alarmiert sein müssen. Meineid ist nicht nur strafbar, sondern üblicherweise ist es auch um den Ruf des Meineidigen geschehen. Mrs. Murray war jedoch wegen ihrer vielen Märchen kein Haar gekrümmt worden.

Der Polizeichef von L. A., Daryl Gates, wurde ersucht, den – wie er ihn bezeichnete – »Polizeibericht über Marilyns Tod« herauszugeben. Im September 1985, nur wenige Tage vor der geplanten Sendung des »20/20«-Reports, hielt Gates eine Pressekonferenz ab. Dabei sagte er, daß er der Fernsehgesellschaft $ 12.50 pro Kopie des »Berichtes« berechnen würde. Es war jedoch nicht der »verlorene« offizielle Polizeibericht, wie er behauptet hatte, sondern ein Sammelsurium von Dokumenten, die der verstorbene Kriminalkommissar Thad Brown zusammengetragen hatte. Es fehlten allerdings viele Dokumente und alle Fotografien aus Browns privatem Archiv. Die Macher waren enttäuscht.

In »TV Guide« war bereits der Sendetermin von »20/20« ausgedruckt, und Zeitungsreporter beschäftigten sich im voraus mit dem Special. Es wäre an dem angekündigten Abend das meistgesehene Programm gewesen. Doch ohne Angabe über eine Absetzung der ersten halbstündigen Folge wurde statt dessen überraschend ein Sonderbericht über das Erdbeben in Mexiko eingeschoben. Das große Beben war bereits kalter Kaffee und von den Sendeanstalten schon oft genug aufgewärmt worden. Das Ersatzprogramm verschaffte ABC jedoch Zeit, um zu beschließen, was, wenn überhaupt, über Marilyns Tod berichtet werden sollte.

In New York wurde mit dem Schnitt begonnen; die ursprünglich achtundzwanzig Sendeminuten sollten auf zwölf zusammengeschnipselt werden, falls Arledge damit einverstanden war. Er schaute sich das Rohmaterial von insgesamt sieben Stunden an und sagte: »Noch mehr zusammenschneiden.« Die endgültige Version war ein sechs Minuten langes Segment. Es wurde nie danach gefragt, ob das das Ergebnis der Absegnung durch die Hausjuristen des TV-Kanals war.

Abermals kündigte ABC die Sendung über Marilyn Monroe an. Zwei Stunden vor der geplanten Ausstrahlung der extrem ver-kürzten Version rief Stanhope Gould aus New York an. »Diese Schweinehunde haben die Geschichte gekillt«, berichtete der wütende Produzent. »Sie haben uns allen verboten, mit der Presse zu sprechen – ABC hat uns einen dreiwöchigen bezahlten Urlaub verordnet.« Konnte Roone Arledge dem Druck des Los Angeles Police Department, des Büros des Bezirksstaatsanwalts oder der Kennedys nicht mehr standhalten?

Der Maulkorberlaß von ABC kam in die Schlagzeilen. Das Ma-gazin »People« brachte umgehend einen umfangreichen Skan-dalartikel. Alle maßgeblichen Redaktionsmitglieder hatten das Rohmaterial und alle drei geschnittenen Versionen gesehen. »People« zitierte einen »20/20«-Moderator mit der Feststel-lung, daß es sich um den besten Fernseh-Bericht seit Watergate gehandelt habe. Der ABC-Reporter Geraldo Rivera wagte sich am weitesten vor. Er sagte: »Hätte ein Politiker versucht, eine solche Vertuschung zu inszenieren, dann hätten die ABC-News die Geschichte voll ausgeschlachtet.«

Ein lokales, unabhängiges Blatt, die »Los Angeles Weekly« mit einer weiten Verbreitung im südlichen Kalifornien, brachte am 1. November 1985 eine kurze Kolumne mit dem Titel »Ver-ärgerter Zensor«. Das Blatt schrieb: »Eine absolut zuverlässige Quelle bei ABC informierte die ›Weekly‹, daß Arledge unmittel-bar nach Erscheinen des Artikels in ›People‹ Rivera kommen ließ, um ihm mitzuteilen, daß seine Karriere bei ABC beendet sei.« Jahre später bestätigte Rivera gegenüber Speriglio, daß er von ABC gefeuert worden war.

Aber in dieser Ausgabe der »Los Angeles Weekly« sollte auf Seite 28 auch eine gut recherchierte Story »Die Akte Marilyn Monroe – immer noch vermißt« von Jordon E. Cohn erscheinen, die auf Seite 1 angerissen wurde. Als die Leser die Zeitung durch-blätterten, konnten sie auf Seite 28 jedoch nur Anzeigen entdek-ken. Auch einen erklärenden Hinweis suchte man vergeblich.

28. Kapitel
Das Vertuschen geht weiter

Zwanzig Jahre nach dem Tod Marilyn Monroes, als weitere Beweise an den Tag gekommen waren, mußte abermals eine Grand Jury zur Untersuchung zusammentreten. Grand Jurys arbeiten unter Ausschluß der Öffentlichkeit. Sie sind mit weitreichenden Vollmachten ausgestattet und können Vorladungen ausstellen und Anklage erheben. Ein solches Gericht setzt sich aus achtzehn Laien zusammen, die von einem Richterkollegium ausgewählt werden und zu entscheiden haben, ob die Beweise für eine Anklage ausreichend sind. Ein Bezirksstaatsanwalt fungiert als eine Art Unparteiischer und darf deshalb weder voreingenommen noch irgendwie in den betreffenden Fall verwickelt sein. Leider kam es aufgrund der Nichterfüllung dieser Voraussetzungen auch diesmal nicht zu einer Anklageerhebung, obwohl der damalige Bezirksstaatsanwalt John Van de Kamp vor der Presse erklärte: »Die Untersuchung wurde angeordnet, da es 1962 keine wirkliche Untersuchung oder lückenlose Überprüfung des Falles gegeben hat.«

Der Bericht des Bezirksstaatsanwalts von 1982 diskreditiert wichtige Zeugen, beispielsweise den Diensthabenden der Polizei von Los Angeles und den Assistenten des Leichenbeschauers, die beide Marilyns Tod für Mord hielten. Allerdings wird in dem Bericht erstmals nach zwei Jahrzehnten eingeräumt, daß sich die Polizei einen Ausdruck von Marilyns Telefongesprächen besorgt hatte, und daß darauf auch eine Telefonnummer des Justizministeriums in Washington, D. C., verzeichnet gewesen sei.

John Van de Kamp erklärte darüber hinaus: »Wir erhielten von einem Informanten, der mit Spindel zusammenarbeitete, eine Tonbandaufzeichnung – aufgenommen in der Nacht ihres Todes mit einer Wanze, die Hoffa in Marilyns Haus hatte installieren lassen. Das Band mit einer Abschrift wurde dem Bezirksstaatsanwalt durch die Nick Harris Detektei übergeben. Der Informant sagte, daß auf dem Band eine unbekannte Stimme fragt: ›Was machen wir jetzt mit der Leiche?‹«

Zur gleichen Zeit nannte Speriglio dem Bezirksstaatsanwalt die Namen eines prominenten Anwalts in Washington, D. C., und anderer Persönlichkeiten, die nach Angaben eines seiner Informanten Kopien sämtlicher Monroe-Tonbänder besäßen. Der Bezirksstaatsanwalt unternahm nichts, um diese Beweise sicherzustellen.

Van de Kamp, ein loyaler Demokrat und Bewunderer Kennedys, der immer noch an den »Camelot-Mythos« glaubt, führte weiter aus: »Wir prüften die Unterlagen und die Zeugenaussagen objektiv und ohne jegliche Voreingenommenheit. Die sorgfältige Analyse der Behauptungen und eine abermalige Rekonstruktion von Marilyn Monroes Tod führten jedoch zu der Erkenntnis, daß die Mord-Hypothese mit äußerster Skepsis betrachtet werden muß.«

Der »offizielle« Untersuchungsbericht war den Zeitungen keinen Aufmacher mehr wert, denn der Bezirksstaatsanwalt veröffentlichte seine Ergebnisse am Freitag, dem 29. Dezember 1982. Durch die bewußte Wahl dieses Termins zwischen den Feiertagen ließ sich eine größere Beachtung der Presse elegant vermeiden.

Es war gar nicht einfach, die im Zuge der Untersuchung angesammelten massiven Informationen trotz der Diskreditierung von Zeugen zu unterdrücken. Überfliegt man die zweiseitige Zusammenfassung des Bezirksstaatsanwalts für die Presse, wie es die Medien taten, scheint der zweite Absatz eine Quintessenz der Untersuchungen zu sein: »Aufgrund der uns vorliegenden Beweise wurde ihr Tod wahrscheinlich durch Suizid oder durch eine versehentliche Überdosis von Medikamenten herbeigeführt.« Weltweit beeilten sich die Reporter, diese »Erkenntnisse« zu veröffentlichen, während sie ihre letzten Urlaubsvorbereitungen trafen.

Bei genauerem Studium des beigefügten 29seitigen Berichts – eine Arbeit, die sich die gesamte Presse offensichtlich nicht machte – stößt man auf eine windige Absicherung, die enthüllt, was wirklich während der begrenzten Untersuchung herausgefunden wurde: »Unsere Schlußfolgerung lautet, daß es keine hinreichenden Tatsachen gibt, die eine strafrechtliche Untersuchung des Todes von Marilyn Monroe rechtfertigen, obwohl bei unserer Untersuchung sachliche Widersprüche und unbeantwortete Fragen auftauchten.«

Frank Hronek, der 1962 als Sonderermittler im Büro des Bezirksstaatsanwalts tätig gewesen war, führte eine umfangreiche Untersuchung des Todes von Marilyn Monroe durch. Er meldete seinen Vorgesetzten, daß sie Verbindungen zum organisierten Verbrechen gehabt hätte, speziell zu Giancana und Roselli, daß die Mafia mit einer gewissen Unterstützung der CIA wahrscheinlich an ihrem Tod beteiligt gewesen sei und daß die Polizei von Los Angeles bei der Vertuschung ihre Finger im Spiel gehabt hätte. Was er im einzelnen niederschrieb, weiß niemand, denn »es gibt weder einen Bericht noch eine Akte über eine Untersuchung, die Hronek durchgeführt hat«, wie das Büro des Bezirksstaatsanwalts verlautet. Auch wenn nichts an die Öffentlichkeit ging, vertraute Hronek doch Verwandten an, daß er Mitglieder des organisierten Verbrechens verdächtige, Marilyn Monroe ermordet zu haben.

Während der Autopsie von Marilyn hatte der Assistent des Leichenbeschauers, Lionel Grandison, einen Mitarbeiter des Instituts zu Marilyns Haus geschickt, um nach ihrem Adreßbuch zu suchen. Man fand ein rotes Buch, und Grandison blätterte es auf der Suche nach Telefonnummern von Angehörigen durch. Es handelte sich jedoch nicht um ein Telefonverzeichnis, sondern um ein Tagebuch, das zwanzig Jahre später weltweite Beachtung finden sollte. Grandison legte es in ein abschließbares Fach, in dem sich schon ein zerknülltes Blatt befand. Dieses war von einem Polizeibeamten gefunden worden, aber sein Inhalt wurde niemals bekannt. Grandison schwört, daß Tagebuch und Notizzettel nach der Autopsie aus dem Fach gestohlen worden seien, zu dem unter anderen Dr. Curphy Zugang hatte. »Schmuck und einige Kleidungsstücke wurden ebenfalls gestohlen«, behauptete Grandison. Letztere könnten wegen ihres Reliquienwertes mitgenommen worden sein.

Im Verlauf der 1982 durchgeführten Untersuchung wurde auch der Verbleib des persönlichen Eigentums von Marilyn Monroe angesprochen. »Es wurde kein Eigentum des Opfers einbehalten«, betonte John Van de Kamp. Der sehr medienfreundliche Bezirksstaatsanwalt, der bald darauf juristischer Berater des Gouverneurs von Kalifornien wurde, schränkte jedoch ein: »Wir besitzen allerdings nur eine Fotokopie der Liste ihres persönlichen Eigentums, so daß man nicht mit letzter Sicherheit behaupten kann, daß sie nicht in der betrügerischen Absicht verändert worden ist, das Verschwinden von Gegenständen zu verschleiern.«

Bei der Befragung von Dr. Thomas Noguchi während der Untersuchung von 1982 gab dieser zu Protokoll: »Ich habe keinen derartigen Gegenstand [rotes Tagebuch] beim persönlichen Eigentum von Monroe gesehen.« Welche dieser beiden Aussagen ist nun richtig? Gab es persönliches Eigentum oder nicht?

Die örtlichen Politiker waren einem stärker werdenden Druck der Öffentlichkeit ausgesetzt. Der Kreisaufsichtsbeamte Mike Antonovich verlangte aufgrund der Aktenlage am 8. Oktober 1985 anstelle der Untersuchung durch eine Grand Jury neue Recherchen über den Tod von Marilyn Monroe. Alle Mitglieder der Aufsichtsbehörde des Kreises Los Angeles stimmten seinem Antrag zu – das nämliche Gremium, das Dr. Noguchi degradiert hatte. Die Ermittlungen wurden dem neuen Bezirksstaatsanwalt Ira Reiner übertragen. Die Aufsichtsbehörde hatte damit das heiße Eisen weitergegeben, aber wie seine Vorgänger wollte auch Reiner nicht mit derlei behelligt werden. Obwohl er beauftragt war, die Tatsachen und Behauptungen in Zusammenhang mit Marilyns Tod zu recherchieren, verkündete Reiner unbotmäßig, daß es sich bei der Ermittlung lediglich um eine »Überprüfung« und eine »kursorische Untersuchung« handle.

Im Juli 1985 wurde Sam Cordova zum Obmann der Grand Jury des Bezirks Los Angeles gewählt. Der angesehene 56jährige Geschäftsmann nahm die Wahl an, obwohl er sich dadurch kaum noch um sein florierendes Unternehmen kümmern konnte.

Das Untersuchungskomitee nahm seine vorläufigen Ermittlungen auf. Schon bald teilte Cordova den Medien mit, daß alle Mitglieder eine Anordnung unterzeichnet hätten, in der die erste wirkliche Untersuchung des Ablebens der Schauspielerin durch eine Grand Jury gefordert worden sei. Seine Verlautbarung brachte Ira Reiner in Harnisch.

Cordova hatte den Verdacht, daß Monroe ermordet wurde. Seine Untersuchung hätte das Kartenhaus der Vertuschungen zum Einsturz bringen können. Noch vor den Medien hatte der leitende Strafrichter Robert Deuich, der mit Cordova auf freundschaftlichem Fuß zusammenarbeitete, als erster von den Plänen der Grand Jury erfahren.

Der 28. Oktober 1985 wurde für Cordova zum Schwarzen Montag. Der Ehrenwerte Richter Deuich entließ den Obmann der Grand Jury, ein bis dahin nie dagewesener Vorgang in der Justizgeschichte des Bezirks Los Angeles. Wie schon Lionel Grandison wurde Sam Cordova aus dem Amt entfernt und geknebelt, weil er es gewagt hatte, den »offiziellen« Bericht über Marilyns Tod anzuzweifeln. Unmittelbar nach der Entlassung Cordovas zog sich Richter Deuich an einen unbekannten Urlaubsort zurück, so daß er zwei Wochen von lästigen Fragern unbehelligt blieb.

Kurz vor den 23-Uhr-Nachrichten am 30. Oktober brachte KABC, die Fernsehstation von ABC in Los Angeles, eine Vorankündigung. Der Moderator Paul Moyer sagte, daß es im Fall des Todes von Marilyn Monroe eine überraschende neue Entwicklung gebe. Der angekündigte Gast bei den Spätnachrichten war Dr. Noguchi. Obwohl er seit fünfunddreißig Jahren in Amerika lebte, war seine Beherrschung des Englischen noch immer beschränkt.

Es folgt nun das wörtliche Zitat seiner Aussage vor den Fernsehkameras: »Sie hatte einen blauen Fleck am Rücken oder an der Hüfte, der nie ganz geklärt wurde. Wir haben nicht nach zusätzlichem Beweismaterial gesucht, und außerdem sicherte ich die Proben, doch bevor wir die Möglichkeit hatten, den Mageninhalt zu untersuchen, war der Inhalt der Probe aus dem Verdauungstrakt nicht mehr verfügbar.«

Moyer war sprachlos, und der Amtsarzt fuhr fort: »Ich wollte, wir hätten das Gewebe, es könnte heute darauf hinweisen, daß wir etwas zu verbergen haben.« [Sic!]

Der zugeschaltete Reporter aus San Diego, Paul Dandrige, stellte eine direkte Frage: »Wurde Marilyn ermordet?«

Noguchi antwortete: »Könnte sein.«

Der nach wie vor aufsässige Ira Reiner gab am 7. November 1985 folgende Stellungnahme zu Noguchis jüngster Enthüllung über eine eventuelle Vertuschung, den Forderungen der Aufsichtsbehörde nach einer weiteren Untersuchung und der Entlassung des Obmanns der Grand Jury des Bezirks Los Angeles ab: »Damit dieses Büro an das Untersuchungskomitee der Grand Jury den Antrag richten kann, Ermittlungen über den Tod von Ms. Monroe aufzunehmen, müßten wir im Rahmen der gesetzlichen Verjährungsvorschriften im Staat Kalifornien erst einen hinreichenden Grund haben, um ein Verbrechen anzunehmen. Mord fällt selbstverständlich nicht unter die gesetzlichen Verjährungsvorschriften. Uns liegt jedoch weder neues noch altes Beweismaterial vor, das einen hinreichenden Verdacht auf die Ermordung Monroes stützen würde.«

Ira Reiner kniff vor neuen Ermittlungen, obwohl er mit weiterem Beweismaterial und neuen Zeugenaussagen konfrontiert wurde. »Wir können keine Untersuchung der Grand Jury unterstützen, die eine Materie von historischem Interesse betrifft, indem wir sie künstlich in einen kriminaltechnischen Mantel hüllen.« Seine Erwiderung wurde vom Bezirk nicht angefochten, dennoch bleibt sie fragwürdig. Seine Behörde hat kein Interesse an neuen Fakten, die sie eventuell noch weiter hineinmanövrieren könnten.

Während der vergangenen mehr als zwanzig Jahre wurde das Büro des Bezirksstaatsanwalts nicht müde zu versichern, daß es bei Marilyn Monroes Tod keine Anzeichen für ein Verbrechen gebe. Am 25. April 1986 wurde unter Berufung auf den Freedom of Information Act erneut die Herausgabe der Akten des Bezirksstaatsanwalts gefordert. Richard W. Hecht, unter Bezirksstaatsanwalt Reiner Direktor des Bureau of Central Operations, delegierte das Ersuchen an seinen Stellvertreter Dan Murphy.

Ohne Angabe von Gründen lehnte das Büro des Bezirksstaatsanwalts die Anforderung einmal mehr ab und verweigerte die Herausgabe der »Untersuchungs«-Akten.

Die Zeit wird kommen.

Chronologie

- Marilyn Monroe: Ermordet in Brentwood, Kalifornien, am 4. August 1962.
- John F. Kennedy: Ermordet in Dallas am 22. November 1963.
- Robert F. Kennedy: Ermordet in Los Angeles am 5. Juni 1968.
- Joseph P. Kennedy: Gestorben am 18. November 1969 durch Hungerstreik, sechs Monate, nachdem Mary Jo Kopechne, die Geliebte seines Sohnes Edward, bei Chappaquiddick ertrunken war.
- Phil Alderisio: Ermordet 1971 im Gefängnis.
- Sam »Momo« Giancana: Ermordet 1975.
- Jimmy Hoffa: Verschwunden 1975. Seine Leiche wurde nie gefunden.
- Anthony Spilotro: Ermordet zusammen mit seinem Bruder Michael im Juni 1986.

Nachwort

Die letzte Woche im Leben Marilyn Monroes war von der harten Erkenntnis verdüstert, daß sie viele falsche Entscheidungen getroffen hatte. Sie begann, ihre Prioritäten neu zu setzen. Mehr denn je empfand sie Liebe und Zuneigung für die wenigen Freunde, auf die sie wirklich rechnen konnte. Endlich war sie auch bereit, sich ihrer tiefen Liebe zu Joe DiMaggio zu stellen. Und er war nach langen Kämpfen mit sich soweit, seinen Stolz seiner nicht minder beständigen Liebe unterzuordnen. Endlich war Marilyn an einem Punkt im Leben angekommen, an dem die Treue zu sich selbst und ihren Gefühlen wichtiger war als ihre Karriere.

Aber das Blatt ließ sich nicht mehr wenden. Das Schicksal hatte in das Ruder gegriffen. Die Zeit für gute Vorsätze war abgelaufen.

Anmerkung der Autoren und Dokumente

Im Laufe der ausgedehnten Untersuchungen im Zusammenhang mit Marilyns Tod mußten wir einen unglaublichen Sumpf von Vertuschung durchdringen, der nur wenige Spuren preisgab. Aus Wochen wurden Monate und aus Monaten Jahre. Nach zwei Jahrzehnten war das Rätsel um den mysteriösen Tod von Marilyn Monroe gelöst.

Die Selbstmordabteilung der Bezirke von Los Angeles hatte 1962 lediglich eine Routineuntersuchung über die letzten Tage von Marilyn durchgeführt und war zu dem Schluß gekommen, daß sie sich das Leben genommen hatte. Unsere ursprüngliche Aufgabe bestand in der Ermittlung der eigentlichen Gründe für das Ableben der Schauspielerin, dabei mußten wir jedoch tief in ihre Vergangenheit eindringen. Die Autoren entdeckten dabei intime Geheimnisse, manches Skelett im Schrank und bisher unveröffentlichte Fakten über die wahre Norma Jeane, alias Marilyn Monroe.

IN THE SUPERIOR COURT OF THE STATE OF CALIFORNIA
IN AND FOR THE COUNTY OF LOS ANGELES

Case No. *156632*

In the Matter of the Estate and Guardianship of

NORMA JEAN BAKER, ALSO KNOWN

AS NORMA JEAN MORTENSON, A MINOR

Filed *March 27, 1936*

J. F. MORONEY, County Clerk,

By **C. L. DOYLE** , Deputy

LETTERS OF GUARDIANSHIP

STATE OF CALIFORNIA, } ss.
County of Los Angeles

GRACE McKEE is hereby appointed Guardian

of the person ~~and estate~~ of *NORMA JEAN BAKER ETC.*

A MINOR

Witness, J. F. MORONEY, Clerk of the Superior Court of

the County of Los Angeles, with the seal thereof

affixed, this *27* day of *MARCH* 19*36*.

By order of the Court.

J. F. MORONEY, County Clerk,

by *H. L. DOYLE* , Deputy.

STATE OF CALIFORNIA, } ss.
County of Los Angeles

I do solemnly swear that I will support the Constitution of the United States, and the Constitution of the State of California, and that I will faithfully perform, according to the law, the duties of my office as Guardian of the person ~~and estate~~ of *NORMA JEAN BAKER, ALSO KNOWN*

AS NORMA JEAN MORTENSON, A MINOR.

GRACE McKEE

Subscribed and sworn to before me,

this *27 7* day of *MARCH* 19*6*

W. M. Toole

Notary Public in and for the County of Los Angeles,
State of California

J. F. MORONEY, County Clerk,

by , Deputy.

Dokument, das Grace McKee zum gesetzlichen Vormund von Norma Jeane
(irrtümlich »Jean« geschrieben) Baker/Mortenson bestimmt

OBERSTES GERICHT DES STAATES KALIFORNIEN FÜR DEN BEZIRK LOS ANGELES

Fall Nr. 156632

In der Angelegenheit von Vermögen von und Pflegschaft über

Norma Jean Baker, auch als Norma Jean Mortenson bekannt, minderjährig	Eingereicht: 27. März 1936 J. F. MORONEY Urkundsbeamter H. L. Doyle, Stellvertreter

PFLEGSCHAFTSEINSETZUNGSBESCHLUSS

STAAT KALIFORNIEN
Bezirk Los Angeles

Grace McKee wird hiermit zum Vormund von
Norma Jean Baker, etc., minderjährig, ernannt.

Bezeugt von J. F. Moroney, Urkundsbeamter des Obersten Gerichts des Bezirks Los Angeles, dessen Siegel am 27. März 1936 angebracht wird.
Im Auftrag des Gerichts
J. F. Moroney, Urkundsbeamter
H. L. Doyle, Stellvertreter

STAAT KALIFORNIEN
Bezirk Los Angeles

Ich gelobe hiermit feierlich, die Verfassung der Vereinigten Staaten und die Verfassung des Staates Kalifornien zu unterstützen und die Pflichten meines Amtes als Vormund der minderjährigen Norma Jean Baker, auch als Norma Jean Mortenson bekannt, getreu nach dem Gesetz zu erfüllen.

Grace McKee

Von mir unterzeichnet und vereidigt
am 27. März 196 (sic)
W. M. Joole
Notar für den Bezirk von Los Angeles
Staat Kalifornien

J. F. Moroney, Urkundsbeamter
..............Stellvertreter

Attorneys-at-Law:
Geo. I. Wasson, Jr., and
Robert H. Patton,
10201 West Pico Boulevard,
Los Angeles, California.

IN THE SUPERIOR COURT OF THE STATE OF CALIFORNIA

IN AND FOR THE COUNTY OF LOS ANGELES.

IN THE MATTER OF

THE CONTRACT BETWEEN

No. 518834

TWENTIETH CENTURY-FOX FILM CORPORATION

                Employer,

AND

NORMA JEANE DOUGHERTY, a minor

                Employee.

STIPULATION AS TO TIME
AND PLACE OF HEARING FOR
APPROVAL OF CONTRACT OF
MINOR TO RENDER SERVICES
AS ACTRESS.

TO THE HONORABLE SUPERIOR COURT OF THE STATE OF CALIFORNIA,

IN AND FOR THE COUNTY OF LOS ANGELES.

IT IS HEREBY STIPULATED by and between the undersigned
that the Petition for Approval of Contract of Minor to Render Services
as Actress in the above entitled matter may be set for hearing before
the above entitled Court, in Department 35 thereof, on _Tuesday_
the 10th day of _September_, 1946, at 1:45 p.m., and may be
heard at that time or at such other time or times to which the Court
may continue the matter, without further notice to any of us.

DATED ___September 5___, 1946.

TWENTIETH CENTURY-FOX FILM CORPORATION

By _____
    Its Attorney-at-Law

_____
    Minor

_____
    Legal Guardian of Minor

Gerichtliches Dokument. Antrag auf Arbeitserlaubnis für Norma Jeane, minderjährig

Rechtsanwälte
Geo. P. Wasson jr. und
Robert H. Patton
10201 West Pico Boulevard,
Los Angeles, California

OBERSTES GERICHT DES STAATES KALIFORNIEN
FÜR DEN BEZIRK LOS ANGELES

IN DER ANGELEGENHEIT
DES VERTRAGS ZWISCHEN
TWENTIETH CENTURY-FOX
FILM CORPORTATION,
   Arbeitgeber,

UND

NORMA JEANE DOUGHERTY,
minderjährig,
   Arbeitnehmer

Nr. 518834
Angabe von Datum und Ort
der Anhörung zur Genehmi-
gung eines Vertrags mit
einer Minderjährigen, um
als Schauspielerin tätig zu
werden.

AN DAS EHRENWERTE OBERSTE GERICHT DES
STAATES KALIFORNIEN
FÜR DEN BEZIRK LOS ANGELES

ES WIRD HIERMIT von den Unterzeichneten festgelegt, daß der
Antrag auf Genehmigung eines Vertrags mit einer Minderjährigen,
um als Schauspielerin in der obigen Angelegenheit tätig zu werden,
in einer Anhörung vor dem obigen Gericht, Abtlg. 35, am Dienstag,
dem 10. September 1946, 13:45 Uhr, zu der von dem Gericht festgelegten Zeit oder zu jeder anderen Zeit, die das Gericht ohne weitere
Benachrichtigung eines der Beteiligten zur Weiterverhandlung fest-
legen kann, verhandelt wird.

Datum   5. September 1946
  TWENTIETH CENTURY-FOX FILM CORPORTAION
       ROBERT H. PATTON
        Rechtsanwalt

      NORMA JEANE DOUGHERTY
        Minderjährige

        GRACE MCKEE
  Gesetzlicher Vormund der Minderjährigen

THIS AGREEMENT, dated _____ July 25 ____, 194 6 ,
by and between TWENTIETH CENTURY-FOX FILM CORPORATION, a New York
corporation, hereinafter designated as the "PRODUCER", and
NORMA JEAN DOUGHERTY _____, of the City of Los Angeles,
California, hereinafter designated as the "ARTIST",

W I T N E S S E T H :

For and in consideration of the mutual covenants and agree-
ments of the parties hereto and in consideration of the money and
time expended by the Producer in making a photographic and/or sound
test or tests of the Artist as herein stated, it is hereby agreed as
follows:

(1) The Producer agrees to make a photographic motion picture and/or sound test or tests of the Artist for the purpose of de-
termining the Artist's suitability to perform in motion picture photo-
plays, theatrical performances, television and/or radio productions.
Said photographic and/or sound test or tests shall be made upon such
day or days as may be designated by the Producer on or before -------
-----forty-five------(45) days from and after the date hereof. The
Artist warrants and agrees that he (or she) will keep himself (or her-
self) available to the Producer for the purpose of making said test
or tests and will report to the Producer for the purpose of preparing
for and making said photographic motion picture and/or sound test or
tests upon the day or days designated by the Producer therefor; it
being understood and agreed that the Artist shall not be entitled to
receive nor shall the Producer be obligated to pay to the Artist any
compensation for his (or her) services rendered in connection with
the preparation for or the making of said photographic motion picture
and/or sound test or tests.

(2) The Artist hereby gives and grants to the Producer the
exclusive right and option, from the date of this instrument until
------------ten---------------(10) days from and after the date the
last test of the Artist is made by the Producer, under all the terms
and conditions hereof, to employ the Artist for a term of ----six----
(6)_____months_____, to render his (or her) services as an
actor (or actress) in connection with motion picture, television,
radio and/or theatrical productions, commencing upon the day following the exercise of the option upon the Artist's services hereby
granted the Producer, and during which term the Producer guarantees
to employ and compensate or to compensate the Artist for his (or her)
services for a period or aggregate periods of not less than twenty
(20) weeks, at and for a salary of One Hundred and Fifty- - - - - - -
Dollars ($150.00) per week. It is understood and agreed that dur-
ing said term of employment the Producer shall have the right to suspend the services and compensation of the Artist for a period or aggregate periods equal to the length of time by which said -----six------
(6)_____months'_____ term shall exceed the minimum guaranteed
term of employment of__twenty_(20) weeks.

(3) It is understood and agreed that in the event the Producer desires to exercise the option hereinabove granted to it, it

Ihr erster Filmvertrag als Minderjährige

DIESER VERTRAG, datiert am 25. Juli 1946, zwischen der TWENTIETH CENTURY-FOX FILM CORPORATION, einem New Yorker Unternehmen, nachstehend als »PRODU-ZENT« bezeichnet, und NORMA JEANE DOUGHERTY aus Los Angeles, nachstehend als »KÜNSTLERIN« bezeichnet

BEZEUGT:

In Anbetracht der beiderseitigen Verträge und Vereinbarungen der Vertragsparteien sowie der vom Produzenten aufgewendeten Geld-mittel und Zeit bei der Herstellung von Foto- und/oder Tonauf-nahmen der Künstlerin wird die folgende Vereinbarung getroffen:

(1) Der Produzent willigt ein, von der Künstlerin Film- und/oder Tonprobeaufnahmen anzufertigen, um die Eignung der Künstlerin für Film- und Theateraufführungen sowie Fernseh- und/oder Ra-dioproduktionen festzustellen. Derartige Foto- und/oder Tonauf-nahmen werden an dem/den vom Produzenten bestimmten Tag(en), spätestens fünfundvierzig (45) Tage ab Vertragsdatum, durchgeführt. Die Künstlerin garantiert und willigt ein, daß sie dem Produzenten für die Herstellung besagter Aufnahme oder Aufnah-men zur Verfügung steht und sich beim Produzenten meldet, damit diese Film- und/oder Tonaufnahmen an diesem (diesen) vom Pro-duzenten dazu bestimmten Tag(en) hergestellt werden können; es gilt als vereinbart, daß die Künstlerin nicht berechtigt ist, irgend-welche Vergütungen für ihre Dienste zu erhalten, die im Zusam-menhang mit der Vorbereitung oder der Herstellung dieser Film- und/oder Tonaufnahmen stehen und der Produzent nicht ver-pflichtet ist, diese zu zahlen.

(2) Die Künstlerin überträgt und gewährt hiermit dem Produzenten das ausschließliche Recht und die Option, zum Tage des Vertrags-abschlusses bis zehn (10) Tage ab dem Tag, an dem vom Produzen-ten die letzten Probeaufnahmen von der Künstlerin angefertigt wurden, gemäß allen hierin aufgeführten Bedingungen die Künstle-rin für einen Zeitraum von sechs (6) Monaten anzustellen, um ihre Dienste als Schauspielerin in Verbindung mit Film-, Fernseh-, Ra-dio- und/oder Theaterproduktionen zu nutzen, beginnend vom Tage nach der Ausübung der Option bezüglich der durch diesen Vertrag dem Produzenten zugebilligten Dienste der Künstlerin; während dieses zugebilligten Zeitraums garantiert der Produzent, die Künstlerin zu beschäftigen und ihre Dienste während einer Zeitspanne oder einem Gesamtzeitraum von mindestens zwanzig (20) Wochen mit einer Gage von einhundertfünfzig Dollar ($

may do so by notifying the Artist of its desire to so exercise the same, personally, either orally or in writing, or by mailing to the Artist, postage prepaid, a notice of the Producer's desire to exercise said option addressed to the Artist at National Concert & Artists Corporation, 9059 Sunset Blvd., Los Angeles 46, California .
In the event of the mailing of such notice of exercise of option, the date of mailing shall be deemed the date of exercise of said option.

(4) It is mutually understood and agreed that in the event the Producer shall exercise the option hereinabove granted to it, the Artist will immediately thereafter, upon the Producer's request, make, enter into and deliver to the Producer an employment contract for the rendition of the Artist's services in connection with motion picture, television, radio and/or theatrical productions upon the Producer's standard form of actors' employment agreement, covering all of the terms and conditions of said employment; it being understood and agreed that the Artist is familiar with and agrees to accept said form of contract, if said option is exercised. Said employment contract shall include but shall not be limited to the following clauses:

(a) The Artist agrees that, at his (or her) own expense, he (or she) will have such dental work done as may be necessary, in the Producer's opinion, or in the opinion of its duly authorized agents, to improve the Artist's pictorial appearance on the screen. Said dental work shall be done within sixty (60) days after it is so requested by the Producer; provided, however, that said request shall be made to the Artist by the Producer within sixty (60) days after the commencement of the original term of the Artist's employment under said contract, and in the event the Artist fails to have said dental work performed, the Producer may, at its option, cancel said contract upon ten (10) days' notice to the Artist, and thereafter be relieved of any further obligation thereunder.

(b) The Artist agrees to become and remain a member of the Screen Actors Guild in good standing during the entire term of said contract.

(c) The Producer's usual form clauses relating to change of name, grant of rights, warranties, suspension because of strike, Act of God, etc., location transportation, illness or disability suspension, moralities provisions, advertising and dubbing rights and the right to lend the Artist's services to other persons, firms or corporations.

(5) It is further mutually understood and agreed that the aforementioned contract of employment shall also provide for the extension of the original term of employment, at the Producer's option, to be exercised with respect to each period on or before fifteen (15) days prior to the commencement of such period, for and during the following periods:

150.00) pro Woche zu vergüten. Es gilt als vereinbart, daß der Produzent während dieser Beschäftigungsdauer das Recht hat, die Dienste und die Vergütung der Künstlerin einzustellen während einer Zeitspanne oder eines Gesamtzeitraums entsprechend der Länge, wodurch besagter Zeitraum von <u>sechs (6) Monaten</u> die garantierte Mindestbeschäftigungsdauer von <u>zwanzig (20) Wochen</u> übersteigt.

(3) Falls der Produzent von seiner ihm gewährten oben erwähnten Option Gebrauch machen möchte, gilt als vereinbart, daß er dies der Künstlerin persönlich, entweder mündlich oder schriftlich bekanntgibt, oder der Künstlerin den Wunsch des Produzenten, von seiner Option Gebrauch zu machen, durch einen frankierten Brief an <u>National Concert & Artists Corporation, 9059 Sunset Blvd., Los Angeles 46, California,</u> mitteilt. Falls die Bekanntmachung einer derartigen Optionsausübung brieflich erfolgt, gilt das Datum des Poststempels als Datum, an dem von besagter Option Gebrauch gemacht wird.

(4) Falls der Produzent von seiner ihm gewährten obenerwähnten Option Gebrauch macht, so wird beiderseitig vereinbart, daß die Künstlerin auf Verlangen des Produzenten sofort danach einen Beschäftigungsvertrag auf dem Standardvertrag des Produzenten für die Beschäftigung von Schauspielern mit allen Bedingungen besagter Beschäftigung für die Ausführung der Dienste der Künstlerin hinsichtlich Film-, Fernseh-, Radio- und/oder Theaterproduktionen ausfertigt und dem Produzenten übersendet; es gilt als vereinbart, daß die Künstlerin mit erwähntem Vertragsformular vertraut ist und diesem zustimmt, wenn eine derartige Option ausgeübt wird. Besagter Beschäftigungsvertrag enthält, beschränkt sich jedoch nicht auf, folgende Klauseln:

(a) Die Künstlerin willigt ein, daß sie auf eigene Kosten eine nach Ansicht des Produzenten oder seiner ordnungsgemäß bevollmächtigten Agenten erforderliche Zahnbehandlung durchführen läßt, um ihr Erscheinungsbild auf der Leinwand zu verbessern. Eine derartige Zahnbehandlung muß innerhalb von sechzig (60) Tagen nach Ersuchen des Produzenten durchgeführt werden, vorausgesetzt jedoch, besagtes Ersuchen wird vom Produzenten an die Künstlerin innerhalb von sechzig (60) Tagen nach Beginn der ursprünglichen Beschäftigungsdauer der Künstlerin gemäß besagtem Vertrag gerichtet, und falls die Künstlerin es unterläßt, die erwähnte Zahnbehandlung durchführen zu lassen, kann der Produzent

3.

(a) For a period of __six (6) months__, commencing at the completion of the original term of employment, during which period, if this option shall be exercised, the Artist's salary shall be at the rate of __One Hundred and Fifty__- - - - - - - - -Dollars (__$150.00__) per week.

(b) For a period of __one (1) year__, commencing at the expiration of the preceding optional period, during which period, if this option shall be exercised, the Artist's salary shall be at the rate of __Two Hundred__- - - - - - - - - -Dollars (__$200.00__) per week.

(c) For a period of __one (1) year__, commencing at the expiration of the preceding optional period, during which period, if this option shall be exercised, the Artist's salary shall be at the rate of __Three Hundred__- - - - - - - - - Dollars (__$300.00__) per week.

(d) For a period of __one (1) year__, commencing at the expiration of the preceding optional period, during which period, if this option shall be exercised, the Artist's salary shall be at the rate of __Four Hundred__- - - - - - - - - -Dollars (__$400.00__) per week.

(e) For a period of __one (1) year__, commencing at the expiration of the preceding optional period, during which period, if this option shall be exercised, the Artist's salary shall be at the rate of __Five Hundred__- - - - - - - - - - Dollars (__$500.00__) per week.

(f) For a period of __one (1) year__, commencing at the expiration of the preceding optional period, during which period, if this option shall be exercised, the Artist's salary shall be at the rate of __Seven Hundred and Fifty__- - - - - Dollars (__$750.00__) per week.

(g) For a period of __one (1) year__, commencing at the expiration of the preceding optional period, during which period, if this option shall be exercised, the Artist's salary shall be at the rate of __One Thousand__- - - - - - - - - - - Dollars (__$1000.00__) per week.

(6)   It is mutually understood and agreed that during each of the periods of the Artist's employment hereinbefore mentioned in Article (5) hereof, while the aforementioned contract shall remain in full force and effect, the Producer guarantees to employ and compensate or to compensate the Artist for not less than twenty (20) weeks during each such six (6) months' term, and for not less than forty (40) weeks during each such one (1) year's term; therefore,

nach seinem Ermessen der Künstlerin besagten Vertrag mit zehn(10)tägiger Kündigungsfrist kündigen und ist danach jeglicher weiterer Vertragsverpflichtungen enthoben.

(b) Die Künstlerin willigt ein, während der gesamten Vertragsdauer ein unbescholtenes Mitglied der Screen Actors Guild zu werden und zu bleiben.

(c) Die üblichen Klauseln im Vertragsformular des Produzenten bezüglich Änderung des Namens, Gewährung von Rechten, Garantien, Aussetzen wegen Streiks, höherer Gewalt, etc., Transport zu Außenaufnahmen, Krankheit oder Arbeitsunfähigkeit, Sittlichkeitsbestimmungen, Werbe- und Synchronisationsrechten sowie des Rechts, die Dienste der Künstlerin anderen Personen, Firmen oder Gesellschaften zur Verfügung zu stellen.

(5) Weiterhin wird beiderseitig vereinbart, daß der vorliegende Beschäftigungsvertrag auch für die Verlängerung der ursprünglichen Beschäftigungsdauer gilt, sofern der Produzent seine Option für den jeweiligen Zeitraum bis spätestens fünfzehn (15) Tage vor Beginn einer solchen Verlängerung ausübt für und während der folgenden Zeiträume:

(a) für eine Zeitspanne von sechs (6) Monaten, beginnend bei Beendigung der ursprünglichen Beschäftigungsdauer, während der – falls diese Option ausgeübt wird – die Gage der Künstlerin einhundertfünfzig Dollar ($ 150.00)pro Woche beträgt.

(b) Für eine Zeitspanne von einem (1) Jahr, beginnend nach Ablauf der vorhergehenden fakultativen Zeitspanne, während der – falls diese Option ausgeübt wird – die Gage der Künstlerin zweihundert Dollar ($ 200.00) pro Woche beträgt.

(c) Für eine Zeitspanne von einem (1) Jahr, beginnend nach Ablauf der vorhergehenden fakultativen Zeitspanne, während der – falls diese Option ausgeübt wird – die Gage der Künstlerin dreihundert Dollar ($ 300.00) pro Woche beträgt.

(d) Für eine Zeitspanne von einem (1) Jahr, beginnend nach Ablauf der vorhergehenden fakultativen Zeitspanne, während der – falls diese Option ausgeübt wird – die Gage der Künstlerin vierhundert Dollar ($ 400.00) pro Woche beträgt.

4.

it is understood and agreed that the Producer shall have the right to suspend the services and compensation of the Artist during each six (6) months' term of the Artist's employment for a period or aggregate periods equivalent to the length of time by which such six (6) months' term exceed the minimum guaranteed term of employment of twenty (20) weeks, and during each one (1) year term of the Artist's employment for a period or aggregate periods equivalent to the length of time by which such one (1) year term exceeds the minimum guaranteed term of employment of forty (40) weeks.

(7) It is hereby further mutually understood and agreed that while the Producer shall retain any rights in and/or to or options upon the Artist's services hereunder, or under the terms of any contract of employment entered into between them under the provisions hereof, the Artist shall not hereafter render any services for any other person, firm or corporation than Twentieth Century-Fox Film Corporation without the express consent of Twentieth Century-Fox Film Corporation first had and obtained thereto.

IN WITNESS WHEREOF, the Producer has caused this agreement to be executed by its officer thereunto duly authorized and the Artist has hereunto affixed his (or her) signature on the day and year in this agreement first above written.

Commitment Approved
By _G. ∟. M_
DATE _7/1/46_
Form Approved
By _EAB_
Date _8/2/46_

TWENTIETH CENTURY-FOX FILM CORPORATION,

By _Aw Schenk_
Its Executive Manager

Norma Jeane Dougherty
Artist.

Grace McKee
legal guardian

STATE OF CALIFORNIA,   ) SS.
COUNTY OF LOS ANGELES,)

On this _31st_ day of _July_, in the year 1946, before me, _JUNE DOWNEY_ a Notary Public in and for the said County and State, residing therein and duly commissioned and sworn, personally appeared _NORMA JEAN DOUGHERTY_ known to me to be the person whose name is subscribed to the within instrument, and acknowledged to me that he executed the same.

IN WITNESS WHEREOF, I have hereunto affixed my signature and official seal on the day and year in this certificate first above written.

June Downey
Notary Public in and for the County of Los Angeles, State of California.

my Commission Expires Nov. 5, 1946

(e) Für eine Zeitspanne von einem (1) Jahr, beginnend nach Ablauf der vorhergehenden fakultativen Zeitspanne, während der – falls diese Option ausgeübt wird – die Gage der Künstlerin fünfhundert Dollar ($ 500.00) pro Woche beträgt.

(f) Für eine Zeitspanne von einem (1) Jahr, beginnend nach Ablauf der vorhergehenden fakultativen Zeitspanne, während der – falls diese Option ausgeübt wird – die Gage der Künstlerin siebenhundertfünfzig Dollar ($ 750.00) pro Woche beträgt.

(g) Für eine Zeitspanne von einem (1) Jahr, beginnend nach Ablauf der vorhergehenden fakultativen Zeitspanne, während der – falls diese Option ausgeübt wird – die Gage der Künstlerin eintausend Dollar ($ 1000.00) pro Woche beträgt.

(6) Es wird beiderseitig vereinbart, daß während jeder in Klausel (5) erwähnten Zeitspanne – wobei der Vertrag voll wirksam bleibt – der Produzent die Beschäftigung und Bezahlung oder die Bezahlung der Künstlerin für mindestens zwanzig (20) Wochen während jeder der sechs(6)monatigen Zeitspanne und für mindestens vierzig (40) Wochen während jeder der ein(1)jährigen Zeitspanne garantiert; deshalb wird vereinbart, daß der Produzent das Recht hat, während jeder der sechs(6)monatigen Zeitspannen der Beschäftigung der Künstlerin die Dienste und Bezahlung der Künstlerin einzustellen für einen Zeitraum oder einen Gesamtzeitraum entsprechend der Zeitdauer, wodurch eine solche sechs(6)monatige Zeitspanne die Mindestgarantiebeschäftigungsdauer von zwanzig (20) Wochen übersteigt, und während jeder ein(1)jährigen Zeitspanne der Beschäftigung der Künstlerin für einen Zeitraum oder einen Gesamtzeitraum entsprechend der Zeitdauer, wodurch eine solche ein(1)jährige Zeitspanne die Mindestgarantiebeschäftigungsdauer von vierzig (40) Wochen übersteigt.

(7) Des weiteren wird hiermit beiderseitig vereinbart, daß die Künstlerin nach Vertragsende keiner anderen Person, Firma oder Gesellschaft außer der Twentieth Century-Fox Film Corportation ihre Dienste anbietet ohne ausdrückliche Zustimmung von Twentieth Century-Fox Film Corporation, wohingegen der Produzent jegliche Rechte an und/oder auf oder Optionen auf die vertraglich festgelegten Dienste der Künstlerin hat, oder auf diejenigen, die aufgrund jeglichen Beschäftigungsvertrags zwischen ihnen gemäß den Bedingungen des vorliegenden Vertrags festgelegt wurden.

Twentieth Century-Fox Film Corporation

STUDIOS
BEVERLY HILLS, CALIFORNIA July 23, 1954

Miss Marilyn Monroe
c/o Famous Artists Corporation
9441 Wilshire Boulevard
Beverly Hills, California

Dear Miss Monroe:

Under date of March 31, 1954 we notified you of our election to extend the term of your contract of employment with us, dated April 11, 1951 (hereinafter called "the old contract"), by a period equivalent to the period of the suspension which commenced on January 4, 1954 and terminated as of the close of business on January 15, 1954, and for the total period of the suspension which commenced on January 26, 1954, but which, as of March 31, 1954, had not expired, and it is our desire to extend said current term to the full extent permitted by Article Twenty-Fifth of said old contract.

Since you returned to our studio to recommence the rendition of your services for us on April 14, 1954, the current term of said old contract, as extended, will, in the absence of any other or further extensions, now expire on August 8, 1954.

You are hereby further notified that we desire to and do hereby, exercise the option granted to us by the terms of said old contract, to extend the term of employment thereunder for the period of time described in subsection (e) of Article Third thereof, which period shall commence on August 9, 1954.

However, you recommenced your services for us in connection with our motion picture entitled "IRVING BERLIN'S THERE'S NO BUSINESS LIKE SHOW BUSINESS" on the understanding that a new agreement between us would be executed, and we have considered, throughout the production of said motion picture, that you have been rendering your services for us under the new contract. On July 9, 1954, the original and copies of the proposed new contract in final form, i.e., containing all revisions requested by your representatives, were delivered to your attorneys for your signature, and we have been advised that this new contract in its present form was satisfactory. It is not our intention, by giving you this notice, to depart from our position that the new contract is now in operation, consequently this notice is to have no force and effect when you sign the new contract and deliver the same to us.

Yours very truly,

TWENTIETH CENTURY-FOX FILM CORPORATION

By _____

Its Executive Manager.

Schreiben an Marilyn Monroe von der Twentieth Century-Fox, mit dem ihr Vertrag verlängert wird

Zur Urkund dessen ließ der Produzent diesen Vertrag von seinem Bevollmächtigten, der dazu ordnungsgemäß ermächtigt ist, ausfertigen, und die Künstlerin hat an dem oben genannten Datum ihre Unterschrift darunter gesetzt.

[Stempel]   TWENTIETH CENTURY-FOX
                           FILM CORPORATION
Verpflichtung (?) genehmigt
durch (Unterschrift)   durch   (Unterschrift)
Datum 1. 8. 1946   Bevollmächtigter
Formular genehmigt   (Unterschrift)
durch (Unterschrift)   Künstlerin
       Rechtsabtlg.   (Unterschrift)
Datum: 2. 8. 46   gesetzlicher Vormund

Staat Kalifornien   )
Bezirk Los Angeles) Unterschriften

An diesem 31. Tag des Juli 1946 erschien persönlich vor mir, June Downey, Notar in und für besagten Bezirk und Staat, darin wohnhaft und ordnungsgemäß beauftragt und beeidigt, NORMA JEAN DOUGHERTY, welche mir bekannt ist als diejenige Person, mit deren Namen dieser Vertrag unterzeichnet ist und welche mir bestätigte, daß sie dies getan hat.

Zur Urkund dessen setze ich an oben angegebenem Datum meine Unterschrift und Amtssiegel unter diese Urkunde.

    JUNE DOWNEY
Notar in und für den Bezirk
Los Angeles im Staate Kalifornien

Miss Marilyn Monroe
c/o Famous Artists Corporation
9441 Wilshire Boulevard
Beverly Hills, California

Sehr verehrte Miss Monroe,
am 31. März 1954 teilten wir Ihnen mit, daß Ihr Vertrag vom 11.
April 1951 mit uns (im folgenden »der alte Vertrag« genannt) für die
Dauer der Aussetzung, die am 4. Januar 1954 begann und mit dem
Ende des Vertragsjahres am 15. Januar 1954 endete, und für die Ge-
samtdauer der Aussetzung, die am 26. Januar 1954 begann, jedoch
am 31. März 1954 noch nicht abgelaufen war, verlängert werden
soll, und daß es unser Wunsch ist, die Dauer des laufenden Vertrags
entsprechend der vollen Laufzeit gemäß § 25 des alten Vertrags zu
verlängern.
Da Sie zur Wiederaufnahme Ihrer für uns zu erbringenden Dienste
am 14. April 1954 in unser Studio zurückkehrten, wird die verlängerte Laufzeit des alten Vertrags bei Fehlen sonstiger oder weiterer
Verlängerungen nunmehr am 8. August 1954 enden.
Des weiteren teilen wir Ihnen mit, daß wir hiermit unsere Option
gemäß den Bedingungen des alten Vertrags wahrnehmen und das
darin geregelte Beschäftigungsverhältnis für die in Abschnitt (c) von
§ 3 vorgesehene Dauer ab dem 9. August 1954 verlängern.
Sie nahmen jedoch Ihre Tätigkeit für uns in Zusammenhang mit unserem Film »IRVING BERLIN'S THERE'S NO BUSINESS
LIKE SHOW BUSINESS« unter der Voraussetzung auf, daß zwischen uns ein neuer Vertrag geschlossen werden würde, und wir gingen während der Produktion dieses Films davon aus, daß Sie für uns
gemäß dem neuen Vertrag arbeiten. Am 9. Juli 1954 wurden Original und Abschriften des vorgesehenen neuen Vertrags in seiner endgültigen Form, d. h. mit allen von Ihren Vertretern geforderten Änderungen, Ihren Anwälten zu Ihrer Unterzeichnung übergeben, und
man ließ uns wissen, daß dieser neue Vertrag in seiner endgültigen
Form Ihren Vorstellungen entspricht. Mit dieser Kündigung verbinden wir nicht die Absicht, von unserem Standpunkt abzurücken,
wonach der neue Vertrag nunmehr in Kraft ist. Die Kündigung ist
folglich für Sie hinfällig, wenn Sie den neuen Vertrag unterzeichnet
an uns zurückgeben.

Mit vorzüglicher Hochachtung
TWENTIETH CENTURY-FOX FILM CORPORATION
Lew Schreiber
Executive Manager

Twentieth Century-Fox Film Corporation
Box 900
Beverly Hills,California

       Attention Mr.Lew Schreiber
                Executive Manager

Dear Sirs:

     My attention has just been directed to your letter
of July 23,1954.

     I concede entirely that you are no longer bound by
the agreement of April 11,1954, and that it has been terminated,
cancelled and abandoned.

     However, I deny that any subsequent written agreement
exists between us, and I deny that any proposed new contract
enduring for some seven years, never signed or executed, is in
operation.

     I deny that any proposed form of a subsequent written
contract was satisfactory to me.

     At your inducement I performed in "Irving Berlin's There's
No Business Like Show Business", and again in "Seven Year Itch,"in
each case under an oral agreement which has been fully performed by
me, but you have not fully paid me as yet.

                        Very truly yours,

                    Marilyn Monroe
                  Marilyn Monroe

Schreiben von Marilyn Monroe an die Twentieth Century-Fox zu ihrem annulierten Vertrag. Sie behauptet, nicht bezahlt worden zu sein.

Betrifft: Twentieth Century-Fox
Film Corporation und Marilyn
Monroe

11. Dezember 1954

Twentieth Century-Fox Film Corporation
Box 900
Beverly Hills, California
z. Hd.: Mr. Lew Schreiber
        Executive Manager

Sehr geehrte Herren,

soeben gelangte mir Ihr Schreiben vom 23. Juli 1954 zur Kenntnis.

Ich stimme vollkommen mit Ihnen überein, daß Sie nicht mehr an
den am 11. April 1954 geschlossenen Vertrag gebunden sind, und
daß dieser beendet und annulliert ist.

Ich bestreite jedoch, daß es irgendwelche späteren schriftlichen Vereinbarungen zwischen uns gibt, und ich bestreite ebenfalls, daß ein
eventuell vorgesehener neuer Siebenjahresvertrag je ausgefertigt
wurde und in Kraft ist.

Ich bestreite, daß eine eventuell vorgesehene Form eines schriftlichen Anschlußvertrags für mich akzeptabel war.

Auf Ihre Veranlassung spielte ich in »Irving Berlin's There's No Business Like Show Business« und in »Seven Year Itch«; in beiden Fällen auf Basis einer mündlichen Vereinbarung, die meinerseits voll
erfüllt wurde, wohingegen Sie mich noch nicht vollständig bezahlt
haben.

Hochachtungsvoll

Marilyn Monroe

Danksagung

Adela Gregory

Besonderen Dank meinem Mann John Ohanesian für seine unbeirrbare Liebe und Unterstützung; meiner Mutter Ruth Gregory Greulach für ihre Tapferkeit und menschliche Integrität; meinem älteren Bruder Jake Gregory, der meine medizinischen und detektivischen Talente weckte, und ohne dessen Führung dieses Buch nie gediehen wäre; Milo Speriglio für seine umfassende Kenntnis und seinen Glauben an meine Fähigkeit zu recherchieren; meinem Bruder Dr. Andrew Gregory für seine unverminderte Geduld in bezug auf Pharmakologie und sein Drängen auf Genauigkeit; meiner Schwester Eunice Gregory deLeuw für ihre liebevolle Kritik und ständige Hilfsbereitschaft; meinem Schwager Jim deLeuw, der mich in den Filmschnitt einführte; meiner Schwester Christine Gregory, deren Liebe und Ermutigung mich abhielten, aufzugeben; meiner Schwester Dr. phil. Priscilla Gregory Agnew für das Stimulieren meiner Denkprozesse und für ihr liebevolles Verständnis; Phoebe Gregory Heywood für ihre Liebe und die Theaterbesuche; Calvin Gregory, der mich Beharrlichkeit lehrte; meinem Agenten Frank Weimann für seinen hartnäckigen Enthusiasmus und sein Wissen; meinem freundlichen, geduldigen, kenntnisreichen Verleger Allan Wilson, der beim Schreiben dieses Buches Schrittmacher war (ohne ihn wäre es nie fertig geworden), dem bewundernswürdigen, freundlichen und begabten Allan »Whitey« Snyder, der meine Beweggründe verstand, den Prozeß der Entdeckungen mit beständiger liebevoller Geduld begleitete und mich begreifen ließ, warum er Marilyns wertvollster Freund gewesen war, sowie seiner wohlwollenden und begabten Frau Marjorie Plecher Snyder, die meine Untersuchung stetig unterstützte; Rudy DeLuca, der mich so oft mit seinem Mitgefühl und seiner Fähigkeit, mich zum Lachen zu bringen, rettete; Joachim Hagopian für sein psychologisches Geschick, mir Mut zum Erzählen dieser Geschichte zu machen, und seine beharrliche Geduld, mich in diesem zermürbenden Prozeß bei Verstand zu halten. Und Rehcap Suruam für seinen Adlerblick.

Meinen Dank außerdem an Dr. med. Dr. phil. Louis A. Gottschalk, Robert H. Cravey, Dr. med. Cyril Wecht, George Barris, Elton Noels, Sergeant i. R. Jack Clemmons, Joseph Mato, Dr. med. Joseph Davis, Melvin Wulf, Dr. phil Fanya Carter, Steve Brodie, Dr. phil. Irving Kushner, Harvey Vernon, Kathy Shorkey, Dick Delson, Richard Sarafian, Sandra Harmon, Bill Fox, Leigh Weiner, Buddy Monasch, Bernard »Bernie« Williams, Tom Tubman, Sue Solomon, Dr. phil. Cecilia Korsen, Hugh York, Catrine Pollette, Van Ditmars, Tracey Roberts, Joseph Vaynor, Nancy Giannos, Winnie Sharp für seine Weisheit und Freundlichkeit, Reba Merrill, San Makhanian, Al Makhanian, Barbara Maron, Lisa Larson Levy, Harold Igdaloff, John Garbar, Milton Goldstein, Georgia Ferris, Sid Ceaser, Joey Averbach, Marian Noon, Irene Tedrow Kent und Armen Markarian.

Besonderen Dank in memoriam Bob Kelljan, der mir das Herz öffnete, dessen Glaube an mich meine Leistungsfähigkeit anspornte und der mir das Kochen beibrachte; Paul Olsen, dessen Ermutigung, Liebe und Verständnis ich nie vergessen werde; Lucille Bensen; Cheryl Clark; Dick Shawn, der mich am Lachen hielt; Eugene Tunick; Michael Schneider; und Elvis Presley, der gnädig war und mich in das Reich der Superstars einführte.

Und danke, Marilyn.

Milo Speriglio

Zwanzig Jahre lang führten Nick Harris Detectives, Inc., in Van Nuys, Kalifornien, eine Untersuchung über den Tod von Marilyn Monroe. Es war der längste laufende Fall in der 78jährigen Geschichte der Firma und doch nur einer unter mehr als einer Million erfolgreicher Aufträge. Als Direktor und Leiter dieser Detektei wurde ich von mehr als 130 Ermittlern unterstützt. Viele waren Absolventen unseres Untersuchungsbereichs Nick Harris Detective Academy, der ältesten Schule der Welt für Privatdetektive.

Was ihren Anteil an dieser Arbeit angeht, meinen besonderen Dank an den Stellvertretenden Academy-Direktor C. J. Mastro; den Chefausbilder und Ermittlungsspezialisten Marc Laikind; den Stellvertretenden Direktor der Detektei Marcus K. Joseph; den Chef-Spezialagenten Dale Upton; Lesli Poncher, der viele Anrufe von Informanten überprüfte; und die altbewährte Privatdetektivin Liz McVey, die 1990 mit dem »National Female Investigator of the Decade Award« ausgezeichnet wurde.

Der inzwischen verstorbene Al Stump, der als investigativer Journalist für den »Los Angeles Herald Examiner« arbeitete, stieß mich auf den Fall Monroe. Er brachte mich mit Bob Slatzer zusammen, der seine eigenen Nachforschungen über Marilyns Tod begonnen hatte. Bob überließ Nick Harris Detectives seine komplette Akte über den Fall.

Um 1982, als ich mich zehn Jahre in den Fall vertieft hatte, war ich soweit zu sagen, daß Marilyn Monroe zweifellos ermordet worden war, aber die Behauptung beruhte auf einer theoretischen Konstruktion. Die harten Beweise würden sich später einstellen.

Zu dieser Zeit wandte sich Theresa Seeger, die Begründerin von »Marilyn Remembered«, einer Vereinigung, die sich dem Schutz von Marilyns Integrität widmete, zum ersten Mal an mich. Damals war die Nation in ihrer Ansicht über den Tod der Schauspielerin gespalten. Theresas erste Worte an mich waren: »Milo, ich glaube wie Sie, daß Marilyn ermordet wurde.« Auch sie hatte mit privaten Nachforschungen begonnen, Jahre, bevor ich mich mit dem Fall befaßte. Die Videoproduzentin interviewte mich, indem sie mein erstes Buch über die Monroe als Unterlage benutzte, und ich stellte nach arbeitsintensiver Plakkerei »The Monroe Mystic: Magnificent Life and Mysterious Death« zusammen.

David Conover, ein Armeefotograf und der Mann, dem die Entdeckung Marilyns zugeschrieben wird, unterhielt sich mit mir, als ich in den Fall einstieg, und wir blieben bis zu seinem kürzlichen Tod in häufigem Kontakt. Er stimmte mit mir überein, daß Marilyn ermordet worden sei. Er lieferte den Hintergrund für das, was ich später über das Starlet herausfand.

Unter den vielen Autogrammfotos amerikanischer Präsidenten an der Wand hinter meinem Schreibtisch hängt ein 18x24-Foto von Norma Jeane mit einer persönlichen Widmung Conovers an mich. Sie trägt einen Skianzug, aber es gibt keinen Schnee in diesem heißesten Fleck Amerikas: Death Valley. Als ich David bat, mir sein Lieblingsfoto von Marilyn zu geben, wählte er dieses aus.

Jim Dougherty kannte Norma Jeane, seine sechzehnjährige Braut, besser als irgendwer zu dieser Zeit. Einige Monate lang weihte er mich in vertraute Geschichten über ihre Beziehung ein und gestattete mir einen »Insider-Blick« in die künftige Marilyn Monroe.

Bebe Goddard erklärte sich zu einigen Gesprächen mit mir bereit. Sie liebte ihre Pflegeschwester, teilte ihre Kleider mit Normi (ihr Kosename für Norma Jeane) und war die Vertraute des Teenagers, der später ein Star wurde.

Mike Selsman, mein Agent für Fernsehen und Film, war 1962 Werbeagent für die Arthur Jacobs Agency, die Pat Newcomb von New York nach Los Angeles schickte, um mit Marilyn zu arbeiten. Er lieferte viele Einblicke in die wirkliche Monroe und in die Marilyn-Newcomb-Verbindung.

Walter Schaefer, der Begründer des Schaefers Ambulance Service, bestätigte mir ein überaus wichtiges Faktum über Marilyns Tod: Sie starb nicht in ihrem Haus in Brentwood.

Einer von Marilyns Lieblingsfotografen und -journalisten war George Barris. Seine berühmte Film-Session am Strand von

Santa Monica, Marilyns letzte Produktion außerhalb des Studios, wird als Kunst fortleben. Während der vergangenen zwei Jahre erzählte er mir über die Marilyn, die er kannte, wenn seine Kameras nicht mehr auf die Schauspielerin gerichtet waren und sie wieder ganz sie selbst wurde.

Als Barris während eines Auftrags in Europa vom Tod Marilyns erfuhr, flog er sofort nach Los Angeles, um beim Gedenkgottesdienst dabeizusein. Joe DiMaggio verweigerte dem berühmten Fotografen einen Sitzplatz in der halbleeren Kapelle. Georges Bestseller »Marilyn«, den er mit Gloria Steinem schrieb, erschien 1986.

Allen Abbott war einer der sechs Sargträger. Er fuhr ihre Leiche vom Büro des Coroner in die Westwood-Leichenhalle. Allen verbrachte einen großen Teil des Tages und der Nacht vor dem Begräbnis in einem kleinen Raum mit ihrer sterblichen Hülle. In seinen Gesprächen mit mir berichtete Allen über Vorfälle, von denen nur wenige bezeugt waren, einschließlich des Besuchs von DiMaggio.

Ich bin fast allen Autoren von Büchern über Marilyn begegnet oder habe mit ihnen gesprochen. Besonders denkwürdig war 1990 mein Zusammentreffen mit Maurice Zolotow. Der Autor des Bestsellers »Marilyn«, dessen Erstausgabe 1960 erschienen war, war auf PR-Tournee für eine überarbeitete Paperback-Ausgabe. Bob Slatzer und ich flogen nach New York, um in der Geraldo-Rivera-Show aufzutreten (mein dritter Auftritt in dieser Show, obwohl ich kein Buch zu präsentieren hatte). Während des Flugs erklärte Zolotow, er glaube, daß Marilyn Selbstmord begangen habe. Er war zu dieser Meinung berechtigt. Nach der Sendung fuhren Maurice und ich gemeinsam zum Flugplatz, um nach Los Angeles zurückzukehren. (Bob hatte beschlossen, noch einen Trip im Big Apple zu verbringen.) Er überraschte mich mit einer Aussage, die ich nie von ihm erwartet hätte: »Ich habe die Todesursache viele Jahre in Zweifel gezogen, aber Sie haben mich überzeugt, daß sie das Opfer eines üblen Spiels war.« Der berühmte Autor sagte, daß er das nicht schreiben könne, weil es möglicherweise den Verkauf seines Buches beeinträchtigen würde. Dann weihte mich dieser Mann, der viele Jahre sehr engen Kontakt mit Marilyn gehabt hatte, in einige Geheimnisse ein, die seine Feder nie preisgegeben hatte. Schließlich nahm er aus seiner Aktentasche ein Exemplar von »Marilyn« und schrieb hinein: »Für Milo, den Sherlock Holmes des Marilyn-Mysteriums.«

Einigen Leuten, die mir unglaubliche Informationen gaben, kann ich hier nicht namentlich danken, zumal jenen Informanten, die halfen, Marilyns Mörder zu identifizieren. Andere, die namenlos bleiben müssen, sind jene Leute, die Zeugnis über den Tod der Monroe gaben – ehemalige Mitglieder des Secret Service, des FBI, des Los Angeles Police Department, der CIA und andere Justiz- und Untersuchungsbehörden.

Ich möchte Lana Wood, der Schwester von Natalie Wood, dafür danken, daß sie mir eine Innenansicht Marilyns gab; Ed Pitts für die Dokumente, die er zur Verfügung stellte; und Sam Yorty, dem ehemaligen Bürgermeister von Los Angeles.

Allan J. Wilson, unser Verleger, machte seinem Ruf alle Ehre, indem er uns wie alle seine Autoren, ob sie berühmt oder unbekannt sind, mit Respekt behandelte und uns die Bürden, dieses Buch zu schreiben und zu veröffentlichen, erleichterte.

Den Hunderten anderer, die beitrugen, indem sie entweder mit mir sprachen oder meiner Co-Autorin Adela Gregory zur Seite standen, spreche ich ohne Ausnahme meinen Dank aus.

Anhang

Filmographie

Zusammengestellt von Peter Spiegel

Der deutsche Kinotitel wird nach dem amerikanischen Originaltitel genannt. Fehlt er, wurde der Film im deutschsprachigen Raum, ausgenommen die Schweiz, nicht gezeigt bzw. ausgestrahlt. Sind Original- und deutscher Titel identisch, wird dieser ein zweites Mal genannt. Wenn nicht separat vermerkt, handelt es sich ausschließlich um amerikanische Produktionen.

A = österreichischer Kinotitel (wenn er vom deutschen abweicht); TV = Fernsehtitel in Deutschland und Österreich.

P = Produzent; R = Regisseur; D = Drehbuch; M = Musik; S = Songs; ML = Musikalischer Leiter; K = Kameramann; Ch = Choreograph

Die Reihenfolge der Filme richtet sich nach ihrem offiziellen amerikanischen Kinostart.

1947

The Shocking Miss Pilgrim
P: William Perlberg (für 20th Century-Fox), R: George Seaton, D: George Seaton nach einer Story von Frederica und Ernest Maas, K: Leon Shamroy, S: George und Ira Gershwin, ML: David Raksin
Mit Betty Grable, Dick Haymes, Anne Revere, Gene Lockhart (Marilyn Monroe spielte eine kleine Statistenrolle, die dem Schnitt zum Opfer fiel)

Dangerous Years
P: Sol M. Wurtzel (für 20th Century-Fox), R: Arthur Pierson, D: Arnold Belgard; K: Benjamin Kline, M: Rudy Schrager
Mit William »Billy« Halop, Ann E. Todd, Darryl Hickman, Scotty Beckett, Jerome Cowan, Anabel Shaw, Dickie Moore, Marilyn Monroe (Eve, Kellnerin)

1948

Scudda-Hoo! Scudda-Hay! (GB: Summer Lightning)
P: Walter Morosco (für 20th Century-Fox), R: F. Hugh Herbert, D: F. Hugh Herbert nach dem gleichnamigen Roman von George Agnew Chamberlain, K: Ernest Palmer, M: Cyril Mockridge
Mit June Haver, Lon McCallister, Walter Brennan, Anne Revere, Natalie Wood, Robert Karnes, Henry Hull, Tom Tully, Tom Moore sowie Colleen Townsend und Marilyn Monroe (als zwei Freundinnen; bis auf eine Totale, die MM in einem Ruderboot zeigt, fielen ihre Szenen dem Schnitt zum Opfer)

1949

Ladies of the Chorus
TV: Ich tanze in dein Herz
P: Harry A. Romm (für Columbia), R: Phil Karlson, D: Harry Sauber, Joseph Carole nach einer Story von Harry Sauber, K: Frank Redman, S: Allan Roberts, Lester Lee, Buck Ram, ML: Mischa Bakaleinikoff, Fred Karger, CH: Jack Boyle
Mit Adele Jergens, Marilyn Monroe (Peggy Martin), Rand Brooks, Nana Bryant, Eddie Garr, Steven Geray

Love Happy/Love Happy
2. Titel in Deutschland: Glücklich verliebt
TV: Die Marx Brothers im Theater
P: Lester Cowan, Mary Pickford (für Artists Alliance), R: David Miller, D: Ben Hecht, Frank Tashlin, Mac Benoff nach einer Story von Harpo Marx, K: William C. Mellor, M und S: Ann Ronell, Ch: Billy Daniels
Mit Harpo Marx, Chico Marx, Groucho Marx, Vera-Ellen, Melville Cooper, Ilona Massey, Marion Hutton, Raymond Burr, Bruce Gordon, Eric Blore, Marilyn Monroe (Grunions Klientin)

1950

A Ticket to Tomahawk
P: Robert Bassler (für 20th Century-Fox), R: Richard Sale, D: Mary Loos, Richard Sale, K: Harry Jackson, M: Cyril Mockridge, S: Ken Darby, John Read, ML: Likonel Newman, Ch: Kenny Williams
Mit Dan Dailey, Anne Baxter, Rory Calhoun, Walter Brennan, Charles Kemper, Connie Gilchrist, Arthur Hunnicutt, Victor Sen Yung, Marilyn Monroe (Clara)

The Asphalt Jungle/Asphalt-Dschungel
2. Titel in Deutschland: Raubmord
P: Arthur Hornblow jr. (für MGM), R: John Huston, D: John Huston, Ben Maddow nach dem gleichnamigen Roman von William Riley Burnett, K: Harold Rosson, M: Miklós Rozsa
Mit Sterling Hayden, Louis Calhern, Jean Hagen, James Whitmore, Sam Jaffe, John McIntire, Marc Lawrence, Barry Kelley, Anthony Caruso, Teresa Celli, Marilyn Monroe (Angela Phinlay), Brad Dexter, Gene Evans

The Fireball
P: Bert Friedlob (für 20th Century-Fox/Thor Productions), R: Tay Garnett, D: Tay Garnett, Horace McCoy, K: Lester White, M: Victor Young
Mit Mickey Rooney, Pat O'Brien, Beverly Tyler, Glenn Corbett, James Brown, Marilyn Monroe (Polly)

All About Eve/Alles über Eva
P: Darryl F. Zanuck (für 20th Century-Fox), R: Joseph L. Mankiewicz, D: Joseph L. Mankiewicz nach der Erzählung »The Wisdom of Eve« von Mary Orr, K: Milton Krasner, M: Alfred Newman
Mit Bette Davis, Anne Baxter, George Sanders, Celeste Holm, Gary Merrill, Hugh Marlowe, Thelma Ritter, Marilyn Monroe (Miss Caswell), Gregory Ratoff, Barbara Bates, Craig Hill, Eddie Fisher

Right Cross
P: Armand Deutsch (für MGM/Loew's Incorporated), R: John Sturges, D: Charles Schnee, K: Norbert Brodine, M: David Raksin
Mit June Allyson, Dick Powell, Ricardo Montalban, Lionel Barrymore, Teresa Celli, Barry Kelley, Marianne Stewart, Marilyn Monroe (Dusty McDew)

1951

Home Town Story
P: Tom Connors (für MGM), R: Arthur Pierson, D: Arthur Pierson, K: Lucien Andriot, M: Louis Forbes
Mit Jeffrey Lynn, Donald Crisp, Marjorie Reynolds, Alan Hale jr., Marilyn Monroe (Iris Martin), Barbara Brown, Glenn Tryon, Griff Barnett

As Young as You Feel
P: Lamar Trotti (für 20th Century-Fox), R: Harmon Jones, D: Lamar Trotti nach einer Erzählung von Paddy Chayefsky, K: Joe MacDonald, M: Cyril Mockridge, ML: Lionel Newman
Mit Monty Woolley, Thelma Ritter, David Wayne, Jean Peters, Constance Bennett, Albert Dekker, Marilyn Monroe (Harriet), Allyn Joslyn, Russ Tamblyn

Love Nest
P: Jules Buck (für 20th Century-Fox), R: Joseph M. Newman, D: I. A. L. Diamond nach dem Roman »The Reluctant Landlord« von Scott Corbett, K: Lloyd Ahern, M: Cyril Mockridge, ML: Lionel Newman
Mit June Haver, William Lundigan, Frank Fay, Marilyn Monroe (Roberta Stevens), Jack Paar, Loatrice Joy, Henry Kulky, Marie Blake

Let's Make it Legal
P: Robert Bassler (für 20th Century-Fox), R: Richard Sale, D: F. Hugh Herbert, I. A. L. Diamond nach einer Erzählung von Mortimer Braus, K: Lucien Ballard, M: Cyril Mockridge, ML: Lionel Newman
Mit Claudette Colbert, Macdonald Carey, Zachary Scott, Barbara Bates, Robert Wagner, Marilyn Monroe (Joyce), Frank Cady, Harry Harvey sen.

1952

Clash bay Night/Vor dem neuen Tag
P: Harriet Parson (für Jerry Wald-Norman Krasna Productions/RKO), R: Fritz Lang, D: Alfred Hayes nach dem gleichnamigen Bühnenstück von Clifford Odets, K: Nicholas Musuraca, M: Roy Webb, ML: Constantin Bakaleinikoff
Mit Barbara Stanwyck, Paul Douglas, Robert Ryan, Marilyn Monroe (Peggy), J. Carrol Naish, Keith Andes, Silvio Minciotti

We're Not Married/Wir sind gar nicht verheiratet
P: Nunnally Johnson (für 20th Century-Fox), R: Edmund Goulding, D: Nunnally Johnson nach einer Originalstory von Gina Kaus und Jay Dratler, bearbeitet von Dwight Taylor, K: Leo Tover, M: Cyril Mockridge, ML: Lionel Newton
Mit Marilyn Monroe (Annabel Norris), David Wayne und (in ande-

ren Teilen dieses Anthologiefilms) Ginger Rogers, Fred Allen, Victor Moore, Eve Arden, Paul Douglas, Eddie Bracken, Mitzi Gaynor, Luis Calhern, Zsa Zsa Gabor, James Gleason, Paul Stewart

Don't Bother to Knock/Versuchung auf 809

P: Julian Blaustein (für 20th Century-Fox), R: Roy Ward Baker, D: Daniel Taradash nach der Erzählung »Mischief« von Charlotte Armstrong, K: Lucien Ballard, M: Lionel Newman
Mit Richard Widmark, Marilyn Monroe (Nell Forbes), Anne Bancroft, Donna Corcoran, Jeanne Cagney, Lurene Tuttle, Elisha Cook jr., Jim Backus, Verna Felton

O. Henry's Full House/Vier Perlen (1. Episode: The Cop and the Anthem/Der Vagabund und die Gerechtigkeit)

TV: Fünf Perlen (in diese neue Fernsehfassung wurde auch die 5. Episode, »The Gift of the Magi«, R: Henry King, die in der deutsch synchronisierten Kinofassung fehlte, aufgenommen)
P: André Hakim (für 20th Century-Fox), R: Henry Koster, D: Lamar Trotti nach der gleichnamigen Kurzgeschichte von O. Henry, K: Lloyd Ahern, M: Alfred Newman
Mit Charles Laughton, Marilyn Monroe (Straßenmädchen), David Wayne, John Steinbeck (Erzähler)

Monkey Business/Liebling, ich werde jünger

P: Sol C. Siegel (für 20th Century-Fox), R: Howard Hawks, D: Ben Hecht, Charles Lederer, I. A. L. Diamond nach einer Geschichte von Harry Segall, K: Milton Krasner, Spezialeffekte: Ray Kellog, M: Leigh Harline, ML: Lionel Newman
Mit Cary Grant, Ginger Rogers, Charles Coburn, Hugh Marlowe, Marilyn Monroe (Lois Laurel), Henri Letondal, Robert Cornthwaite, Douglas Spencer, Larry Keating

1953

Niagara/Niagara

P: Charles Brackett (für 20th Century-Fox), R: Henry Hathaway, D: Charles Brackett, Walter Reisch, Richard L. Breen, K: Joe MacDonald, M: Sol Kaplan
Mit Marilyn Monroe (Rose Loomis), Joseph Cotten, Jean Peters, Casey Adams, Denis O'Dea, Don Wilson, Richard Allan, Lurene Tuttle, Gene Baxter

Gentlemen Prefer Blondes/Blondinen bevorzugt
P: Sol C. Siegel (für 20th Century-Fox), R: Howard Hawks, D:
Charles Lederer nach dem gleichnamigen Bühnenstück von Anita
Loos und dem Musical von Anita Loos und Joseph Fields, K: Harry
J. Wild, S: Jule Styne/Leo Robin und Hoagy Carmichael/Harold
Adamson, ML: Lionel Newman, CH: Jack Cole
Mit Marilyn Monroe (Lorelei Lee), Jane Russell, Charles Coburn,
Elliott Reid, Tommy Noonan, Marcel Dalio, William Cabanne,
Harry Carey sr.

How to Marry a Millionaire/
Wie angelt man sich einen Millionär?
P: Nunnally Johnson (für 20th Century-Fox), R: Jean Negulesco, D:
Nunnally Johnson nach den Bühnenstücken »The Greek Had a
Word for it« von Zoë Akins und »Loco« von Dale Eunson und Ka-
therine Albert, K: Joe MacDonald, M: Cyril Mockridge, ML: Alfred
Newman
Mit Lauren Bacall, Betty Grable, Marilyn Monroe (Pola), William
Powell, Cameron Mitchell, David Wayne, Rory Calhoun, Alex
D'Arcy, Fred Clark

1954

River of No Return/Fluß ohne Wiederkehr
P: Stanley Rubin (für 20th Century-Fox), R: Otto Preminger, D:
Frank Fenton nach einer Originalstory von Louis Lanz, K: Joseph
La Shelle, M: Cyril Mockridge, S: Lionel Newman/Ken Darby,
ML: Lionel Newman, Ch: Jack Cole
Mit Robert Mitchum, Marilyn Monroe (Kay Weston), Rory Cal-
houn, Tommy Rettig, Murvyn Vye, Douglas Spencer

There's No Business Like Showbusiness/Rhythmus im Blut
P: Sol C. Siegel (für 20th Century-Fox), R: Walter Lang, D: Phoebe
und Henry Ephron nach einer Story von Lamar Trotti, K: Leon
Shamroy, M: Alfred Newman/Lionel Newman, S: Irving Berlin,
Ch: Robert Alton, Jack Cole
Mit Ethel Merman, Donald O'Connor, Marilyn Monroe (Vicky),
Dan Dailey, Johnny Ray, Mitzi Gaynor, Hugh O'Brian, Frank
McHugh, George Melford

1955

The Seven Year Itch/Das verflixte 7. Jahr
P: Charles K. Feldman/Billy Wilder (für Feldman Group Production der 20th Century-Fox), R: Billy Wilder, D: Billy Wilder, George Axelrod nach dem gleichnamigen Bühnenstück von George Axelrod, bearbeitet von Courtney Burr und Elliott Nugent, K: Milton Krasner, M: Alfred Newman, Sergej Rachmaninoff, Ch: Jack Cole
Mit Marilyn Monroe (Das Mädchen), Tom Ewell, Evelyn Keyes, Sonny Tufts, Robert Strauss, Oscar Homolka, Marguerite Chapman, Victor Moore, Carolyn Jones

1956

Bus Stop/Bus Stop
P: Buddy Adler (für 20th Century-Fox), R: Joshua Logan, D: George Axelrod nach dem gleichnamigen Bühnenstück von William Inge, K: Milton Krasner, M: Alfred Newman, Cyril Mockridge
Mit Marilyn Monroe (Cherie), Don Murray, Arthur O'Connell, Betty Field, Eileen Heckart, Hope Lange, Hans Conried, Henry Slate

1957

The Prince and the Showgirl/Der Prinz und die Tänzerin
(GB/USA)
P: Laurence Olivier (für Marilyn Monroe Productions/Laurence Olivier Productions/Warner Brothers), R: Laurence Olivier, Anthony Bushell, D: Terence Rattigan nach seinem Bühnenstück »The Sleeping Prince«, K: Jack Cardiff, M: Richard Addinsell, ML: Muir Mathieson, Ch: William Chappell
Mit Marilyn Monroe (Elsie Marina), Laurence Olivier, Sybil Thorndike, Richard Wattis, Jeremy Spenser, Rosamund Greenwood, Esmond Knight

1959

Some Like It Hot/Manche mögen's heiß
P: Billy Wilder (für Ashton Productions Inc./Mirish Company/United Artists), R: Billy Wilder, D: Billy Wilder, I. A. L. Diamond nach einer Originalstory von Robert Thoeren und Michael Logan, K: Charles B. Lang, M: Adolph Deutsch, S: A. H. Gibbs/Joe Grath,

Herbert Stothart/Bert Kalmar und Harry Ruby, Matty Malneck/
Gus Kahn und F. Livingstone
Mit Marilyn Monroe (Sugar Kane), Tony Curtis, Jack Lemmon, Joe
E. Brown, George Raft, Pat O'Brien, Nehemiah Persoff, Joan Shaw-
lee, Billy Gray, Edward G. Robinson jr., George E. Stone

1960

Let's Make Love/Machen wir's in Liebe

P: Jerry Wald (für 20th Century-Fox), R: George Cukor, D: Nor-
man Krasna, Hal Kanter, K: Daniel L. Fapp, M: Lionel Newman,
Earl H. Hagen, S: Sammy Cahn/Jimmy Van Heusen, Ch: Jack Cole
Mit Marilyn Monroe (Amanda Dell), Yves Montand, Tony Randall,
Frankie Vaughan, Wilfried Hyde-White, David Burns, Michael Da-
vid, Dennis King jr., Madge Kennedy und den Gästen Gene Kelly,
Bing Crosby, Milton Berle

1961

The Misfits/Nicht gesellschaftsfähig

A: Misfits – Nicht gesellschaftsfähig
P: John Huston, Frank E. Taylor (für United Artists/Seven Arts), R:
John Huston, D: Arthur Miller nach seiner gleichnamigen Kurzge-
schichte, K: Russell Metty, M: Alex North
Mit Clark Gable, Marilyn Monroe (Roslyn Tabor), Montgomery
Clift, Eli Wallach, Thelma Ritter, James Barton, Kevin McCarthy,
Dennis Shaw, Bobby LaSalle

1962

Something's Got go Give

P: Henry Weinstein (für David Brown Productions/20th Century-
Fox), R: George Cukor, B: Nunnally Johnson, Walter Bernstein,
Hal Kanter und andere nach dem Drehbuch zu *My Favorite Wife/
Meine Lieblingsfrau* von Bella und Samuel Spewack aus dem Jahr
1940, K: Franz Planer, Leo Tover, William H. Daniels
Mit Marilyn Monroe (Helen), Dean Martin, Cyd Charisse, Steve
Allen, Tom Tryon, Phil Silvers, Wally Cox, Christopher Morley,
Alexandra Heilweil

Der Film wurde nach sieben Wochen Drehzeit abgebrochen. Das
Fragment ist im Dokumentarfilm *Marilyn/Die Welt der Marilyn*

Monroe (USA 1963, 20th Century-Fox, R: Don Medford, Sprecher: Rock Hudson) und in der Fernsehdokumentation über den Film *Something's Got to Give/Marilyn – Ihr letzter Film* (1990, R: Henry Schipper) enthalten.

1963 wurde der Film unter dem Titel *Move Over, Darling/Eine zuviel im Bett* mit Doris Day und James Garner unter der Regie von Michael Gordon nochmals gedreht.

Bibliographie

Alsop, Joseph. *FDR*. New York: Viking Press, 1982.

Anger, Kenneth. *Hollywood Babylon*. New York: Straight Arrow, 1975. Deutsch: *Hollywood Babylon*. Bd. 1/2. Hamburg: Rogner und Bernhard, 1992, 3. Auflage.

Beers, Burton F. *World History, Patterns of Civilization*. Englewood Cliffs, N. J.: Prentice-Hall, 1988.

Birmingham, Stephen, *Jacqueline Bouvier Kennedy Onassis*. New York: Random House, 1984.

Brown, Peter Harry, und Patte B. Barham. *The Last Take: Marilyn*, New York: Dutton, 1992. Deutsch: *Marilyn: Das Ende, wie es wirklich war. Eine Dokumentation der letzten vierzehn Wochen*. München: Droemer Knaur, 1992.

Buck, Pearl S. *The Kennedy Women*. New York: Cowles, 1970.

Capell, Frank A. *The Strange Death of Marilyn Monroe*. Herald of Freedom, 1966.

Carpozi, George, Jr. *The Agony of Marilyn Monroe*. Cleveland: World, 1962.

Cerf, Bennett. *Sixteen Famous American Plays*. Garden City, N. Y.: Garden City Publishing Co., 1941.

Cophen, Mickey, aufgezeichnet von John Peer Nugent. *In My Own Words: The Underworld Autobiography of Michael »Mickey« Cohen*. Englewood Cliffs, N. J.: Prentice-Hall, 1975.

Collier, Peter, und David Horowitz. *The Kennedys, An American Drama*. New York: Summit Books, 1984. Deutsch: *Die Kennedys. Ein amerikanisches Drama*. Berlin: Siedler, 1985.

Conover, David. *Finding Marilyn: A Romance*. New York: Grosset & Dunlap, 1981.

Damore, Leo. *The Cape Cod Years of John Fitzgerald Kennedy*. Englewood Cliffs, N. J.: Prentice-Hall, 1967.

Davis, John H. *The Bouviers: Portrait of an American Family*. New York: Farrar, Strauss, 1969.

Davis, John H. *The Kennedys: Dynasty and Disaster, 1948–1983*. New York: McGraw-Hill Book Company, 1984.

De Dienes, A., *Marilyn, Mon Amour*. New York: St. Martin's, 1985.

De Gregorio, George. *Joe DiMaggio: An Informal Biography*. New York: Stein and Day, 1981.

De Toledano, Ralph. *R.F.K.: The Man Who Would be President*. New York: Putnam's, 1967.

Dougherty, James E. *The Secret Happiness of Marilyn Monroe*. New York: Playboy Press, 1976.

Exner, Judith, aufgezeichnet von Ovid DeMaris. *My Story*. New York: Grove, 1973.

Exner, Judith, aufgezeichnet von Kitty Kelley, *J.F.K. and the Mob*. People Magazine, 29. Februar 1988.

Flamini, Roland, *Scarlett, Rhett, and a Cast of Thousands*. New York: Collier Books, 1975. Deutsch: *Vom Winde verweht*. München: Heyne, 1989.

Franco, Joseph, und Richard Hammer. *Hoffa's Man: The Rise and Fall of Jimmy Hoffa as Witnessed by His Strongest Arm*. Englewood Cliffs, N. J.: Prentice-Hall, 1987.

Freud, Sigmund. *A General Introduction to Psycho-Analysis*. Garden City, N. Y.: Garden City Publishing Co., 1943. Deutsch: *Einführung in die Psychoanalyse (1915)*. Hamburg: Europäische Verlags-Anstalt, 1994.

The Mafia Is Not an Equal Opportunity Employer. McGraw-Hill Book Company, 1971.

Gage, Nicholas. *Mafia U.S.A*. New York: Playboy Press, 1972.

Galbraith, John Kenneth. *Ambassador's Journal: A Personal Account of the Kennedy Years*. Boston: Houghton Miflin, 1969.

Gentry, Curt. *J. Edgar Hoover: The Man and the Secrets*. New York: Norton, 1991.

Giancana, Antoinette, und Thomas C. Renner. *Mafia Princess: Growing Up in Sam Giancana's Family*. New York: Hearst, 1984.

Giancana, Sam, und Chuck Giancana. *Double Cross: The Explosive Inside Story of the Mobster Who Controlled America*. New York: Warner Books, 1992. Deutsch: *Giancana. Der Pate der Macht. Ein Insiderbericht aus der US-Mafia*. Bergisch Gladbach: Lübbe, 1992.

Goodwin, Doris Kearns. *The Fitzgeralds and the Kennedys: An American Saga*. New York: Simon and Schuster, 1987.

Gottschalk, Louis A., und Robert H. Cravey. *Toxicological and Pathological Studies on Psychoactive Drug-Involved Deaths*. Biomedical Publications, 1980.

Grant, Neil. *Marilyn in Her Own Words*. New York: Crescent, 1991.

Grogel, Lawrence. *The Hustons*. New York: Scribner's, 1989.

Guiles, Fred Lawrence. *Legend. The Life and Death of Marilyn Monroe*. New York: Stein and Day, 1984.

Norma Jean. New York: McGraw-Hill Book Co., 1969.

Hall, Gordon Langley, und Ann Pinchot. *Jacqueline Kennedy: A Biography*. New York: Frederick Fell, 1964.

Haspiel, James. *Marilyn: The Ultimate Look at the Legend*. New York: Henry Holt, 1991.

Heilbut, Anthony. *Exiled in Paradise, German Refugee Artists and In-*

tellectuals in America from the 1930s to the Present. Boston: Beacon Press, 1983.

Heymann, C. David. *A Woman Named Jackie*. Secaucus. N. I.: Lyle Stuart, 1989. Deutsch: *Eine Frau namens Jackie*. München: Heyne, 1992.

Higham, Charles. *Brando*. New York: New American Library, 1987.

Cary Grant, The Lonely Heart. Canada: Harcourt Brace Jovanovich, 1989.

Hitler, Adolf: *Mein Kampf*. München: Eher, 1933. 30. Auflage.

Hoffa, James R. *Hoffa: The Real Story*. New York: Stein and Day, 1975.

Hurt, Henry. *Reasonable Doubt: An Investigation Into the Assassination of John F. Kennedy*. New York: Henry Holt, 1985.

Huston, ohn. *An Open Book*. New York: Knopf, 1980. Deutsch: *Ein offenes Buch. Autobiographie*. Start, 1991.

Israel, Lee. *Kilgallen*. New York: Dell, 1979.

Jewell, Derek, *Frank Sinatra*. Boston: Little, Brown and Company, 1985.

Kahn, Roger. *Joe and Marilyn: A Memory of Love*. New York: William Morrow, 1986.

Kelley, Kitty. *Elizabeth Taylor: The Last Star*. New York: Simon & Schuster, 1981. *His Way: The Unauthorized Biography of Frank Sinatra*. New York: Bantam, 1986. Deutsch: *Frank Sinatra. Ein erstaunliches Leben*. München: Blanvalet, 1986. *Jackie, Oh!* Secaucus, N. J.: Lyle Stuart, 1979.

Kennedy, John F. *Profiles in Courage*. New York: Harper & Row, 1964. Deutsch: *Zivilcourage*. Düsseldorf: Econ, 1992.

Kennedy, Robert F. *The Enemy Within*. New York: Harper & Row, 1960. *Thirteen Days: A Memoir of the Cuban Missile Crisis*. New York: Norton, 1969. Deutsch: *Dreizehn Tage. Wie die Welt beinahe unterging*. Darmstadt: Darmstädter Blätter Schwarz & Co., 1987, 5. Auflage.

LaBrasca, Bob. *Marilyn*. New York: Bantam, 1988.

Lasky, Victor, *J.F.K.: The Man and the Myth*. New York: Macmillan, 1963.

Lawford, Patricia Seatan. *The Peter Lawford Story*. New York: Caroll and Graf, 1988.

Lincoln, Evelyn. *My Twelve Years With John F. Kennedy*. New York: David McKay, 1965.

Logan, Joshua. *Movie Stars, Real People and Me*. New York: Delacorte, 1978.

Long, Esmond R. *A History of Pathology*. New York: Dover Publications, 1965.

Maas, Peter. *The Valachi Papers, The First Inside Account of Life in the Cosa Nostra.* New York: Putnam, 1969.

Mailer, Norman. *Marilyn.* New York: Galahad Books, 1967. Deutsch: *Marilyn Monroe: Meine Autobiographie.* München: Heyne, 1983.

Martin, Ralph G. *A Hero For Our Time: An Intimate Story of the Kennedy Years.* New York: Macmnillan, 1983.

Marvin, Susan. *The Women Around R.F.K.* New York: Lancer, 1967.

Massengill, S. B. *Family, A Sketch of Medicine and Pharmacy.* The S.E. Massengill Company, 1943.

McNamara, Robert S. *Blundering into Disaster: Surviving the First Century of the Nuclear Age.* New York: Pantheon Books, 1986.

Melanson, Philip H. *The Robert F. Kennedy Assassination.* New York: Shapolsky Publishers, 1991.

Miller, Arthur. *After the Fall.* New York: Viking, 1961. Deutsch: *Nach dem Sündenfall.* Frankfurt am Main: Fischer, 1964.

Collected Plays. Vol. II. New York: Viking, 1981.

Death of a Salesman. New York: Viking, 1961. Deutsch: *Tod eines Handlungsreisenden.* Frankfurt am Main: Fischer 1995, 11. Auflage.

Misfits. New York: Dell, 1957. Deutsch: *Nicht gesellschaftsfähig.* Reinbek bei Hamburg: Rowohlt, 1965.

Timebends. New York: Grove Press, 1987. Deutsch: *Zeitkurven.* Frankfurt am Main: Fischer, 1988.

Moldea, Dan E. *The Hoffa Wars.* New York: Ace Books, 1978.

Monroe, Marilyn. *My Story.* New York: Stein and Day, 1976. Deutsch: *Meine Story.* Mit dem Gedicht »Gebet für Marilyn« von Ernesto Cardenal. Frankfurt am Main: Fischer, 1980.

Moore, Robin, und Gene Schoor. *Marilyn & Joe DiMaggio.* California: Manor House, 1977.

Mosley, Leonard. *Zanuck: The Rise and Fall of Hollywood's Last Tycoon,* New York: McGraw-Hill Book Company, 1984.

Murray, Eunice, in Zusammenarbeit mit Rose Shade. *Marilyn: The Last Months.* New York: Pyramid, 1975.

Negulesco, Jean. *Things I Did and Things I Think I Did: A Hollywood Memoir.* California: Linden, 1984.

Newfield, Jack. *Robert F. Kennedy: A Memoir.* New York: Berkley Medallion, 1978.

Nicolson, Harold. *The War Years 1939–1945.* New York: Atheneum, 1967.

Nixon, Richard. *RN New York.* Grosset & Dunlap, 1978.

Noguchi, Thomas T., in Zusammenarbeit mit Joseph DiMona. *Coroner.* New York: Simon and Schuster, 1983.

Coroner at Large. New York: Simon and Schuster, 1985.

Olivier, Laurence. *Laurence Olivier – Confessions of an Actor: An Autobiography.* New York: Simon and Schuster, 1982. Deutsch: *Bekenntnisse eines Schauspielers.* München: Bertelsmann, 1985.

On Acting. New York: Simon and Schuster, 1986.

Otash, Fred. *Investigation Hollywood.* Washington, D. C.: Regnery, 1976.

Parmet, Herbert S. Jack. *The Struggles of John F. Kennedy.* New York: Dial, 1980.

Pepitone, Lena, und William Stadiem. *Marilyn Monroe: Confidential.* New York: Simon and Schuster, 1979. Deutsch: *Marilyn Monroe intim.* München: Heyne, 1979.

Pistone, Joseph D., in Zusammenarbeit mit Richard Woodley. *Donnie Brasco, My Undercover Life in the Mafia.* New York: New American Library, 1987.

Powers, Thomas. *The Man Who Kept the Secrets: Richard Helms and the CIA.* New York: Knopf, 1979.

Reeves, Thomas C. *A Question of Character: A Life of John F. Kennedy.* New York: The Free Press, 1991. Deutsch: *John F. Kennedy. Die Entzauberung eines Mythos – Biographie.* Hamburg: Kabel, 1992.

Report of the Warren-Commission, The Assassination of President Kennedy. New York: McGraw-Hill Book Company.

Riese, Randall, und Neal Hitchens. *The Unabridged Marilyn: Her Life from A to Z.* New York: Congdon & Weed, 1987.

Rosten, Norman. *Marilyn: An Untold Story.* New York: Signet, 1973.

Sakol, Jeannie. *The Birth of Marilyn, The Lost Photographs of Norma Jean.* New York: St. Martin's Press, 1991.

Salinger, Pierre. *With Kennedy.* Deutsch: *Mit J. F. Kennedy.* Düsseldorf: Econ, 1992.

Scagnetti, Jack. *The Life and Loves of Gable.* New York: Jonathan David Publishers, Inc., 1976.

Scheim, David E. *Contract on America: The Mafia Murder of President John F. Kennedy.* New York: Shapolsky Publishers, 1988. Deutsch: *Präsidentenmord. Mafia-Opfer John F. Kennedy.* München: Knesebeck, 1991.

Schlesinger, Arthur M., Jr. *A Thousand Days, John F. Kennedy in the White House.* Boston: Houghton Mifflin, 1965.

Sciacca, Tony. *Kennedy and His Women.* California: Manor, 1976.

Sennett, Ted. *Great Movie Directors.* New York: Harry N. Abrams, 1986.

Shaw, Arnold. *Sinatra. Twentieth-Century Romantic.* New York: Pokket Books, 1969.

Shaw, Sam. *Marilyn Among Friends*. New York: Henry Holt, 1972.

Marilyn Monroe as the Girl: The Making of »The Seven Year Itch« in Pictures. New York: Ballantine, 1955.

Sheridan, Walter, *The Fall and Rise of Jimmy Hoffa*. Saturday Review Press, 1972.

Shevey, Sandra. *The Marilyn Scandal*. New York: William Moorow, 1987.

Shirer, William L. *The Rise and Fall of Third Reich, A History of Nazi Germany*. New York: Simon and Schuster, 1960. Deutsch: *Aufstieg und Fall des Dritten Reiches*. München, Zürich: Droemer/Knaur 1963.

Shulman, Irving. *Harlow: An Intimate Biography*. New York: Bernard Geis Associates, 1964.

Signoret, Simone. *Nostalgia Isn't What It Used to Be*. New York: Harper & Row, 1978. Deutsch: *Ungeteilte Erinnerungen*. Köln: Kiepenheuer & Witsch, 1986.

Silverman, Stephen M. *The Fox that Got Away: The Last Days of the Zanuck Dynasty at Twentieth Century-Fox*. Secaucus, N. J.: Lyle Stuart, 1988.

Skolsky, Sidney. *The Story of Marilyn Monroe*. New York: Dell, 1954.

Slatzer, Robert F. *The Life and Curious Death of Marilyn Monroe*. Montana: Pinnacle Books, 1974.

Spada, James, in Zusammenarbeit mit George Zeno. *Monroe: Her Life in Pictures*. New York: Doubleday, 1982. Deutsch: *Marilyn Monroe, ihr Leben in Bildern*. Herford: Busse, 1983.

Speriglio, Milo. *The Marilyn Conspiracy*. New York: Pocket Books, 1986. *Marilyn Monroe: Murder Cover-up*. California: Seville, 1982.

Spindel, Bernard B. *The Ominous Ear*. Award House, 1968.

Stanislawskij, Konstantin. Die Arbeit des Schauspielers an der Rolle. Berlin: Henschel, 1993, 3. Auflage.

Steinem, Gloria. *Marilyn, Norma Jeane*. New York: Henry Holt, 1986.

Stempel, Tom. *Screenwriter, The Life and Times of Nunnally Johnson*. New York: A. D. Barnes, 1980.

Stern, Bert. *The Last Sitting*. New York: William Morrow, 1982. Deutsch: *The Last Sitting*. München: Schirmer & Mosel, 1993.

Strasberg, Susan. *Marilyn and Me. Sister Rivals, Friends*. New York: Warner Books, 1992.

Sullivan, William C., in Zusammenarbeit mit Bill Brown. *The Bureau: My Thirty Years in Hoover's F.B.I.* New York: Norton, 1979.

Summers, Anthony. *Goddess: The Secret Lives of Marilyn Monroe*. New York: Macmillan, 1985. Deutsch: *Marilyn Monroe. Die Wahrheit über ihr Leben und Sterben.* Düsseldorf: Marion von Schröder, 1986.

Szulc, Tad. *Fidel: A Critical Portrait.* New York: William Morrow and Company, 1986.

Taylor A.J.P. *The Struggle for Mastery in Europe 1848–1918.* New York: Oxford University Press, 1954.

Taylor, Robert. *Marilyn Monroe in Her Own Words.* New York: Delilah, 1983.

Taylor, Roger G. *Marilyn in Art.* Salem House, 1984.

Third International Meeting in Forensic Immunology, Medicine, Pathology & Toxicology (London – April 16–24), 1963, Plenary Session VI through VIII.

Thomas, Hugh. *Cuba, The Pursuit of Freedom.* New York: Harper & Row, 1971.

Tornabene, Lyn. *Long Live the King.* New York: Putnam, 1976.

Turner, William W., und John G. Christian. *The Assassination of Robert F. Kennedy.* New York: Random House, 1978.

Von Hoffman, Nicholas. *Citizen Cohn: The Life and Times of Roy Cohn.* New York: Doubleday, 1978.

Weatherby, W. J. *Conversation with Marilyn.* New York: Paragon House, 1992.

Weiner, Leigh. *Marilyn, A Hollywood Farewell.* Los Angeles, California: 7410 Publishing Company, Inc., 1990.

Wills, Garry. *The Kennedy Imprisonment: A Meditation on Power.* Boston: Little, Brown, and Company, 1981.

Wilson, Earl. *Hot Times: True Tales of Hollywood and Broadway.* Chicago: Contemporary.

Sinatra. New York: Macmillan Publishing Company, 1976.

The Show Business Nobody Knows. New York: Bantam, 1971.

Winters, Shelley. *Shelley.* New York: Ballantine, 1980.

Winterbotham, F. W. *The Ultra Secret.* New York: Harper and Row, 1974.

Wyden, Peter, *Bay of Pigs: The Untold Story.* New York: Simon and Schuster, 1979.

Zolotow, Maurice. *Marilyn Monroe.* New York: Harper and Row, 1960. Deutsch: *Marilyn Monroe. Eine Biographie.* Stuttgart: H. E. Günther, 1962.

Marilyn Monroe. Canada: Harcourt Brace Jovanovich, 1960.

Billy Wilder in Hollywood. New York: Putnam, 1977.

Namenregister

Bildnachweis
Filmdokumentationszentrum, Wien: 12, 15, 19, 22, 26, 37, 40;
Interfoto, München: 6 (Foto: Philippe Halsman), 11, 23, 24, 25, 30, 33, 57;
Archiv Dr. Karkosch, Gilching bei München:
3, 5, 7, 18, 20, 28, 31, 32, 34, 35, 36;
Keystone, Hamburg: 10, 47, 51; Verlagsarchiv Langen Müller/Herbig: 49, 50;
Bilderdienst Süddeutscher Verlag, München: 48, 53;
UPI/Bettmann Newsphotos, New York: 46

Vom Originalverlag bereitgestellte Fotos:
1, 2, 4 (© Robert Slatzer), 8, 9, 13, 14, 16, 17 (AP/Wide World Photos), 21, 27, (AP/Wide World Photos), 29, 38, 39 (United Artists), 41, 42–44 (Sammlung Milo Speriglio), 45 (© Robert Slatzer), 52, 54 und 55 (© Robert Slatzer), 56 (UPI), 58 (Foto von Leigh Weiner), 59 (© Robert Slatzer)

Die zitierten Filmtitel sind im Textteil kursiv gesetzt. Bei der ersten, ggf. auch bei der zweiten Nennung eines Marilyn-Monroe-Filmtitels wird nach dem Original – in der Regel der deutsche Verleihtitel genannt, auch wenn dieser mit dem Originaltitel identisch ist – im weiteren Verlauf bleibt es beim Originaltitel. (Diese Praxis wird auch, jedoch lockerer gehandhabt, auf andere zitierte Produktionen angewandt.) Deutsche Titel werden allerdings nur dann angegeben, wenn der Film im deutschen Sprachraum eingesetzt wurde.
Im Bildteil werden nur die in Deutschland verwendeten Verleihtitel genannt. Hier und in den Verzeichnissen des Anhangs beziehen sich die Jahreszahlen, im Gegensatz zum Textteil, auf den Kinostart.